AV

Das Periodical *Medienkomparatistik* eröffnet ein neues Forum für vergleichende Medienwissenschaft. Das Zusammenwirken unterschiedlicher Medien und verschiedener medialer Praktiken spielt nicht nur in der gegenwärtigen Alltagswelt eine zunehmend bedeutende Rolle. Vielmehr hat sich in den letzten Jahren, ausgehend von den literatur-, kunst-, und medienwissenschaftlichen Einzeldisziplinen ein fächerübergreifendes Diskussionsfeld herausgebildet, das sich gezielt Fragen des Medienvergleichs und der Interferenz von Medien widmet. Dieser interdisziplinäre Forschungsbereich erlebt derzeit in den Kulturwissenschaften eine erstaunliche Konjunktur. Neben der vergleichenden Methodologie als wichtige heuristische Grundlage besteht eine weitere Zielsetzung der Medienkomparatistik darin, allgemeine Kriterien zur systematischen Erfassung der einzelnen Medien zu entwickeln und ihre jeweiligen Operationsleistungen in sich wandelnden kulturellen Kontexten zu erkunden. Dabei soll ein weites Spektrum medialer Formen und Verfahren einbezogen werden, das von analogen und digitalen Bild- und Schriftmedien über dispositive Anordnungen bis hin zu diskursiven Wissensformationen reicht.

Welche spezifischen Eigenschaften zeichnen einzelne Medien aus, was trennt und was verbindet sie? Welche produktiven Austauschbeziehungen ergeben sich aus medialen Konkurrenzen und Konvergenzen? Wie lassen sich historische Transformationen medialer Praktiken und Ästhetiken erfassen? Wie können mediale Verhältnisbestimmungen medientheoretisch neu konturiert werden?

Das Periodical erscheint zunächst jährlich in einem Band von ca. 200 Seiten. Da es in einem interdisziplinären Forschungsbereich angesiedelt ist, richtet es sich an verschiedene kulturwissenschaftliche Fachgruppen, wie zum Beispiel Komparatistik, Medienwissenschaft, Kunstgeschichte sowie einzelne Philologien wie Anglistik, Germanistik, Romanistik etc.

Medienkomparatistik

Beiträge zur
Vergleichenden Medienwissenschaft

2. Jahrgang

2020

Herausgegeben von
Lisa Gotto und Annette Simonis

AISTHESIS VERLAG
Bielefeld 2020

Bibliografische Information der Deutschen Nationalbibliothek

Die Deutsche Nationalbibliothek verzeichnet diese Publikation in der Deutschen Nationalbibliografie; detaillierte bibliografische Daten sind im Internet über http://dnb.d-nb.de abrufbar.

© Aisthesis Verlag Bielefeld 2020
Postfach 10 04 27, D-33504 Bielefeld
Satz: Germano Wallmann, www.geisterwort.de
Druck: MAJUSKEL MEDIENPRODUKTION GMBH, Wetzlar
Alle Rechte vorbehalten

ISBN 978-3-8498-1578-3
ISSN 2627-1591
www.aisthesis.de

Inhaltsverzeichnis

Kay Kirchmann / Nicole Wiedenmann (Erlangen)

„The art of making beautiful prints in less than an hour"

Die Dunkelkammer in filmischer Reflexion

> Lange Zeit war die Dunkelkammer in unserem Badezimmer. Ich erinnere mich, als ich noch ein kleines Mädchen war, wie beeindruckt ich vom Geruch des Hyposulfit war, vom Ticken der Eieruhr. Das waren Augenblicke der Stille und der Spannung. Als ich Kind war, war genau das mein Eindruck der Arbeit von Erwachsenen. Die Dunkelkammer ist genau das. Aber die Dunkelkammer war auch ein Ort, wohin er [ihr Vater, Robert Doisneau, KK/NW] sich ungern begleiten lies. Manchmal hat man vergessen, dass er in der Dunkelkammer war. Dann hörte man plötzlich ein lautes ‚Schei...', weil etwas nicht so klappte, wie er es wollte – Und dann sagten wir: ‚Ah, er ist in der Dunkelkammer!' Die Dunkelkammer, das ist für mich: sehr lange Stille vor einem Gebrüll, das selten triumphierend war.
>
> Francine Deroudille, Tochter von Robert Doisneau

Im Jahre 2006 produzierte der Deutschlandfunk ein Radiofeature, in dem ein Abgesang auf die analoge Fotografie formuliert wurde.[1] Zu unaufhaltsam wirkte der Siegeszug der Digitalkameras, zu omnipräsent und dauerhaft schien der Produktionsstopp bei namhaften Kameraherstellern, Fotopapierproduzenten oder Zulieferern für Fotolabors zu sein, als dass man seinerzeit zu einer anderen Einschätzung hätte gelangen können. Und mit dem prognostizierten Ende der analogen Kameras und des Papierabzuges schien auch über einen nachgeordneten Ort des fotografischen Produktionsprozesses unwiederbringlich das Aus gesprochen – die Dunkelkammer.

> In den Dunkelkammern ist vor langer Zeit das Rotlicht ausgegangen. Ein für allemal vorbei der spannende Moment, in dem langsam Kontraste aus der weißen Oberfläche des Papiers aufstiegen und sich zu Flächen und Formen schlossen. Geschlossen das Refugium, in dem die Erinnerung an manchen, unwiederbringlichen Augenblick aus dem Bad gehoben wurde.[2]

Natürlich war schon zum Zeitpunkt dieses Befundes die Dunkelkammer in dem hier beschworenen Sinne eines Raums zur Anfertigung von Papierabzügen längst nicht mehr der primäre Herstellungsort des fotografischen Endprodukts: Dieser hatte sich bereits Jahrzehnte zuvor auf die maschinelle Praxis

---

1 Der Text dieses Features ist auf der Homepage des Senders nachzulesen unter der URL: https://www.deutschlandfunkkultur.de/rotlicht-und-dunkelkammer.984.de.html? dram:article_id=153314. Im Folgenden zitiert als: Uwe Springfeld (2006). „Rotlicht und Dunkelkammer. Vom Sterben der analogen Fotografie." (Transkription eines Rundfunkfeatures des Deutschlandfunks vom 05.04.2006).

2 Ebd.

der Großlabors verlagert, und die Dunkelkammern blieben seither dem Bereich ambitionierter Amateure oder entsprechender professioneller Akteure vorbehalten. Ausgeblendet bleibt auch, dass die Hochphase der Dunkelkammerpraxis in die Ära der Schwarzweißfotografie fiel und mit deren allmählicher Verdrängung durch die Farbfotografie schon eine erste große Krise (üb)erlebt hatte, insofern die sehr viel komplexeren fotochemischen Prozesse bei der Farbfotografie sich nur mühsam auf die bisherigen Komponenten der Dunkelkammer hatten übertragen lassen. Insofern erklärt sich der zitierte Schwanengesang wohl schon damals eher aus einer nostalgischen Verklärung einer individuellen und handwerklichen Praxis, die dem anonymen Fertigungsabläufen in kommerziellen Laboratorien entgegengestellt wird, womöglich auch noch aus einer Sehnsucht nach einem Prozess der Bildherstellung, bei dem (scheinbar) alle Etappen in einer Hand liegen, als der tatsächlichen Relevanz der Dunkelkammer zum gegebenen Zeitpunkt. Knapp anderthalb Jahrzehnte später wissen wir aber auch, dass nicht nur der diagnostische, sondern auch der prognostische Teil der Aussage sein Ziel verfehlt hat: Die Dunkelkammer hat überlebt. Zahlreiche Tutorials auf den einschlägigen Webplattformen zeugen zwar von einem offenbar nicht bruchlos tradierten Wissen um die entsprechenden Fertigungsabläufe, wohl aber von einem anhaltenden Interesse daran und sehr viel vordergründiger von der faktischen Existenz und Nutzung von Dunkelkammern durch diverse fotografische Akteursgruppen.

Den möglichen Gründen für diese Gleichzeitigkeit des Ungleichzeitigen von analog und digital, manuell und maschinell, individuell und industriell soll hier nicht weiter nachgegangen, sondern stattdessen die Beobachtung ausgeführt werden, dass sich die Dunkelkammer auf einem weiteren Feld kultureller Praktiken ihren Platz bewahrt hat und weiterhin bewahrt. Mit erstaunlicher Persistenz findet die Dunkelkammer nämlich über Jahrzehnte hinweg Eingang in den fiktionalen Film: als visueller wie narrativer Topos, als Handlungsort und als stabiles ikonisches Ensemble – und dies durchaus unter Absehung von der tatsächlichen historischen Relevanz der Dunkelkammer für die fotografischen Fertigungsprozesse im jeweiligen Handlungszeitraum der Filme. Mehr noch: Insofern selbst heute noch Filme mit klarem Gegenwartsbezug die Dunkelkammer thematisieren und reflektieren, findet sich auch hierin die angesprochene Gleichzeitigkeit des Ungleichzeitigen wieder. Selbst in Filmen, die ganz selbstverständlich dem Primat der Digitalfotografie und ihrer Materialisierung auf den verschiedensten Displays huldigen, bleiben die Dunkelkammer und die in ihr vollzogenen Prozesse präsent. Im Folgenden soll daher den prominentesten filmischen Narrativen und Motivgestaltungen dieses Zusammenhangs sowie der Frage nach Gründen für die offenkundige Faszination des Mediums Film gerade für diesen Teil der fotografischen Bildgenese nachgegangen werden. Es wird sich zeigen, dass ungeachtet der relativen Breite an einschlägigen Motivverwendungen doch rekurrierende narrative und ikonische Muster identifiziert werden können, die der Dunkelkammer als Handlungsort einen begrenzten Korpus von Funktionalisierungen und Handlungsketten zuweisen und sie dabei als je unterschiedlichen semantischen Raum konstruieren. Gemäß der medienkomparatistischen Grundannahme[3], dass die Fremdreflexion eines Mediums immer auch eine Selbstreflexion des eigenen Mediums mit sich bringt, wird ferner zu beobachten sein, welche Figurationen von Fremd- und Selbstbeobachtung der Film in seiner Handhabung des Dunkelkammermotivs vollzieht.

Ein Raum[4] der Ambivalenz: die Dunkelkammer als Folterkammer und Ort der Epiphanie

Medienhistorisch ist die Dunkelkammer untrennbar mit dem Aufkommen der großen Fotoateliers in der zweiten Hälfte des 19. Jahrhunderts und den sich darin zunehmend etablierenden arbeitsteiligen Prozessen verbunden. Mit der allmählich auch für breitere Publikumskreise erschwinglichen Porträtfotografie und v. a. der wachsenden Popularität des Carte-de-visite-Formats gingen Prozesse der Standardisierung, Kommerzialisierung und beginnenden Industrialisierung der fotografischen Arbeit einher, die zugleich eine Abkehr von den noch sehr viel stärker individualisierten Prozessen aus der Pionierzeit des Mediums mit sich brachten. Die Ausdifferenzierung der Arbeitsschritte in den Ateliers ging wiederum Hand in Hand mit einer (Teil-)Öffnung der Ateliers zu einem öffentlichen Verkehrs- und Kommunikationsraum.[5] Bereits hier erhält aber die Dunkelkammer ihren semantischen und kulturellen Status als ein hochgradig *ambivalenter Raum*, der sich – wie später gezeigt werden soll – auch noch in ihren filmischen Thematisierungen erhalten wird.

Exemplarisch lässt sich dies am Beispiel des Ateliers von André Adolphe-Eugène Disdéri am Boulevard des Italiens in Paris und seiner spezifischen Architektur ablesen: Zu den Hochzeiten seines Geschäfts beschäftigte Disdéri dort über 60 Angestellte. Er selbst widmete sich den prominenten Kunden, während andere Operateure nach seinen Vorgaben das Tagesgeschäft übernahmen und zahlreiches technisches Personal half, die Massenproduktion zu bewältigen. Die Janusköpfigkeit des Mediums als optischer Aufzeichnungsapparat einerseits, als chemischer Prozess andererseits, fand auch Eingang in die Doppelnatur des Ateliers: Im ‚Glashaus‘, also im Tageslichtatelier, wurde die Aufnahme hergestellt,

---

3 Vgl. hierzu paradigmatisch die jeweiligen Analysen in: Kay Kirchmann/Jens Ruchatz (Hg.). *Medienreflexion im Film. Ein Handbuch.* Bielefeld 2014.

4 Wir trennen im Folgenden begrifflich nicht explizit zwischen Raum und Ort, Topographie und Topologie, einfach deshalb, weil der Gegenstandsbereich selbst diese Unterscheidungen permanent unterläuft.

5 Die funktionale Ausdifferenzierung der Arbeitsschritte fand übrigens nicht nur in den Ateliers, sondern auch bei den mobilen Entwicklungslaboren statt. So beschäftigte Mathew Brady für seine berühmten Fotos des amerikanischen Bürgerkriegs eine ganze Phalanx von Mitarbeitern, die mit mobilen Dunkelkammern ausgestattet die Schlachtfelder besuchten, während er selbst zumeist in Washington blieb und von dort aus die Arbeit seiner Angestellten koordinierte. Vgl.: Manuel Komroff. *Photographing history: Mathew Brady.* Chicago 1962.

während in der Dunkelkammer die Fotografien entwickelt wurden.[6] Nach
Möglichkeit sollte die Dunkelkammer dabei direkt an das Aufnahmeatelier
anschließen, um die Wege so kurz wie möglich zu gestalten und ein effizientes
Ineinandergreifen der Ablaufschritte zu garantieren. Roland Meyer beschreibt
zwei Kreisläufe in Disdéris Atelier: einmal den Weg der Kunden, die sich im
Empfangsraum die Musterbücher anschauen konnten, sich dann in der Garde-
robe nach der gängigen Bildikonographie ausstatten ließen und daraufhin im
hellen Atelier abgelichtet wurden. Zum anderen gab es den Weg der fotografischen Platte, die auf der Hinterbühne an das Hilfspersonal weitergegeben
wurde, um entwickelt, kopiert und archiviert zu werden. Die Platte blieb also
beim Fotografen, während die auf Karton gezogenen Papierabzüge dann wieder
in den lichten Bereich gebracht und den Kunden übergeben wurden. In dieser
räumlichen und produktionsstrukturellen Aufteilung spiegelte sich gleichzeitig
die Hierarchie innerhalb des arbeitsteiligen Prozesses wider, in dem Sinne, dass
der Operateur im Glashaus mit den Kunden verkehrte und antichambrierte,
aber die Laborgehilfen in der Dunkelkammer die chemischen Routinen übernahmen und bestenfalls nicht mit dem Publikum verkehrten.[7] Das ‚Glashaus‘
avancierte somit zu einem Ort der Transparenz und des Publikumsverkehrs,
einer Art Salon für die soziale Begegnung, während die Dunkelkammer für das
Geheimnis und nur dem Personal zugänglichen Bereich stand. Auch Jean Sagne
akzentuiert in seiner Studie über die öffentlichen Ateliers dieser Zeit diese *Ab-
Scheidung* der Dunkelkammer, ihre paradoxe Positionierung – einerseits innerhalb des Gesamtkomplexes situiert, andererseits strikt getrennt von den Bereichen des eigentlichen Publikumsverkehrs – betont aber auch, dass es neben den
Motiven der sozialen Distinktion auch handfeste medizinische Gründe hierfür
gab:

> Der Aufnahmeraum bildete die Grenze zwischen zwei streng getrennten Welten:
> auf der einen Seite der Empfangssalon, wo der Kunde in eine Welt des Scheins
> eintrat, die ihn auf die Schaffung seines Porträts einstimmte, auf der anderen Seite
> die Dunkelkammer, wo die Platten für die Aufnahme vorbereitet und später ent-
> wickelt wurden. Diese Schattenwelt hatte einen höllenhaften Zug und barg wegen
> der giftigen Dämpfe aus den verwendeten Chemikalien tatsächlich Gefahren für
> Leib und Leben. Ehe der Kunde vor die Kamera trat, machte er sich vor dem Spie-
> gel zurecht und überprüfte seine Frisur. Nur durch eine dünne Wand getrennt,
> goss ein Laborgehilfe Kollodium auf eine Glasplatte und setzte diese anschließend
> in einen Rahmen. Dabei entstanden Äther- und Alkoholdämpfe, die durch ein
> primitives Entlüftungssystem nur unzureichend nach draußen geführt wurde.
> Währenddessen saß im Salon die wartende Kundschaft in bequemen Sesseln.[8]

---

6 Vgl. Roland Meyer. *Operative Porträts. Eine Bildgeschichte der Identifizierbarkeit von
   Lavater bis Facebook.* Konstanz 2019, S. 72.
7 Vgl. ebd. S. 72 f.
8 Jean Sagne. „Porträts aller Art. Die Entwicklung der Fotoateliers“. In: *Neue Geschichte
   der Fotografie,* hg. von Michel Frizot. Köln 2019, S. 102-122.

Der Raum der fotografischen Aufzeichnung figuriert hier also als doppelte Grenzziehung: zum einen als Moment der räumlichen wie sozialen Abgrenzung, zum anderen zeichnet sich hierin schon die produktionstechnisch unumgängliche Funktion einer Lichtschleuse ab, nach der das Prozessieren der fotografischen Platten ja verlangte. Die Dunkelkammer ist also in jeder Hinsicht mit einem Schwellenphänomen assoziiert, einer Zone des Übergangs, die sozial, technisch und funktional reguliert und definiert ist. In dieser Separierung scheint aber auch eine Kodierung als *Abjekt*[9], als dunkler Ort der Exkremente des fotografischen Produktionsprozesses auf, der in jeder Hinsicht den Augen des Atelierpublikums entzogen bleiben sollte – in der späteren technischen Ausgestaltung gewissermaßen ein *red light district* der Bildherstellung . Dass die Dunkelkammer ihrerseits nicht selbst zum fotografischen Objekt werden konnte, lag natürlich zuvorderst an den damaligen Limitationen des zur Verfügung stehenden elektrischen Lichts. Desungeachtet schreibt sich das angesprochene Schisma aber auch darin fort, dass es zahlreiche zeitgenössische Aufnahmen von Ateliersituationen gab, während von der Dunkelkammer lediglich Stiche in populärwissenschaftlichen Magazinen zirkulierten [Abb. 1].

Abb. 1: Darstellung einer Dunkelkammer in der populärwissenschaftlichen Wochenzeitschrift ‚La Science Illustrée', Vol. 8, 2/1891. Quelle: https://www.sciencephoto.com/media/426998/view/ photographic-laboratory-19th-century

Eine der sehr seltenen fotografischen Anordnungen, die das *gesamte* fotografische Instrumentarium präsentiert, hier säuberlich unter Sonnenlicht arrangiert, ist die nachstehende Werbefotografie für das Atelier Moulin [Abb.2]

9 Vgl. Julia Kristeva. *Powers of Horror. An Essay on Abjection.* New York 1982.

Abb. 2: Felix J. A. Moulin mit seinen fotografischen Materialien. Paris, 1860er Jahre
Quelle: https://monovisions.com/photographic-atelier-studio-xix-century-historic/

Hier kommen sie nun also doch einmal zusammen, die Elemente der Aufnahme-
und der Entwicklungssituation, erstere durch die dominante Kamera auf Stativ,
letztere durch eine Vielzahl von Zubern, Krügen und Gläsern repräsentiert, die
natürlich die tatsächlichen fotochemischen Abläufe im Labor bestenfalls metonymisch abrufen.

In Ermangelung der Möglichkeit zur direkten wie zur indirekten Einsicht-
nahme blieb die Dunkelkammer für die damaligen Atelierkunden somit nicht
nur ein *darkroom*, sondern auch eine *blackbox*, ein geheimer Ort, dessen darin
ablaufenden Handlungen opak und uneinsichtig blieben. Signifikant häufig
spiegelt sich in den Begrifflichkeiten, mit denen die Dunkelkammer beschrieben wird, ebendiese Opazität wider. Sagne spricht von einer ‚Schattenwelt‘ mit
‚höllenhaften Zügen‘, Matthias Bickenbach attribuiert die Dunkelkammer gar
als ‚Folterkammer‘:

> Das Atelier ist ein komplexer Ort mit verschiedenen kulturellen und kommuni-
> kativen Funktionen, eine *Heterotopie*, dessen Struktur zwischen dem Licht der
> Aufnahme und dem giftigen Dunkel der Entwicklungskammer, zwischen Trans-
> parenz und Geheimnis oder, mit zeitgenössischen Topoi gesagt, zwischen Bühne
> und Folterkammer, genauer zu analysieren wäre [...].[10]

---

10 Matthias Bickenbach. „Das Dispositiv des Fotoalbums: Mutation kultureller Erin-
    nerung. Nadar und das Pantheon.“ In: *Medien der Präsenz. Museum, Bildung und
    Wissenschaft im 19. Jahrhundert*, hg. von Jürgen Fohrmann/Andrea Schütte/Wil-
    helm Voßkamp, Köln 2001, S. 87-128.

Wie wir später sehen werden, greifen etliche Filme diese diskursiven Zuweisungen auf, nehmen sie teils sogar wortwörtlich als Grundlage ihrer Semantisierungen der Dunkelkammer als ambivalentem Raum. – Doch die Dunkelkammer ist nicht nur von Attributen des Negativen umgeben, sondern auch von dem exakten Gegenteil, was die in ihr vollzogenen Prozesse der Manifestation des Bildes, des zum Vorschein-Kommens des Fotografierten angeht. Dabei gliedert sich der Diskurs um die Bildwerdung *in der* und *durch die* Fotografie ein in eine übergreifende Phänomenologie der optischen Medien im 19. Jahrhundert, wie Jürgen Fohrmann betont:

> Die *Geschichte der optischen Medien* ließe sich zumindest für das 18. und 19. Jahrhundert rekonstruieren als spezifisches Verhältnis von Bild und Licht, Einzelbild und Bewegung: Von den Transformationen der camera obscura über Guckkästen, Panoramen mit und ohne Bewegung, Stereoskopie bis (im 20. Jahrhundert) zum Film – stets geht es um eine *Licht-Schatten-Beziehung*, die Ausformung des Sichtbaren vor schwarzem Hintergrund, der wie etwas Unsichtbares firmiert. Die ‚Erscheinung' eines Bildes, durch Lichteffekte hervorgerufen (etwa beim Diorama), ist eine ‚Er-Scheinung' (*revelation*), der Sprung aus dem Dunkel, der wie eine Epiphanie beschrieben wird (etwa in den frühen Darstellungen fotografischer Entwicklung).[11]

Das Spezifische an der im doppelten Wortsinne ‚Er-Scheinung' des Bildes in der Dunkelkammer ist indes gerade nicht seine sprunghafte Manifestation, sondern seine allmähliche Entbergung aus dem Dunkeln – bzw. dank der fotografischen Negativ-Struktur: aus dem sich langsam erst mit Lichtpunkten füllenden Hellen des Fotopapiers – seine prozesshafte ‚Ausformung des Sichtbaren', die sich der temporalen Logik eines sukzessiv operierenden Mediums wie dem Film natürlich in idealer Weise zur Beobachtung überstellt.

Das von Fohrmann angesprochene epiphanische Moment öffnet die Diskursivierung der Dunkelkammer naturgemäß auch für Einschreibungen des Spirituellen, in denen sich die scheinbar ‚magischen' Prozesse der Bildmaterialisierung mit der Manifestation übersinnlicher Phänomene kreuzen und wechselseitig überschreiben. Pointiert formuliert scheint die Dunkelkammer der gleichsam ‚natürliche' Ort für Geistererscheinungen zu sein – eine Technophantasmagorie, die in der Geisterfotografie, die uns später noch weitergehend beschäftigen soll, dann ihre prototypische Bildgattung fand. Mutmaßlich war und ist es gerade die angeführte mehrfache Abriegelung gegenüber dem Außen, die suggerierte, dass dies ein ‚magischer' Ort sei, an dem das Übernatürliche ungestört ‚erscheinen' könne. Am Beispiel der berühmten Fotografie des Turiner Grabtuchs aus dem Jahre 1898[12] hat Stefanie Diekmann diesen strukturellen Zusammenhang idealtypisch zugespitzt beschrieben:

---

11 Jürgen Fohrmann. „Medien der Präsenz – Einleitung." In: ders. et al.: *Medien der Präsenz*. S. 9.

12 Der italienische Fotograf Secondo Pia bekam 1898 die seltene Gelegenheit – die Reliquie wurde nur alle rund 30 Jahren den Blicken der Öffentlichkeit zugänglich gemacht – das Turiner Grabtuch zu fotografieren. Mehr als ein fotografisches

Der Ort der Offenbarung ist die Dunkelkammer, Sanktuarium des Fotografen oder wenigstens des Fotografen alter Schule. Ein Rückzugsraum, zugleich ein Schauplatz der Entdeckungen, in diesem Falle einer, die alle bisherigen übertreffen wird. [...] Die Geschichte des italienischen Fotografen Secondo Pia ist [...] die Geschichte eines Augenzeugen [...] und eines Wunders, das zu seiner Erfüllung der technischen Apparatur bedurfte: In seiner Dunkelkammer, auf einer tropfnassen fotografischen Glasplatte, die er eben aus dem Entwicklerbad gezogen hat, erblickt Secondo Pia ein Gesicht, das er ohne Zögern als das Antlitz Jesu Christi identifiziert. [...] In bestimmten Sinne steht die Entdeckung des Fotografen Pia am Ende einer Epoche, die ihren Anfang um 1860 hat und geprägt ist von einer Serie fotografischer Enthüllungen, beglückenden und bestürzenden Begegnungen, Wiedersehen und Wiederauferstehen [...].[13]

Die Erscheinung von etwas, was sich zuvor nicht nur der unmittelbaren Anschauung, sondern auch dem technischen Blick der Fotokamera entzogen hatte, wie aber auch die dennoch gegebene grundsätzliche Unberechenbarkeit und Undisponierbarkeit derartiger Erscheinungen umgeben die Dunkelkammer mit einer Aura des Mysteriösen: Alles – selbst Tote oder andere übernatürliche Gestalten – *kann* dort, aber eben *nur* dort, emanieren, „ungerufen, unverhofft".[14] Verwunderlicher ist, dass die medienwissenschaftliche Beschäftigung mit den einzelnen Faktoren des fotografischen Prozesses gerade die Dunkelkammer mehr oder weniger ausgeblendet gehalten hat, wie auch Diekmann kritisch anmerkt:

Eine Historie der Dunkelkammer als Refugium, Labor, Kabinett, als Ort der Kontemplation wie der Experimente, der Andacht wie der Manipulationen, Eingriffe, Fälschungen, steht nach wie vor aus; sie ist immer noch nicht geschrieben, obwohl sich die Mühe lohnen würde, denn aus der Perspektive der Theoriegeschichte ist das fotografische Sanktuarium zu gleichen Teilen Blackbox und Schatzkammer. So viele klandestine Operationen und zu den Operationen so viele Theorien, Streitschriften, Dekrete, vor allem aber Anekdoten und Erzählungen.[15]

Womöglich eröffnet aber gerade der (Um-)Weg über die filmische Reflexion der Dunkelkammer einen ersten Baustein zu dieser noch nicht realisierten Historie, denn – wie auch Diekmann festgestellt hat[16] – stehen ihrer weitgehenden Igno-

---

Abbild der Reliquie anzufertigen, war ihm nie in den Sinn gekommen. Doch *erst* in der Dunkelkammer, *nicht* beim Augenschein vor Ort, *nicht* beim Blick durch den Sucher, materialisierten sich Spuren auf dem Linnen, die an das Antlitz Christi gemahnten: Resultat einer offenbar magischen Selbsteinschreibung, ein *Vera Icon*. Damit setzte zugleich ein bis heute anhaltender Reproduktions- und Verbreitungsprozess der Aufnahme ein, den Diekmann in ihrem Text medientheoretisch reformuliert.

13 Stefanie Diekmann: „Aus der Ferne. Über Umstände und Rezeption einer fotografischen Offenbarung". In: Petra Löffler/Leander Scholz (Hg.). *Das Gesicht ist eine starke Organisation*. Köln 2004, S.31 f.
14 Ebd., S. 34.
15 Ebd., S. 31.
16 Vgl. ebd., S 46, Endnote 1.

ranz innerhalb der Fototheorie und -geschichte ihre Prominenz und Persistenz in filmischen Reflexionen, ihrer dortigen Funktionalisierung zum *Schau-Platz* diametral gegenüber.[17]

Die Vielzahl der von Diekmann in Anschlag gebrachten spatialen Funktionen, die sich in der Dunkelkammer kreuzen (Labor, Refugium, Andachtsort etc.), lassen die Dunkelkammer in die weiter oben schon von Bickenbach angedeutete Nähe zum Konzept der Heterotopien rücken. Bekanntlich versteht Michel Foucault darunter eine paradoxe Gleichzeitigkeit von unterschiedlichen Gebrauchsformen ein- und desselben Ortes, die diesen zugleich von einer eindeutigen Zuordnung zu separierbaren Funktionen und Gebrauchsweisen suspendieren: „Die Heterotopie vermag an einen einzigen Ort mehrere Räume, mehrere Platzierungen zusammenzulegen, die an sich unvereinbar sind".[18] Auch die angesprochene (Nicht-)Lokalisierung der Dunkelkammer in den Ateliers des 19. Jahrhunderts lässt sich als Konsequenz einer heterotopen Konstitution begreifen, denn Heterotopien sind „wirkliche Orte, wirksame Orte, die in die Einrichtung der Gesellschaft hinein gezeichnet sind, sozusagen Gegenplatzierungen oder Widerlager [...] in denen die wirklichen Plätze innerhalb der Kultur gleichzeitig repräsentiert, bestritten und gewendet sind, gewissermaßen Orte außerhalb aller Orte, wiewohl sie tatsächlich geortet werden können".[19] Eng damit verknüpft ist die Rückbindung derartiger Ort an das Phänomen der Schwelle, denn „Heterotopien setzen immer ein System von Öffnungen und Schließungen voraus, das sie gleichzeitig isoliert und durchdringlich macht".[20] Und *last but not least* sind die in der Dunkelkammerpraxis virulent werdenden Prozesse der Hervorbringung und Reaktualisierung spezifisch temporale Phänomene, wie sie für Heterotopien typisch sind, denn diese „sind häufig an Zeitschnitte gebunden, d. h. an etwas, was man symmetrischerweise Heterochronien nennen könnte".[21]

Im Hinblick auf die filmischen Funktionalisierungen der Dunkelkammer lässt sich somit vorläufig konstatieren, dass die je unterschiedlichen Ausprägungen als unmittelbare Ableitungen aus dem heterotopen Status der Dunkelkammer verstanden werden können. Ungeachtet ihrer primären Funktionalität bleibt die Dunkelkammer nämlich im angesprochen Sinne sehr wohl *geöffnet* für Handlungen und Ereignisse, die sich jenseits dessen in ihr zutragen können: Sie kann vom Refugium eines nachdenklichen Adoleszenten zum unerwarteten Unterrichtsraum mutieren, in dem der Lehrer seinem Schüler lebenspraktische

---

17 Selbst die bislang systematischste und umfangreichste Untersuchung zur Reflexion der Fotografie im Film von Torsten Scheid interessiert sich zwar für die fotografischen Akte, Protagonisten und Funktionen in den verschiedenen Filmgenres, lässt aber gleichfalls die Dunkelkammer weitestgehend unberücksichtigt. Vgl. Torsten Scheid: *Fotografie als Metapher. Zur Konzeption des Fotografischen im Film.* Hildesheim/Zürich/New York 2005.

18 Michel Foucault. „Andere Räume". In: Karlheinz Barck u. a. (Hg.). *Aisthesis. Wahrnehmung heute oder Perspektiven einer anderen Ästhetik.* Leipzig 1992, S. 42.

19 Ebd., S. 39.

20 Ebd., S. 44.

21 Ebd., S. 43.

Lektionen erteilt (BOYHOOD, Richard Linklater, USA 2014). Sie kann unvermittelt zum Ort erotischer Aktivitäten zwischen zwei Frauen bzw. zwei Frauen und einem Mann werden (VICKY CHRISTINA BARCELONA, Woody Allen, USA/Spanien 2008). Sie fungiert als Treffpunkt und Kommunikationsraum zwischen einem Fotografen und der Ex-Freundin seines besten Freundes und Kollegen, an dem die Fachsimpelei über gelungene Fotos nahtlos in einen Flirt übergeht (UNDER FIRE, Roger Spottiswoode, USA 1983). Und sie kann sich sogar zur Bühne transformieren, auf der gesungen und getanzt wird (FUNNY FACE, Stanley Donen, USA 1967) – um zunächst nur einmal einige solcher heterotopen Raumnutzungen im Film anzuführen.

Auch wenn uns bewusst ist, dass v. a. terminologisch, tendenziell aber auch auf konzeptioneller Ebene, eine Zusammenführung von Foucaults Heterotopien zu Marc Augés Modell der ‚Nicht-Orte‘ zunächst wie ein offener Widerspruch anmuten muss, möchten wir dennoch den Vorschlag unterbreiten, die Dunkelkammer *auf einer anderen Beobachtungsebene* (auch) als einen solchen Nicht-Ort zu lesen. Unter dem Begriff der Nicht-Orte hat Augé ja eine Reihe von spatialen Phänomenen subsumiert, die typisch für die von ihm so benannte ‚Übermoderne‘ des spätindustriellen Zeitalters sind, nämlich Transit- und Warteräume, Orte provisorischer Beschäftigungen, bewegliche Behausungen (Verkehrsmittel), stumme soziale Verkehrsformen (z. B. das Zahlen mit Kreditkarte), aber eben auch das Agieren in Kommunikationsnetzen (vom Telefon bis zum Internet).[22] Ihr *Tertium Comparationis* liegt in der Herstellung „eine[r] Welt, die solcherart der einsamen Individualität, der Durchreise, dem Provisorischen und Ephemeren überantwortet ist“.[23] Diese Welt ist wiederum dadurch gekennzeichnet, dass sie den ihn ihr agierenden Akteuren spezifische Handlungsformen auferlegt:

> Wie man leicht erkennt, bezeichnen wir mit dem Ausdruck ‚Nicht-Ort‘ zwei verschiedene, jedoch ergänzende Realitäten: Räume, die in Bezug auf bestimmte Zwecke (Verkehr, Handel, Transit, Freizeit) konstruiert sind, und die Beziehung, die das Individuum zu diesen Räumen unterhält.[24]

Und diese Beziehungen sind reguliert durch Texte, Symbole, Zeichen, Aufschriften:

> Doch den wirklichen Nicht-Orten der Übermoderne, an denen wir uns befinden, wenn wir über die Autobahn fahren, in einem Supermarkt einkaufen oder in einem Flughafen auf den nächsten Flug nach London oder Marseille warten, ist es eigen, dass sie auch von den Worten oder Texten definiert werden, die sie uns darbieten, ihre Gebrauchsanweisung letztlich, die in Vorschriften (‚rechts einordnen‘), Verboten (‚Rauchen verboten‘) oder Informationen (‚Herzlich willkommen im Beaujolais‘) zum Ausdruck kommen und entweder auf mehr oder minder

---

22 Vgl. Marc Augé. *Orte und Nicht-Orte. Vorüberlegungen zu einer Ethnologie der Einsamkeit*. Frankfurt a. M., 1994, S. 93 f.

23 Ebd., S 93.

24 Ebd., S. 110.

explizite und codifizierte Ideogramme zurückgreifen (die Zeichen des Straßenverkehrs, die Symbole in den Reiseführern [...].[25]

Ersichtlich ist auch die Dunkelkammer ein (Nicht-)Ort, der durch Aufschriften, Verbotstafeln, Zeichen und Gebrauchsanweisungen definiert ist und darin zugleich seine Abgrenzung zum Außerhalb vollzieht ('Nicht eintreten!'). In einem sehr viel unmittelbareren Sinne ist die Dunkelkammer aber ein Nicht-Ort, weil sie naturgemäß ein Durchgangsraum, ein Ort mit relativ geringer Verweildauer ist und ebendiese Inskription als ephemerer Funktionsraum ihren Nutzern auferlegt – aus gesundheitlichen, pragmatischen und medientechnologischen Gründen. Nach dem historischen Intermezzo der großen Ateliers im späten 19. Jahrhundert hat sich die Dunkelkammer schon allein aus Platzgründen immer mehr zu einem solchen Ort der 'einsamen Individualität' gewandelt, in dem man sich nicht zuletzt deswegen nicht unbedingt länger als funktional geboten aufhalten möchte. Das gilt natürlich nicht nur für die menschlichen, sondern auch für die nicht-menschlichen Akteure: Die Lichteinschreibungen auf fotosensiblem Material, seien es nun Rollfilme, seien es belichtete Platten, 'betreten' die Dunkelkammer nur, um aus ihren Kameras herausgelöst, fotochemisch transformiert und materialisiert zu werden, um danach diesen Nicht-Ort in finalisierter Form wieder zu verlassen, weiterverarbeitet, gerahmt, aufgehängt, distribuiert zu werden. Die in der Dunkelkammer gelagerten Chemikalien und Fotopapiere 'harren' entweder ihrer anschließenden Entsorgung im Sondermüll oder ihrer Überantwortung an die hellen Gefilde des anschließenden fotografischen Distributionsprozesses – allenthalben Figurationen des Durchgangs, des Ephemeren, der temporären Exposition, die im immer nur vorübergehend eingeschalteten Rotlicht ihren lichttechnischen Niederschlag finden.

Die hier zu verhandelnden Filme wiederum reflektieren diesen Status dergestalt, dass Dunkelkammer-Sequenzen fast immer ausgesprochen kurz sind, selten über zwei, drei Minuten dauern, gerade so, als gehorche auch der Film den Postulaten der kurzen Verweildauer, die dieser Nicht-Ort seinen Protagonisten auferlegt. Wenn wir hier also den Gedanken weiterverfolgen wollen, dass die Dunkelkammer auch und gerade in ihrer filmischen Thematisierung *sowohl* als Heterotopie *als auch* als Nicht-Ort figurieren kann, so verdeutlicht dies nur ein weiteres Mal ihren Status als hochgradig ambivalenter Raum.

Handwerks-Kammern

Im Laufe seiner inzwischen 125jährigen Geschichte hat der Film nicht nur andere Medien, sondern auch umfassend sich selbst im Hinblick auf seine einzelnen Produktionsphasen reflektiert. Die Suche nach Motiven und Locations, die Arbeit am Set, Konflikte zwischen einzelnen Beteiligten an der Produktion (Regie, Drehbuchautor, Produzent, Schauspieler etc.), Prozesse im Schnittraum, schließlich die Kino- und Projektionssituation selbst – all dies ist schon

---

25 Ebd., S. 112 f.

unzählige Male als Figur der Selbstreflexion in entsprechende Filme eingegangen. Eine signifikante Ausnahme bildet indes die Filmentwicklung im Kopierwerk, die – soweit wir sehen – noch nie direkter Gegenstand filmischer Selbstbefragung wurde, sondern allenfalls in abgeleiteter Form thematisiert wird, etwa bei intradiegetischen Mustersichtungen oder wenn es im Kopierwerk zu Beschädigungen oder Verlusten des belichteten Materials gekommen ist. Auch hier liegt die Vermutung nahe, dass das rein technisch-maschinelle Procedere für metafiktionale Figurationen von geringer Attraktivität ist, sondern gleichsam als ‚seelenlose Kopiererei' aus dem Reflexionskreis der handwerklich-künstlerischen Tätigkeiten bei der filmischen Produktion ausgeschieden wird.

Zwei weitere Beobachtungen – einmal auf der Ebene filmischer Selbst-, einmal auf der Ebene der Fremdreflexion – stützen die Vermutung, dass für die Ausblendung dieses Produktionsabschnittes erneut der Antagonismus individuell/handwerklich-künstlerisch versus industriell/maschinell verantwortlich ist: Erstens rücken die Praxis und der Ort der Filmentwicklung ganz vereinzelt doch in den Fokus, aber eben immer nur in Bezug auf private Filme im 8mm- oder Super8mm-Format, die von Amateuren gedreht und dann in ihren eigenen Dunkelkammern selbst entwickelt wurden. Zweitens interessiert sich der Film zwar sehr für die Dunkelkammern der Fotografie, nicht aber für die industriellen Fotolaboratorien. Eine Ausnahme und zugleich doch wieder die erneute Bestätigung dieses Prinzips stellt der Film ONE HOUR PHOTO (Mark Romanek, USA 2000) dar, in dessen Mittelpunkt der Fotolaborant Seymour („see more") Parrish steht, der in dem titelgebenden Express-Fotoshop einer Supermarktkette arbeitet, in dem alle Entwicklungsprozesse vollautomatisch ablaufen. Die Kamera bietet uns einen der seltenen Einblicke in die sich im Inneren der Maschinen vollziehenden Prozesse, zeigt uns den automatischen Filmtransport, die Zuführung von Chemikalien, den Auswurf des fertig belichteten Streifens etc. Seymour ist dabei auf die Rolle eines Operators reduziert, der per Knopfdruck die jeweiligen Prozesse startet, gelegentlich digital die Farbwerte nachkorrigieren lässt, am Ende jedoch mit Kennermiene den fertig entwickelten Streifen prüft. Während dieser Sequenz lässt sein Off-Kommentar keinen Zweifel daran, wie er selbst seine Profession versteht – nämlich als Handwerk, mehr noch, als Kunst: „I've been doing P. O. S. mini-lab work for over 20 years now. I consider it an important job. [...] Some people think this a job for clerks. They actually believe that any idiot attending a two-day seminar can master the art of making beautiful prints in less than an hour. [...] I've seen the prints they fob off on people at Rexall or Fotec. Milky, washed out prints, too dark prints. There is no sense of reverence for the service they're providing people. I process these photos as if they were my own." Diese extrem auseinander klaffende Bild-Ton-Schere entlarvt einerseits die groteske Selbstüberschätzung Seymours[26], sie markiert

---

26   Zur Inszenierung der Fotografie als Fetisch in diesem Film vgl. Nicole Wiedenmann. „Die Angst bannen – Fotografie und die Materialität des Fetischs am Beispiel von *One Hour Photo*." In: Juliane Engel/Mareike Gebhardt/Kay Kirchmann (Hg.). *Zeitlichkeit und Materialität. Interdisziplinäre Perspektiven auf Theorien der Präsenz und des impliziten Wissens*. Bielefeld 2019, S. 269-294.

diese andererseits als anachronistische Reverenz an die Zeiten der Dunkelkammer, in denen die von Seymour beschriebenen kunsthandwerklichen Fertigkeiten tatsächlich noch eine Rolle gespielt haben.[27]

Auch in dem eingangs angesprochenen Radiofeature betont Francine Deroudille die Relevanz des Handwerklichen für die Arbeit ihres Vaters, Robert Doisneau, und lässt auch keinen Zweifel daran, wo für ihn die Stätte des Handwerks, seine Werkstatt gewissermaßen, lokalisiert war:

> Ein Fotograf arbeitet am Motiv. Er [Doisneau, KK/NW] arbeitete auf der Straße.
> Ich denke auch, die wesentliche Arbeit eines Fotografen ist die am Motiv. Er sah
> sich selbst eher auf der Straße als im Studio arbeiten. Die Straße war seine Welt;
> sein persönliches Universum. Auf der anderen Seite war er ein Handwerker. Deshalb war für ihn auch das Handwerk, die Arbeit in der Dunkelkammer wichtig.[28]

Die filmische Reflexion der Dunkelkammer nun nimmt dieses Moment des Handwerklichen nicht nur metaphorisch, sondern auch ganz wortwörtlich auf. Eingetaucht in das notorische Rotlicht zeigen uns die entsprechenden Sequenzen immer wieder einen ähnlichen Korpus von Handgriffen: das Herausnehmen der Filme aus der Kamera, das Auspacken des Fotopapiers, das Einlegen in Entwicklungs- und Fixierbad, das Herausnehmen des fertig entwickelten Fotos, das Aufhängen der Abzüge an Wäscheleinen zur Trocknung, gelegentlich sogar das zärtliche Streicheln der prozessierten Abzüge (DUNKELKAMMER, Matthias Wissmann, D 2014) etc.[29] Immer wieder Hände in Großaufnahme, mal

---

27 Dies impliziert indes auch die Möglichkeit handwerklicher Fehler. So wird Seymours erster Auftritt im Labor durch den Hinweis seines Assistenten gerahmt, er habe gestern ein Negativ zerschnitten (was im Kontext der vollautomatischen Prozesse wenig Sinn macht), und Seymour räumt ein, er habe da einen Fehler gemacht – einen Fehler, wie er offenbar selbst einem so versierten Kunsthandwerker nun mal unterläuft, weil er eben nicht fehlerfrei ist, im Gegensatz zur Maschine.

28 Zit. nach: Springfeld, Rotlicht und Dunkelkammer, 2006.

29 Wie sehr diese vergleichsweise stereotype filmische Inszenierung der Gesten (in) der Dunkelkammer unsere kollektive Vorstellung von den daraus ablaufenden Handgriffen inzwischen geprägt hat, zeigt sich an der Transposition dieser Motivketten auf einen anderen medialen Gegenstand in Le fabuleux destin d'Amélie Poulain (Jean-Pierre Jeunet, D/F 2001): Die Protagonistin beschließt einer einsamen älteren Frau fingierte Liebesbriefe zukommen zu lassen. Dazu zerschneidet sie vorgängige Liebesbriefe und klebt deren Fragmente neu zusammen. Nachdem sie diesen ‚Found Footage'-Brief *fotokopiert* hat, muss er noch die notwendige Patina erhalten, weswegen sie ihn in einer Schale mit Tee wässert (= Entwicklungsbad), ihn danach mit Wäscheklammern auf einer Leine befestigt und trocken föhnt. Um die Kette der Verweise auf andere optische Medien abzuschließen, greift sie zu einem *Fernrohr* und beobachtet die hell erleuchteten Fenster der Nachbarn gegenüber, wobei ihr Blick länger auf der Hand eines Malers verweilt, der gerade an seinem *Gemälde* arbeitet... Die Tatsache, dass wir Teile dieser Handlungskette direkt mit der Dunkelkammer assoziieren, selbst wenn wir noch nie eine Dunkelkammer betreten haben, ist Ausweis eines medial generierten Wissens, hier in Gestalt der filmischen Darstellungskonventionen.

mit Zangen bewehrt mal nicht, immer wieder die gleichen Handgriffe, immer wieder die gleichen Abläufe – akzentuiert wird also all das, was die automatische Negativentwicklung in den Maschinen aus ONE HOUR PHOTO ja gerade unterbindet, nämlich den *unmittelbaren taktilen Kontakt* zwischen Bild und Bildproduzent. Dies ist umso bemerkenswerter, als das Medium Fotografie, wie Matthias Bickenbach betont hat, medienhistorisch gerade als *Unterbrechung* des bis dahin konstitutiven Kontakts zwischen Hand und Bildträger anzusehen ist:

> ‚Hände weg!' Kaum ein anderes Medium formuliert einen solchen Imperativ seiner Medialität. Ist nicht die Hand immer im Spiel, wenn Medien im Spiel sind? Das Medium Fotografie plädiert anders. Die Hand hat programmatisch außen vor zu bleiben, sie hat keine Erlaubnis einzugreifen. Sie ist konstitutiv entfernt oder entkoppelt von den Prozessen des Mediums. [...] Die Hand rückt in die Stellung eines ‚Auslösers', sie setzt Prozesse in Gang, deren Programme selbsttätig ablaufen. [...] Die Hand kommt für das Medium Fotografie zweimal von außen zurück. Als Auslöser der Belichtung und als sammelnde, ordnende und blätternde Hand der vielen Bilder. Mit dem Bild selbst hat die Hand, anders als in Zeichnung, Grafik und Malerei, nichts mehr zu tun. [...] Schon bevor Eastman Kodak mit dem berühmten Slogan ‚You press the button, we do the rest' warb, war die Hand am Auslöser oder an der Klappe des Objektivs schlicht außen vor.[30]

Dies gilt, wie Bickenbach weiter ausführt, explizit auch für die Phase der Bildprozessierung in der Dunkelkammer, auch hier steuert der Imperativ der Unberührbarkeit „noch die Handhabung der Produkte, von deren empfindlicher Oberfläche die Hände zu lassen sind, deren ‚Entwicklung' im chemischen Bad mit Zangen getätigt wird".[31] Auch Vilém Flusser, der ja eine ganze Phänomenologie der fotografischen Gesten entwickelt hat, akzentuiert den durch den Fotoapparat ‚vorprogrammierten' Griff an die Kamera: „Um die Apparat-Kategorien, so wie sie auf der Außenseite des Apparats programmiert sind, wählen zu können, muss der Fotograf den Apparat ‚einstellen', und das ist eine technische Geste [...]."[32] Aber auch Flusser exkludiert die Handgriffe in der Dunkelkammer aus dem Bereich der fotografischen Gesten und verliert kein Wort darüber. Sollte der o. a. Abjekt-Charakter der Dunkelkammer im semantischen Feld womöglich auch auf die Absehung von der tatsächlichen Relevanz der Hand für die letzte Stufe des fotografischen Fertigungsprozesses übergegriffen haben? Erneut stoßen wir jedenfalls auf eine Diskrepanz zwischen dem wissenschaftlichen Diskurs und der filmischen Figuration, die immer wieder das Hand-Werk im Entwicklungslabor (über-)betont.

Allerdings verbinden die filmischen Reflexionen die Aufwertung der Hand mit deren paradigmatischer Koppelung an das Auge, personifiziert im Expertenwissen des Fotografen als eines Beherrschers des visuellen Feldes. Immer

---

30 Matthias Bickenbach. „Fotografierte Autorschaft. Die entzogene Hand." In: Ders/ Annina Klappert/Hedwig Pompe (Hg.). *Manus Loquens. Medium der Geste – Gesten der Medien*. Köln 2003, S. 205 f.

31 Ebd.

32 Vilém Flusser: *Für eine Philosophie der Fotografie*. Göttingen 1983, S. 33.

wieder fällt sein Blick prüfend auf den Entwicklungsgrad des Abzuges in der Schale, wird dieser zur näheren Betrachtung kurz mit der Zange aus dem Bad herausgeholt und schließlich auf die Leine mit den anderen schon entwickelten Bildern gehängt, zwischen denen dann wiederum der Blick des Fotografen im Sinne des vergleichendes Sehens hin- und her wandert. Verstärkung erfährt sein Blick dabei von diversen optischen Instrumenten wie der Lupe, Vergrößerungs-rahmen oder beleuchteten Schaukästen. Indem der intradiegetische Blick des Fotografen als ein suchender, prüfender, abtastender inszeniert wird, kommen Auge und Hand in ihrer jeweiligen Taktilität überein, werden Geste und Beob-achtung amalgamiert. Indem nun als dritte Komponente auch der Kamerablick im Wechsel mit den Figurenblicken seinerseits die nämlichen Blickoperationen vollzieht, entsteht eine dreifache Vermittlung zwischen Hand, Figurenblick und dem der Filmkamera im Modus der Berührung des Bildträgers, der durch-aus als ästhetische Kompensation und Umgehung des von Bickenbach geltend gemachten Kontaktverbots in der Fotografie angesehen werden kann. Der-gestalt kann der Film gleichzeitig aber auch die mediale Fremdbeobachtung nutzen um seine eigene Assoziation mit dem Taktilitäts-Paradigma selbstreflexiv herauszustellen.[33]

Kammern der Evidenz

Konfliktuös kann es allerdings werden, wenn das Expertenwissen des Fotogra-fen mit dem eines weiteren Blick-Spezialisten kollidiert, des Kriminalisten.[34] Um hierzu nun einmal ein Beispiel aus einer TV-Serie zu bemühen: In der Pilot-folge von RIPPER STREET (BBC, 2012-2016) hat der Tatort-Fotograf Creigh-ton den Fund einer Frauenleiche abfotografiert und erhält deshalb in seinem Labor Besuch vom ermittelnden Inspektor Reid. Um zu vertuschen, dass etwas am Tatort manipuliert wurde, behauptet Creighton, ein vom Inspektor gesuch-tes Motiv habe er leider überbelichtet. Als dieser ihn zwingt, das Foto dennoch zu entwickeln, will Creighton den Abzug schon nach kurzer Zeit aus dem che-mischen Bad holen, woraufhin Reid ihm in den Arm fällt und ihn anfährt, ob er ihn eigentlich für einen dummen Wachtmeister halte: „They need more time! A professional man like you should have known better!" Und es ist schließlich Reid, der den Abzug genau zum Zeitpunkt der optimalen Belichtung aus dem Entwicklerbad zieht. Allerdings hätte Creighton gewarnt sein müssen, hatte sich der Inspektor doch seit seinem Eintritt in die Dunkelkammer schon als

---

33 Zur aktuellen Diskussion um die taktilen Qualitäten des Films vgl. die Beiträge in: „Nähe und Distanz." *Montage/AV. Zeitschrift für Theorie und Geschichte der audio-visuellen Kommunikation.* Heft 28/2/2019 sowie Kay Kirchmann: „Zwischen Blen-dung und Berührung. Licht und Schatten als taktile Phänomene im Film", in: San-dra Fluhrer/Alexander Waszynski (Hg.), *Tangieren – Szenen des Berührens.* Freiburg i. Brsg., 2020, S. 126-138.

34 Zur Figur des Detektivs als Blickspezialisten vgl.: Kay Kirchmann. „The Private and The Public Eye. Der Detektiv, der Film und der Blick der Moderne". *Blimp Film Magazine* No. 44. Graz 2001, S. 171-201.

gestischer wie visueller Experte gezeigt, der seinen Finger prüfend in die Chemikalien tunkt und diese näher in Augenschein nimmt, dessen Blick suchend von einer Fotografie zur nächsten wandert, um danach mit seinem Finger auf einen Abzug zu zeigen, den er sich genauer ansehen möchte.

War der zuvor beschriebene Blick des Fotografen auf die Objekte in der Dunkelkammer primär ein ästhetisch-prüfender, so zeigt das Beispiel aus RIPPER STREET bereits an, wie sich dieses Paradigma zu einem investigativen Blick wandeln kann, der seinerseits wiederum häufig instrumentell verstärkt wird (Vergrößerungen, Lupe etc.). Ihrem heterotopen Charakter gemäß, transformiert sich die Dunkelkammer von einem Ort künstlerisch-handwerklichen Schaffens oft binnen Sekunden zu einem Ort der Ermittlung, der Spurensuche, der Evidenz-Erzeugung bzw. -prüfung. Und der jeweilige Fotograf wird unversehens zu einem späten Nachfahren von Secondo Pia, wird wie dieser von einer epiphanischen Erscheinung, einer ‚ungerufenen, unverhofften‘ Offenbarung aus dem Geiste des Silbernitrats überrascht. Eine solche Erscheinung kann sich spontan bei der ersten Sichtung der Abzüge einstellen, oder aber, durch externe Ereignisse ausgelöst, erst nach nochmaliger An- und Durchsicht. In deutlicher Anspielung auf Roland Barthes' ontologischer Definition des fotografischen Noemas als ‚*Es-ist-so-gewesen*‘ beschreibt Diekmann die temporale Dimension bei einer retrospektiven Entdeckung einer fotografischen Evidenz wie folgt: „*Es war da* und niemand hat es gewusst. Niemand hat es erblickt, erkannt, angestaunt, obwohl es doch gegenwärtig war [...].“[35] In allen Fällen, wo sich der Film der Dunkelkammer als Kammer der Evidenz annimmt, ist es eine *nicht-intentionale Einschreibung eines signifikanten Details* in die Bildfläche, die sich schließlich dem investigativen Blick des Fotografen (und dem der Filmkamera) dann doch noch offenbart. In derartigen Diskursivierungen einer *unbeabsichtigten Zeugenschaft der Fotografie* wird zugleich noch einmal die ihr von Siegfried Kracauer attestierte Affinität zum Zufälligen betont, denn für ihn „tendiert die Fotografie im Zuge ihres Bemühens um ungestellte Wirklichkeit zur Akzentuierung des Zufälligen. Momentaufnahmen leben geradezu von Vorgängen, die sich aufs Geratewohl und am Rand abspielen.“[36] Es sind also beiläufige, manchmal in doppelter Hinsicht gar randständige Details, die es zu entdecken gilt, wobei der zum Detektiv mutierte Fotograf zumeist gar nicht genau weiß, wonach er eigentlich sucht. Doch sein Blick wird geleitet von der intuitiven Ahnung, ja, dem unverrückbaren Glauben daran, dass etwas in den Fotos enthalten ist, was Evidenzcharakter haben *muss*. Tom Holert hat jedoch in Anlehnung an Michel de Certeau[37] darauf aufmerksam gemacht, dass in Evidenzdiskursen letztlich das beschworene „Reale [...] in Form von ‚Glaubensartikeln‘ verbreitet [wird]. Das fieberhafte Enthüllen und Visualisieren produziert selbst die Bedingungen,

---

35 Diekmann, Aus der Ferne, 2004, S. 37. Vgl. Roland Barthes. *Die helle Kammer. Bemerkung zur Photographie*. Frankfurt a. M. 1989, S. 87.

36 Siegfried Kracauer. *Theorie des Films. Die Errettung der äußeren Wirklichkeit*. Frankfurt a. M. 1975, S. 45.

37 Vgl. Michel de Certeau. *Kunst des Handelns*. Berlin 1988.

unter denen Glaubwürdigkeit behauptet werden kann."[38] In diesem Sinne muss auch der Evidenz erheischende Fotograf eher als ein „Regisseur visueller Evidenz"[39] denn als unfreiwilliger Zeuge verstanden werden.

Von derartiger epistemologischer Skepsis sind die filmischen Diskurse – mit einer gleichwohl berühmten Ausnahme – aber in aller Regel frei. Sie halten es eher mit Barthes' emphatischer Bejahung einer unhintergehbaren Beglaubigungskraft der Photographie[40], betonen weitaus eher den indexikalischen, denn den konstruktiven Moment des Mediums. Die Dunkelkammer und die in ihr (nochmals) gesichteten Abzüge avancieren hierüber zu einem wortwörtlichen „Schauplatz der Evidenz"[41] im Sinne Ludwig Jägers, bei der die „Herstellungsprozeduren maskiert"[42] sind. D. h., die Zeugenschaft der Fotografie wird genährt durch die scheinbare Negation der apparativen Vermittlung und die Suggestion einer Voraussetzungslosigkeit, unter der das Gesuchte sich dann schließlich doch offenbart. Die Zuweisung an das Bildmaterial wäre somit, dass darin die Welt selbst unvermittelt zum Anschein kommt, was durch die angesprochene Nicht-Intentionalität und Zufälligkeit des fotografischen Aktes noch einmal gestützt zu werden scheint. Es handelt sich dennoch um ein in mehrfacher Hinsicht paradoxes Unterfangen, v. a. weil die *Spurensuche* in den Fotografien ja immer schon zeitlich nachgängig ist. Die nachträgliche Sichtbarmachung einer (kriminellen) Tat im Bild ist an die Nicht-Mehr-Verfügbarkeit des Geschehens selbst gekoppelt. Entsprechend werden Spuren in einem kriminalistischen Handbuch definiert als „materielle Widerspiegelungen stattgefundener Einwirkungen oder Rückwirkungen auf Objekte (Personen, Gegenstände und Materialien) im Zusammenhang mit einem kriminalistisch relevanten Ereignis."[43] Auch aus zeichentheoretischer Perspektive ist die Spur ein

materielles [...] Phänomen, das als Zeichen einer vergangenen Präsenz gedeutet wird, die dieses Phänomen durch Kontiguität hervorgebracht haben soll. Als Spur wird dabei allerdings nicht die Materie selbst angesehen, sondern die ihr im Akt der Berührung verliehene Formung [...]. Die Berührung, die zu einer Spur geführt hat, ist also nicht aktuell. Der materiellen Anwesenheit der Spur steht die Abwesenheit derjenigen Kraft gegenüber, die sie einst hervorbrachte.[44]

---

38 Tom Holert: „Evidenz-Effekte. Überzeugungsarbeit in der visuellen Kultur der Gegenwart". In: Matthias Bickenbach/Alex Fliethmann (Hg.). *Korrespondenzen: Visuelle Kulturellen zwischen früher Neuzeit und Gegenwart.* Köln, 2002, S. 200.

39 Ebd., S. 207.

40 Vgl. Roland Barthes. Helle Kammer, 1989, S. 95-99.

41 Ludwig Jäger. „Die Evidenz des Bildes. Einige Anmerkungen zu den semiologischen und epistemologischen Voraussetzungen der Bildsemantik." In: Enno Rudolph/ Thomas Steinfeld (Hg.). *Machtwechsel der Bilder. Bild und Bildverstehen im Wandel.* Zürich 2012, S. 119.

42 Ebd.

43 Frank Menzer/Ingo Wirth. „Allgemeine Spurenkunde". In: Horst Clages. *Der rote Faden. Grundsätze der Kriminalpraxis.* Heidelberg 2004, S. 283-289, hier: S. 285.

44 Jens Ruchatz. „Lemma Spur". In: ders./Nicolas Pethes. *Gedächtnis und Erinnerung. Ein interdisziplinäres Lexikon.* Reinbek bei Hamburg, 2001, S. 558.

Dieser Absenz-Charakter wird in der nachträglichen Entdeckung einer Spur in der Dunkelkammer sogar noch verdoppelt, es muss also einer doppelten Nicht-Verfügbarkeit nachgegangen werden. Aber die Entscheidung darüber, ob das schließlich Entdeckte nun eine Spur ist oder nicht, fällt nur bedingt in der Dunkelkammer selbst. Denn es sind ja keine unmittelbaren Tataufnahmen, die hier besichtigt werden, (das wäre juristisch ein Beweis), sondern bestenfalls ‚materielle Widerspiegelungen stattgefundener Einwirkungen' (also Indizien), die ihrer Einbettung in ein Narrativ, wenigstens aber in eine Kette von Schluss-folgerungen harren. Diesen Vorgang, aus hinterlassenen Spuren einen möglichen und spekulativen Tathergang zu rekonstruieren, also durch Abduktion auf Grundlage von Indizien eine Ursache aus ihren Wirkungen zu folgern, rechnet Carlo Ginzburg bekanntlich dem Indizienparadigma zu.[45] Nicht von ungefähr steht die oben beschriebene Sequenz aus RIPPER STREET in unmittelbarer zeitlicher Nachbarschaft zur Obduktion der gefundenen Leiche in der Morgue. Der Gerichtsmediziner findet an der Leiche eine kleine gelatineähnliche Masse, die er trotz der drängenden Nachfragen des Inspektors vorerst nicht klassifizieren oder zuordnen kann. Er ermahnt aber den Inspektor, dieser müsse doch eigentlich *Beweise* suchen. Obduktionssaal und Dunkelkammer werden hier also ana-logisiert – an beiden Orten lassen sich vorerst nur Indizien besichtigen, wobei noch nicht einmal klar ist, ob das Gefundene nun als Spur taugt oder nicht.

Bei Lichte besehen, sind die in der Dunkelkammer vorgefundenen Spuren der Tat in der Regel von geringer Aussagekraft und Evidenz: In THE MIDNIGHT MEAT TRAIN (Ryūhei Kitamura, USA 2008) ist Leon Kauffman ein klassischer *Street Photographer*, also ein Protagonist des Zufalls im Kracauer'schen Sinne. Zufällig vor Ort, fotografiert er eine junge Frau, während sie von einer Bande Jugendlicher überfallen wird. Er vertreibt die Bande, setzt die Frau dann in einer U-Bahn ab und fotografiert sie noch beim Betreten des Waggons. Am nächsten Tag erfährt er, dass sie spurlos verschwunden ist. Wiederum zufällig fotografiert er am gleichen Abend einen bulligen Mann, der einen markanten Siegelring trägt, und folgt ihm, bis dieser unvermittelt stehenbleibt und den Fotografen wortlos am Kragen packt. Nachdem der Fremde schließlich von ihm abgelassen hat, studiert der aufgewühlte Leon im Rotlicht seiner Dunkelkammer noch ein-mal die Abzüge des letzten Tages. Auf einer sehr unscharfen Aufnahme, die er mittels Lupe näher betrachtet, entdeckt er, dass der Mann von ihm schon mal abfotografiert worden zu sein *scheint*. Gestern Nacht in der U-Bahn-Station? Als er sich daraufhin noch einmal das letzte Foto von der den Waggon besteigenden Frau anschaut, bemerkt er schließlich eine siegelringbewehrte Hand, die von innen die Waggontür umklammert. Ist es dieselbe Hand, ist es derselbe Mann? Wenn ja, ist seine fotografisch dokumentierte Anwesenheit Indiz genug für seine Täterschaft (zumal Leon diesem Zeitpunkt noch gar nicht weiß, dass die verschwundene Frau tatsächlich in diesem Waggon bestialisch ermordet worden ist)? Oder hat der zweifache Zufall nur einen Zusammenhang suggeriert, der

---

45 Vgl. Carlo Ginzburg. *Spurensicherungen: Über verborgene Geschichte, Kunst und soziales Gedächtnis.* Berlin 1983.

näherer Überprüfung nicht standhalten würde? Ist der Fotograf womöglich nur sein eigener ‚Regisseur' bei der Feststellung visueller Evidenz gewesen?

Auch in THE OMEN (Richard Donner, USA 1976) ist die Beweiskraft der fotografischen Spurensuche erst einmal gering. Der Fotograf Keith Jennings stößt in der Dunkelkammer auf merkwürdige Spuren bei Fotos, die er im Umfeld der Familie des Botschafters Robert Thorn gemacht hat. Zwei kürzlich verstorbene Menschen, ein Kindermädchen und ein Priester, die mit den Thornes in Kontakt standen, sind auf diesen Fotos von dunklen Linien umzogen, die offenbar ihren bevorstehenden Tod anzeigen. Im Zuge seiner Recherchen erkennt Jennings wiederum auf einem seiner Fotos, dass auf dem Arm des toten Priesters die Zahl 666 tätowiert ist, und findet überdies heraus, dass dies den Geburtsdaten des bei der Geburt vertauschten Sohnes der Thorns, Damien, entspricht. (Dieser ist vom Satan gezeugt worden und für die beiden Tode verantwortlich.) Jennings hat selbst ein hohes Interesse an der Aufklärung der Vorgänge, weil auf einem Foto, das er unfreiwillig von sich selbst in einem Spiegel geschossen hat, die nämlichen Linien zu finden sind – auch hier wird sich später die Prophezeiung bewahrheiten. In der Genrelogik des Horrorfilms sind derartige Vorzeichen und spiritistischen Ausdeutungen natürlich naheliegender als in anderen Genres. Doch dies ändert nichts an dem Gesamtbild, dass die filmischen Narrative jeweils die sukzessive Entfaltung der Evidenzketten verfolgen, die sich aus dem eingefrorenen Moment des fotografischen Details heraus entspinnen. In beiden sowie in vielen weiteren vergleichbaren Fällen stößt die Foto-Observation in der Dunkelkammer die Initiierung eines Indizienparadigmas an, an deren Ende die triumphale Bestätigung des initialen Verdachts steht und der Täter, wenngleich unter hohem persönlichen Risiko für den Fotografen, überführt wird. Der fotografische Index wird in seiner Substantialität durch das filmische Narrativ nachhaltig bestätigt, die Signifikanz des nicht-intentionalen Details bekräftigt, die Abduktionen, die der Fotograf anhand des Materials getätigt hat. erweisen sich als stichhaltig – alles in allem: eine Verneigung vor der Wirkmächtigkeit der fotografischen Evidenz-Erzeugung.

In ASCENSEUR POUR L'ÉCHAFAUD (Louis Malle, F 1958) wird dieser Evidenzcharakter nochmals zugespitzt durchgespielt, indem die Dunkelkammer eines kleinen Fotolabors in einem Motel nicht nur zum Ort der Beweisführung, sondern auch noch gleich zum *Ort einer doppelten Täterüberführung* wird – eine weitere Heterotopie also. Der Zufall will es, dass sich dort die Aufklärungen dreier Morde überschneiden: Der geplante und vollstreckte Mord von Jules Tavernier und Florence Carala am älteren Ehemann der Frau und der ungeplante Mord des jungen Paares Veronique und Louis an zwei deutschen Touristen, mit denen die beiden in besagtem Motel den Abend verbracht haben. Beim Versuch, den Mercedes der Deutschen zu stehlen, wird Louis von den beiden ertappt und erschießt sie mit dem Revolver, den der notorische Autodieb just im Wagen von Jules Tavernier, den er tags zuvor gestohlen hat, gefunden hat. Dort befand sich aber auch noch Jules' Fotoapparat, mit dem die deutsche Frau abends das junge Paar und ihren Ehemann fotografiert hat. Nun geraten zwei Indizienketten überkreuz, und die jeweiligen Täter suchen aus unterschiedlichen Motiven nach dem Film, den Veronique noch an besagtem Abend im Fotolabor zur

Entwicklung abgegeben hat. Louis will den Film haben, da er weiß, dass darauf Fotos sind, die ihn zusammen mit den Getöteten zeigen. Florence wiederum verspricht sich davon Entlastung für den inzwischen zu Unrecht des Doppelmordes an den Deutschen verdächtigten Jules. Was sie nicht ahnt ist, dass auf dem Film auch noch Fotos waren, die sie und Jules als Liebespaar ausweisen. Sie und Louis kommen kurz hintereinander im Labor an, in dem der Laborant gerade den Film entwickelt hat. Aber er ist nicht alleine, bei ihm sind der ermittelnde Inspektor und sein Assistent. Sie lassen den zuerst eintreffenden Louis nur einen kurzen Blick auf die ihn betreffenden Fotos werfen, dann wird er verhaftet. Als Florence eintrifft, zeigt der Inspektor ihr aber auch noch die Fotos von ihr und Jules und ordnet mit der lakonischen Bemerkung, „Fotos sind oft verräterisch", darüber die Morde jeweils den richtigen Tätern zu. Wieder zeigt uns die Filmkamera das allmähliche Hervortreten der fotografischen Spuren auf dem Papier im Entwicklungsbad, wieder sehen wir Hände (die von Florence), die zärtlich über die Fotos von ihr und Jules gleiten – und wieder ist der Evidenzgrad der Fotos doch mehr als fraglich und eben alles andere als ein Beweis. Es ist bestenfalls der reine Ausweis von leiblicher Kopräsenz der je beteiligten Figuren, doch die suggestive Kraft des ‚Es-ist-so-gewesen' reicht offenbar aus, sodass sich die jeweils Beschuldigten widerspruchslos in ihre Verhaftung fügen.

Die angesprochene Ausnahme, was die filmische Hypostasierung des fotografischen Beweises angeht, ist natürlich BLOW UP (Michelangelo Antonioni, GB 1966): Der Berufsfotograf Thomas macht zunächst unbemerkt Fotos von einem Paar in einem Londoner Park. Als die Frau ihn bemerkt, will sie ihn von weiteren Schnappschüssen abhalten. Später besucht sie ihn gar in seinem Atelier und verlangt ultimativ die Herausgabe des fraglichen Rollfilms. Thomas gibt ihr einen anderen Film mit und fragt sich nun, was es mit der Sache auf sich hat. Er entwickelt das Material und macht großformatige Abzüge, die er in seinem Studio aufhängt. Notorisch hakt sich auch hier der schweifende Blick des Fotografen an einer Stelle ein, an der ihn etwas zunächst Unbestimmtes irritiert. Mit dem titelgebenden ‚Aufblasen', also immer weiteren Vergrößerungen der Fotografie, prozessiert Thomas schließlich ein extrem grobkörniges Bild, auf dem Umrisse eines mit einer Pistole bewaffneten Mannes zu erkennen sind, der aus einem Gebüsch heraus seine Waffe auf den im Vordergrund stehenden männlichen Teil des Paares zu richten scheint. Thomas glaubt zunächst, durch seine Anwesenheit einen Mord verhindert zu haben, entdeckt aber später doch eine männliche Leiche an der fraglichen Stelle des Parks. Während seiner Abwesenheit wurde in sein Studio eingebrochen, die inkriminierenden Abzüge und die Negative sind verschwunden, nur ein Abzug ist erhalten geblieben, der aber derart grobkörnig ist, dass man darauf nichts erkennt. Als Thomas am nächsten Tag noch einmal zu der Stelle im Park geht, ist die Leiche verschwunden.

In BLOW UP ist die Dunkelkammer sehr viel expliziter als in den Vergleichsfilmen ein Nicht-Ort, während der eigentliche Schauplatz der Evidenzerzeugung das Studio ist, an dessen Wänden Thomas die großformatigen Abzüge aufgehängt hat. Die Dunkelkammer ist nur ein Durchgangsort, in dem die jeweils nächste Vergrößerung hergestellt, allenfalls kurz geprüft und dann nach draußen befördert wird. Auch Thomas bedient sich bei seiner Rekonstruktion des Geschehens einer abduktiven Vorgehensweise, jedoch ist das Verfahren hier eben *kein* primär fotografisches, sondern eindeutig ein filmisch gestütztes. Denn Thomas hängt die Vergrößerungen sequentiell nebeneinander, wie extrem große *Stills* einzelner Einstellungen, und ‚montiert' sie qua Blick zu einer Sinn- und Handlungseinheit. Auch die Filmkamera ihrerseits ‚observiert' und kombiniert bildraumfüllend die einzelnen Fotos, zoomt in sie hinein, springt auf Details, ‚sucht' nach Indizien und Zusammenhängen. Doch dehnt Blow up die Erkenntnisskepsis auch auf diese quasi-filmische Beweisführung aus und bindet dies ein in die generelle Verhandlung von Wahrnehmungsprozessen, für die dieser Film berühmt geworden ist. Selbst der scheinbar den Verdacht bestätigende Fund der Leiche im nächtlichen Park findet unter einem derart ostentativen Scheinwerferlicht statt, dass die gezielt hergestellte Künstlichkeit der Szene Zweifel an ihrem Realitätsgehalt nährt. Auch die Tatsache, dass während Thomas' Rekonstruktionsarbeit vor seiner Fotowand die vormaligen Windgeräusche während der Aufnahmen im Park wieder zu hören sind, markiert einen ambivalenten Status des Gezeigten. Und wenn Thomas in der berühmten Schlusssequenz eine Gruppe von Pantomimen beobachtet, die ein Tennisspiel imitieren, und plötzlich die Geräusche des Tennisballs zu hören sind, ist die Zuverlässigkeit der menschlichen und der medialen Wahrnehmung endgültig in Frage gestellt. Mutmaßlich ist auch Thomas nichts anderes als der ‚Regisseur' seines eigenen Indizienparadigmas gewesen.

Kammern des Schreckens

Figuriert die Dunkelkammer als Ort der Indizienerhebung im positiv kodierten Feld der Epiphanie, so ist ihre Semantisierung zu Orten des Schreckens ersichtlich an den o. a. Status als Abjekt rückgekoppelt. Während in den zuletzt vorgestellten Beispielen die Dunkelkammer als Ort inszeniert wurde, an dem sich auf den Fotografien Spuren eines vorgängigen schrecklichen Geschehens *zeigen*, wird es im Folgenden darum gehen, wie die Dunkelkammer filmisch als Ort diskursiviert wird, an dem sich Schreckliches *zuträgt*. Auch dies verändert wieder den Status der Dunkelkammer, nicht zuletzt im Hinblick auf die räumliche Ausdehnung des ihr dergestalt zugesprochen semantischen Feldes: In Se7en (David Fincher, USA 1995) ist die Dunkelkammer des Serienmörders John Doe eingelassen in ein düsteres Ensemble bizarrer Innenräume, in denen in einem Schrein Trophäen seiner bisherigen Opfer aufbewahrt, menschliche Gliedmaßen in einem Weckglas konserviert, in Schubladen unheimliche Werkzeuge gesammelt, Unmengen an Büchern gehortet und eben auch Papierabzüge aufgehängt wurden, auf denen die Ermordeten im Moment ihres Todes, aber auch solche, auf denen potentielle künftige Opfer (u. a. eines des ermittelnden Polizisten Mills) zu sehen sind – ein perfides Medienensemble der Konservierung. Nur vom flackernden Licht ihrer Taschenlampen erhellt, bewegen sich Mills und sein älterer Kollege Somerset tastend und zögernd durch diese Wunderkammer der Pathologie, in denen vergangene und künftige Schrecken demonstrativ ausgestellt sind, wobei das Herzstück dieser in jeder Hinsicht dunklen Kammern eben die Dunkelkammer selbst ist. Während sich Mills, der intradiegetisch der Welt der Bilder zugeordnet ist, v. a. an den vorgefundenen Fotografien abarbeitet, die er obsessiv mit seiner Taschenlampe anleuchtet, gerade so, als sei hinter ihrer plakativen Oberfläche noch irgendein signifikantes Detail verborgen, das es zu identifizieren gelte, interessiert sich Somerset als dezidierter *homme de lettres* weitaus mehr für die Bücher und schriftlichen Aufzeichnungen John Does. Somit spiegelt diese Sequenz auch die unterschiedlichen Zugriffsweisen der beiden Cops wider: Mills glaubt an die Evidenz des fotografischen Zeugnisses, während Somerset nach dem Narrativ fandet, das die Serie an Morden zusammenhält (es sind, wie sich schließlich herausstellt, die Sieben Todsünden). Anders ausgedrückt: Mills arbeitet auf der paradigmatischen, Somerset auf der syntagmatischen Ebene. Dies wird in Se7en noch einmal in der berühmten Bibliotheks-Sequenz aufgegriffen, in der Somerset u. a. in Chaucers Canterbury Tales und Dantes Divinia Comedia nach den Vorlagen und Inspirationen des Killers fahndet, während Mills zeitgleich vergeblich versucht, aus den Tatortfotos irgendeinen Hinweis abzulesen: „Auch die Körperhaltung dieser beiden Männer ist aussagekräftig. Der eine ist gelassen in die Lektüre altvertrauter Bücher versenkt, fühlt sich in der von ihnen aufgerufenen imaginären Landschaft wohl. Der andere sitzt verkrampft vor dem Bild und Textmaterial, das sich ihm nicht erschließen will."[46] Bereits der Vorspann von Se7en setzt sowohl das Spannungsverhältnis als auch das Zusammenwirken von Fotografie und Schrift bei der Kreation des mörderischen Plans explizit in Szene: Und wieder fokussiert sich die Filmkamera auf die *Hand*, hier eben die John Does, der in sehr kleiner Schrift auf eng beschriebenen Seiten jene Notizbücher produziert, die Somerset später in seiner Wohnung finden wird, der mit einer Rasierklinge seine Fingerkuppen beschneidet, um keine daktyloskopisch verifizierbaren Spuren am Tatort zu hinterlassen, der offenbar fotokopierte Abbildungen von zwei Händen auf ein Stück Papier klebt etc. Elisabeth Bronfen, die eine sehr ausführliche und genaue Analyse dieser *opening credits* verfasst hat, hat die dort akzentuierte Kooperation dieser Hand mit dem fotografischen Handwerk herausgestellt:

> Der schreibenden Hand fügt Fincher Darstellungen davon hinzu, wie diese Hand Fotografien entwickelt, eine Reihe Negative in einzelne Bilder schneide, den Rand einer Fotografie abschneidet, Fotografien in die dicht beschriebenen Seiten einklebt, mit einem Filzstift einzelne Satzstücke auf einer bedruckten Seite durchstreicht, die Augen eines gezeichneten Gesichts mit einem Balken versieht, Zeichnungen bearbeitet, mit Klarsichtfolien überdeckt und sie so in die Notizbücher einklebt. Immer wieder werden diese verschiedenen Arten der Abbildung – die Schrift, die Zeichnungen, die Negative, die Abzüge – von Fincher übereinandergeblendet.[47]

Und in diesem Zuge kommen natürlich auch immer wieder, wenn auch sehr kurze, Einstellungen aus der Dunkelkammer zum Tragen, bis in einem geradezu paradigmatischen *split screen* die beiden Schauplätze des Schreckens – Notizbuch

---

46 Elisabeth Bronfen. *Heimweh: Illusionsspiele in Hollywood.* Berlin 1999, S. 14
47 Ebd., S. 35.

und Dunkelkammer, Schrift und Fotografie – in ihrem lethalen Zusammenwirken vereint werden. [Abb. 3]

Abb. 3: Dunkelkammer und Notizbuch als Orte der Schreckensproduktion
(Screenshot aus SE7EN)

Kann in Bezug auf SE7EN von einer *Extension* der Dunkel- zu einer Wunderkammer des konservierten Grauens gesprochen werden, ist die räumliche Dimension im nächsten Filmbeispiel genau umgekehrt: Die Dunkelkammer *kontrahiert*, indem sie aufgefüllt wird zu einer medialen Waffenkammer. PEE-PING TOM (Mike Powell, GB 1960) gehört zu den wenigen Filmen, die tatsächlich ein Filmlabor zum Schauplatz machen, allerdings handelt es sich hierbei eben um ein hochgradig heterotopes Ensemble, in dem die Bestandteile der Dunkelkammer, Leinwand, Scheinwerfer, Kamera und Projektor, aber auch Tonbandgeräte – also alle Facetten privater Filmproduktion – versammelt sind (ähnlich wie bei der o. a. Fotografie Moulins). Mark Lewis, in dessen Wohnung diese kinematographische Wunderkammer beheimatet ist, ist ein pathologischer Voyeur, der Frauen mit seiner 16mm-Kamera aufnimmt, kurz bevor er sie mit einem am Kamerastativ befestigten Stilett tötet. Es geht ihm um die Fixierung des Todesaugenblicks, aber auch um die Revivifikation der ermordeten Frauen in Gestalt ihrer filmischen Konservierung. Immer wieder schaut er sich daher diese makaberen Filme in seinem Refugium an. Die Dunkelkammer sieht man in PEEPING TOM nie als Ort der Entwicklung, sondern nur als Ort der Filmprojektion. Mark ist hauptberuflich aber eben auch Fotograf, der sein Geld mit Aktphotos verdient. Naheliegend, dass er auch diese Bilder in seiner Dunkelkammer entwickelt, doch auch hiervon zeigt Powells Film nichts, so wie wir überhaupt keines dieser Aktphotos jemals zu sehen bekommen, nur ihre Entstehung und ihre versteckte Distribution in einem Zeitschriftenladen. Wenn hier also Film und Fotografie ineinander verschachtelt und mit den Sphären von Eros und Thanatos amalgamiert werden, wir aber letztlich nur die Todesfilme zu sehen bekommen (im Moment ihrer Produktion wie ihrer Projektion), wenn

Powell uns auch immer wieder durch die Kamera des Killers blicken lässt, dann ist ein düsteres Vexierspiel um Voyeurismus, den Augensinn und Schuld initiiert, das auch den Status der Dunkelkammer ein weiteres Mal umdefiniert.

Eines Nachts, als er gerade wieder sein jüngstes ,Werk' begutachten will, bemerkt Mark die blinde Mutter seiner Nachbarin Helen in der Dunkelkammer, zu der sie sich Zugang verschafft hat, weil sie jede Nacht vom Surren des Projektors ein Stockwerk tiefer geweckt wird. Mark leuchtet sie mit einem seiner Scheinwerfer an und will sie zunächst aus dem Labor ins Wohnzimmer bitten, doch sie verweigert das mit dem vieldeutigen Satz: „I feel at home here." Mit ihrem Blindenstock, dessen scharfe Spitze nicht von ungefähr an Marks Stativ mit der Stilett erinnert, tastet sie sich durch Marks Kammer des Schreckens, kommt ihm damit einmal sogar gefährlich nahe. Mark stellt den Projektor wieder an, unfähig weiter auf den Augenblick zu warten, indem er die angstgeweiteten Augen seiner Opfer in der filmischen Aufzeichnung sieht. Während Helens Mutter ihn fragt, *welche* Filme ansehen zu können er jede Nacht kaum erwarten kann, bleibt Marks Blick manisch auf die Leinwand fixiert. Als sein Gast ihn auffordert, „Take me to the cinema!", nimmt er sie an die Hand und führt sie vor die Leinwand. Wieder ist es eine Hand, die ein Bild streichelt, wenn Helens Mutter das Projektionsbild abzutasten sucht und ironisch fragt: „What am I seeing, Mark?" Doch die Projektion bricht ab und der verzweifelte Mark trommelt mit seinen Fäusten auf die Leinwand ein – das Licht ist bei seiner Aufnahme zu früh verloschen, der tödliche Augenblick wurde verpasst.

Auch das Finale von PEEPING TOM findet in dieser *medialen Waffenkammer des Voyeurismus* statt: Nachdem sich zwischen Mark und Helen eine zarte Liaison entwickelt hat, kommt sie langsam hinter sein düsteres Geheimnis. Schließlich offenbart er sich vor ihr, bedroht sie aber gleichzeitig mit seiner Kamera. Erst jetzt enthüllt sich uns ein weiteres obszönes Detail von Marks filmischer Versuchsanordnung, denn auf der Kamera ist ein großer Zerrspiegel angebracht, sodass seine Opfer ihren eigenen Todesmoment mit ansehen mussten: „I made them watch their own death! I made them see their own terror as the spike went in", formuliert Mark mit kaum verhülltem Stolz sein Motiv. Scheint er Helen zunächst zum weiteren Bestandteil seiner Sammlung von Todesfratzen machen zu wollen, lässt er dann aber ab von ihr mit den Worten, „I promised never to photograph [!] you! Not you!". Unterbrochen wird er zudem, als die von Helens Mutter alarmierte Polizei sich dem Haus nähert. Mark zerschlägt die Fensterscheibe, um die Polizisten zu filmen, stellt dann die Tonbandgeräte an, auf denen die Todesschreie seiner Opfer zu hören sind und richtet alles für seine finale mediale Inszenierung her: eine ganze Batterie von Fotoapparaten mit Blitzlichtern begleitet ihn, während er auf sein eigenes Kamerastilett zu rennt und sich mithilfe dessen schließlich selbst richtet. Mit den Worten „Watch them, Helen! Watch them say goodbye, one by one!", eröffnet er seinen suizidalen Lauf entlang dieser Kameras, die Powell jeweils alternierend einschneidet und dadurch Marks Worten eine merkwürdige Ambivalenz verleiht. Spricht er von seinen ehemaligen Opfern oder von seinen Kameras? Jedenfalls erinnert das dispositive Arrangement wohl nicht zufällig stark an Eadweards Muybridges Serienfotografie und dessen Reihenaufnahmen von galoppierenden Pferden. Muybridges

Kameras waren ja abstandsgleich aufgebaut und sie wurden durch Schnüre, welche die Pferde mit ihren Hufen durchtrennten, ausgelöst.[48] Zwar bleibt unklar, wodurch Marks Kameras ausgelöst werden – hat er sie vorher programmiert, reagieren sie nach Art einer Lichtschranke? – aber sein letzter Gang wird durch ein entsprechendes Blitzlichtgewitter gerahmt. In dieser bizarren Schlussvolte wird auch die eigentliche Funktionalität der Dunkelkammer endgültig in ihr Gegenteil verkehrt: Der Ort, der eigentlich vor jedem falschen Lichteinfall zu schützen ist, löst sich auf in einer einzigartigen Überbelichtung.

In seiner monströsen Bricolage der einzelnen (Todes-)Aufzeichnungsmedien stellt PEEPING TOM fraglos die prononcierteste Semantisierung der Dunkelkammer als Kammer des Schreckens dar. Zuweilen nimmt diese Art der filmischen Umkodierung aber auch skurrile Züge an: So etwa in Dario Argentos Beitrag THE BLACK CAT zum Anthologiefilm TWO EVIL EYES (George A. Romero/Dario Argento, I/USA 1990), der aus zwei lose auf Motive Edgar Allan Poes rekurrierenden Filmen besteht. Der erbitterte Kampf zwischen dem Tatortfotografen Rod Usher und der schwarzen, womöglich mit übernatürlichen Kräften ausgestatteten Katze seiner Verlobten beginnt in der Dunkelkammer, während Usher gerade Tatortfotos eines grausamen Mordes entwickelt: Gerade so, als sei die Bestialität des Schauplatzes auf die Katze übergesprungen, greift sie den Fotografen an und kratzt ihn blutig. Damit ist ein obsessiver Streit initiiert, in dessen Zuge Rod die Katze (wenn auch eher unbeabsichtigt) während einer Fotosession in seiner Dunkelkammer stranguliert. Indem er das Foto der toten Katze zum Coverbild seines Bildbandes ‚Metropolitan Horrors' wählt, setzt er eine Kette weiterer Gewalttaten in Gang, in deren Verlauf die Katze (bzw. offenkundige Wiedergänger von ihr) ihn letztlich in den Tod treibt.

Auch DIE DUNKELKAMMER. HORROR SHORT MOVIE (Ethan Marek, USA 2019), ein Kurzfilm eines US-amerikanischen Filmstudenten[49], scheint von Poe bzw. seinem berühmten Diktum, der von ihm in seinen Texten beschriebene Terror stamme nicht aus Deutschland, sondern aus der Seele, inspiriert worden zu sein.[50] Anders ist jedenfalls kaum zu erklären, warum die drei Darsteller in sehr gebrochenem Deutsch reden (ihre Dialoge sind zudem noch deutsch untertitelt) und auf dem entsprechenden Youtube-Kanal der Film radebrechend beworben wird mit: „Der dunkelste Ängste im die Schwarzweißfotographieprozess". Der selbst teilweise in schwarzweiß gedrehte Film handelt von zwei Frauen, Anja und Maria, die in einer Art Schule offenbar gerade die Grundlagen der Dunkelkammertechnik von Jürgy, ihrem Lehrer, erklärt bekommen bzw. ihm die anfallenden Handgriffe noch einmal aufsagen müssen. Während Maria im Vorraum den Rollfilm für die Entwicklung präparieren soll, gehen Anja und Jürgy in die Dunkelkammer, wo er noch einmal die Schritte der

---

48 Vgl. Rebecca Solnit. *River of Shadows: Eadweard Muybridge and the Technological Wild West.* New York 2003.

49 Abrufbar unter https://www.youtube.com/watch?v=2aeuSH61CgM .

50 Vgl. *The Cambridge Companion to Edgar Allen Poe.* Hg. von Kevin J. Hayes, Cambridge 2002, S. 84. Poe reagierte mit dieser Aussage auf die häufig erhobenen Vorwürfe, er sei letztlich übermäßig von den deutschen Romantikern inspiriert worden.

Fotoentwicklung abfragt. Nach einem spitzen Schrei von Maria begibt sich Jürgy in die Lichtschleuse, um wieder nach draußen zu gelangen, kann aber die Türen nicht mehr öffnen und scheint in der Schleuse zu verschwinden. Maria, die sich offenbar beim Zuschneiden des Films verletzt hat, versucht ihrerseits in die Schleuse zu gelangen, worin sie nach Absonderung eines spitzen Schreis aber ebenfalls zu verschwinden scheint. Im Inneren der Dunkelkammer vernimmt Anja ein mehrmaliges lautes Klopfen. Sie öffnet die offenkundig menschenleere Schleuse, wird aber dann von Klingeln des Zeitmessers noch einmal ans Entwicklungsbad zurückgerufen. Als sie den Abzug herausholen will, springt auf einmal ein Arm aus dem Bad und greift nach ihr. Die letzte Einstellung zeigt Maria, die jetzt in ein überdimensionales Negativ eingesperrt ist.

Wie wir schon anhand von THE OMEN sehen konnten, ist das Horrorfilmgenre in besonderer Weise mit der Fotografie und ihrer Entwicklungsstätte assoziiert und zwar über das Moment der übernatürlichen Erscheinung, konkret: der Geisterfotografie.[51] Die letzten beiden Filme, die wir näher betrachten wollen, arbeiten ähnlich wie THE OMEN mit der Einschreibung übernatürlicher Spuren in Negativ und Papierabzug, gehen jedoch, was die Rematerialisierung von Verstorbenen *in* der und *durch* die Fotografie noch einen bedeutenden Schritt weiter: Es handelt sich um die beiden – vom Titel her ja schon verheißungsvollen – Filme SHUTTER, also ‚Verschluss‘ (Masayuki Ochiai , USA 2008) – ein amerikanisches Remake des gleichnamigen thailändischen Films von 2004 – und POLAROID (Lars Klevberg, USA/CAN/NOR 2019). Beide Filme gehören zu den eingangs erwähnten, die in anachronistischer Weise gegenwärtige und vergangene fotografische Technologien nebeneinanderstellen. Und in beiden Fällen formulieren die Filme interessante Analogien zwischen der Dunkelkammer und der (analogen) Polaroid-Kamera, was die Befähigung zur Materialisierung von Geistern angeht. Technisch besehen ist die Sofortbildkamera, deren erste Vorläufer bis in die 1930er zurückreichen, die aber erst mit der legendären Polaroid SX-70 in den 1970ern entsprechende Verbreitung fand[52], ja eine Hybridisierung der bis dato getrennten Aufnahme- und Entwicklungsprozesse des fotografischen Bildes. Indem das Bild unmittelbar nach der Belichtung motorisch ausgeworfen wird, kann der nachfolgende Entwicklungsprozess unmittelbar beobachtet werden – sozusagen, eine Dunkelkammer *en miniature*, die man in der Hand halten kann. Die Polaroid-Kamera hat in den letzten Jahren ja eine erstaunliche Renaissance erfahren, sowohl als Technologie wie als Gegenstand kultureller Reflexion. (Bezeichnenderweise sind es immer wieder die taktilen Momente des unmittelbaren Kontakts mit dem Fertigbild, die von entsprechenden Werbekampagnen ins Feld geführt werden.) Im Jahre 2018 gab es eine Ausstellung mit Polaroid-Fotografien berühmter Fotokünstler

---

51 Vgl. Lars Robert Krautschick. *Gespenster der Technokratie. Medienreflexion im Horrorfilm*. Berlin 2015. Vgl. stellvertretend für die vielen Abhandlungen über die Geisterfotografie: Tom Gunning. „Unsichtbare Welten, sichtbare Medien". In: Corey Keller (Hg.). *Fotografie und das Unsichtbare. 1840-1900.* Wien 2009, S. 51-63.

52 Vgl. Meike Kröncke/Barbara Lauterbach/Rolf F. Nohr (Hg.). *Polaroid als Geste.* Ostfildern-Ruit 2005.

im Hamburger Museum für Kunst und Gewerbe, und auch im Film ist die Polaroid-Kamera – neben ihrer häufigen Verwendung in einigen Filmen von Wim Wenders – spätestens seit ihrer dominanten Rolle in Memento (Christopher Nolan, USA 2000) wieder allgegenwärtig.

In Shutter reist das frisch verheiratete Paar Jane und Ben Shaw nach Japan, da Ben Fotograf ist und dort einen Auftrag bei einer Agentur in Tokio angenommen hat, bei der er früher schon mal angestellt war. Ihre Flitterwochen verbringt das Paar in einem abgelegenen Teil Japans, und bei der Fahrt zu ihrem Ferienhaus überfährt Jane augenscheinlich eine junge Frau, die aber danach an der Unfallstelle nicht aufzufinden ist. Fortan entdecken Jane und Ben immer wieder weiße Schleier auf Bens Fotografien. Schnell wird klar, dass es sich hierbei um Geistererscheinungen handeln muss, und es stellt sich heraus, dass es der Geist Megumis ist, einer früheren Geliebten Bens, der Kontakt aufnehmen möchte. Denn Ben hatte damals zugelassen, dass seine Freunde sich an ihr vergingen, und selbst prekäre Fotografien davon angefertigt, woraufhin Megumi sich das Leben nahm. In Shutter sind es die unterschiedlichsten Kameratypen, die ihren Geist erscheinen lassen können und die jeweils als Medium zwischen Diesseits und Jenseits fungieren. Sowohl analoge als auch digitale Kameras, professionelle wie Einwegkameras kommen hier zum Einsatz. Eine besondere Bedeutung wird in Shutter aber der Sofortbildkamera zugeschrieben, die dort als der Kronzeuge animistischer und paranormaler Phänomene herausgehoben wird, da – so erläutert es im Film ein Spezialist für Geisterfotografien – bei diesem Kameratyp ja kein weiterverwendbares Negativ entsteht und daher eben auch keine Manipulation stattfinden kann.

Die Blicke durch den Sucher der Kameras oder auf das Display können Megumis Geist zunächst nicht rematerialisieren. Erst die Bildprozessierung in Dunkelkammern oder Fotolabors bzw. die Wandlung der Lichtwellen in digitale Signale führen zur Rematerialisierung, zur wortwörtlichen Bildwerdung der Verstorbenen. Entsprechend zeigt sich Megumis Geist nicht sofort und in Gänze, materialisiert aber seine Präsenz anfänglich in Gestalt heller Schlieren auf der Fotografie. Insgesamt steht in Shutter die Kontaktaufnahme des Geistes v. a. mit Jane, das *Channeling* mit der diesseitigen Welt im Zentrum. Das Paranormale versucht durch Medienkanäle zu kommunizieren, durch menschliche Medien (auch diese kommen in Shutter vor), insbesondere aber durch technische Medien. Bei Fotografien einer Modestrecke von Ben werden erneut die hellen Schlieren sichtbar, die auf eine bestimmte Etage eines Gebäudes hinweisen, die Jane aufsuchen soll, um dort eine Gruppenfotografie mit der noch lebenden Megumi zu finden. Und kurz vor der Aufdeckung von Bens dunklem Geheimnis betrachtet Jane die entwickelten Fotos der Einwegkamera von ihrer Hochzeitsnacht und schnell wird klar, dass Megumi ihr hier schon eine Botschaft übermitteln wollte. Auf diesen Fotos erscheint der Geist nun transparent, aber figürlich. Jane legt die Abzüge in eine bestimmte Reihenfolge und spielt sie als Daumenkino ab. Damit kann sie die Bewegung Megumis durch den Raum nachvollziehen und findet am Schlusspunkt der Bewegung – Megumi verschwindet hinter einer Fotografie an der Wand – die prekären Beweise für Bens Vergehen. *Die Fotografie macht zwar die okkulten Phänomene sichtbar, doch erst die Kontextualisierung der einzelnen Bilder zu einer filmischen ganzheitlichen Bewegung füllt die narrativen Lücken.* Insgesamt führen die Fotoapparate im zeitgenössischen Horrorfilm ein merkwürdiges Eigen- bzw. ein von den sie nutzenden Geistern ferngesteuertes Leben: Sie verlagern automatisch den Schärfebereich, lösen die Belichtung aus, erschießen ihre Bildobjekte durch den Sucher etc. Auch in SHUTTER wird das finale Polaroid, das den Aufenthaltsort Megumis verrät, durch die von Ben wutentbrannt zu Boden geworfene Kamera gleichsam wie von Geisterhand ausgelöst. Der Geist offenbart sich ein letztes Mal durch das Medium der Sofortbildkamera.

Entscheidend ist, dass die dämonische Erscheinung Megumis in SHUTTER in diversen *Entwicklungsstadien* gezeigt wird, eben wie bei den Vorgängen, die wir bei der Sofortbildkamera oder im Entwicklungsbad in der Dunkelkammer zu sehen bekommen. Gleichzeitig wird dadurch die genealogische Entwicklungslinie von der Fotografie zum Film reflektiert. Der Entwicklungsprozess reicht von den hellen Schlieren auf den Abzügen, über Megumi als Schattenbild, über die flächige, aber figürliche Materialisation auf Scheiben und Fotos, über die Gestalt Megumis auf einem im Fixierbad liegenden Abzug, auf dem sie den Kopf dreht, sich also Bewegung einschreibt, bis hin zur schließlich vollständigen Materialisierung des Geistes in Bens Dunkelkammer [Abb. 4]. Fotografische *und* filmische Prozesse werden gleichermaßen mit Prozessen der Geistmaterialisierung verschränkt.

Abb. 4: Megumi materialisiert sich als Körper in Bens Dunkelkammer
(Screenshot aus SHUTTER)

Auch in POLAROID tauchen unterschiedliche Kameratypen auf, doch im Zentrum steht, wie der Titel schon verrät, die legendäre Sofortbildkamera SX-70 von Polaroid. Die fotobegeisterte Schülerin Bird Fitcher, die nebenberuflich in einem Antiquitätenladen jobbt, bekommt diese Kamera von ihrem Arbeitskollegen Tyler geschenkt, der das Prachtstück auf einem Flohmarkt gefunden hat. Die Personen, von denen Bird Fotos anfertigt, werden kurz darauf ermordet aufgefunden. Auf der ersten Fotografie, die Bird mit der SX-70 anfertigt, wird neben Tyler ein ungewöhnlicher Schatten sichtbar, den Bird zunächst abzureiben versucht, als ob es sich um eine Verschmutzung handeln würde, doch der Schatten bleibt dem Bild eingeschrieben. Nachdem Tyler tot aufgefunden wurde, verschwindet dann auch der Schatten aus dem Bild und wandert zur nächsten Fotografie dieser Kamera weiter. Das Dämonische zeigt sich eben auch darin, dass sich diese Fotografien zum Teil dem indexikalischen Gesetz entziehen: Der Schatten kann innerhalb der fotografischen Bilder auftauchen, verschwinden und weiterwandern. Nachdem klar ist, dass dieser Schatten ähnlich wie in THE OMEN als Todeshinweis gedeutet werden muss, versuchen Bird und ihre Freunde durch das Anzünden eines Gruppenbildes ihrem Schicksal zu entgehen. Während sich das Feuer langsam durch die Fotografie frisst und dort die Hand von Birds Freundin Minas erreicht, beginnt diese auch persönlich zu brennen. Erst das Löschen der brennenden Fotografie stoppt auch das Feuer an Minas Arm und die Fotografie regeneriert sich anschließend. Die abfotografierten Personen sind offenbar elementar und schicksalhaft mit ihrem Abbild verbunden – eine bildmagische Repräsentanz, ähnlich einer Voodoo-Puppe.

Im weiteren Verlauf des Films sterben weitere von Bird mit der SX-70 fotografierte Personen. Schließlich stellt sich heraus, dass die Kamera ursprünglich einem Lehrer namens Roland Sable gehörte, der an der Schule Fotografie unterrichtete. Sable fertigte damals aber auch pornografische Bilder von seiner eigenen Tochter an, und deren Freunde bemühten sich, die obszönen Handlungen des Lehrers offenzulegen. Sable nahm diese daraufhin in seinem Fotolabor gefangen, folterte, fotografierte und tötete sie, bevor die Polizei eines Tages die Dunkelkammer stürmte und ihrerseits Sable erschoss. Der Lehrer starb mit seiner SX-70 in der Hand in seinem (überdimensionalen) Entwicklungsbad, wobei seine Seele auf die Kamera übergangen sein muss [Abb. 5]. Da einer der Freunde seiner Tochter aber überlebte, kann Sables Geist in der Polaroid-Kamera keinen Frieden finden und er muss immer weiter töten.

Abb. 5: Die magische Verschmelzung von Polaroid-Kamera und Entwicklerbad in der Folterkammer Dunkelkammer (Screenshot aus POLAROID)

Hier nun wird die Dunkelkammer endgültig ganz wortwörtlich zu einer Folterkammer im Sinne Bickenbachs. Die bizarre Melange von Motiven, die in dieser Dunkelkammer-Sequenz zusammenkommen, strotzt nur so von Unlogik, wenngleich dies kein genuiner Maßstab für die generischen Formeln des Horror-Films sein mag. Dennoch: Warum foltert Sable die Schüler gerade dort? Warum fertigt er noch Fotografien von ihnen an? Warum braucht er noch eine Dunkelkammer, wenn er überwiegend mit der Polaroid-Kamera arbeitet? Warum ist die Wanne mit den Chemikalien derart überproportional groß, dass der angeschossene Sable darin untergehen kann? Ganz offenbar geht es hier nun definitiv nicht mehr um einen realen Schauplatz, sondern um einen rein symbolischen Ort, einen wiederum monströs überzeichneten semantischen Raum – erneut: die Dunkelkammer als Abjekt, als Ort des Verdrängten, als Kammer des Schreckens.

Ähnlich wie SHUTTER, arbeitet auch POLAROID formalästhetisch mit signifikanten Kadrierungen von Glasscheiben, wodurch auch hier immer wieder das Polaroid-Foto ästhetisch antizipiert oder nachgeahmt wird. Und wie in SHUTTER werden die Übergänge von der Fotografie zum Film reflektiert, so z. B. durch die plötzliche Verselbstständigung eines Diaprojektors und die dabei entstehenden, immer größer werdenden Schattenwürfe auf der Leinwand, oder wenn sich Sables Geist durch einen Gang im Schulhaus bewegt und bei seiner Passage durch mal dunkle, mal beleuchtete Flächen Bildräume wie in der Reihenfotografie mit ihren hintereinandergeschalteten Belichtungsmomenten entstehen – auch auf dieser Ebene formuliert der Film intertextuelle Bezüge zu PEEPING TOM. Und ähnlich wie in SHUTTER vollzieht sich die Materialisation des Geistes von Sable in *Schritten zunehmender Gestaltwerdung*. Einerseits bewohnt er die Kamera und bildet sich selbst schattenhaft auf den Polaroid-Bildern ab, anderseits aber materialisiert er sich auch als Wesen im filmischen Raum, um seine Opfer töten zu können. Wenn er sein Opfer ins Visier nimmt, sieht man Sable als einen Schatten oder als eine semitransparente Silhouette, die nach und nach manifester wird – auch hier also wieder eine Parallelisierung zur Entwicklungsphase in der Dunkelkammer oder auf Polaroid-Fotos. Kurz bevor die schattenhafte Gestalt erscheint, wechselt die Farbe des Filmbilds für eine geringe Zeitspanne kaum wahrnehmbar in ein signifikantes tiefes Rot. Der Geist Sables kann nur in sehr dunklen Räumen auftauchen und bildet sich auf Oberflächen, wie auf Vorhängen, Planen, Folien und Leinwänden ab. Diese abgedunkelten Räume gleichen dabei natürlich nicht von ungefähr einer Dunkelkammer. Außerdem stellt sich heraus, dass der Geist empfindlich gegenüber Hitze ist. Kurz: Die Materialität des Wesens entspricht der einer Fotografie. Der Geist gehorcht den fotografischen Produktions- und Materialgesetzen und benötigt eine ‚camera obscura', um erscheinen zu können. Am Ende des Films schafft es Bird, Sables Geist zu fotografieren, kurioserweise mit eben jener Polaroid-Kamera, die er selbst bewohnt hat, und dessen Foto dann zu verbrennen. Sable wird letztlich in einer Lichtapotheose ausgelöscht und so wie sich die Materialität der Fotografie in den Flammen auflöst, so wird auch seine Materialität vernichtet – das Ganze muss dem Teil folgen.

Beim Verlassen der Kammer

In POLAROID wie in SHUTTER erreicht die reflexive Beschäftigung des Films mit den Entwicklungsprozessen der Fotografie noch einmal eine neue Stufe, indem nicht nur permanent Dunkelkammer und Polaroid-Kammer analogisiert werden, sondern der Film selbst hier zu einem *Ort wird, an dem die Materialisierungsstufen der jeweiligen Geister nun filmisch prozessiert und in ihrer Simulation der fotografischen Verfahren ausgestellt werden.* Das, was der Film selbst nicht beobachten kann oder will, nämlich seine eigene fotochemische Gestaltwerdung, und was daher seine offenkundige Faszination für die fotografische Dunkelkammer stark motiviert haben dürfte, kann nun in diesen Prozessen der allmählichen Materialisierung von Lichtspuren zu Körpern Gegenstand selbstreflexiver Figuration werden. Auch wenn es dafür letztlich den Umweg über die Geisterfotografie braucht(e). Es wird zu beobachten sein, ob die filmischen Reflexionen der Dunkelkammer weiter entlang der hier identifizierten Topoi operieren oder ob mit dieser vorerst markantesten Verbindung von Fremd- und Selbstbeobachtung ein Punkt erreicht ist, an dem der Film die Dunkelkammer irgendwann auch wieder verlässt.– Licht aus.

Annette Simonis (Gießen)

„The Beauty of Narration Lies in the Eye of the Beholder."

Der Rezipient als Beobachter höherer Ordnung in transmedialen Erzählprozessen

Der vorliegende Beitrag verfolgt das Ziel, die besondere Rolle und Funktion der Rezipienten beim transmedialen Erzählen zu erkunden und genauer zu definieren. Im Rahmen einer Historisierung des Phänomens des *transmedia storytelling* lassen sich durch den epochenübergreifenden Vergleich zwischen unterschiedlichen historischen Spielarten transmedialer Narrative gemeinsame Spezifika dieser Erzählformen erkennen und wiederkehrende charakteristische Ausprägungen im Rezeptionsverhalten sichtbar machen. Es zeigt sich dabei, dass die Leser, Zuschauer bzw. Nutzer des transmedial Erzählten häufig als Beobachter höherer Ordnung in Erscheinung treten, deren Interesse nicht allein und oft nicht in erster Linie auf die inhaltliche Ebene, das Was der Geschichte, ausgerichtet ist. Vielmehr konzentriert sich die Aufmerksamkeit der Rezipienten vermehrt auf das Wie, auf die Art und Weise der Vermittlung der Erzählung in den verschiedenen medialen Kontexten.

1. Einführung: *Transmedia storytelling* – eine kontrovers verhandelte Erzählform

Seit den Anfängen der menschlichen Kulturgeschichte neigen Erzählungen dazu, Mediengrenzen zu transzendieren. Mit der Erfindung der Schrift wurden ältere, bislang oral tradierte Geschichten in einer neuen medialen Gestalt auf Tontafeln oder Papyrus, später auch auf Pergament und Papier fixiert. Inwiefern Geschichten dazu tendieren, sich in unterschiedliche Medien auszubreiten, zeigen auch die vielfältigen Adaptionen von Stoffen der Weltliteratur in den unterschiedlichen Künsten wie etwa der Malerei, Plastik und Musik.

   Die Konzeption transmedialer Narrative ist nicht selbstverständlich, da sie einen Begriff des Erzählens voraussetzt, der nicht notwendig an eine sprachliche Vermittlung des Erzählten gebunden ist. Ein solches transmediales Konzept wurde schon in den 1960er Jahren von Claude Bremond und anderen vorgeschlagen und in jüngster Zeit in Abgrenzung von einer sprachzentrierten strukturalistischen Narratologie in modifizierter Form wieder aufgegriffen.[1]

   In der einschlägigen Forschungsdiskussion wird nicht zufällig häufig Bremonds pointierte These aus einem frühen Beitrag von 1964 zitiert, in dem er bereits die Grundidee des transmedialen Narrativs formulierte, lange bevor eine solche Begriffsprägung stattgefunden hat:

---

1 Vgl. auch die Beiträge des Bandes von Sandra Heinen und Roy Sommer (Hg.). *Narratology in the Age of Cross-disciplinary Narrative Research*. Berlin: de Gruyter, 2009.

Le sujet d'un conte peut servir d'argument pour un ballet, celui d'un roman peut être porté à la scène ou à l'écran, on peut raconter un film à ceux qui ne l'ont pas vu. Ce sont des mots qu'on lit, ce sont des images qu'on voit, ce sont des gestes qu'on déchiffre, mais à travers eux, c'est une histoire qu'on suit; et ce peut être la même histoire. Le raconté a ses signifiants propres, ses racontants: ceux-ci ne sont pas des mots, des images ou des gestes, mais les événements, les situations et les conduites signifiés par ces mots, ces images, ces gestes.[2]

Bremond zufolge verfügen gewisse Geschichten über eine spezifische Kernstruktur aus Ereignissen, Situationen und Verhaltensweisen, aus einer Bedeutungsschicht, die in den verschiedensten Künsten und Medien erzählt werden kann. Gerade weil die betreffenden Geschichten sich vielfältig transponieren und adaptieren lassen, lässt sich schließen, dass ihr narrativer Kern unabhängig von den jeweiligen medienspezifischen Mitteln bzw. künstlerischen Ausdrucksformen ist.[3]

An Bremonds Konzeption des medientranszendierenden *récit* können neuere Positionen produktiv anschließen, wie zum Beispiel Marie-Laure Ryan, die wie Bremond von der Existenz nonverbaler Erzählmuster ausgeht, die auch losgelöst von sprachlicher Kommunikation und außerhalb literarischer Texte transportiert werden. Wie Ryan erläutert, können Geschichten bis zu einem gewissen Grad von einem Medium in ein anderes wandern, insofern ihr Bedeutungskern in andere Medien übertragbar ist, während das narrative Potenzial stets unterschiedlich realisiert wird: „A core of meaning may travel across media, but its narrative potential will be filled out, actualized differently when it reaches a new medium."[4]

Es scheint sich in jüngster Zeit ungeachtet kontroverser Diskussionen dahingehend ein Konsens ausgebildet zu haben, dass es in philosophischer, medienwissenschaftlicher, kulturanthropologischer und -soziologischer Hinsicht sinnvoll ist, den Begriff des Erzählens nicht auf die sprachliche Vermitteltheit und sprachliche Überlieferung zu begrenzen, auch wenn Letztere unsere prototypische Vorstellung vom Erzählen zweifellos prägen, seien diese nun oral oder schriftlich konzipiert. Der Transfer einer Erzählung aus ihrem ursprünglichen Medium in ein neues Zielmedium kann nur gelingen, wenn sich dieselbe in ihrem Kern ohne größere Verluste in verschiedenen Medien bzw. semiotischen Systemen realisieren lässt. Es macht also nur dann Sinn von einem transmedialen Erzählen

---

2 Claude Bremond. „Le message narratif". *Communications* 4 (1964), S. 4-32, S. 4.

3 Bremond notiert diesbezüglich programmatisch: „La structure [d'une histoire] est indépendante des techniques qui la prennent en charge. Elle se laisse transporter de l'une à l'autre sans rien perdre de ses propriétés essentielles: le sujet d'un conte peut servir d'argument pour un ballet, celui d'un roman peut être porté à la scène ou à l'écran, on peut raconter un film à ceux qui ne l'ont pas vu" (ebd., S. 12). Siehe auch Claude Bremond. *La Logique du récit*. Collection Poétique. Paris: Éditions du Seuil, 1973.

4 Marie-Laure Ryan. „Defining Media from the Perspective of Narratology", S. 1. http://pure.au.dk/portal/files/7562/m-l_ryans_paper.pdf [30.05.2020]. Vgl. ferner Marie-Laure Ryan, James Ruppert, John W. Bernet (Hg.). *Narrative Across Media: The Languages of Storytelling*. Lincoln, London: University of Nebraska Press, 2004, S. 36. Siehe auch Marie-Laure Ryan. „Transmedial Storytelling and Transfictionality". *Poetics Today*, 34 (3), S. 361-388.

auszugehen, wenn man die Geschichte, das Objekt des Transfers, als kognitives Konstrukt betrachtet, das von den sprachlichen bzw. ästhetischen Zeichen abstrahiert werden kann.[5] Erst dann sind die notwendigen Voraussetzungen erfüllt, um eine Entfaltung derselben Geschichte in verschiedenen Medien sinnvoll konzeptualisieren zu können. Den Gegenstand des medienüberschreitenden Transfers bildet demnach das Substrat einer Erzählung (etwa einer Novelle oder eines Romans), bestehend aus Charakteren, Ereignissen und deren reziproken Relationen, die sich wiederum in einem bestimmten raumzeitlichen Koordinatensystem entfalten.[6]

Bei transmedialen Narrativen handelt es sich vor allem um Erzählungen, denen eine hohe kulturelle Bedeutung zukommt, wie beispielsweise die verschiedenen Aneignungen mythologischer Stoffe seit der Antike eindrucksvoll belegen.[7] Die Verbreitung von Erzählungen verbindet sich offenbar mit einem medienüberschreitenden Potential, das dann besonders ausgeprägt erscheint, wenn die betreffenden Geschichten einen hohen Stellenwert im kulturellen Imaginären[8] einer gegebenen Epoche einnehmen.

In jüngster Zeit hat sich diese generelle medienüberschreitende Tendenz des Erzählens intensiviert, was angesichts der Vervielfältigung der medialen Angebote im Zeitalter der Medienkonvergenz[9], die in der Alltagswelt und in der

---

5 Vgl. Marie-Laure Ryan. „Defining Media from the Perspective of Narratology", S. 3: „Story is a mental image, a cognitive construct that concerns certain types of entities and relations between these entities." (http://pure.au.dk/portal/files/7562/m-l_ryans_paper.pdf, 30.05.2020) Vgl. Auch Marie-Laure Ryan and Jan-Noël Thon. „Storyworlds across Media: Introduction," in: Dies. (Hg.). *Storyworlds across Media. Toward a Media-Conscious Narratology.* Lincoln, London: University of Nebraska Press, 2014, S. 1-24.

6 Eine andere überzeugende Definition des Erzählens entfaltet Matthias Brütsch in seinem Beitrag „Ist Erzählen graduierbar? Zur Problematik transmedialer Narrativitätsvergleiche." *Diegesis* 2, H. 1 (2013): „Erzählen ist demnach als Aktivität aufzufassen, die zwingend mindestens folgende (idealgenetisch zu verstehende) Prozesse umfasst: Auswahl von Geschehensmomenten und -eigenschaften aus dem amorphen Geschehen, Komposition (Permutation und gegebenenfalls Linearisierung) dieser Selektion sowie Präsentation dieser Komposition (respektive künstlichen Anordnung) in einem bestimmten Medium. Selbst eine Minimaldefinition wie ‚Repräsentation von zwei Ereignissen' setzt all diese Transformationsprozesse voraus, denn ohne Selektion gibt es keine Ereignisse, ohne Komposition keine Abfolge, in der die Ereignisse präsentiert werden können, und ohne Präsentation in medialer Form keine vom Rezipienten wahrnehmbare Erzählung." (https://www.diegesis.uni-wuppertal.de/index.php/diegesis/article/view/123/135. [30.05.2020])

7 Vgl. Jacobus Bracker. „Wandernde Bilderzählungen und die Erzählforschung in der Klassischen Archäologie", *Visual Past* 2.1 (2015), S. 315-346.

8 Zur Konzeption des kulturellen Imaginären vgl. ausführlich die Beiträge des Bandes von Carsten Rohde, Annette Simonis (Hg.). *Das kulturelle Imaginäre.* Themenheft der Zeitschrift *Comparatio* 6 (2014), Heft 1.

9 Vgl. Henry Jenkins. *Convergence Culture. Where Old and New Media Collide.* New York and London 2006. Siehe ferner Matthew Freeman, William Proctor (Hg.). *Global Convergence Cultures. Transmedia Earth.* New York, London: Routledge, 2018.

künstlerischen Produktion zur Verfügung stehen, und ihrer Zusammenführung im neueren ‚Hypermedium‘ Internet kaum verwundert. In den letzten Jahrzehnten hat die kulturwissenschaftliche Forschung eine spezifische Form des sogenannten *transmedia storytelling* entdeckt und aus unterschiedlichen Perspektiven beschrieben. Transmediale Narrative erscheinen als produktive Erweiterungen herkömmlichen Erzählens. Sie werden gern als eine besonders erfolgreiche und zukunftsweisende Erzählform gefeiert, die neue Möglichkeiten der Konstruktion fiktiver Welten eröffnet und die Grenzen traditioneller narrativer Werke und Ästhetiken transzendiert. Die Hochkonjunktur medienüberschreitender Erzählwelten wie *Star Wars*, *The Lord of the Rings*, *Game of Thrones*, *Matrix*, *Mó Dào Zǔ Shī* (engl. *The Grandmaster of Demonic Cultivation*) und anderer scheint die nachhaltige Wirkung und globale Verbreitung der transmedialen Phänomene im beginnenden 21. Jahrhundert zu bestätigen. Inzwischen haben sich in Hinblick auf die medientranszendierenden Erzählwelten differenzierte und kontroverse Forschungspositionen formiert.

Die neueren wissenschaftlichen Definitionen transmedialen Erzählens können auf ein Konzept des *transmedia storytelling* zurückgreifen, das von Henry Jenkins bereits im Jahr 2003 eingeführt wurde.[10] In seinen Untersuchungen entwickelte Jenkins zudem eine detaillierte Liste von sieben Kriterien, die als Prinzipien des transmedialen Erzählens gelten könnten: (1) spreadability, (2) continuity/multiplicity, (3) immersion, (4) world-building, (5) seriality, (6) subjectivity und (7) performance.[11] Eine weitere Besonderheit des transmedialen Erzählens besteht darin, dass sich die einzelnen Geschichten eines solchen Netzwerks weiterhin als in sich geschlossene Werke auch unabhängig voneinander rezipieren lassen und nicht als Serie im engeren Sinne zu verstehen sind.[12]

Der Begriff des *transmedia storytelling* wird in der Forschung inzwischen allerdings recht unterschiedlich ausgelegt und kontrovers verhandelt. Während Jenkins noch von einem kontrollierten und gesteuerten Prozess im Dienste der Produktvermarktung durch die Kulturindustrie ausging, zweifeln einige Theoretiker zu Recht daran, dass transmediales Erzählen primär ein systematisch

---

10 Vgl. Henry Jenkins. „Transmedia Storytelling: Moving Characters from Books to Films to Video Games Can Make Them Stronger and More Compelling.“ *MIT Technology Review*. 2003: https://www.technologyreview.com/2003/01/15/234540/transmedia-storytelling/ [30.05.2020]

11 Vgl. Henry Jenkins. „Transmedia Storytelling“. Vgl. Marie Laure Ryan. „Transmedia Storyworlds: Industry Buzzword or New Narrative Experience?“ *Storyworlds: A Journal of Narrative Studies*. Volume 7. Number 2. Winter 2015, S 1-19, S. 17, Anmerkung 3.

12 Vgl. Marie-Laure Ryan. „Transmedia Storyworlds“, S. 4: „In transmedia storytelling the different semiotic or media objects are autonomous entities that can be consumed separately from each other, and there is no need to consume them all: the user can explore the database more or less thoroughly.“ Siehe auch Henry Jenkins. „Transmedia Storytelling: Moving Characters from Books to Films to Video Games Can Make Them Stronger and More Compelling.“ *MIT Technology Review*. 2003: „Each franchise entry needs to be self-contained enough to enable autonomous consumption. That is, you don't need to have seen the film to enjoy the game and vice-versa.“

initiierter, zweckorientierter und gelenkter Vorgang sei. Die empirische Beobachtung legt nahe, dass dies weder der einzige noch der häufigste Verbreitungsweg transmedialen Erzählens ist. Die Operation der Distribution vollzieht sich nicht allein von oben nach unten, sondern ebenso oft von unten nach oben; vielfach scheint sie dabei lediglich vom Zufall gesteuert:

> Transmedia storytelling is supposed to be a top-down operation that coordinates various media for a global experience, but in practice it usually starts bottom-up, by exploiting the commercial success of a narrative originally conceived as autonomous, often a novel. This is how the transmedia empires of *The Lord of the Rings*, *Harry Potter*, or *A Song of Ice and Fire* started.[13]

Marie-Laure Ryan hat dieses Distributionsprinzip als ‚Schneeballeffekt' bezeichnet, mittels dessen die medienübergreifende Verbreitung eines Erzählstoffs bewirkt werden könne: „a bottom-up, grassroots phenomenon that I call the ‚snowball effect'."[14] Auch Barbara Straumann plädiert für eine Erweiterung von Jenkins' tendenziell zu eng gefasster Definition: „However, it is possible to expand the definition of transmedia storytelling, for example to include forms in which the dispersal is not as systematic and the authorship not as official as suggested by Jenkins' examples."[15] In der Tat erweisen sich gerade die spontan entstehenden Verbreitungsformen von transmedialen Phänomenen als besonders aufschlussreich in kulturgeschichtlicher, wirkungsästhetischer,

---

13 Marie-Laure Ryan. „Transmedia Storyworlds", S. 5. Ryan vertieft diesen Gedanken weiter: „As I have already observed, Jenkins's definition presupposes a top-down planning that distributes narrative information into multiple documents, so that users will have to consume many of these documents for a unified and coordinated entertainment experience. Yet in practice, most franchises grow bottom-up, through a process of aggregation that adds ever new documents to the representation of a storyworld that has already achieved popularity, independently of any transmedia buildup. The original master text creates a world ex nihilo by telling a story about it, and the satellites adopt this world and add to it, by filling it with new stories" (ebd., S. 6). Siehe auch Marie-Laure Ryan. „Transmedial Storytelling and Transfictionality". *Poetics Today* 34 (3), S. 361-388, S. 163.

14 Marie-Laure Ryan. „Transmedia Storyworlds", S. 2. Vgl. ebd.: „The multiple medial incarnations of biblical stories or of Greek myth are not the result of a deliberate decision by an authority to distribute narrative content across different media; rather, they are the result of a bottom-up, grassroots phenomenon that I call the ‚snowball effect'. In the snowball eff ect, certain stories enjoy so much popularity, or become culturally so prominent, that they spontaneously generate a variety of either same-medium retellings or cross- media illustrations and adaptations. According to Jenkins's defi nition, by contrast, transmedia storytelling is a deliberate attempt to make media converge around a shared narrative content."

15 Barbara Straumann. „Adaption, Remediation, Transmediality". Gabriele Rippl (Hg.). *Handbook of Intermediality: Literature – Image – Sound – Music*, Berlin: de Gruyter 2015, S. 249-267, hier S. 258.

soziologischer und künstlerischer Hinsicht und verdienen daher vermehrte wissenschaftliche Aufmerksamkeit.[16]

Transmediale Erzählungen, die auf dem Schneeballeffekt beruhen, erscheinen zudem in vielfacher Hinsicht aufschlussreicher und interessanter als solche, die durch die Kulturindustrie von oben gelenkt und kontrolliert werden. Die Einengung von Jenkins' Konzept des *transmedia storytelling* auf gezielte Strategien der Kommerzialisierung und Vermarktung löst Unbehagen aus und erscheint darüber hinaus recht willkürlich. Sieht man die Erscheinungsformen des *transmedia storytelling* in erster Linie als Produkte an, die von großen Franchisen lanciert und durch gezielte Vermarktungsstrategien über unterschiedliche Medienplattformen distribuiert werden, beschränken sich die möglichen Erkenntnisse aus solchen Prozessen tendenziell auf das Erfassen erfolgsversprechender Operationen und profitsteigernder Werbemechanismen. Entsprechend hat sich ein breites Feld von Ratgeberliteratur[17] formiert, um Anleitungen zur Erstellung erfolgreicher Netzwerke aus transmedialen Erzählungen anzubieten. Wenn man der Annahme zustimmt, *transmedia storytelling* sei „the most important narrative mode of our time"[18], liegt es indessen nahe, noch nach einer anderen, mehrdimensionalen Bedeutung des Phänomens zu suchen als der leichten Kommerzialisierung desselben.[19]

---

16 Marie-Laure Ryan. „Transmedia Storyworlds", S. 16: „When people love a story and its world, they will want more and more documents that add substance to the storyworld and more and more objects that demonstrate their loyalty to the brand (see Scolari 2009). This principle is what inspires bottom-up transmedia projects."

17 Siehe beispielsweise Robert Pratten. *Getting Started with Transmedia Storytelling. A Practical Guide for Beginners.* CreateSpace Independent Publishing Platform, 2015. Vgl. auch Andrea Phillips. *A Creator's Guide to Transmedia Storytelling. How to Captivate and Engage Audiences Across Multiple Platforms.* New York: McGraw-Hill Professional, 2012.

18 Marie-Laure Ryan. „Transmedia Storyworlds", S. 1.

19 In diese Richtung argumentieren auch Matthew Freeman und Renira Rampazo Gambarato in ihrer Einleitung zum *Routledge Companion to Transmedia Studies*: „However, the more that transmediality has broadened its definition and its practical use in recent years, the more that it has arguably become something else entirely. Let's not forget that research has defined transmediality through very different disciplinary lenses, be it in terms of storytelling (Jenkins 2006; Evans 201; Ryan 2013), marketing (Gray 2010; Grainge and Johnson 2015), journalism (Gambarato and Alzamora 2018), world-building (Wolf 2012); historical culture (Freeman 2016), activism (Scolari, Bertetti, and Freeman 2014), literacy (Scolari 2016), and so on. [...] Mapping the many faces of transmediality is an important task for researchers, for it hints at its multifaceted formations, functions, values, and roles across the wider media landscape." (Vgl. „Introduction. Transmedia Studies – Where Now?" In: Matthew Freeman, Renira Rampazzo Gambarato (Hg.): *The Routledge Companion to Transmedia Studies.* New York: Routledge, 2019, S. 1-12, S. 2.)

2. Die grundlegende Bedeutung der rezeptionsästhetischen Perspektive für die Konzeption transmedialen Erzählens

> Tout observateur doit être un penseur;
> observer en pensant et penser en observant.[20]
>
> Victor Cherbuliez

> To make our communications more effective, we need to shift
> our thinking from „What information do I need to convey?“
> to „What questions do I want my audience to ask?“
>
> Chip Heath[21]

Es gibt gute Gründe dafür, die rezeptionsästhetische Perspektive als integralen Bestandteil der Definition des transmedialen Erzählens aufzufassen. Zweifellos erweist sich die Rezeptionsperspektive in Hinblick auf das medienübergreifende Erzählen als besonders wichtig. Nicht von ungefähr sucht Carlos Alberto Scolari in seiner Untersuchung des Phänomens den „implied user/viewer“[22] zu erfassen. Mehr noch: Es spricht manches dafür, dass die Sichtbarkeit der transmedialen Dimension bzw. die Erfahrung transmedialen Erzählens sogar in erster Linie ein Rezeptionsphänomen ist. Die Autoren, Drehbuchautoren, Regisseure, Schauspieler, Zeichner u. a. beteiligte Personen, die an der Entstehung transmedialer Welten mitwirken, konzentrieren sich häufig auf ihre unmittelbare Aufgabe wie zum Beispiel auf den jeweiligen konkreten Adaptionsprozess, in den sie selbst involviert sind. Sie sind sich dabei nicht immer unmittelbar bewusst, dass sie durch ihre Arbeit an einem größeren medienübergreifenden Erzählprozess teilhaben. Vielmehr bleibt die Aufmerksamkeit im Verlauf der Werkgenese häufig, wenn auch nicht zwingend, auf den jeweiligen konkreten Aneignungsprozess und dessen spezifische Anforderungen gerichtet. Demgegenüber nehmen die Leser oder Zuschauer von transmedialen Erzählungen meist eine andere Beobachterperspektive ein, die es erlaubt, die unterschiedlichen Ausprägungen in verschiedenen Medien zu überblicken und in sie einzutauchen: „[...] new generations of consumers develop the skills to deal with the flow of stories and become hunters of information from multiple sources.“[23] Die neuen Generationen von Lesern und Zuschauern kultivieren eine symptomatische Sammelleidenschaft, die sie antreibt, möglichst viele Varianten aus dem Fluss der Geschichten quer durch die Medienlandschaft aufzunehmen und sich zu eigen zu machen.

---

20 Victor Cherbuliez. *Esprit de Cherbuliez. Pensées extraites de ses oeuvres.* Hg. von Eva Quartier-La-Tente. Neuchâtel 1913, S. 174.

21 Chip Heath, Dan Heath. *Made to Stick. Why Some Ideas Survive and Others Die.* London: Random House 2007. EBook-Edition.

22 Vgl. Carlos Alberto Scolari. „Transmedia Storytelling. Implicit Consumers, Narrative Worlds, and Branding in Contemporary Media Production. *International Journal of Communication* 3 (2009), S. 586-606.

23 Ebd., S. 589.

Die Rolle des Rezipienten nimmt bei transmedialen Erzählprozessen demnach in mehrfacher Hinsicht eine Schlüsselfunktion ein. Schon der anfängliche Respons der Leser bzw. Zuschauer auf die Kernerzählung, die erste vorhandene Version der Geschichte, ist oftmals entscheidend, denn erst deren mehr oder weniger spontane Beliebtheit beim Publikum bzw. Rezipientenkreis stimuliert weitere mediale Adaptionen und initiiert somit die Entstehung eines ganzen Netzwerks von verschiedenartigen medialen Versionen des Erzählten. Ist diese zweite Stufe der medialen Ausdifferenzierung der Ausgangsgeschichte erreicht, werden die Rezipienten in eine gewissermaßen privilegierte Beobachtersituation versetzt. Nun haben sie die Wahl zwischen den medial verschiedenen Varianten der Erzählung und können aus ihnen eine individuelle Selektion treffen. Sie können sich auf das ganze Angebot der vorhandenen Adaptionen einlassen (wie z. B. den Film, das Buch, das Theaterstück, die *Graphic Novel*, das Hörbuch etc.) oder sich je nach persönlichen Vorlieben auf einzelne Versionen davon konzentrieren.[24] Zumal sich diese, wie bereits erwähnt, auch durchaus einzeln, als in sich abgerundete Geschichten, rezipieren lassen. So ergibt sich für die Rezipienten die Möglichkeit des Gegenüberstellens und Vergleichens der Optionen in Hinblick auf die jeweiligen medialen Aneignungen. Dabei lassen sich medienbedingte Modifikationen erkennen, denn „each medium makes its own unique contribution to the unfolding of the story"[25], oder man kann darüber diskutieren, ob sich im Spektrum der Erzählformen bestimmte Favoriten abzeichnen, die der Geschichte eine besondere Intensität und Überzeugungskraft verleihen. Wir haben es beim transmedialen Erzählen mit einem narrativen Phänomen zu tun, dessen Besonderheit darin besteht, dass es sich allererst unter Berücksichtigung der rezeptionsästhetischen Perspektive prägnant erfassen lässt.

Zu berücksichtigen ist ferner, dass es sich um eine Erscheinungsform des Erzählens handelt, die zwar nicht ausschließlich ein Gegenwartsphänomen darstellt, aber durch die globalen Vernetzungsmöglichkeiten über das Internet sehr begünstigt wird. Die Leser bzw. Zuschauer können ihre Eindrücke über die verfügbaren sozialen Netzwerke besonders effektiv austauschen. Die Reaktionen der Rezipienten und deren Rezeptionsverhalten sind, wie oben erläutert wurde, entscheidend für die Entstehung und Erweiterung von transmedialen Erzählungen. Ob sich eine Erzählung als eine transmediale Spielart des Narrativen herauskristallisiert oder nicht, hängt nicht zuletzt entscheidend von ihrem Erfolg beim Publikum ab, von ihrer Wirkung auf die unmittelbaren Rezipienten. Vor allem solche Geschichten geben Anlass, in verschiedenen Medien transportiert zu werden, die in einer gegebenen Kultur, einer Gesellschaft oder bestimmten sozialen Gemeinschaft eine Schlüsselbedeutung innehaben oder annehmen.

---

24 In diesem Sinne notiert Ryan: „[...] when people love a story and its world, they will want more and more documents that add substance to the storyworld and more and more objects that demonstrate their loyalty to the brand. [...] This principle is what inspires bottom-up transmedia projects." („Transmedia Storyworlds", S. 16)

25 Henry Jenkins. Transmedia 202. Further Reflections. July 31, 2011. http://henryjenkins.org/blog/2011/08/defining_transmedia_further_re.html. [30.05.2020].

Es handelt sich vielfach um ‚Gründungserzählungen' (‚foundational stories')[26], die in der Mentalität der Epoche und im kulturellen Imaginären einen hohen Stellenwert tragen und gemeinschaftsstiftend (‚community building'[27]) sind. Sie erweisen sich als geeignet, *transmedia storytelling* zu initiieren. Umgekehrt lässt sich feststellen, dass die in einer bestimmten Zeitspanne zu beobachtende Verbreitung von Geschichten in den verschiedensten Medien häufig ein Indiz für die signifikante Rolle derselben für die betreffende Kultur oder die betreffende soziale Gruppe darstellt.

Die begeisterte und breite Rezeption einer Geschichte (unabhängig davon, ob diese zunächst in Form eines literarischen Texts, einer Serie, einer *Graphic Novel* oder eines Films vorliegt) motiviert oft allererst die Übertragung derselben Erzählung in weitere Medien. Es gibt also in der Regel bereits auf die ursprüngliche Version der Geschichte in einem bestimmten Medium einen vielversprechenden Respons, der die medienübergreifende Verbreitung in der Art eines Schneeballeffekts auslöst. Auch im nächsten Schritt, in Hinblick auf die weitere Distribution der Erzählung innerhalb eines Netzwerks transmedialer Formen und deren jeweiligen Erfolg, spielen die Rezipienten eine nicht zu unterschätzende Schlüsselrolle. Denn sie entscheiden letztlich, welche medialen Angebote sie nutzen wollen, welche darunter für sie attraktiv sind: Sie haben die Wahl, in welchem Medium oder welchen Medien sie die Geschichte weiterverfolgen möchten (z. B. Buch, eBook, Audio Book, Film, TV-Serie, Web-Serie, Fanfiction). Nicht alle Rezipienten werden alle Optionen nutzen, da dies auch von den individuellen Vorlieben abhängt, aber innerhalb einer über soziale Netzwerke rege kommunizierenden Fangemeinde ist es hochgradig wahrscheinlich, dass die einzelnen Mitglieder neugierig werden, über eine favorisierte Erzählung mehr zu erfahren und auf dem neuesten Stand zu bleiben, nicht zuletzt um weiterhin mitreden zu können.

So fördert transmediales Erzählen die aktive Partizipation der Leser bzw. Rezipienten; es bringt einen Rezeptionsmodus hervor, der in hohem Maße partizipativ und immersiv erscheint. Jenkins betrachtet nicht von ungefähr „immersion" und „extraction" als die beiden grundlegenden komplementären Rezeptionsweisen von transmedialen Erzählungen: „In immersion, then, the consumer enters into the world of the story, while in extractability, the fan takes aspects of the story away with them as resources they deploy in spaces of everyday life."[28]

---

26 Susana Tosca. „We always wanted more." *International Journal of Transmedia Literacy* (IJTL) 1.1 (2015): *From Storytelling to Intercreativity in the Era of Distributed Authorship*, S. 35-44, S. 41. Vgl. Henry Jenkins, R. Purushotma, M. Weigel, K. Clinton, A. J. Robison. *Confronting the Challenges of Participatory Culture: Media Education for the 21st Century.* Chicago 2006, S. 46: „[transmedia stories] are stories told across multiple media. At the present time, the most significant stories tend to flow across multiple media platforms."

27 Ryan. Transmedia Storytelling and Transfictionality, S. 385.

28 Henry Jenkins. „Revenge of the Origami Unicorn. The Remaining Four Principles of Transmedia Storytelling". December 12, 2009. http://henryjenkins.org/blog/2009/12/revenge_of_the_origami_unicorn.html. [30.05.2020].

In beiden Fällen wird die Grenze zwischen der Fiktion und der Alltagserfahrung der Rezipienten durchlässig und eröffnet eine Teilhabe an der transmedialen Erzählfiktion, die die daran Partizipierenden auch untereinander verbindet. Vor allem die Aktivitäten einer überregionalen oder sogar internationalen Fangemeinde stiften eine Gruppensolidarität, erlauben eine Gruppenzugehörigkeit bzw. die Zugehörigkeit zu einem weltweiten Publikum, dessen Kommunikationen und Interaktionen durch den Austausch zwischen den Fans über soziale Netzwerke gewährleistet werden.

Bevor die Besonderheit und die Wirkungsweise des skizzierten Rezeptionsmodus näher spezifiziert werden soll, ist es wichtig, die Bedeutung der Zeitdimension[29] zu berücksichtigen.

Nicht jede mediale Adaption einer Erzählung erfüllt die Kriterien des transmedialen Erzählens. Von ‚transmedia storytelling' zu sprechen, erweist sich genau dann als sinnvoll, wenn verschiedene mediale Adaptionen oder Varianten einer Geschichte derselben Rezipientengruppe verfügbar sind.[30] Eine zentrale Voraussetzung dafür ist, dass die Adaptionen der Erzählung in unterschiedlichen Medien in rascher Folge realisiert werden und nicht erst über den Zeitraum einer *longue durée*. Die erforderliche zeitliche Nähe kann als eine recht variable Größe mehrere Jahre bis hin zu Jahrzehnten umfassen, solange sie sich noch innerhalb der ungefähren Lebensdauer einer Generation von Rezipienten integrieren lässt. Es handelt sich daher meist um Erzählstoffe, die beim Publikum auf ein reges Interesse stoßen und zeitgenössisch vielfach, mitunter auch durchaus sehr kontrovers, diskutiert werden oder sich großer Beliebtheit erfreuen.

In dem Maße, in dem die Leser/Zuschauer/Betrachter transmediale Erzählungen in ihren unterschiedlichsten Ausprägungen wahrnehmen und überblicken, können sie diese vergleichend gegenüberstellen, ihre jeweiligen Vorzüge und Nachteile gegeneinander abwägen oder mit anderen Rezipienten über die festgestellten Unterschiede und Differenzierungen diskutieren. Sie praktizieren eine „Beobachtung zweiter Ordnung" im Sinne Niklas Luhmanns, denn sie können „dort Kontingenzen feststellen, wo der Beobachter erster Ordnung glaubt, einer Notwendigkeit zu folgen."[31] Aus dem genannten Zusammenhang zwischen der Beobachtung zweiter Ordnung und der Kontingenzerfahrung ergibt sich eine wichtige Konsequenz für das Lektüre- bzw. Rezeptionsverhalten: „Der Beobachter erster Ordnung konzentriert sich auf das, was er beobachtet, [...] und erlebt bzw. handelt in einem Horizont relativ geringer Information [...]. Der Beobachter zweiter Ordnung sieht dagegen die Unwahrscheinlichkeit des Beobachtens erster Ordnung."[32] So wird der Beobachter zweiter Ordnung darauf

---

29 Vgl. Annette Simonis. „Vampire auf der Bühne – Dynamiken transmedialen Erzählens im 19. Jahrhundert", erscheint in *Comparatio. Zeitschrift für Vergleichende Literaturwissenschaft* 12 (2020), S. 49-77.

30 Vgl. ebd.

31 Niklas Luhmann. *Die Kunst der Gesellschaft*. Frankfurt a. M.: Suhrkamp, 1995, S. 104.

32 Ebd., S. 104f. Zu Luhmanns Beobachtungskonzept siehe auch Luhmann. *Die Wissenschaft der Gesellschaft*, Frankfurt a. M.: Suhrkamp, 1990, S. 68-121 und Niklas Luhmann. *Die Kunst der Gesellschaft*, S. 92-164.

aufmerksam, dass die Beobachtung erster Ordnung Komplexität reduziert. Erst der Beobachter zweiter Ordnung kann den blinden Fleck bei der Beobachtung erster Ordnung wahrnehmen und erkennen, *wie* bzw. nach welchen Kriterien unterschieden wird. Er sieht somit die Unwahrscheinlichkeit oder Kontingenz des Beobachtens erster Ordnung.[33]

Luhmanns Überlegungen zu den verschiedenen Beobachtungssituationen lassen sich im Falle der rezeptionsästhetischen Dimension transmedialen Erzählens nachvollziehen und bestätigen. Denn durch die Begegnung mit derselben Geschichte in diversen Medien werden die Rezipienten als Beobachter höherer Ordnung befähigt, Vergleiche zwischen Erzählungen, ihren Figuren und Ereignissen in verschiedenen Medien anzustellen. Selbst wenn sie anfänglich primär durch die Inhalte der präsentierten Geschichte fasziniert sein mögen, bleiben sie, wie im Folgenden noch genauer zu zeigen sein wird, dabei nicht stehen, sondern diskutieren, angeregt durch die Fülle der Adaptionen, ebenso ausführlich über das Wie der Darstellung. Um die angesprochenen Beobachtungsmöglichkeiten in transmedialen Erzählprozessen zu vertiefen, bietet es sich an, den Radius der Untersuchung zu erweitern, um die Vorgeschichte des gegenwärtigen *transmedia storytelling* exemplarisch in den Blick zu nehmen.

3. Die Bedeutung der historisierenden Perspektive für das Verständnis von *transmedia storytelling*

Warum lohnt es sich, so könnte man sich zunächst kritisch fragen, in Hinblick auf das Phänomen des *transmedia storytelling* eine historisierende Perspektive einzunehmen? Die wissenschaftliche Analyse früherer medientranszendierender Erzählprozesse, die weit im Vorfeld der Digitalisierung und der Medienkonvergenz des späten 20. und beginnenden 21. Jahrhunderts stattgefunden haben, erlaubt es, die sich abzeichnenden Erkenntnisse anhand historischer Beispiele zu verifizieren und ihre Reichweite um eine historische Tiefendimension zu vergrößern.[34] Dass sich Erzählprozesse über Mediengrenzen hinweg erstrecken ist seit jeher ein vertrautes Phänomen. Der Vergleich zwischen älteren und neuen bzw. neuesten Formen oder Typen des transmedialen Erzählens erweist sich in mehrfacher Hinsicht als erhellend und heuristisch fruchtbar. Die Einsicht in die Vorgeschichte des Phänomens scheint zwar die Einzigartigkeit und Neuheit des *Transmedia Storytelling* im digitalen Zeitalter der Medienkonvergenz etwas zu relativieren; sie ermöglicht es aber andererseits auch, sehr viel genauer zu erfassen, welche Besonderheiten für die aktuellen Formen des transmedialen Erzählens

---

33 Vgl. auch Katharina Schwarz. *Beobachtung und Medien. Beobachtungspositionen und die Rolle der Paradoxie in den medienkulturellen Konzepten von Konstruktivismus und Systemtheorie.* Hamburg 2014, S. 31.

34 Zur systematischen Bedeutung und Funktion der Historisierung als wissenschaftliches Verfahren vgl. auch Martin Saar. *Genealogie als Kritik. Geschichte und Theorie des Subjekts nach Nietzsche und Foucault.* Frankfurt a. M.: Campus Verlag, 2007, Kapitel 4.

spezifisch sind, und zugleich den gemeinsamen Nenner mit älteren Spielarten medienüberschreitender Erzählungen zu erkennen. In diesem Kontext stellt sich die Frage, was transmediales Erzählen in früheren Epochen interessant macht, sieht man von der Entwicklung erfolgreicher kommerzieller Strategien einmal ab. Was macht die Faszination von transmedial vermittelten Erzählungen in der neuzeitlichen Kulturgeschichte aus? Welche Einsichten erlauben jene medientranszendierenden Erzählungen hinsichtlich der philosophischen und kulturgeschichtlichen bzw. kulturanthropologischen Implikationen der betreffenden narrativen Erscheinungsform? Durch eine gezielte Historisierung des transmedialen Erzählens lässt sich herausfinden, welche historischen Beispiele und Präzedenzfälle es gibt und inwiefern ihre Erforschung dazu beitragen kann, Erkenntnisse über die kulturelle Bedeutung dieser Spielart des Narrativen sowie ihrer epochenspezifischen ästhetischen, sozialen und psychologischen Dimensionen zu gewinnen. Bereits Henry Jenkins hat das diagnostizierte Phänomen des *transmedia storytelling* um eine historische Tiefendimension verlängert und in den biblischen Erzählungen und ihrer Omnipräsenz in der mittelalterlichen Kunst, Plastik und Architektur berühmte Vorläufer ausfindig gemacht:

> For all of its innovative and experimental qualities, transmedia storytelling is not entirely new. Take, for example, the story of Jesus as told in the Middle Ages. Unless you were literate, Jesus was not rooted in a book but was something you encountered at multiple levels in your culture. Each representation (a stained-glass window, a tapestry, a sermon, a live performance) assumed that you already knew the character and his story from someplace else.[35]

Auch Paolo Bertetti, Jenny Kidd, Matthew Freeman und Renira Rampazzo Gambarato schließen sich der historisierenden Sichtweise an, wie sie in ihren Beiträgen zum *Routledge Companion to Transmedia Studies* bestätigen: „As showcased by other authors in this book, the use of transmedia storytelling can be seen across time, and is in no way a new phenomenon."[36] Allerdings bewegt sich die Erfassung der vielfältigen historischen Formen und Ausprägungen

---

35 Henry Jenkins: „Searching for the Origami Unicorn". In: Henry Jenkins: Convergence Culture: Where Old and New Media Collide, New York and London 2006, Chapter 3, S. 119.

36 Siehe Paolo Bertetti. „Transmedia Archeology. Narrative Expansions across Media Before the Age of Convergence", In: Matthew Freeman, Renira Rampazzo Gambarato (Hg.): *The Routledge Companion to Transmedia Studies*. New York: Routledge, 2019, S. 263-271. Vgl. ferner Jenny Kidd. „Transmedia Heritage. Museums and historic sites as Present Day Storytellers." *The Routledge Companion to Transmedia Studies*, S. 273-279. Auch Matthew Freeman und Renira Rampazzo Gambarato plädieren für einen offenen und facettenreichen Begriff des Transmedialen, der seinem interdisziplinären Profil Rechnung trägt. Vgl. „Introduction. Transmedia Studies – Where Now?" In: Matthew Freeman, Renira Rampazzo Gambarato (Hg.): *The Routledge Companion to Transmedia Studies*, S. 1-12, S. 2: „And these different sets of creative and disciplinary lenses should not be underplayed in our understanding what transmediality is." Vgl. ferner Matthew Freeman. „Introduction: Why historicise?" In: Matthew Freeman. „Historicising Transmedia Storytelling. Early

bislang erst in den Anfängen und stellt ein Desiderat der Forschung dar, wie auch Matthew Freeman hervorhebt: „Critical debates around the idea of transmedia history tend to consist mostly of occasional asides and consideration. Evans hints at the importance of recognising the ,historical precedents of these developments' in her research (2011: 19), but there has been very little concerted into actually doing this."[37]

Eine differenzierte Rekonstruktion der Vorgeschichte des *transmedia storytelling*, die Erforschung seiner historischen Varianten, ermöglicht es, die Vorläufer des aktuellen transmedialen Erzählens zu entdecken, Unterschiede zu erkennen sowie den gemeinsamen Nenner eruieren, der über die Epochen mit ihren jeweils verschiedenen Leitmedien hinweg relativ konstant bleibt und die unterschiedlichen Ausprägungen miteinander verbindet. „If transmedia storytelling is going to be a truly new narrative experience, it will be useful to take a look at other, mostly older phenomena that bear a certain resemblance with it, but from which it should differ."[38]

3a. Der Vampir Lord Ruthven betritt die Bühne oder: die transmediale Erfolgsgeschichte von John Polidoris Erzählung *The Vampire*

> Das Publikum ist viel gescheiter als es selber glaubt, aber man darf es ihm nicht zugestehen, sonst wird es noch anmaßender, als es ohnedies zu sein pflegt.
> Arthur Schnitzler[39]

> The audience is not the least important actor in the play and if it will not do its allotted share the play falls to pieces.
> William Somerset Maugham[40]

Ein geeignetes Beispiel transmedialen Erzählens im 19. Jahrhundert bilden die beliebten Vampirgeschichten um die berühmt-berüchtigte Gestalt des Lord Ruthven, die durch John Polidoris *The Vampyre* (1819) und dessen europäische Übersetzungen bereitgestellt wurden. Die Geschichte jenes zum Vampir transformierten Adligen, der gemäß eines Pakts mit dem Teufel immer wieder Jungfrauen verführen und töten muss, um seine eigene Existenz zu retten und zu

---

Twentieth-Century Transmedia Story Worlds". New York, London: Routledge, 2016, S. 4-5.

37　Matthew Freeman. „Introduction: Why historicise?", S. 4.

38　Ryan, Storyworlds, S. 2. Weiter heißt es: „we can ask whether it is a form of storytelling or primarily a marketing strategy, whether it is really new, what its various forms are." (Ebd.)

39　Arthur Schnitzler. *Buch der Sprüche und Bedenken. Aphorismen und Fragmente.* Wien: Phaidon, 1927. Hier zitiert nach Schnitzler. *Aphorismen und Notate. Gedanken über Leben und Kunst.* Leipzig und Weimar: Kiepenheuer, 1985, S. 203.

40　William Somerset Maugham. *The Summing Up.* London: Random House, 2010, S. 126.

verlängern, darf als europäischer Bestseller der damaligen Epoche gelten. Schon die Erstveröffentlichung der Ausgangsgeschichte erwies sich als großer Erfolg: „The vampire became an instant Gothic success with the publication of Polidori's *The Vampyre* in 1819 in Henry Colburn's *The New Monthly Magazine*.“[41] Ihre Aufnahme und Adaption auf den europäischen Opern- und Theaterbühnen des 19. Jahrhunderts, die eine weitere Kommerzialisierung des Stoffs erlaubten, verhalfen der Geschichte zugleich zu spektakulärer Sichtbarkeit. Die multimediale Gestaltung auf der Bühne des Musiktheaters intensivierte die Erfahrung der Rezipienten und steigerte den Erfolg des Erzählstoffs.

LONDON : JOHN DICKS, 313, STRAND.

Abb. 1. Ausschnitt aus dem Titelbild einer preisgünstigen, bei John Dicks in London um 1880 verlegten Ausgabe von John Polidoris *The Vampire*. Es zeigt eine erschrockene, theatralisch gestikulierende Personengruppe beim Auffinden eines dahingestreckten weiblichen Vampiropfers. Möglicherweise wurde der Künstler beim Anfertigen der Zeichnung bereits durch die Bühnenerfahrungen mit einem der zahlreichen Vampirdramen inspiriert, die im Fahrwasser von Polidoris Erzählung im 19. Jahrhundert entstanden waren.

Bei der Erweiterung und Verbreitung der Kernerzählung Polidoris auf den Bühnen der französischen Theater bzw. Musiktheater spielte Charles Nodier eine Schlüsselrolle, der nicht zu Unrecht als ‚Impresario des Vampirs‘[42] in Frankreich bezeichnet worden ist. Sein Melodram *Le Vampire*, das das Ergebnis einer Kollaboration mit Pierre Carmouche und Achille Jouffrey bildete und mit der

41 Milly Williamson. *The Lure of the Vampire: Gender, Fiction and Fandom from Bram Stoker to Buffy*. London und New York: Wallflower Press, 2005, S. 51.

42 Erik Butler. *Metamorphoses of the Vampire in Literature and Film. Cultural Transformations in Europe, 1732-1933*. Rochester, New York: Camden House, 2010, S. 94.

musikalischen Untermalung von Alexandre Piccinni ausgestattet wurde, fand bei seiner Premiere am 13. Juni 1820 am Théâtre Porte-Saint-Martin beim Publikum begeisterte Resonanz.[43] „Wir haben das Zeitalter der Alpträume und Vampire erreicht", gab Nodier nicht von ungefähr in einer Kritik programmatisch bekannt.[44]

Der Erfolg von Nodiers Vampirstück verdankte sich zu keinem geringen Teil dem subtilen und äußerst wirkungsvollen Einsatz der Bühnenbeleuchtung. Im Falle der Aufführung von Nodiers *Le Vampire* im Jahr 1820 besorgte kein Geringerer als Louis Daguerre das Bühnenbild und die Beleuchtung in Zusammenarbeit mit dem berühmten Pariser Bühnendesigner Pierre-Luc-Charles Cicéri. Daguerre gelang es, ein subtiles Zusammenspiel zwischen den Kulissen und den Lichteffekten in Gang zu setzen. Bei der Aufführung von Nodiers Vampirstück gestaltete er die Szene besonders spektakulär, in der der sterbende Lord Ruthven sich auf einem unheimlichen, vom Mond erhellten Friedhof befindet, bevor ihn das Mondlicht wiederbelebt und in einen Vampir verwandelt: „Il y avait là, dans le tableau représentant le cimetière où est censé reposer le cadavre récalcitrant du Vampire, un superbe effet de lune mobile sur les tombes."[45] Diese Neuerung der Bühnenbeleuchtung erwies sich in der Tat als wegweisend: „[...] he was the first to introduce a style of imaginative lighting effects that had never before been seen on the stage. His moon light scenes in *Le Songe* (a ballet based on Shakespeare's *Midsummer Night's Dream*) and in Charles Nodier's supernatural melodrama *Le Vampire* were breathtaking in their realism."[46] Insbesondere verstand es Daguerre, die Technik des Dimmens effektvoll einzusetzen und den Eindruck eines graduellen Erlöschens des Lichts zu erzeugen. Die Spezialeffekte erzielten beim damaligen Publikum eine atemberaubende Wirkung, die mit der evozierten gespenstischen Szenerie in Einklang stand.

Roxana Stuart resümiert den durchschlagenden Erfolg von Nodiers musikdramatischem Werk, der sich darüber hinaus in kontroversen Reaktionen, Besprechungen und Diskussionen ausdifferenzierte: „The Nodier/Carmouche/ Jouffrey *Vampire* inspired 1) a huge popular success; 2) a hostile critical response and a debate on public morals; 3) half a dozen parodies; and 4) adaptations and sequels for the next 80 years."[47] Nodiers Stück löste eine Serie weiterer Vampirdramen aus, darunter insbesondere Parodien und humoristische Darstellungen. Die Hochkonjunktur der Vampire in den Pariser Theatern hat einen zeitgenössischen Kritiker zu dem erstaunten Ausruf motiviert: „Kein Theater in Paris ist ohne seinen Vampir! Im Porte-Saint-Martin gibt es ‚Le Vampire';

---

43 Norbert Borrmann. *Vampirismus oder die Sehnsucht nach Unsterblichkeit*. München: Diederichs 1998, S. 259.

44 „Le siècle prochain ne saura plus ce que c'étaient que les vampires." (Charles Nodier. *Examen critique des dictionnaires*. Paris: Delangle, 1829, p. 347.)

45 Baron Ernouf: „Les origines de la photographie". *Le Correspondant* 104 (1876), S. 684-875, S. 699.

46 Roger Watson, Helen Rappaport. *Capturing the Light: A Story of Genius, Rivalry and the Birth of Photography*. London Macmillan 2013, Ebook, o. S.

47 Roxana Stuart. *Stage Blood. Vampires of the 19th Century Stage*. Bowling Green State University Popular Press, 1994, S. 58.

im Vaude-ville gibt es auch ‚Le Vampire'; und in den Variétés ‚Die drei Vampire oder die Strahlen des Mondes'.“[48] (Il n'était pas de petit théâtre qui ne voulût avoir son Vampire; une lignée de ces monstres sortait de la nouvelle de Byron et de son adaptation française : au Vaudeville, le Vampire, de Scribe et Mélesville; aux Variétés, les Trois Vampires, de Brazier.“[49]) Die Tatsache, dass Nodiers Stück eine kontroverse Aufnahme fand und eine Vielzahl verschiedenartiger künstlerischer Aneignungen inspirierte, ist bezeichnend und deutet daraufhin, dass den Rezipienten eine beachtliche Auswahl zwischen gleichzeitig verfügbaren Versionen der Kernerzählung zur Disposition stand. Vor dieser Folie ist es wahrscheinlich und naheliegend, dass es im Publikum kontroverse Verhandlungen um die medialen Aneignungen von Polidoris *Vampire* gegeben hat und sich vielfältige Beobachtungen zweiter Ordnung ausbildeten.

Eine solche differenzierte Rezeptionssituation wird zudem durch den Schriftsteller Alexandre Dumas d. Älteren überliefert. Dumas berichtet in seinen Memoiren[50] von einem Aufführungsbesuch von Nodiers *Le Vampire*, bei dem es zu Kontroversen und Tumult im Zuschauerraum gekommen ist. Einer der Theaterbesucher schimpfte laut über die schlechte Inszenierung und die misslungene Interpretation der Rollen durch die Schauspieler und wurde von den übrigen empörten Zuschauern, die dem Verlauf des Stücks gebannt folgten, daraufhin kurzerhand aus dem Saal geworfen. Das schwarze Schaf unter den Gästen, das an der allgemeinen Begeisterung für das Drama nicht partizipierte, war, wie sich im Nachhinein herausstellte, kein anderer als der Autor Nodier selbst. Es spielt in unserem Zusammenhang nur eine untergeordnete Rolle, ob die geschilderte Aufführungssituation tatsächlich authentisch war, wovon die meisten Interpreten ausgehen. Wichtiger erscheint, dass Dumas' Schilderung seines Theaterbesuchs eine differenzierte, von Unterhaltungen im Zuschauerraum unterbrochene Rezeptionssituation beschreibt, wie sie damals in jedem Fall hätte stattfinden können. Sie fokussiert die damaligen Kontroversen um die Vampirgestalt als zentralen Bestandteil eines transmedialen *worldbuilding*, das bezeichnenderweise im Dialog mit dem Autor Nodier von verschiedenen Blickwinkeln diskutiert und beleuchtet wird.

Ähnlich intensiv verhandelt wurde James Robinson Planchés englischsprachige Adaption des Stücks, die 1820 unter dem Titel *The Vampyre or The Bride of the Isles* im Lyceum-Theater in London uraufgeführt wurde. Derselbe Autor verfasste übrigens auch eine Burleske unter dem Titel *Giovanni the Vampire!!!*

---

48 Borrmann: *Vampirismus oder die Sehnsucht nach Unsterblichkeit*, S. 259.
49 Edmond Estève: *Byron et Le Romantisme Français*, Paris: Ancienne Librairie Furne 1907, S. 77.
50 Alexandre Dumas (père). *Mes mémoires*. Paris: M. Lévy Frères 1867, Band 3, S. 140. Vgl. auch Karin Lichtblau. „‚Und der Verdammte bist du allein!' Vampire in der deutschen Oper“, in: *Poetische Wiedergänger. Deutschsprachige Vampirismus-Diskurse vom Mittelalter bis zur Gegenwart*. Hg. von Julia Bertschik, Christa Agnes Tuczay, Tübingen: Francke 2005, S. 147-161, S. 155: „Wie begehrt die Aufführungen des Nodier-Stückes waren, läßt sich anhand der Schilderungen Alexandre Dumas in seinen Memoires nachvollziehen.“

Or how shall we get rid of him?, die am 15.1.1821 im Adelphi Theatre in London Premiere hatte.

Interessanterweise wird in den englischsprachigen Kritiken von Planchés Vampirdramen häufig eine vergleichende Perspektive eröffnet. Die Kritiken in der zeitgenössischen englischen Presse erwähnen dabei bezeichnenderweise neben Planchés nicht nur Nodiers Werk, sondern stellen beide in einen weiteren Kontext, indem sie bis zu Polidoris Erzählung zurückblicken.[51] In den Besprechungen wird ferner an die Gerüchte um die Autorschaft von Polidoris Vampir-Erzählung erinnert, die zunächst unter dem Namen Lord Byrons erschien, obwohl Letzterer verärgert war und Einspruch gegen die falsche Zuschreibung erhoben hat.[52] Wie sich erkennen lässt, betrachten die damaligen Kritiken die Vampirerzählung und ihre transmedialen Varianten bevorzugt im Modus der Beobachtung zweiter Ordnung, indem sie sie sachkundig in einen Fundus von alternativen Darstellungsoptionen einordnen.

Eine weitere Ähnlichkeit mit aktuellen Erfahrungen transmedialen Erzählens besteht darin, dass die Grenzen zwischen Fiktion und Wirklichkeit aus Sicht der Theaterbesucher mitunter fließend erscheinen. So empfinden es jedenfalls die zeitgenössischen Zuhörer bzw. Zuschauer von Heinrich Marschners Oper *Der Vampyr*, die ebenfalls auf Nodier (in der deutschsprachigen Übertragung von Heinrich Ludwig Ritter) beruht. Marschners Oper wurde vom zeitgenössischen Publikum euphorisch begrüßt, mehr noch: „Die Erstaufführung des Werkes am 29. März 1828 mit dem genialen Genast in der Titelpartie [...] machte Marschner mit einem Schlage zu einem populären Komponisten."[53] Auch der junge Carl Ludwig Nietzsche, der Vater des Philosophen Friedrich Nietzsche, zeigte sich begeistert über die „furchtbar schöne und berühmte Oper", die er in einer Aufführung in Weimar im April 1829 erlebte, und notierte in einem Brief an seine Mutter:

> Kann ich Worte finden, um Ihnen das herrliche Theater zu beschreiben. Schriftlich nicht, aber mündlich: so viel kann ich sagen, daß es mir in jeder Hinsicht ausgezeichnet gefiel. Und gezittert und gebebt habe ich immer dabei so daß ich [...] die ganze Nacht nicht ordentlich schlafen konnte.[54]

---

51 Jennifer M. Santos. „*The Solicitation* in Two Acts on Stage, James Robinson Planché's Vampires on Stage, in Color, and under Cover". In: Jesse G. Swan. (Hg.). Editing Lives. Essays in Contemporary Textual and Biographical Studies in Honor of O M Brack, Jr. Lewisburgh: Bucknell University Press, and Rowman & Littlefield, 2014, S. 45-65, hier S. 60.

52 Vgl. ebd. Vgl. auch Michela Vanon Alliata. „The Physician and his Lordship. John William Polidori's The Vampire". In: Katarzyna Więckowska (Hg.). *The Gothic: Studies in History, Identity and Space*. Leiden u. a.: Brill, 2020, S. 13-22, S. 14.

53 Georg Münzer. *Heinrich Marschner. Leben und Werk*. Hamburg: Severus, 2014 (Berlin 1901), S. 31.

54 Carl Ludwig Nietzsche. Brief aus Rossleben an Erdmuthe Nietzsche in Eilenburg, 16.4.1829, hier zitiert nach Klaus Goch. *Nietzsches Vater oder die Katastrophe des deutschen Protestantismus. Eine Biographie*. Berlin: de Gruyter 2015, S. 167.

Das geschilderte Verhalten von Carl Ludwig Nietzsche darf als symptomatisch und charakteristisch gelten für die Haltung eines aktiven und partizipationsfreudigen Publikums, das die Immersion und die emotionale bzw. affektive Identifikation mit den Protagonisten der Oper sucht. Ob in die Darstellung auch ein augenzwinkernder Kommentar des Briefschreibers einfließt, der die eigenen Reaktionen im Rückblick leicht ironisch untermalt, lässt sich nicht mit Sicherheit eruieren, aber selbst dann wird die Bereitschaft des Verfassers deutlich, sich zumindest spielerisch auf den Vampir einzulassen. Die beschriebenen Reaktionen erweisen sich als durchaus repräsentativ für die Rezipienten transmedialer Welten. Unabhängig davon, ob Nietzsches Vater nach dem Opernbesuch tatsächliche Furcht und alptraumhaftes Grauen empfand oder es sich um eine Selbststilisierung im Brief an die Mutter handelt, gibt seine Reaktion zweifellos eine (ernste oder spielerische) Immersion in die Vampirgeschichte zu erkennen. Die Briefstelle artikuliert den Wunsch, an der Vampirfiktion zu partizipieren, sei es, um affektiv in sie einzutauchen, sei es, um sie sich als interessante Modeströmung anzueignen und somit *en vogue* zu sein.

Abb. 2. Programmzettel der Uraufführung
von Marschners Oper *Der Vampyr* 1828 in Leipzig

Die Vielzahl der Aufführungen, die Marschners *Vampyr* in den folgenden Jahr-zehnten (zwischen 1828 und 1860) in zahlreichen deutschen und europäischen Großstädten, darunter Leipzig, Weimar, München, Würzburg, Hannover, Hamburg, London, Amsterdam und Salzburg, erlebte[55], konsolidierte seine ful-minante Erfolgsgeschichte. So verwundert es nicht, dass sich weitere zeitgenös-sische Zeugnisse einer immersiven Rezeption finden. Das Publikum partizipiert dergestalt an der transmedialen Wirklichkeitskonstruktion (*worldbuilding*) um die Vampirgestalt, dass es Realität und Fiktion mitunter verwechselt. In der Hamburger Zeitung *Der Tagwächter an der Elbe* erschien am 20. Juli 1843 folgende kleine Anekdote, die durch den Redakteur mit dem Vermerk „einge-sandt" versehen wurde:

Merkwürdige Erscheinung

Am vorigen Sonntage war in dem Dorfe Farmsen Scheibenschießen und Ball, wo es ländlich sittlich herging. Später, als es dunkel ward und einig Mädchen in den Garten gingen, flohen diese mit einem ängstlichen Geschrei vor einer Laube. Einige beherzte Männer gingen nun dahin und erblickten in der Laube eine lange unbewegliche, in einen weißen Kittel gehüllte Gestalt, mit einem blau-gelb-grün-lichen Gesichte. Einer der Anwesenden, welcher kürzlich in der Oper „Der Vam-pyr" von Marschner gewesen war, rief bestürzt aus: „Ein Vampyr! ein Vampyr!" und alle flohen erschrocken vor dem Scheusal zurück. Später soll die Gestalt ver-schwunden sein.[56]

Die zitierte Anekdote erweist sich in unserem Zusammenhang in mehrfacher Hinsicht als aufschlussreich. Zum einen bezeugt sie die Präsenz der Vampir-figur im zeitgenössischen kulturellen Imaginären und bestätigt deren bleibende Popularität. Zum anderen gibt sie ein symptomatisches immersives Potential zu erkennen. Die Pointe der referierten Erzählung besteht nicht zuletzt darin, dass derjenige unter den anwesenden Augenzeugen des Geschehens (den „beherzten Männern"), der die geheimnisvolle Gestalt zielsicher als Vampir identifiziert, vor kurzem eine Aufführung von Heinrich Marschners Oper *Der Vampyr* besucht hat. Am Schluss der Erzählung lässt der Redakteur die Leser des Zeitungsarti-kels an dem Rätsel partizipieren, indem er die Frage aufwirft: „Was mag das wohl gewesen sein?" Diese wiederum beantwortet er in einer Fußnote im halb ironi-schen, aufgeklärten Gestus: „Wahrscheinlich nur die erhitzte Phantasie, denn ein ruhiger Beobachter würde hier ganz trocken antworten: ,ich war es nicht'."[57] Die naive Immersion in die Vampirhandlung wird unterlaufen und in augen-zwinkerndem Kontakt zum Leserkreis auf die Ebene einer Beobachtung zwei-ter Ordnung transponiert, bei der die Faszination durch die Vampirgeschichte kaum beeinträchtigt wird. Die Erfolgsgeschichte des transmedial Erzählten lässt durchaus ironische Brechungen zu, die wiederum die Wirkung der Kernerzäh-lung selbst nicht einschränken bzw. relativieren.

---

55 Vgl. Georg Münzer. *Heinrich Marschner. Leben und Werk.* Hamburg: Severus, 2014 (Berlin 1901), S. 31.
56 *Der Tagwächter an der Elbe,* (Hamburg) 20. Juli 1843, 8 (20. Juli), S. 64.
57 Ebd.

3b. Getanzte Geisterwelten. Transmediales ‚Worldbuilding‘ in Théophile Gautiers Ballett *Giselle*

Eine ähnliche Wirkungsgeschichte wie bei den dramatisierten und musikalisierten Vampirerzählungen lässt sich im Falle des Balletts *Giselle* (Uraufführung: Paris 1841) beobachten, dessen Libretto der französische Autor Théophile Gautier konzipierte.[58] Den Ausgangspunkt für die Aneignungen der Kernerzählung im 19. Jahrhundert bildet interessanterweise eine folkloristische Überlieferung. Gautiers *Giselle* beruht auf der Transposition eines ursprünglich aus der volkstümlichen oralen Tradition stammenden Stoffs auf die Ballettbühne, der im 19. Jahrhundert verschriftlicht wurde. Die aus der Slowakei stammende Sage von den Willis, die nach ihrem Tode als Wiedergängerinnen zurückkehren, um mit ihren ehemaligen Geliebten oder Verlobten bis in den Tod zu tanzen, übte damals eine eigentümliche Attraktivität aus. Die im damaligen „Oberungarn“, in der heutigen Slowakei, geborene Autorin Therese von Artner (1772-1829) hatte den Sagenkreis um die Willis, den vor ihrer Hochzeit gestorbenen Bräuten, die als Wiedergängerinnen Männer, denen sie nachts im Wald begegnen, zu Tode tanzen, in dem Gedicht „Der Willi-Tanz. Eine slavische Volkssage“ gestaltet und 1822 in Wien im *Taschenbuch für die vaterländische Geschichte* veröffentlicht.[59] Von Heinrich Heine in *De l'Allemagne* (1835) zitiert[60], regte die Sage nicht allein eine Erzählung von Alphonse Karr an, *Les Willis* (1835), sondern inspirierte auch Gautier und seinen Mitarbeiter Jules-Henri Vernoy de Saint-Georges dazu, das Libretto für ein Ballett anzufertigen, *Giselle ou les Wilis*, zu dem Adolphe Adam die Musik in weniger als drei Wochen komponiert haben soll. Die Uraufführung an der Pariser Oper am 28. Juni 1841 in einer Choreografie von Jean Coralli und Jules Perrot mit Carlotta Grisi in der Titelrolle wurde begeistert aufgenommen: „As a vehicle for Carlotta Grisi, productions of *Giselle* quadrupled her salary from 5,000 to 20,000 francs plus performance bonuses. [...]. A statue of Grisi at the Paris Opera preserved her stardom.“[61] Das Ballett blieb in den folgenden Jahren im Repertoire und begründete einen Starkult um Carlotta Grisi, der sich auf spätere Interpretinnen der Rolle wie Anna Pavlova in St. Petersburg und London übertragen sollte. Die Erzählung vom Willis-Tanz fand außerdem auch Eingang auf die Opernbühne des 19. Jahrhunderts, denn 1884 ließ sich der junge Giacomo Puccini dazu anregen, seine erste Oper *Die Willis* (*Le Villi*) auf der Grundlage eines Librettos von Ferdinando Fontana

---

58 Vgl. Annette Simonis. „Gautier und die transmediale Ästhetik des Balletts“. In: Kirsten von Hagen (Hg.). *Formen intermedialen Schreibens in Théophile Gautiers Werk*, erscheint 2021. Die Uraufführung von *Giselle* fand am 28. Juni 1841 im Théâtre de l'Académie Royale de Musique in Paris statt.

59 Vgl. Eike Wittrock. *Arabesken – Das Ornamentale des Balletts im frühen 19. Jahrhundert*. Bielefeld: transcript, 2017, S. 170.

60 Vgl. Heinrich Heine. „Elementargeister“. Entstanden 1834/1837. Französischer Teildruck in: *De l'Allemagne*. Paris 1835; deutscher Erstdruck in: *Der Salon*. Bd. 3. Hamburg: Hoffmann und Campe, 1837.

61 Siehe Mary Ellen Snodgrass. „Giselle“, in: *The Encyclopedia of World Ballet*. Lanham, New York, London: Rowman & Littlefield, 2015, S. 137-140, S. 139.

zu komponieren, die im selben Jahr an der Mailänder Scala uraufgeführt und in einer erweiterten Version im Teatro Regio in Turin präsentiert wurde. 1885 wurde das Stück in Bologna wieder aufgenommen. Obwohl der Komposition die Spuren eines Erstlingswerks anhafteten, verhalf es Puccini letztlich dazu, überregionale und internationale Anerkennung zu finden.[62]

Abb. 3. Carlotta Grisi (1841) als Giselle. Lithographie[63]

62 Vgl. Volker Mertens. *Giacomo Puccini: Wohllaut, Wahrheit und Gefühl*. Magdeburg: Militzke, 2011. Ebook o. S.: „*Le Villi* ist weitgehend keine Nummernoper im Verdi-Stil, sondern besitzt die dramatische Kohärenz, die für Puccini kennzeichnend werden sollte. Einem Ritterschlag als modernem Komponisten kommt die Aufführung der *Villi* 1885 in Bologna gleich. Das Teatro Communale war die Wagner-Bühne Italiens [...]. *Le Villi* war auch die erste Puccinioper, die Arturo Toscanini dirigierte: 1889 in Brescia. [...] 1894 kamen die *Villi* nach Hamburg [...]."

63 https://commons.wikimedia.org/wiki/File:Giselle_-Carlotta_Grisi_-1841_-2.jpg [30.05.2020]

Die Aufführungsserie des Balletts *Giselle* in Paris setzte sich mehr als 25 Jahre fort, bis 1868. Schon ein Jahr nach dem triumphalen Erfolg in Paris präsentierte Jules Perrot die *Giselle* in London und verkörperte an der Seite von Carlotta Grisi die Rolle des Albrecht. Im Auftrag des Zaren reiste er 1848 nach Sankt Petersburg, um mit dem dortigen Ensemble die Pariser Fassung einzustudieren.[64] Danach wurden Aufführungen der Originalfassung auf russischen Bühnen fortgeführt. Die erstaunliche Resonanz, die *Giselle* bei einem französischen und europäischen Publikum fand, verdankte sich nicht zuletzt der Evolution des klassischen Balletts, das sich als neue ästhetische Form konstituierte. Der stilisierte Tanz des Balletts und seine Darbietung auf der Schaubühne trugen als multimediales Erleben zur Hochkonjunktur des Sujets wesentlich bei. Zudem passte das Thema hervorragend zu den Mitteln der damaligen Theaterbühne und ihren technischen Spezialeffekten. Die Gasbeleuchtung konnte bei Bedarf gedimmt werden und schaffte ein quasi-magisches Ambiente für die Bühnenauftritte der Tänzerinnen und Tänzer, insbesondere wenn sie wie im zweiten Akt von *Giselle* als Rampenlicht eingesetzt wurde und die Fußbewegungen der geisterhaften Willis-Tänzerinnen fokussierte: Auf diese Weise „schafft der zweite Akt für den Tanzplatz der Willis eine fantastische Kombination [...] in einem verwirrenden Bühnenbild, das lokale mit exotischer Fauna vermischt und dessen dichter Pflanzenwuchs mithilfe der gedämpften Beleuchtung eine schauerhafte Atmosphäre kreiert haben muss."[65] In der Tat trugen „das Bühnenbild von Pierre Cicéri mit Licht-Gasbeleuchtung von Edmond Duponchel [...] sehr zum nächtlich-metaphysischen Raumbild bei."[66]

Die Ausdrucksformen des Balletts, vor allem des virtuosen Solotanzes, intensivieren die fantastische und surreale Wirkung. Die immer raffinierter werdende Ballettkunst, die die Bewegungstechnik des *en pointe*, des Spitzentanzes, entwickelte und gleichzeitig die Tanzform der Arabeske immer weiter ausdifferenzierte, kam dem Eindruck des Immateriellen, Leichten, Übernatürlich-Ätherischen entgegen und beförderte so die Adaption märchenhafter bzw. fantastischer Erzählungen auf der Ballettbühne.[67] Als Beobachter zweiter Ordnung

---

64 Vesna Mlakar. „Inbegriff der Romantik. Die Ballettfigur „Giselle" feiert 165 Jahre Bestehen". *Oper und Tanz* 2006/05. https://www.operundtanz.de/archiv/2006/05/tanz-giselle.shtml. [30.05.2020].

65 Eike Wittrock. *Arabesken – Das Ornamentale des Balletts im frühen 19. Jahrhundert*, S. 172.

66 Gabriele Brandstätter. *Geisterreich. Räume des romantischen Balletts*. In: Inka Mülder-Bach, Gerhard Neumann (Hg.). Räume der Romantik. Würzburg: Königshausen und Neumann 2007, S. 217-238, S. 230, Anmerkung 26.

67 Vgl. Vesna Mlakar. „Inbegriff der Romantik. Die Ballettfigur ‚Giselle'": „Die meisten der auf uns gekommenen klassischen Interpretationen [...] beruhen auf Petipas letzter Petersburger Choreografie von 1887, für die er unter anderem den Einsatz der Flugmaschinerien strich und das ganze *Corps de ballet* der Wilis auf Spitze tanzen ließ. Erst Diaghilews Ballets Russes mit Tamara Karsavina und Vaclav Nijinski in den Hauptrollen verhalfen dem Œuvre 1910 in Paris zu neuem Durchbruch und der Tanzwelt zu einem wahren Ballettboom, den legendäre Primaballerinen wie Anna Pawlowa, Olga Spessiwzewa, Galina Ulanowa, Alicia Markowa, Yvette Chauviré,

richten die Zuschauer ihre Aufmerksamkeit also nicht allein auf den Inhalt der getanzten Geschichte, sondern auf die *Performance* selbst. Zumal die Ballett-Erzählung zu einer selbstreflexiven Betrachtung des Tanzes einlädt: Der Tanz scheint im Mittelpunkt des Geschehens zu stehen – „die zur Tanzsucht gewordene Tanzleidenschaft der Protagonistin; die ‚Tanzmorde', das Tanzen ‚ohne Ruh' und Rast' als Todesstrafe für die männlichen Hauptfiguren" – das „in die damals aktuellen Ausprägungen des Bühnentanzes, seine Dramaturgie, seine Formen und Techniken" integriert wurde.[68]

Auch Gautier ist von *Giselle* als Balletterzählung aufgrund dieser Meta-Ebene und der mit ihr verknüpften ästhetischen Selbstreflexion fasziniert. So stellt er in seiner Besprechung der *Giselle* die Konzeption des Tanzes in den Mittelpunkt, der sich mit dem tragischen Tod der Protagonisten Giselle und Hilarion auf eigentümliche Weise verquickt: „Cette mort, mêlée de danse, doit vous inquiéter pour le repos de Giselle. Vous n'avez pas oublié les prédictions sinistres de la mère Berthe, et la tradition des wilis. J'ai bien peur que la pauvre fille ne dorme pas tranquille dans son lit de gazon."[69] Die leidenschaftliche Liebe zur Tanzkunst motiviert die Heldin, so Gautier, ihren Tod zu bedauern. Nicht der Verlust des Lebens erscheint für Giselle gravierend, sondern vielmehr die Aussicht, nicht mehr ekstatisch tanzen zu können, den Geliebten nicht mehr zum „contredanse" einladen zu können: „Ce n'est pas la vie qu'on regrette à quinze ans ; c'est le bal, c'est l'amour ; et le moyen de ne pas sortir de sa tombe, si votre amoureux passe auprès, et de ne pas l'inviter pour la prochaine contredanse."[70]

Wie im Falle des Vampirs erzielte auch die weibliche Wiedergängerin auf der Bühne die stärkste Suggestivkraft, nicht zuletzt durch die Atmosphäre des Unheimlichen, die unter anderem durch subtile, damals neuartige Beleuchtungseffekte hervorgerufen wurde. Daher verwundert es nicht, dass unter den etwa gleichzeitig zirkulierenden transmedialen Varianten der Erzählung die Bühnenversionen die wirkungsmächtigsten waren, das Musik- und Tanztheater zu einem Leitmedium der Epoche des 19. Jahrhunderts avancierte.[71] Die gut besuchten Aufführungen inspirierten wiederum Plakate, Zeichnungen, Lithographien, Kritiken, Karikaturen, Libretti und deren Distribution bzw. Vermarktung in Buchform. Auch spezielle Fanartikel wie Porzellanfigürchen und Sammelbilder gab es schon zur damaligen Zeit als interessante Begleitphänomene des transmedialen Erzählens (vgl. Abb. 3 und 4).

Margot Fonteyn, Alicia Alonso, Natalia Makarova oder Carla Fracci weiter bis ins 21. Jahrhundert trugen."

68 Gunhild Oberzaucher-Schüller: „Giselle" – Farbschattierungen von Klassikerzurichtungen. Wiener Tanzgeschichten. 11. September 2017. http://www.tanz.at/index.php/wiener-tanzgeschichten/1851-giselle-farbschattierungen-von-klassikerzurichtungen. [30.05.2020]

69 Théophile Gautier. *Œuvres complètes: Guide de l'amateur au musée du Louvre. Souvenirs de théâtre, d'art et de critique. Théâtre. Mystère, comédies et ballets.* Paris: Slatkine Reprints, 1978, S. 103. [Der Artikel erschien am 5. Juli 1841 in *La Presse*, Paris.

70 Ebd.

71 Vgl. Annette Simonis. „Gautier und die transmediale Ästhetik des Balletts".

Abb. 4. Aus der Sammelbilderserie ‚Ballerinas' von Liebigs Fleischextrakt (1890).
Ballerina auf einer Liebigdose.[72]

---

72 Die Sammelbilderserien von Liebigs Fleischextrakt erfreuten sich im 19. Jahrhundert europaweit großer Beliebtheit. Vgl. auch den Artikel „Sammelbildchen von Liebigs Fleischextrakt" aus dem *Wiesbadener Kurier* vom 03.08.2018. Dort heißt es über die „Reklamebildchen auf der Dose seit 1872": „Doch was nach modernem Marketing klingt, hat eine lange Geschichte. Schon im 19. Jahrhundert aßen manche Menschen so viel Suppe und Soße, wie sie konnten, damit sie endlich wieder beim Kaufmann eine neue Dose Liebig-Fleischextrakt kaufen konnten – und Sammelbilder geschenkt bekamen. Liebig war zwar nicht das erste Unternehmen, das mit Sammelbildern für sein Produkt warb – das Pariser Geschäft „Le Bon Marché" nutzte bereits Serien-Reklamebilder. Die Justus Liebig Compagnie aber stieg in großem Stil ein und brachte 1872 seine erste Serie auf den Markt. Fortan bekamen die Kunden in zahlreichen europäischen Ländern beim Kauf des Fleischextrakts Sammelbilder geschenkt. Mehr als 1000 Serien à sechs Bilder entstanden in fast 70 Jahren." (https://www.wiesbadener-kurier.de/panorama/leben-und-wissen/sammelbildchen-von-liebigs-fleischextrakt_18968052 [30.05.2020])

Wir begegnen also auch hier einem Netzwerk von (narrativen) Medienereignissen, die durch dieselbe Kernerzählung stimuliert und untereinander durch vielfältige Wechselwirkungen verbunden sind. Sie entfalten gemeinsam eine Eigendynamik, die zu der Potenzierung der Wirkung und zu einer exponentiellen Steigerung der Beliebtheit des transmedial Erzählten beim zeitgenössischen Publikum führen. Selbstverständlich lässt sich jede der vielfältigen Versionen auch isoliert rezipieren und bildet für sich genommen ein schlüssiges, vollständiges Werk. Der Bekanntheitsgrad und die Beliebtheit bei einem breiten Publikum, insbesondere in den Metropolen des 19. Jahrhunderts, regen dazu an, mehr davon zu erleben und weitere Varianten kennenzulernen. Selbst die entstehenden Parodien[73] und Karikaturen bestätigen letztlich die transmediale Erfolgsgeschichte wie etwa die Karikatur der russischen Tänzerin Anna Pavlova von Nicolas Legat, die die Titelrolle in *Giselle* 1903 in einer gefeierten Inszenierung in St. Petersburg und 1924 in London verkörperte. Den populären Karikaturen ist gemeinsam, dass sie vor allem den Tanzstil, die virtuose Technik des Spitzentanzes mit seinen kunstvollen Figuren und Arabesken durch die überspitzte Darstellungsform ins Lächerliche ziehen.

Abb. 5. Anna Pavlova als Giselle, St. Petersburg 1903
und Abb. 6. Pavlova als Giselle, London 1924.

---

73 Vgl. Ivor Guest. „Parodies of Giselle on the English stage, 1841-1871". *Theater Notebook* 9, 2 (1955).

Pavlova II

Abb. 7 und 8. Anna Pavlova, Karikaturen von Paul Robert (1903, St. Petersburg) und
Nicolai Legat. Aus: *Russian Ballet in Caricatures, a set of 93 drawings*, 1903.

Vor dieser Folie erscheint das *Transmedia Storytelling*, das im 21. Jahrhundert
nicht zuletzt durch das Hypermedium des Internets einen phänomenalen Auf-
schwung erlebt, nicht ganz so neuartig und einzigartig, wie es auf den ersten Blick
scheinen mag. Wenn man, die bisherigen Überlegungen resümierend, versucht,
die Rolle der Rezipienten bzw. Zuschauer in den verschiedenen Epochenkon-
texten näher zu betrachten und ihre spezifischen Eigenschaften zu definieren,
lässt sich zunächst eine erstaunliche Beobachtung festhalten. In den untersuchten Fällen zeichnen sich die Rezipienten durch eine besonders aktive Rolle aus.
Sie partizipieren an einem teils kontroversen, teils erstaunten Dialog über die
wahrgenommen fiktiven Erscheinungsformen. Mehr noch: Sie tendieren darüber hinaus zu einer vergleichenden Gegenüberstellung der unterschiedlichen
medialen Versionen der Geschichte und bleiben daher bei einer Diskussion der
Inhalte nicht stehen, sondern reflektieren ausführlich über das *Wie* der Darstellung und seine Wirkungen. Mit den favorisierten Themen der Vampire und
tanzenden Wiedergängerinnen rücken die transmedialen Erzählungen zugleich
übernatürliche Wesen in den Mittelpunkt, die in einem postaufgeklärten Zeitalter komplexe, etwa metaphorische und psychologisierende Deutungsspielräume
eröffnen.

3c. Die Zuschauer als Meisterdetektive.
Rätselspiele in der BBC-Serie *Sherlock*

> There's something imminent in the work, but
> the circle is only completed by the viewer.
>
> Anish Kapoor

Die bisherigen Erkenntnisse über die Rezeptionsperspektive bei transmedial vermittelten Geschichten lassen sich ohne größere Modifikationen ins 21. Jahrhundert verlängern. Als Beobachtung höherer Ordnung konstituiert sich größtenteils auch die Rezeption eines neueren Falls transmedialen Erzählens, nämlich die weltweite Fangemeinde der berühmten BBC-Serie *Sherlock* (2010-2017) mit Benedict Cumberbatch in der Rolle des legendären Detektivs und Martin Freeman als sein Freund John (Watson) und Co-Ermittler. „It has become one of the BBC's most successful creations, a reimagining of Sir Arthur Conan Doyle's masterful detective and the courageous military doctor who records his adventures in London's criminal underworld"[74], bilanziert David Batty rückblickend am 30. Dezember 2015 in *The Guardian*. Mehr noch: „[...] the programme has continued to break viewing records and garner accolades. It is now shown in more than 200 countries, including Taiwan, South Korea, Mexico, the US, Australia and New Zealand, and has also proved wildly popular in China, where 98 million people were estimated to have watched the last series, despite it only being available online."[75]

Die Serie ist Teil eines nachhaltigen und weitverzweigten Netzwerks der transmedial vermittelten Sherlock-Holmes-Erzählungen[76], unter denen sie aufgrund ihrer Subtilität und Beliebtheit eine Sonderstellung einnimmt. Ihre Fans

---

74 David Batty. Sherlock enters new year as global TV phenomenon. The Guardian. 30.12.2015: „New Year's Day episode *The Abominable Bride* is expected to draw 13 million viewers and airs in US and UK on same day." (https://www.theguardian. com/tv-and-radio/2015/dec/30/sherlock-enters-new-year-as-global-tv-phenomenon. [30.052020])

75 Ebd. Der Hauptdarsteller selbst führt den internationalen Erfolg vor allem auf die Faszinationskraft der Sherlock-Holmes-Figur zurück, die seit jeher unberechenbare Abenteuergeschichten stimuliert habe: „Asked about Sherlock's success earlier this year, Cumberbatch said Holmes had always had global appeal. ‚I don't think this is a phenomenon tied in with our success. I think it's to do with Conan Doyle's extraordinary invention which has a universal appeal to all nationalities,' he said.'This is a man who's an outsider, who's intelligent, who doesn't tolerate mediocrity, who is incredibly efficient, but also has his weaknesses and comeuppances. You never know where it's going to lead – there's an endless amount of potential adventure.'" (Ebd.)

76 Ralf Adelmann untersucht in seinem aufschlussreichen Beitrag zahlreiche neuere Aneignungen der Erzählungen Doyles über den Meisterdetektiv Sherlock Holmes und fokussiert dabei vor allem die reziproken Beziehungen zwischen literarischer Tradition und Populärkultur. Siehe Ralf Adelmann. „Populärkulturelle Automatismen und Sherlock Holmes. Eine Studie in Rot Grün Blau". In: Vincent Fröhlich, Lisa Gotto, Jens Ruchatz (Hg.). *Fernsehserie und Literatur. Facetten einer Medienbeziehung*. München: edition text + kritik, 2019, S. 188-203.

analysieren im Internet einzelne Charaktere, Situationen und ganze Filmsequenzen, wobei sie nicht selten minutiösen Details ihre Aufmerksamkeit schenken. Sie schließen damit an Aktivitäten an, die auch von den Protagonisten der Serie extensiv praktiziert werden: „Both Sherlock and John are digital literates, which we see time and time again through their use of mobile phones and computers."[77]

Unter den intensiv verhandelten Sequenzen der Serie ist vor allem diejenigen zu nennen, die den vermeintlichen/wahrscheinlichen Tod von Sherlock, durch den Sprung von einem Gebäude auf die Straße zeigt. Gemeint ist die sechste und letzte Folge der zweiten Staffel, die den Titel *The Reichenbachfall* (2012) trägt. Damit wird sie implizit als eine moderne Adaption von Arthur Conan Doyles Geschichte *The Final Problem* (1893) ausgewiesen, die eigentlich die Serie der Sherlock-Holmes-Geschichten mit dem spektakulären Sturz des Protagonisten in den Reichenbachfall bei Meiringen beenden sollte, wenn die damaligen Leser nicht empört gewesen wären und gegen ein solches Ende des Protagonisten Einspruch erhoben hätten.[78] Der Titel der erwähnten BBC-Folge bezieht sich aber zunächst, auf der expliziten innerfiktiven Ebene, auf das Gemälde *The Great Falls of the Reichenbach in the Valley of Hasle, Switzerland* von William Turner aus dem Jahr 1804[79] (das Conan Doyle möglicherweise inspiriert haben mag). Die originelle Adaption des Falls in der BBC-Serie löste eine besonders lebhafte Diskussion aus, denn sie stimulierte viele Fans dazu, nach Indizien zu suchen, die verdeutlichen könnten, wie Sherlock es gelungen sein mochte, den Sturz vom Gebäude des St. Barts Hospital zu überleben: „Online, fans have discussed possible plot developments and tried to explain why and how events turned out the way they did. Sherlock's lethal, or as it turned out non-lethal, jump from the roof of St Barts at the end of the second series ignited discussions so hot that they even entered the primary text in the opening episode of the third series."[80]

Anders als in Doyles Geschichte *The Final Problem*, die den Helden und seinen Gegenspieler Moriarty gemeinsam in den großen Wasserfall bei Meiringen stürzen lässt, wissen die Zuschauer der BBC-Serie bereits, dass Sherlock den Sturz in die Tiefe überlebt hat, zumal man am Schluss der letzten Folge der zweiten Staffel

---

77 Asta Koch, Palle Schantz Lauridsen. „Speed Detection, intertextuality and audiences in Sherlock". *Humour(s): cinéma, télévision et nouveaux écrans* 9 (2017). https://doi.org/10.4000/map.2403.

78 Es wollte nicht zu der Logik der Sherlock Holmes-Erzählungen passen, dass der Meisterdetektiv einen Fall nicht erfolgreich lösen bzw. dabei umkommen würde. Vgl. Peter V. Conroy. „The Importance of Being Watson". Harold Orel (Hg.). *Critical Essays on Sir Arthur Conan Doyle*. New York: G. K. Hall, 1992, S. 36-55, S. 42: „The public's reaction to Holmes's death in *The Final Problem* bears eloquent testimony to their unshakable confidence in his necessary and ultimate triumph. For Holmes to plunge to his death in the arms of Moriarty at Reichenbach Falls was correctly felt as a betrayal of all that the pattern implied."

79 Vgl. auch die detaillierte Analyse von Michael Rohrwasser. „Sherlock (Holmes)". In: Hans Richard Brittnacher, Elisabeth Paefgen (Hg.). *Im Blick des Philologen: Literaturwissenschaftler lesen Fernsehserien*. München: edition text + kritik, 11.01.2020, S. 170-184, hier S. 179-180.

80 Ebd. Vgl. auch Louisa Ellen Stein, Kristina Busse (Hg.). *Sherlock and Transmedia Fandom. Essays on the BBC Series*.

Sherlock unter den Bäumen hervorkommen sieht, während er dem an seinem vermeintlichen Grab trauernden Freund John (Dr. Watson) hinterherschaut. Aus der medienübergreifenden Perspektive ergibt sich ein zusätzlicher Wissensvorsprung, denn diejenigen Zuschauer, die auch Leser der betreffenden berühmten Kurzgeschichte Doyles und ihrer Fortsetzungen sind, wissen bereits von der Wiederkehr des Helden Sherlock (Holmes) und seiner glücklichen Wiedervereinigung mit seinem Freund und Mitstreiter John (Watson): „Dass der Meisterdetektiv wiederauferstehen würde, war schliesslich keine Frage, hatte es doch Holmes' literarischer Schöpfer Arthur Conan Doyle seinerzeit mit seinem Protagonisten ebenso gehalten (und damit dem Reichenbachfall bei Meiringen zu internationaler Berühmtheit verholfen)."[81] Es geht den Fans der Serie insgesamt also nicht so sehr um das ‚Was' des Ereignisses, sondern in erster Linie um das ‚Wie', darum, die genauen Umstände des Ablaufs zu rekonstruieren, die eine (eigentlich unwahrscheinliche) Rettung des Protagonisten ermöglicht haben.[82]

Die Einstellung, die Sherlock in Rückenansicht, in seinen weiten, vom Wind bewegten Mantel gehüllt, mit seinem Handy telefonierend, auf dem Dach von St. Barts unmittelbar vor dem Sprung in die Tiefe zeigt, ist zu einer Ikone der Serie geworden. Sie leitet eine Sequenz ein, in der sich die Ereignisse in rascher Folge überschlagen, sodass sie sich für die Zuschauer als Kryptogramm bzw. Rätselfigur erweist. Sherlock wird von Moriarty erpresst, Suizid zu begehen. Er bittet John in seinem Anruf vom Mobiltelefon, ihn im Auge zu behalten, wenn er in den nächsten Minuten vom Dach des Hospitals springen wird. John kommt der Aufforderung seines Freundes nach und wird so zum intradiegetischen Augenzeugen des Geschehens, als Sherlock vom Dach des Gebäudes hinunterspringt. In dem Augenblick, als John seinem Freund zu Hilfe eilen will, wird er jedoch von einem Radfahrer angefahren und zeitweilig abgelenkt. Als er zu dem am Boden liegenden Sherlock gelangen will, kann er deshalb nicht mehr schnell genug zu ihm vordringen, da dieser bereits von einer Menschenmenge und Krankenhauspersonal umringt wird, ehe er auf einer Bahre ins Krankenhausgebäude gefahren wird. Ähnlich lückenhaft wie John nimmt auch der Serienzuschauer das Geschehen wahr und bleibt im Unklaren darüber, in welchem Zustand sich Sherlock befindet. Das zu erhellende Geheimnis bilden demnach die detaillierten Modalitäten des vorgetäuschten Selbstmords beim Sprung in die Tiefe, die näheren Umstände der Rettung des Protagonisten, über deren Alternativen die Fans der Serie rätseln und im Internet auf YouTube, Facebook, in sozialen Netzwerken und in Blogs intensiv diskutieren. So entsteht ein weit verzweigtes Diskussionsforum, zu dem Fans die unterschiedlichsten Beiträge

---

81 Claudia Schwartz. „Sherlock forever". Neue Zürcher Zeitung. 06.06.2014. https://www.nzz.ch/sherlock-holmes-serie-1.18311905. [30.05.2020]

82 Vgl. ebd.: „Bei der gepflegten, schnellen und bereits vielfach preisgekrönten BBC-Umsetzung zählte von Beginn weg die Lust am aufklärerischen Furor und an verspielter Kombinatorik ohnehin mehr als das Ergebnis einer sauber in die Ermittlungsakten übergeführten Leiche. Und so festigt auch die dritte Staffel in der Schlagfertigkeit ihrer Dialoge, der erzählerischen Innovationskraft und in ihrem inszenatorischen Einfallsreichtum den Ruf eines Meilensteins der Fernsehgeschichte weitab von leichter Konsumierbarkeit."

beisteuern[83], nicht zuletzt indem sie sogar eigene Videos mit der bearbeiteten Filmsequenz aus der Serie liefern. Der *Guardian* brachte in seinem *TV and radio blog Sherlock* einen Spezialbeitrag zum Thema „Sherlock Holmes: 10 other ways he could have survived the fall".[84] Es wurde über wahrscheinliche und unwahrscheinliche Optionen diskutiert, zum Beispiel darüber, dass eine Puppe, wäre sie zum Einsatz gekommen, im Sprung ihre Arme nicht hätte so selbstständig bewegen können, wie es in der Filmsequenz der Fall war. Oder sollte es, so wurde gerätselt, eventuell einen geheimnisvollen Doppelgänger Sherlocks geben, der an dessen Stelle gesprungen wäre? Oder mochte John Watson das Ganze, so ein anderer Vorschlag, vielleicht nur halluziniert haben[85] und es sich somit um eine Art Traumsequenz, eine ‚Fiktion in der Fiktion' handeln – ist John Watson, mit anderen Worten, was seine an den Zuschauer vermittelten, visuellen Wahrnehmungen betrifft, überhaupt eine ‚zuverlässige' Fokalisierungsinstanz?

Abb. 9. Sherlock vor seinem mysteriösen Sprung vom Dach des St. Barts Hospital.
Aus: *Sherlock* (BBC-TV Series) *The Reichenbach Fall* (2012).
DVD 2014. Polyband/WVG.

83 Vgl. zum Beispiel: Yevgeniy Brikman. „Sherlock, The Reichenbach Fall: What Really Happened?" Jan 30, 2012. https://www.ybrikman.com/writing/2012/01/30/sherlock-reichenbach-fall-what-really/. [30.05.2020]. Siehe auch: https://www.telegraph.co.uk/culture/tvandradio/bbc/9017829/Sherlock-How-did-Holmes-fake-his-own-death.html. [30.05.2020].

84 Vgl. *TV and radio blog Sherlock*. *The Guardian*. 2.1.2014: Rhik Samadder. „Sherlock Holmes: 10 other ways he could have survived the fall": „We were told there were 13 ways in which Sherlock could have jumped and lived, but only three potential answers made it on to the show. We investigate the case of the missing solutions." (https://www.theguardian.com/tv-and-radio/tvandradioblog/2014/jan/02/sherlock-holmes-10-ways-could-have-survived-fall. [30.05.2020]).

85 Vgl. Justin Lewis. *Benedict Cumberbatch – The Biography*. London: Kings Road Publishing, 2015. Kapitel 16: „The A-Lister".

THE DEATH OF SHERLOCK HOLMES.

Abb. 10. Sherlock Holmes im Kampf mit Professor Moriarty am Reichenbachfall. Ilustration von Sidney Paget zur Sherlock Holmes-Geschichte *The Final Problem* von Sir Arthur Conan Doyle, die im Dezember 1893 in *The Strand Magazine* erschien. Die Geschichte inspirierte nicht nur die Imagination der Leser, sondern auch zahlreiche Künstler.

Die Rezipienten der Sherlock-Serie erweisen sich also keineswegs als naive Zuschauer, die primär eine identifikatorische Haltung gegenüber dem Erzählten einnehmen, bei der lediglich die Empathie mit den fiktiven Charakteren im Vordergrund stehen würde. Stattdessen interessieren sie sich vor allem für die medientechnischen Details der Umsetzung, für die zum Einsatz gelangenden erzählerischen Mittel und das Zustandekommen des betreffenden

,worldbuilding'. Zusätzlich wird dabei die vielschichtige psychologische Dimension, die komplexe Beziehung zwischen den Protagonisten Sherlock und John, in ihren teils unausgesprochenen und unbewussten Nuancen ausgelotet und intensiv diskutiert. Die Zusammenhänge zwischen den verschiedenen medialen Komponenten werden teilweise minutiös in den Blick genommen und mit erstaunlicher Expertise und Ausdauer analysiert. Zweifellos handelt es sich um Beobachtungen zweiter bzw. höherer Ordnung. Die Sherlock-Serie kann bereits auf ein breites Spektrum von filmischen Adaptionen der Sherlock-Holmes-Geschichten im Kino und im Fernsehen zurückblicken. Sie selbst hat wiederum eine andere mediale Umsetzung, den Manga *Sherlock* (ab 2017), eine Gemeinschaftsproduktion von Steven Moffat und Mark Gatiss (den Drehbuchautoren der Serie) mit dem Illustrator Jay, inspiriert und somit zur Erweiterung des transmedialen Universums um die Gestalt des legendären Detektivs Sherlock Holmes entscheidend beigetragen. Wie in der Kritik zu Recht bemerkt wurde, richtet sich der Manga offenbar vor allem an die Freunde der transmedialen Rezeption der Sherlock-Geschichten, die auf weitere ‚Lektüren' derselben (außerhalb der Fernsehserie) neugierig sind, um diese vergleichend und ergänzend heranzuziehen: „Fans of the TV series Sherlock and its superstars Cumberbatch and Freeman can get a second helping with this faithful adaptation."[86]

Die Vielfalt der medialen Darbietungsformen und Gegebenheitsweisen einer Geschichte erzeugt bei den Rezipienten transmedialer Erzählungen wie etwa bei den Fans der Sherlock-BBC- Serie eine Sensibilität dafür, dass es divergierende Darstellungsoptionen derselben gibt. So stellt sich bei ihnen im Sinne Luhmanns die Erkenntnis ein, „dass es anders sein könnte".[87] Die Rezipienten können auf diese Weise erkennen, welche Perspektivierung einer Kernerzählung durch ihre Aneignung in einem bestimmten Medium vorgenommen wird. Als Beobachter eines Beobachters sehen sie, „aus welchem Blickwinkel der Beobachtete die Welt betrachtet".[88] Während sich der Beobachter erster Ordnung darauf konzentriert, was er beobachtet, beziehen sie sich als Beobachter zweiter Ordnung darauf, wie beobachtet wird.[89] Sofern sie sich dabei bewusst werden, dass sie sich auf einer Metaebene der Beobachtung bewegen, und ihre eigenen Beobachtungen systematisieren, erreichen sie eine weitere Stufe der Metaisierung von Beobachtungsvorgängen, die Luhmann als ‚Beobachtung dritter Ordnung' bezeichnet hat. Beobachtungen dritter Ordnung sowie reflexive Beobachtung

---

86 So der Kommentar von Martha Cornong in ihrer Besprechung im *Library Journal* (April 2017). Ergänzend räumt die Verfasserin ein, dass die *Graphic Novel* auch neue Leser anspricht: „Nonfans may also be drawn in, whether readers of the original stories or not, including writers interested in updating older plots for contemporary audiences." (https://issuu.com/libraryjournal/docs/lj170401/69. [30.05.2020]).

87 Luhmann. *Die Kunst der Gesellschaft*, S. 103.

88 Siehe Martin Rafailidis. *Die theoretische Konzeption der Massenmedien bei Niklas Luhmann und ihre Verwendung in Bezug auf strukturelle Kopplungen des Mediensystems mit dem Wissenschaftssystem*. München 2003, S. 6.

89 Vgl. Dirk Kretzschmar. *Identität statt Differenz. Zum Verhältnis von Kunsttheorie und Gesellschaftsstruktur in Russland im 18. und 19. Jahrhundert*. Bern: Lang, 2002, S. 37f.

zweiter Ordnung stellen potenzierte Ausprägungen der Reflexionstätigkeit dar und werden in der Systemtheorie unter dem Begriff der ‚Beobachtung dritter Ordnung' subsumiert.[90] Die ‚Beobachtung dritter Ordnung' kennzeichnet demzufolge die Ebene der ‚Metareflexion'.

Haben die Rezipienten transmedialer Erzählungen diese letzte Beobachtungsebene erreicht, werden die Übergänge zum wissenschaftlichen Beobachten fließend. In jedem Fall stellt das transmediale Erzählen mit seinen vielfältigen Formen der Konstruktion komplexer fiktiver Weltentwürfe durchaus hohe Ansprüche an die Leser bzw. Zuschauer und fördert Beobachtungssituationen zweiter und dritter Ordnung. Als Beobachter höherer Ordnung verfügen die Rezipienten nicht nur über den Wunsch zu partizipieren, sondern darüber hinaus auch über eine beachtliche (trans)mediale Expertise, die sich in einer erweiterten Fähigkeit der ‚multiliteracy' manifestiert, der Kompetenz, Diskurse zu verstehen und zu interpretieren, die aus unterschiedlichen Sprachen und Medien stammen.[91]

Blickt man zurück auf die oben diskutierten Beispiele transmedialen Erzählens aus zwei unterschiedlichen Jahrhunderten und auf das jeweilige Rezeptionsverhalten, so lässt sich – neben anderen Gemeinsamkeiten wie der Beliebtheit und Wirkungsintensität – ein erstaunlich aktiver und in verschiedenerlei Hinsicht produktiver Umgang mit den transmedialen Phänomenen erkennen. Besteht zunächst die Möglichkeit der Selektion aus einem Fundus medial differenter Versionen der Erzählungen und deren vergleichender Gegenüberstellung, so ist ferner bemerkenswert, dass sich unter den Rezipienten eine besondere Sensibilität für den Medienwechsel und die unterschiedlichen medienspezifischen Darbietungsformen ausbildet. Diese Orientierung fördert, wie gezeigt werden konnte, eine Beobachtungsdisposition höherer Ordnung im Sinne Niklas Luhmanns, die sich weniger auf die expliziten Inhalte als auf die Art und Weise der Darstellung (und die mit ihr verbundene Genese von Ambivalenzen und Bedeutungspluralisierungen) richtet. Es kommt mitunter zu der Entwicklung eines differenzierten *know how* in Hinblick auf die technologischen Feinheiten der Darstellungen, einer mehrdimensionalen, multimedialen Wahrnehmung sowie einer impliziten oder bewussten (medien)vergleichenden Perspektive, die neben der Sondierung der jeweiligen ästhetischen Dimension auch eine systematische sowie kritische Beurteilung der verschiedenen Umsetzungen erlaubt. Es entsteht

---

90 Siehe Luhmann. *Die Kunst der Gesellschaft*, S. 103 und 157.
91 Vgl. Carlos Alberto Scolari. „Transmedia Storytelling: Implicit Consumers, Narrative Worlds, and Branding in Contemporary Media Production". *International Journal of Communication* 3 (2009), S. 586-606, S. 590: „From the consumers' perspective, transmedia practices are based on and at the same time promote multiliteracy, which is the ability to interpret discourses from different media and languages. Dinehart maintains that, in a transmedia work, the viewer/user/player (VUP) transforms the story via his or her own natural cognitive psychological abilities, and enables the Artwork to surpass medium. It is in transmedial play that the ultimate story agency, and decentralized authorship can be realized. Thus the VUP becomes the true producer of the Artwork."

eine symptomatische Neugier und erstaunliche Offenheit für ein Spektrum erzählerischer Darbietungsmöglichkeiten derselben Geschichte, deren verschiedene Varianten im gegebenen Epochenkontext durchaus gleichermaßen gewürdigt werden können, auch wenn sich bestimmte Leitmedien wie etwa im 19. Jahrhundert die Oper oder, im ausgehenden 20. und beginnenden 21. Jahrhundert, die Fernsehserie bzw. die Webserie herauskristallisieren können.

Laura Zinn (Gießen)

Autorschaft in Serie

Autorschaftskonzepte in audiovisuellen Serienformaten

1. Serielles Erzählen und Autorschaftskonzepte – einführende Gedanken

Autor*innenfiguren finden sich seit Anbeginn der Filmgeschichte im audiovisuellen Medium – und zwar sowohl als Rekurrenz auf tatsächlich existierende historische Autor*innen als auch auf fiktive Schriftsteller*innen, die für die jeweilige Narration mitsamt der von ihnen geschriebenen Werke kreiert sind. Es bleibt eine spannende Frage, warum das audiovisuelle Medium ein so großes und langlebiges Interesse an Prozessen des Imaginierens, Schreibens und Publizierens hat, das besondere Konjunkturphasen während Herausforderungslagen des Mediums durchlebt – wie beispielsweise die jüngste Welle rund um das Millennium, die mit der zunehmenden Digitalisierung des Films zusammenfiel.[1] Dieser Zusammenhang zwischen sich verändernden medialen Begebenheiten und dem Interesse an Autor*innenfiguren lässt sich nun auch im seriellen Erzählformat des Mediums finden. Der jüngst zu beobachtende Wandel des seriellen audio-visuellen Erzählens vollzog sich insbesondere durch das Aufkommen von Streaming-Diensten und der damit von Sendezeiten der Fernsehsender losgelösten Verfügbarkeit aller bis dato veröffentlichten Episoden einer Serie. Während zuvor ein wöchentliches Warten auf einzelne Folgen und (abgesehen vom Sonderfall der Wiederholung) nur die Verfügbarkeit dieser jeweiligen Episode gewährleistet war, besteht nun die Möglichkeit über *Binge Watching* (dem Ansehen mehrerer Serienepisoden hintereinander – im Sinne eines Marathons) große Abschnitte einer Serie auf einmal anzusehen. Hierüber ergibt sich die Möglichkeit komplexe und stringent fortlaufende Handlungsstränge im seriellen Format zu erzählen, was jüngst zu seriellen Blockbusterphänomenen wie Game of Thrones (Creators: David Benioff, D. B. Weiss, US/UK 2011-2019) geführt hat.

Interessant ist dabei der Umstand, dass nicht nur die Welle der fiktiven Werkgenesen im Spielfilmformat rund um das Millennium sich des Autors bzw. der Chiffre Shakespeare als Schlüsselfigur für ein ‚westliches‘ Konzept von Autorschaft bedient, sondern auch ein Versuch unternommen wurde, Shakespeare

---

1 Überlegungen hierzu stellt Sigrid Nieberle in ihrer Studie *Literarhistorische Filmbiographien. Autorschaft und Literaturgeschichte im Kino. Mit einer Filmographie 1909-2007.* Berlin: Walter de Gruyter, 2008. (= Astrid Erll, Ansgar Nünning (Hg.). *Media and Cultural Memory / Medien und kulturelle Erinnerung.*) an. In meiner Dissertation gehe ich dieser Frage ebenfalls mit besonderem Fokus auf die Zeit rund um das Millennium nach, vgl. Laura Zinn. *Fiktive Werkgenesen. Autorschaft und Intermedialität im Spielfilm der Gegenwart.* Bielefeld: transcript, 2017.

zum Paten für die Darstellung von Autorschaft in der stattfindenden Neuausrichtung des seriellen Erzählformats zu machen. Zwar wurde die Serie Will (Creator: Craig Pearce, US 2017) nach nur einer Staffel wieder abgesetzt, es ergeben sich aber aus dieser wiederkehrenden Rückbesinnung auf Shakespeare bzw. auf dessen fiktionalisierte Imagination, die nicht zwingend der historischen Vorlage entsprechen muss, Implikationen, wie Autorschaft insbesondere für die audiovisuellen Erzählformate definiert wird. Ein wesentliches Merkmal rund um Autorschaft ist die Vorstellung von Ruhm und einer durch die literarischen Werke postulierten Unsterblichkeit innerhalb des kulturellen Gedächtnisses. Die Rückbesinnung auf die trotz aller Kanondebatten nicht wegzudenkende Unverrückbarkeit eines kanonischen Kerns, zu dem Shakespeare als einer der weltweit meist rezipierten und inszenierten Dramenautoren definitiv zu rechnen ist, scheint mit dem Versuch einherzugehen, das Medium (in den Formaten Spielfilm wie auch Serie) in diese Wertekategorien mit einzubinden und als ebenso essentiell und unverrückbar im Bereich der Unterhaltungsmedien zu etablieren. Gerade das zeitliche Zusammentreffen von Phasen, in denen das audiovisuelle Erzählen sich durch sich verändernde Produktions- oder Rezeptionsbegebenheiten neu orientiert und die Hinwendung zu *biographical picutres* mit besonderem Schwerpunkt auf Autor*innenfiguren lässt den Schluss zu, dass hier durch die Rückbesinnung auf das etablierte Medium Literatur einer Verunsicherung begegnet wird. So lässt sich auch die aktuelle Trendwelle, Autor*innenfiguren in Serien darzustellen auf die aktuelle Neuorientierung des Mediums beziehen.

Neben dieser Nutzbarmachung von Bekanntheit und Kanon werden Shakespeare aber auch andere Merkmale zugeschrieben, die Konzepte von Autorschaft im beginnenden 21. Jahrhundert ausmachen und die fiktionalisierte Shakespeare-Figur überzeitlich und achronistisch inszenieren. Gemäß einer postmodernen Grundhaltung wird Autorschaft nicht auf einen Schöpfungsprozess aus sich selbst heraus reduziert. Originalität bleibt zwar nach wie vor ein wichtiger Bestandteil für eine erfolgreiche Autorschaft, allerdings zeigt sich in den aktuellen Serien, dass Kreativität immer auf Erfahrung basiert. Die Autor*innenfiguren werden (wie schon zuvor im Spielfilm) in ihren Handlungen dargestellt und verarbeiten diese Erfahrungen in ihren Werken. Auch im seriellen Erzählen steht die dargestellte Werkgenese ebenfalls immer wieder im Kontext eines detektivischen Nachspürens, woher die Inspiration zu einem Werk gekommen ist, das in sich dann wieder von den rezipierenden Figuren als originell, unterhaltsam, belehrend und nützlich (mit durchaus unterschiedlichen Gewichtungen der einzelnen Aspekte) aufgefasst wird. So fiktionalisiert die Darstellungen Shakespeares jüngst mit Shakespeare in Love (Regie: John Madden, US/UK 1998), Anonymous (Regie: Roland Emmerich, UK/D/US 2011) und Will auch waren, so lassen sich in dieser Konzeption von Autorschaft neben deren postmoderner Komponente auch Rückbezüge zur elisabethanischen Forderung einer gelungenen Mimesis herstellen. Die Serie Will zeichnet sich darüber hinaus besonders durch die Anlehnung an musikalische und gesellschaftliche Reformationen oder sogar Revolutionen aus, wie sie sich im Kontext des Rock'n'Roll der 1950er Jahre (bis heute) vollzogen haben.[2] Über diese musikgeschichtlichen Anspielungen wird die Figur Will zum Revolutionär, der gesellschaftliche Veränderungen begünstigen hilft – was im Rückschluss einen weiteren Aspekt von Autorschaft bezeichnet, die weitreichende Implikationen für die sie umgebende Gesellschaft und Kultur hat.

Für die Darstellung von Autorschaft im seriellen Erzählformat sind im Gegensatz zum Spielfilm aber auch einige Anpassungen notwendig, um den gattungsspezifischen Charakteristiken gerecht zu werden. Während im Spielfilm rund um den Jahrtausendwechsel zumeist eine klare und einfache Struktur einer Erfolgsgeschichte als Plot etabliert und immer wieder neu variiert wurde, um eine Entstehungsgeschichte rund um ein bekanntes Werk einer Autor*innenfigur zu narrativieren[3], muss das serielle Erzählformat die Entwicklung der Figur in mindestens drei miteinander verkettete Spannungsbögen einbinden, deren Beziehung zueinander mit dem steigenden Komplexitätsgrad der Plots intensiver geworden ist. So braucht jede Episode einen eigenen kleineren Spannungsbogen, der innerhalb der zur Verfügung stehenden Zeit einer Episode (im Fall der ‚Comedy' 20 Minuten, im Fall aller anderen Subgenres, die als ‚Drama' subsumiert werden, 45 Minuten) abgeschlossen werden kann. Eine offensichtliche Struktur bieten hier Crime Series (‚Drama', 45 Minuten), in denen in jeder Folge ein eigener Fall ermittelt und abgeschlossen wird – als *case of the week*.[4] Jede Staffel einer Serie wiederum braucht einen größeren Spannungsbogen, innerhalb dessen jede einzelne Episode eine klare Positionierung hat und zu dessen Weiterführung bzw. Retardierung beiträgt. Schließlich noch gibt es einen als *mythical arch* zu bezeichnenden Spannungsbogen, der die gesamte Serie umfasst. Im Zuge der zunehmenden Komplexität des seriellen Erzählens haben sich gerade die beiden größeren Spannungsbögen deutlich verändert. Während zuvor viele Serien (Sitcoms, Crime Series etc.) mit einem *Will They – Won't They*-Spiel, bei dem es darum ging, ‚mitzufiebern', ob die meist gegengeschlechtlichen Protagonisten als Paar zusammenkommen (oder nicht), und einem recht schwachen *mythical arch* auskamen[5], zeigt gerade das oben genannte Beispiel von GAME OF THRONES mit einer kontinuierlich fortschreitenden Handlung und zumindest

---

2 Auch hierin zeigt sich die Fortschreibung von Tendenzen im seriellen Erzählformat, denn diese Kombination von William Shakespeare und Rockstar findet sich bereits in der Figurenkonzeption in Shakespeare in Love, beispielsweise über seine Kostümierung mit einem „punkish leather doublet." Elisabeth Klett. „Shakespeare in Love and the End(s) of History". In: Deborah Cartmell/I. Q. Hunter/Imelda Whelehan (Hg.): *Retrovision. Reinventing the Past in Film and Fiction*. London/Sterling: Pluto, 2001, S. 25-40, hier S. 25. Optisch vergleichbar wird dieser Look in die serielle Darstellung von Will in der gleichnamigen Serie übertragen.

3 Vgl. Laura Zinn. *Fiktive Werkgenesen*, S. 124-147.

4 Abgesehen vom Sonderfall größerer Fälle, die einer Doppelfolge bedürfen.

5 Als Beispiel ließe sich die Serie X Files (Creator: Chris Carter, CAN/USA 1993-2018) anführen, deren Hauptaugenmerk abgesehen von die Staffeln überspannenden Andeutungen in der ursprünglichen Reihe von 1993-2002 eindeutig auf den wöchentlichen Episoden lag und die damit prototypisch für das serielle Erzählen der 90er Jahre gewertet werden kann. Die 2016-2018 angefügten, deutlich kürzeren Staffeln hingegen zeugen von den sich verändernden Konzeptionen der Spannungsbögen.

anfänglich als Romanverfilmung angelegt, dass sich Spannungsbögen so intensiv miteinander verknüpfen lassen, dass sich die einzelnen Bögen nur noch schwer aus dem Gesamtgefüge herausfiltern oder gar voneinander trennen lassen. Im Kontext dieser Verschachtelung von Spannungsbögen werden auch an die Darstellung von Autorschaft im seriellen Erzählformat Anforderungen gestellt, die deutlich von denen des Spielfilmformats abweichen und sich als folgende Hypothesen formulieren lassen:

1. Aufgrund ihrer Länge und der Untergliederung in einzelne Episoden mit jeweils eigenen kleinen Höhepunkten kann nicht nur die Entstehungsgeschichte eines Werks (wie zuletzt im Spielfilmformat zumeist der Fall) im Fokus der Narration stehen. Autor*innen im seriellen Erzählformat müssen (gewissermaßen als Pendant zu ihren real-historischen Schöpfer*innen, den Drehbuchautor*innen) immer wieder neue Werke angehen, sich auf immer wieder neue Art mit diesen auseinandersetzen und sich durch deren Vollendung erneut beweisen.

2. Das schöpferische Potential und der Akt der Entstehung eines Werks werden im Rahmen der Spannungsbögen getaktet. In den unten diskutierten Beispielen finden sich verschiedene Formen der Einbettung in die drei Spannungsbögen, die aber alle auf ihre Art zu einer Dezentralisierung des Prozesses führen. Das Schreiben selbst wird nur marginal in einzelnen Episoden thematisiert, der Fokus liegt weit mehr auf dem (veröffentlichten) Ergebnis der Schreibarbeit bzw. des künstlerischen Akts. Im Zentrum der Handlung steht nicht die Autorschaft allein, sondern sie wird in andere erzählerische Kontexte integriert.

3. Als Weiterführung der letzten Konjunkturwelle im Spielfilmformat ist ein deutlich intensivierter transmedialer Umgang zu verzeichnen. Die Werke realer Autoren werden visuell und akustisch präsent gehalten und ggf. auch auf deren außerdiegetische Standorte verwiesen. Selbst die Werke fiktiver Autor*innen werden mitunter in einer metaleptischen Illusion in die Realität überführt (als Romane von Ghostwritern) und so den Serienrezipient*innen als reale Werke zugänglich gemacht (wie beispielsweise am Fall des fiktiven Autors Richard Castle zu beobachten, dessen während der Handlung entstandene Romane als reale Bücher gekauft werden können).[6]

Wie sich diese drei Annahmen in einzelnen Beispielen manifestieren, soll anhand drei unterschiedlicher Typen von Autorenfiguren in amerikanischen Serien aufgezeigt werden[7]: als fiktive Autoren die Nebenfigur Chuck Shurley aus der Mysterie-Serie SUPERNATURAL (Creator: Eric Kripke, US 2005-2020) und Richard Castle als titelgebender Protagonist aus der Crime-Series CASTLE (Creator: Andrew W. Marlowe, US 2009-2016) sowie die fiktionalisierte Darstellung eines realen Autors – allerdings in diesem Fall nicht nur auf

---

6 Im Kontext dieses Artikels kann der Funktionsweise dieser metaleptischen Illusion mit ihren verschiedenen Facetten (Produktion, Marketing, Rezeption, Fandom etc.) nicht vollständig nachgegangen werden. Dies soll an separater Stelle nachgeholt werden. Hier sei daher lediglich darauf verwiesen, dass diese transmediale Eigenschaft gerade im seriellen Erzählformat betont wird.

7 Dies spiegelt auch das aktuelle Genderungleichgewicht wider, da gegenwärtig ein großer Teil von Autor*innenfiguren männlichen Geschlechts ist.

Schriftstücke beschränkt, sondern auch als Künstler – mit der fiktionalisierten Fassung von Leonardo da Vinci in DA VINCI'S DEMONS (Creator: David S. Goyer, US 2013-2015).

2. Fiktionalisierter Autor mit realem Werk – Leonardo da Vinci (DA VINCI'S DEMONS)

Bereits in der ersten Folge von DA VINCI'S DEMONS werden Kreativität und die besondere, inspirierte Wahrnehmung der Welt durch die Figur Leonardo da Vinci als zentrale und alle Staffeln und Episoden überspannende Motive der Serie etabliert. Ein besonderer Fokus liegt dabei zunächst auf seinen (in den dargestellten kriegerischen Zeiten rund um Florenz essenziellen) Entwürfen zu Kriegsmaschinen, Flugapparaten etc. Leonardos[8] Autorschaft bzw. Künstlertum wird hier eindeutig in einen Kontext von Nützlichkeit und Aktion gestellt, Leonardo selbst als Mann der Tat imaginiert, der mit Stift und Papier ebenso gewandt umzugehen vermag wie im Kampf mit einem Schwert in jeder Hand. Es verwundert daher nicht, wenn er besonders in der dritten und finalen Staffel als „architect of war"[9] bezeichnet wird. Visuell wird in der Serie auf verschiedene Weise auf Leonardo da Vinci's Werk hingewiesen.

In einer direkten Umsetzung werden seine Skizzen und Entwürfe als Vorlage für Requisiten genommen: Flugapparate, Unterwasserfahrzeuge oder auch der Entwurf eines Panzerwagens werden ungeachtet der technischen Realisierbarkeit des historisch überlieferten Entwurfs eins zu eins vom Papier in eine dreidimensionale (und letztlich immer funktionierende) Maschine[10] überführt, wie hier am Beispiel des Panzerwagens abgebildet (Abb. 1-3).

Während der hier abgebildete Panzerwagen ohne eine vorangegangene Konzeptarbeit, die Leonardo beim Zeichnen und Entwerfen zeigen würde, als Kriegsmaschine der Otranto angreifenden Osmanen eingesetzt und die Schlacht damit (gegen Leonardos Bemühungen und durch den Diebstahl seiner Idee) entschieden wird, wird Leonardo bei anderen Projekten auch immer wieder beim Zeichnen gezeigt. Der Panzerwagen hingegen erhält keine visuell gezeigte (*showing*), sondern nur eine erzählte (*telling*) genealogische Verknüpfung zu Leonardo. Diese fehlende gezeigte Verknüpfung ermöglicht die Einführung des

---

8   Zur besseren Unterscheidung der fiktiven Figur und der historischen Person wird die fiktive Figur als Leonardo und die historische Person als Leonardo da Vinci bezeichnet.

9   Da Vinci's Demons, „Modus Operandi", 3x3 (Regie: Alex Pillai, Erstausstrahlung 08.11.2015), 00:11:43-00:11:44.

10 Eine markante Ausnahme bilden die Flügel, die die Cover der verschiedenen Staffeln bilden. In der ersten Staffel sind sie nur als Leonardos gedanklicher Entwurf und aufstrebend abgebildet, während die zweite Staffel den Absturz mit zerfetzten Flügeln und die dritte Staffel die Landung auf einem Hausdach mit den zerbrochenen Flügeln darstellt. Bildlich wird hier die zunehmend kritische und verunsicherte Haltung Leonardos gegenüber seinem Talent aufgegriffen.

Abb. 1 (oben): Skizze des Panzerwagens Leonardo da Vinci;
URL: https://en.wikipedia.org/wiki/Leonardo%27s_fighting_vehicle

Abb. 2 (Mitte): Modell von Leonardo da Vincis Panzerwagen;
Fotographie von Erik Möller; gemeinfrei;
URL: https://commons.wikimedia.org/w/index.php?curid=395326

Abb. 3 (unten): Filmische Umsetzung des Panzerwagens in DA VINCI'S DEMONS,
„Abbadon", 3x2 (Regie: Peter Hoar, Erstausstrahlung 01.11.2015), 00:08:34.

Themas der finalen Staffel – Leonardos Notwendigkeit über sich selbst und alle Selbst- und Fremdkritik hinauszuwachsen und der Künstler zu werden, als der sein historisches Pendant bis heute im kulturellen Gedächtnis verankert ist.

Unter anderen Vorzeichen wird in der zweiten Staffel Leonardo da Vinci's wohl berühmtestes Gemälde „La Gioconda" (im Deutschen bekannt als „Mona Lisa", um 1502-1506) eingeführt: In einer Totenreichvision sieht Leonardo nicht nur zukünftige Ereignisse seines Lebens, sondern auch seinen (möglichen) Nachruhm, der allerdings nur dann eintreten werde, wenn er die hierfür notwendigen (richtigen) Entscheidungen träfe. Die spätere Fertigstellung des Gemäldes und der damit einhergehende Ruhm sowie die Unsterblichkeit durch die künstlerische Leistung wird also als selbsterfüllende Prophezeiung bereits im Vorfeld als einlösbar bzw. bereits eingelöst deklariert, auch wenn dies nicht innerhalb der Handlung der Serie gezeigt wird. Auch hier wird der künstlerische Schaffensprozess nur im Bereich des *telling* realisiert und nicht visuell gezeigt. Als Symbol seines Nachruhms betritt Leonardo den Ausstellungsraum der „Mona Lisa" und stellt die bis heute ungeklärte Frage nach der Identität der dargestellten Frau, die auch die Serie nicht zu beantworten anstrebt.[11] Da Leonardo zu diesem Zeitpunkt noch nicht mit der Arbeit an dem Gemälde begonnen hat, wird hier gleichsam der Rahmen für eine Variante der Möbiusband-Erzählung[12] geschaffen. In dieser Variante schreibt zwar nicht das erlebende Ich am Ende der Handlung seine Geschichte nieder, aber zumindest wird über die Ankündigung Leonardos, sich nach dem Sieg über das osmanische Heer und den Geheimbund „Sons of Mithras" sowie dem Tod Lucrezias wieder seiner Kunst zu widmen, begonnene Kunstwerke fertigzustellen bzw. neue Kunstwerke zu beginnen, auf die in der zweiten Staffel gezeigte Zukunftsvision mit der im Museum ausgestellten „La Gioconda" Bezug genommen und mit deren Erfüllung demnach begonnen.

Durch die Berühmtheit des Gemäldes ist ein hoher Wiedererkennungswert bei den Serienrezipient*innen zu erwarten, so dass hier mehr mit der Erwartungshaltung des Publikums gespielt wird, statt tatsächlich eine Entstehungsgeschichte von „La Gioconda" zu narrativieren.

Auch Leonardos verschiedene Ateliers zeichnen sich durch eine Fülle von Zitaten aus Leonardo da Vincis Werk aus. Seine Studien des menschlichen

---

11 Vgl. Da Vinci's Demons, „The Rope of the Dead", 2x6 (Regie: Jon Jones, Erstausstrahlung 27.04.2014), 00:33:19-00:35:58.

12 Zur Definition sei zum Beispiel auf Sonja Klimek verwiesen: „Klassisch geworden ist inzwischen jene Variante [der Möbiusband-Erzählung, L. Z.], in der ein intradiegetischer Protagonist am Ende des empirischen Romans beginnt, eben diesen Roman, dessen ‚histoire' er soeben durchlebt hat, niederzuschreiben, und zwar wortwörtlich wie der empirische Roman." Sonja Klimek. *Paradoxes Erzählen. Die Metalepse in der phantastischen Literatur.* Paderborn: mentis, 2010, S. 187. Vgl. weiterführend: Harald Fricke. „Potenzierung". In: *Reallexikon der deutschen Literaturwissenschaft,* Bd. III, 2003, S. 219-245; Brian McHale. *Postmodernist Fiction.* New York, London: Methuen, 1987, S. 120f.; Jean Ricardou. *Pour une théorie du nouveau roman.* Paris: Seuil, 1971, S. 153f.

Körpers (zum Beispiel des „*homo vitruvianus*", ca. 1490)[13] werden genauso aufgegriffen wie seine Porträt- und Gemäldestudien oder „La Scapigliata" (um 1508). Dieses Gemälde wird ganz im Gestus von EVERAFTER als Porträt einer Hauptfigur thematisiert: Während in EVERAFTER der gealterte Leonardo (optisch seinem um 1512 entstandenen Selbstbildnis angenähert) das Gemälde inspiriert durch seine Begegnung mit der Hauptfigur Danielle (als Aschenputtel-Variante) zeichnet und ihr zur finalen Hochzeit schenkt[14], wird es in DA VINCI's DEMONS eher als im Hintergrund verortete Anspielung genutzt. Auch hierzu wird keine Entstehungsgeschichte gezeigt, und das Gemälde wiederholt auf verschiedenen Materialien und in verschiedenen Variationen als Requisite in Leonardos imaginiertem Atelier ausgestellt, während er seinen drogeninduzierten Widerstand gegen den Geheimbund „Das Labyrinth" kämpft.[15] Auch hier wird die abgebildete Frau durch die optische Ähnlichkeit zu Leonardos *Love Interest* Lucrezia Donati, mit der er in seiner Vision bereits eine mehrjährige Ehe führt, als für das imaginierte Leben des fiktionalisierten Künstlers wichtige Person gewertet.

Während bei den bisher genannten Beispielen der künstlerische Schaffensprozess gänzlich ausgeklammert bzw. bis zur Unkenntlichkeit marginalisiert wird und die Verweise auf das Werk lediglich in einem Zitatcharakter der vollendeten und überlieferten Stücke verharren, findet sich parallel dazu auch ein eher adaptierender Zugang zu Leonardo da Vinci's Werk. Beiden Strategien der Darstellung des Werks im Filmbild ist eine Bemühung um Authentizität zu eigen, um die fiktive Figur der historischen Person anzunähern.[16] Die oben erörterte Darstellungsweise evoziert eher einen musealen Charakter der Verehrung für das künstlerische Genie (wie im Fall von „La Gioconda" direkt ins Filmbild übertragen), während die zweite Annäherungsart den künstlerischen Schaffensprozess selbst thematisiert und somit gleichsam erfahrbar macht und für das Serienpublikum erläutert. Hierbei kommt es zu einer immer wiederkehrenden

---

13 Vgl. z. B. seine Flugstudien in der ersten Folge, die er mit dem menschlichen Körper abgleicht, was über eine Einblendung des *homo vitruvianus* geschieht: Da Vinci's Demons, „The Hanged Man", 1x1 (Regie: David S. Goyer, Erstausstrahlung 17.04.2013), 00:22:25-00:22.28. Oder das für die Gerichtsverhandlung über Leonardos homo- bzw. bisexuelle Tendenzen gesammelte Material aus seinem Atelier: Da Vinci's Demons, The Tower, 1x5 (Regie: Paul Wilmshurst, Erstausstrahlung 15.05.2013), 00:21:50-00:23:59

14 Vgl. Andy Tennant (Regie): EverAfter. US: Twentieth Century Fox et al 1998, 01:36:22-01:36:53, 01:50:13-01:52:13.

15 Vgl. Da Vinci's Demons, „The Labrys", 3x4 (Regie: Alex Pillai, Erstausstrahlung 15.11.2015), 00:02:23-00:03:20.

16 Dasselbe gilt auch für die Aufnahme historischer Fakten aus der Biographie Leonardo da Vinci's, wie seiner Tätigkeit in der Werkstatt seines Lehrmeisters Verrocchio (vgl. z. B. Walter Isaacson: *Leonardo da Vinci*. New York: Simon & Schuster 2017, S. 33-67), der umstrittenen Vermutung der arabischen Herkunft seiner Mutter Catrina (vgl. z. B. Dietrich Seybold: *Leonardo da Vinci im Orient. Geschichte eines europäischen Mythos*. Köln: Böhlau 2011, S. 208f.) oder die Patronage durch Lorenzo il Magnifico (vgl. Walter Isaacson: *Leonardo da Vinci*, z. B. S. 28).

Reihenfolge von spontaner Inspiration durch Beobachtung der Umgebung und der gedanklichen oder gezeichneten Umsetzung seiner Ideen – beides im Filmbild als Skizzen im Stil der von Leonardo da Vincis erhalten gebliebenen Entwürfen gehalten – und schließlich dem tatsächlichen Bau eines Prototyps und (mitunter nach einigen fehlgeschlagenen Versuchen) letztlich einer funktionierenden Ingenieursleistung.

Die Kamera kombiniert hierbei einen neutralen Blick auf das Geschehen mit Leonardos Sichtweise und kreativem Schaffensprozess, indem Zeichnungen über das Filmbild gelegt werden. Das hochgradig artifizielle ‚Sehen' ist der Kern von Leonardos Genie, dessen gesamte Weltwahrnehmung zur Studie von Proportionen, Bewegungsabläufen, Funktionsweisen hinter Mechanismen etc. wird. Die Rezipient*innen sind somit visuell direkt in den kreativen Prozess involviert, wie beispielsweise bei der Beobachtung von Vögeln auf dem Markt von Florenz: Das Geschehen auf dem Markt und die aus ihren Käfigen freigelassenen Vögel, deren Flugbewegung Leonardo in der ersten Folge der Serie studiert, verlangsamen sich auf Zeitlupentempo. Leonardo wird also die Fähigkeit zugesprochen, seine Umgebung sehr viel intensiver wahrzunehmen, schneller zu denken und zu zeichnen als dies für gewöhnliche Menschen möglich wäre, daher muss, um seine Perspektive einzunehmen, das Erzähltempo stark gedrosselt werden. Die Darstellung der Szene schwankt zwischen dem realitätsnahen Filmbild und gezeichneten Bildern im Stil der Skizzen, die Leonardo parallel zu seinen Beobachtungen zu Papier bringt. Beide Darstellungsweisen werden mit Montage ineinander überblendet (Abb. 4-6).[17]

Die Inspiration durch die realen Vögel und deren Flugbewegungen für den Bau der Columbina für das Osterspektakel der Medicis, das durch die Ermordung des Fürsten von Mailand zu einer besonderen politischen Machtdemonstration werden soll, wird im Filmbild direkt gezeigt (*showing*). Bei der Konstruktion der Columbina ist es Leonardos Ziel, einen frei fliegenden mechanischen Vogel herzustellen, wobei er über einen nahezu die gesamte Episode umspannenden Prozess mit *try and error* an der Adaption der Natur zu scheitern droht. Der eigentliche kreative Prozess dauert auch hier nicht länger als eine Episode, wird aber gerade was das ‚kreative Sehen' und die daraus resultierende Inspiration betrifft, zum wiederkehrenden, zentralen Motiv der Serie. Autorschaft wird damit als serielle, mitunter auch sich wiederholende Tätigkeit aufgefasst, die damit den Kern des seriellen Erzählens trotz seiner Veränderungen im Zuge der Streaming-Möglichkeiten erfasst und symbolisch repräsentiert. Eine ähnliche Beobachtung kann auch für die beiden anderen hier thematisierten Serien vorweggenommen werden.

---

17 Da Vinci's Demons, „The Hanged Man", 1x1 (Regie: David S. Goyer, Erstausstrahlung 17.04.2013), 00:21:50-00:22:44.

Abb. 4 (links): DA VINCI'S DEMONS, „The Hanged Man", 1x1
(Regie: David S. Goyer, Erstausstrahlung 17.04.2013), 00:22:00

Abb. 5 (rechts): DA VINCI'S DEMONS, „The Hanged Man", 1x1
(Regie: David S. Goyer, Erstausstrahlung 17.04.2013), 00:22:00

Abb. 6 (unten): DA VINCI'S DEMONS, „The Hanged Man", 1x1
(Regie: David S. Goyer, Erstausstrahlung 17.04.2013), 00:22:15

3. Fiktiver Autor mit realem Werk – Richard Castle (CASTLE)

Aufgrund der in CASTLE thematisierten Romane des Schriftstellers, die im
Gegensatz zu Leonardos Skizzen und Entwürfen einer deutlich längeren Kon-
zeptions- und Arbeitsphase bedürfen, wird sich in der Serie auch auf weniger
Einzelwerke des fiktiven Autors Richard Castle beschränkt, die in die acht
Staffeln umfassende Serie eingebettet werden. Fokussiert wird dabei nicht nur
in einzelnen Episoden der Schreibprozess an den Romanen rund um Castles
Figur Nikki Heat, die an seine Partnerin Detective Kate Beckett angelehnt ist,
sondern besonders auch das Marketing rund um die fertigen und publizierten
Romane. Bereits in der Einführung befindet Castle sich auf einer Party, auf der
sein neuester und finaler Roman rund um den Ermittler Derek Storm vorge-
stellt wird. Statt die Figur schreibend einzuführen, wird bereits das Ergebnis
dieser Arbeit im dem Lebemann Castle entsprechenden geselligen Rahmen präsentiert. Castle kann hier seiner anfänglichen Charakterkonzeption gemäß in
mehrfacher Hinsicht als Mittelpunkt betrachtet werden: Die Feierlichkeit gilt
ihm, sein Name prangt überdimensioniert auf Plakaten, er darf Autogramme
in Dekolletés schreiben und er wird eingerahmt von Frauen, die an seine Seite

drängen.[18] Die Figur des Autors wird in der gesamten Serie, was tatsächliche Tätigkeiten des Romane Konzipierens und Schreibens angeht, nur andeutungsweise thematisiert. Stattdessen wird der Fokus auf die Zusammenarbeit von Castle und Beckett beim Lösen von Fällen gelegt, worin die immer wieder betonte Inspirationsquelle für seine Nikki Heat-Romane zu suchen sein soll. Es kommt dabei zum Zusammenspiel von Becketts auf Fakten fokussierte Ermittlungsarbeit und Castles Fähigkeiten mit seiner Fantasie und seiner Imaginationsgabe die Geschichte hinter den Morden zu ergänzen und dadurch zur Lösung der Fälle entscheidend beizutragen. Das Thema Autorschaft wird neben typische Plotelemente der Crime Series gestellt, in der wöchentlich und meist Episode für Episode ein neuer Fall zu lösen ist. Das Handlungsmuster und die Konzeption der drei Spannungsbögen verläuft also ganz anders als in der oben diskutierten Serie DA VINCI'S DEMONS, in der über drei Staffeln hinweg eine episodenübergreifende Handlung und Figurenentwicklung narrativiert wird. Hier zeigt sich noch vermehrt das auf den episodischen Spannungsbogen fokussierte serielle Erzählen, das auf eine wöchentliche Rezeption einzelner Episoden im Fernsehen ausgelegt ist. Serien- und staffelübergreifende Themen bleiben die nur punktuell aufgegriffene Ermordung von Becketts Mutter, ausgewählte Fälle bzw. Kriminelle wie der Dreifachmörder, die epsiodenübergreifend thematisiert werden, und die Frage, ob Beckett und Castle als Paar zusammenkommen bzw. später zusammenbleiben. Hauptfokus bleibt das episodische Lösen der Mordfälle.

Wie Anne Mullen und Emer O'Beirne in der Einführung des von ihnen herausgegebenen Sammelbands zu *Detective Narratives in European Culture since 1945* konstatieren, besteht die Tendenz, das Genre der Crime Fiction auf eine symptomatische Funktion zu reduzieren, doch „there is a risk of limiting the value of the genre as a whole solely to its role as a mirror held up to society."[19] Stattdessen weisen Mullen und O'Beirne darauf hin, dass gerade in zeitgenössischer Crime Fiction Themenkomplexe eine Rolle spielen, die gerade nicht nur äußerliche Erscheinungsformen der Gesellschaft spiegeln:

> The old patterns of reassurance, with the inevitable triumph of the intellect give way in the face of a contemporary need to foreground the complexities, ambiguities, and uncertainties of the self and of society. The role of the reader or spectator and of the critic in conferring meaning is actively solicited. And even in the most apparently unselfconscious and popular (even populist) forms of narrative, the interplay of thematic and structural issues calls for commentary."[20]

---

18 Vgl. Castle, „Flowers for Your Grave", 1x1 (Regie: Rob Bowman, Erstausstrahlung 06.02.2010), 00:00:30-00:01:36.

19 Anne Mullen und Emer O'Beirne. „Introduction". In: Dies. (Hg.). *Crime Scenes. Detective Narratives in European Culture since 1945. Internationale Forschungen zur Allgemeinen und Vergleichenden Literaturwissenschaft.* Amsterdam: Rodopi, 2000, S. i-vi, hier i.

20 Ebd., S. if.

Auch Castle lässt sich diesen Genre-Neuerungen zurechnen, obgleich es hier mit den nahezu jedes Mal erfolgreich aufgelösten Fällen mit klarer Antwort zu Täter und Motiv kaum zu Unsicherheiten von Selbst und Gesellschaft zu kommen scheint. Derartige Unsicherheiten werden eher auf der parallel zur Kriminalhandlung existierenden Ebene der Liebesgeschichte und der Schriftstellerei thematisiert, wenn Castle wiederholt unter dem unsicheren Beziehungsstatus zu Beckett oder Schreibkrisen leidet, neue Fälle braucht, um Inspirationen für seine indirekt autobiographisch zu wertenden Romane zu erhalten und sich mit anderen, realen und sich selbst darstellenden Schriftstellern in seiner Pokerrunde über Probleme rund um seine Arbeit Rückversicherungen holt. Die Übernahme von bzw. Inspiration durch Erlebnisse in die Romanreihe um Nikki Heat führt zu einer Spielart des autofiktionalen Schreibens. Der Begriff ‚Autofiktion‘ geht zurück auf Serge Doubrovsky und bezeichnet „ganz unterschiedliche ‚Mischungszustände‘ zwischen ‚Fiktion‘ und ‚Autobiographie‘.“[21] Castles vom Erlebten geprägte Autorschaft der Nikki Heat-Romanreihe inszeniert auf einer fiktiven Ebene Doubrovskys Postulat, dass jede/r ihr/sein Leben autofiktional narrativieren kann, indem es dem „Abenteuer der Sprache“[22] anheim gegeben wird.

Neben dieser auf der fiktiven Ebene verbleibenden Darstellung des autofiktionalen Schreibens verorten das Auftreten von realen Autoren in Castles Pokerrunde, namentlich Stephen J. Cannell, Michael Connelly, Dennis Lehane und James Patterson[23], sowie der Verweis auf einen Streit, den Castle mit Stephen King über Baseball pflegen würde[24], den fiktiven Autor im Kontext realer Schriftsteller und deren realer Werke und sorgen für eine scheinbare Durchlässigkeit zwischen Realität und Fiktion. Diese Durchlässigkeit wird weitergeführt, da der reale Autor Tom Straw unter dem Pseudonym „Richard Castle“, die von der fiktiven Figur im Verlauf der Serie geschriebenen Romane tatsächlich schreibt und sie so als Romane von Richard Castle parallel zum Rezipieren der Serie in einem transmedialen Spiel mit einer metaleptischen Illusion realer Werke eines fiktiven Autors gelesen werden können.[25]

---

21 Martina Wagner-Egelhaaf. „Einleitung. Was ist Auto(r)fiktion?“ In: Dies. (Hg.). Auto(r)fiktion. Literarische Verfahren der Selbstkonstruktion. Bielefeld: Aisthesis 2013, S. 7-21, hier S. 9. Vgl. weiter Serge Doubrovsky. „Nah am Text“. *Kultur & Gespenster: Autofiktion* 7 (2008): S. 123-133.

22 Serge Doubrovsky: „Nah am Text“, S. 128. Auch Claudia Gronemann unterstreicht die sprachliche Dimension autofiktionalen Schreibens, vgl. Claudia Gronemann. „‚Autofiction‘ und das Ich in der Signifikantenkette. Zur literarischen Konstitution des autobiographischen Subjekts bei Serge Doubrovsky“. *Poetica* 31 (1999), S. 237-262.

23 Besonders in den Episoden „Flowers for Your Grave“ (1x1), „Deep in Death“ (2x1), „A Deadly Game“ (2x24), „The Dead Pool“ (3x21).

24 Vgl. Castle, ‚The Blame Game‘, 8x12 (Regie: Jessica Yu, Erstausstrahlung: 22.02.2016), 00:00:38-00:02:02.

25 Das lange gehütete Rätsel um den realen Autor hinter dem Pseudonym Richard Castle scheint damit aufgelöst zu sein. Vgl. Uwe Wirth. „New Yorker Verhältnisse. Der Fall des Bestsellerautors Richard Castle“. In: Vincent Fröhlich, Lisa Gotto, Jens

Die Pokerrunde mit den realen Autoren zeigt ein wesentliches Merkmal der Autorschaft, die um die Figur Richard Castle aufgebaut wird: Ideen werden im geselligen Beisammensein gemeinschaftlich weiterentwickelt, Fälle und Roman- konzepte gleichermaßen diskutiert (auch hier wird die enge Verbindung zwi- schen beidem erneut betont, wenn Castle seinen Kollegen gegenüber Fälle als Romanideen vorstellt, um sich Tipps für die mögliche Geschichte hinter dem gemeinsam mit Beckett erforschten Mord zu holen). Dieses Schema wird bereits in der ersten Folge etabliert[26] und mit der Wiederaufnahme zum Auftakt und Finale der zweiten Staffel als zentrales Merkmal betont.[27] Seine Schriftsteller- kollegen helfen Castle die Mordfälle unter Aspekten wie Plotmustern (z. B. „twists") und bestimmten Figurentypen (z. B. der Figur, die an die Unschuld des scheinbaren Täters glaubt) zu betrachten und so schriftstellerisches Handwerk auf die polizeilichen Ermittlungen anzuwenden. Durch den episodisch wieder- kehrenden Erfolg dieser Vorgehensweise werden Imagination und schriftstelle- risches Handwerk den analytischen und faktenorientierten Methoden Becketts als mindestens ebenbürtig, wenn nicht sogar überlegen dargestellt. Dadurch wird Autorschaft (wie in Da Vinci's Demons) eng mit Aktivität und Ziel- gerichtetheit verbunden und führt sowohl zu den Romanen als auch zum Lösen der Fälle.

Vom Durchleben und Lösen der Kriminalfälle wird Castle, der über weite Teile der Serienhandlung mit allem beschäftigt scheint, nur nicht mit dem Schreiben, inspiriert, letztlich doch quasi ‚hinter den Kulissen' seine Nikki Heat-Romane zu vollenden. Das Vorhandensein der Bücher innerhalb der Serie und besonders auch deren Herausnahme aus der Fiktion als reale Bücher führt zu einer ‚inver- sen Adaption', wie Thomas Beutelschmidt und Henning Wrage am Beispiel des Zusammenspiels von Film und Literatur der DDR erläutern: Es handelt sich um „Bücher *nach* oder unter Umständen auch *zu*, jedoch nicht *vor* dem Film, die den Bekanntheitsgrad von Autor und Werk zusätzlich erhöhten."[28] Im von Kai-Marcel Sicks herausgearbeiteten Regelfall beziehen sich „[e]twa 80% aller Hollywood-Produktionen [...] auf zeitlich vor dem Film verfasste (wenn auch oftmals unbekannte) Romane, im europäischen Kino dürfte die Quote kaum

---

Ruchatz (Hg.). *Fernsehserie und Literatur. Facetten einer Medienbeziehung.* Mün- chen: edition text + kritik 2019, S. 341-359, hier S. 342-344. Real erhältlich sind Romane aus den Reihen um Nikki Heat und Derek Storm; im Einzelnen: *Heat Wave*; *Naked Heat*; *Heat Rises*; *Frozen Heat*; *Deadly Heat*; *Raging Heat*; sowie zu Derek Storm. *A Brewing Storm*; *A Raging Storm*; *A Bloody Storm*; *Storm Front*; *Wild Storm*. Bisher allerdings ohne den in der ersten Folge thematisierten letzten Band der Storm-Reihe *Storm Fall*, der mit Derek Storms Tod abschließt.

26 Vgl. Castle, „Flowers for Your Grave", 00:21:35-00:23:19.

27 Vgl. Castle, „Deep in Death", 2x1 (Regie: Rob Bowman, Erstausstrahlung: 17.04.2010), 00:23:07-00:24:19; Castle, „A Deadly Game", 2x24 (Regie: Rob Bow- man, Erstausstrahlung 25.02.2011), 00:27:37-00:28:19.

28 Thomas Beutelschmidt/Henning Wrage. *„Das Buch zum Film – der Film zum Buch". Annäherung an den literarischen Kanon im DDR-Fernsehen.* Leipzig: Leipzi- ger Universitätsverlag 2004, S. 153

niedriger liegen."[29] Die hier vorliegende inverse Adaption verkehrt das lange Zeit
in der Literaturwissenschaft negativ gewertete Verhältnis von Literatur als ‚dem'
Original und filmischer Adaption als ‚Zweitverwertung' des Stoffs.[30] Selbstbewusst wird das Medium Literatur in das audiovisuelle Erzählformat der Serie
integriert und dieser untergeordnet, da sich die Autorfigur Richard Castle nicht
primär durch isolierte Schreibarbeit am Computer oder mit Stift und Papier
auszeichnet, sondern im Gegenteil nur dann Spaß an und Erfüllung in ihrer
schriftstellerischen Tätigkeit finden kann, wenn diese eng mit der audiovisuell
narrativierten Aktivität rund um das gemeinsame Lösen der Kriminalfälle mit
Kate Beckett verwoben ist.

Spielerisch wird die lange als Vorurteil vorherrschende Hierarchisierung
von Literatur und audiovisueller Adaption aufgegriffen, wenn Castles Roman
„Nikki Heat" (eher zum Leidwesen des Autors)[31] verfilmt wird. Gekränkt muss
Castle feststellen, dass die Schauspielerin, die für Nikki Heat vorgesehen ist und
sich für das Einfinden in die Rolle an Becketts Fersen heftet, anfänglich Castle
nicht als den Schöpfer der von ihr verkörperten Figur erkennt und lediglich das
Drehbuch, nicht aber die Romanvorlage gelesen hat, um offen für die Plotän-
derungen durch den Drehbuchautor zu bleiben.[32] Wenn die Schauspielerin die
Romanlektüre noch nachholt und die Vorlage deutlich besser als die Drehbuch-
adaption empfindet sowie die gesamte Filmproduktion als „quite possibly the
worst movie ever made"[33] deklariert wird, dann geschieht diese Aufwertung der
Literatur ebenfalls aus einer Überlegenheitsposition heraus, da der Umgang mit
der Literatur in die audiovisuelle Serie eingebettet bleibt. Es kommt also zu einer
‚Verkehrung' des ursprünglich empfundenen Hierarchieverhältnisses zwischen
dem literarischen Original und der minderwertigeren filmischen Adaption,
wenn es hier zur literarischen Adaption über die Castle-Romane und gleichzeitig zu einem audiovisuell inszenierten Umgang mit Literatur kommt.

Obwohl ‚Literatur' über die titelgebende Autorfigur die gesamte Serie hin-
durch Thema bleibt (visuell beispielsweise über Castles schusssichere Weste mit
der Aufschrift „Writer", akustisch über die fortwährende Bezeichnung Castles als Autor), ist die tatsächliche Beschäftigung mit Literatur nur indirekt in
die Serie eingebettet, verläuft hier aber im Gegensatz zum oben diskutierten
Da Vinci's Demons nicht episodisch, indem ein für eine Episode gestelltes

---

29 Kai-Marcel Sicks: „Literaturverfilmung und Intermedialität". In: Sonja Altnöder/
    Wolfgang Hallet/Ansgar Nünning (Hg.). *Schlüsselthemen der Anglistik und Ame-
    rikanistik / Key Topics in English and American Studies.* Trier: Wissenschaftlicher
    Verlag Trier 2010, S. 277-298, hier S. 284.
30 So gesteht beispielsweise Dudley Andrew nur einem Text zu „a standard whole" zu
    sein. Dudley Andrew: *Concepts in Film Theory.* Oxford et al.: Oxford University
    Press 1984, S. 97.
31 Castle, „Nikki Heat", 3x11 (Regie: Jeff Bleckner, Erstausstrahlung 13.05.2011),
    00:00:00-00:01:26.
32 Vgl. ebd., 00:04:14-00:05:00, 00:10:07-00:10:45.
33 Castle, „G.D.S.", 8x14 (Regie: John Terlesky, Erstausstrahlung: 07.03.2016),
    00:10:45-00:10:48. Vgl. Castle, „Nikki Heat", 00:27:45-00:28:32; vgl. Castle,
    „G.D.S.", 00:10:23-00:11:43.

Problem kreativ-künstlerisch gelöst würde, sondern serien- bzw. staffelübergreifend, wenngleich nur punktuell in einzelnen Episoden explizit darauf verwiesen wird. Gerade die erste Staffel macht dies besonders deutlich, wenn Castle in der ersten Episode an seinem ersten Nikki Heat-Roman zu arbeiten beginnt und am Ende der finalen Staffelepisode auf die Frage, ob er noch nicht mit seinem Roman fertig sei, antwortet, er schreibe das „last chapter".[34] Die Entstehung des Romans verläuft demnach im Hintergrund der gesamten ersten Staffel und wird erst in der zweiten Staffel mit der Veröffentlichung des Romans abgeschlossen. Nur punktuell wird die tatsächliche Schreibarbeit filmisch inszeniert oder diese zumindest sprachlich – wie im obigen Beispiel – thematisiert. Neben der eigentlichen Schreibarbeit werden auch die Rezeptionsprozesse sowie das Marketing rund um Castles Romane gelegentlich aufgegriffen, obwohl es sich natürlich auch hierbei um kontinuierlich stattfindende Prozesse handelt.

Die Schreibszenen bzw. ‚Nicht-Schreibszenen‘, die häufig an Anfang oder Ende der Episoden gesetzt werden, charakterisieren Richard Castle und das von ihm verkörperte Konzept von Autorschaft auf eine ähnliche Weise wie das gesellige Pokern der Schriftstellerrunde. Castle schreibt inmitten seines lauten und mitunter chaotischen familiären Umfelds, mitunter in lässiger Haltung mit den Füßen auf dem Schreibtisch.[35] Höhepunkte seiner Frustration über den unklaren Beziehungsstatus zu Kate Beckett manifestieren sich auch in seinem Arbeitsverhalten, indem er zwar seine Arbeitszeit am Schreibtisch absitzt, aber mit Fernsehen oder Spielereien beschäftigt ist.[36] In den meisten Episoden hingegen schreibt Castle gar nicht, sondern geht anderen familiären oder sozialen Tätigkeiten nach (kochen, spielen, lesen, sich unterhalten), bis ein neuer Mordfall seine Aufmerksamkeit bindet[37], manifestiert sich hier einmal mehr Castles kindlich-spielerischer Umgang mit seinem Beruf, den er ebenso wenig ernst nehmen kann wie Becketts Arbeit als Detective. Im familiären Gefüge ist es daher auch eher seine pubertierende Tochter Alexis, die von Beginn an die Rolle des mahnenden und erziehenden Erwachsenen einnimmt[38], während Castle sich in

---

34 Castle, „A Death in the Family", 1x10 (Regie: Bryan Spicer, Erstausstrahlung: 10.04.2010), 00:39:57.

35 Vgl. z.B. Castle, „Love Me Dead", 2x9 (Regie: Bryan Spicer, Erstausstrahlung: 05.11.2010), 00:00:55-00:01:00; Castle, „Last Call", 3x10 (Regie: Bryan Spicer, Erstausstrahlung: 06.05.2011), 00:00:40-00:01:20; Castle, „Eye of the Beholder", 4x5 (Regie: John Terlesky, Erstausstrahlung: 30.03.2012), 00:01:36-00:01:54, Castle, „Dial M for Mayor", 4x12 (Regie: Kate Woods, Erstausstrahlung: 25.05.2012), 00:00:42-00:01:48; Castle, „A Dance with Death", 4x18 (Regie: Kevin Hooks, Erstausstrahlung: 02.11.2012), 00:01:30-00:02:44.

36 Vgl. Castle, „A Deadly Game", 00:01:18-00:03:25; Castle, „Headhunters", 4x21 (Regie: John Terlesky, Erstausstrahlung: 23.11.2012), 00:00:36-00:02:20.

37 Es ist daher auch kaum verwunderlich, wenn seine Tochter Alexis überrascht feststellt, *dass* er schreibt, worauf Castle schlicht entgegnet: „It's time." Castle, „Deep in Death", 00:37:00-00:37:02.

38 Vgl. z.B. Castle, „Always Buy Retail", 1x6 (Regie: Jamie Babbit, Erstausstrahlung: 13.03.2010), 00:39:36-00:39:40.

technischen Spielereien ergeht[39], sich als Playboy (zumindest anfänglich) von
Frauen umschwärmen lässt[40] und sich den Luxus gönnt, seine Aufmerksamkeit
immer wieder abschweifen zu lassen. Die betont lässige Haltung beim Schreiben
findet ihr Pendant in Castles diversen Selbstdarstellungen und Selbstinszenie-
rungen, die ihm und seiner Autorschaft ein Image von Coolness, spielerischer
Leichtigkeit und Lässigkeit verpassen sollen.[41] Auch seine Tätigkeit als Privat-
detektiv in den beiden letzten Staffeln zeigt dieses spielerische Element, wenn er
seine Zeit am Schreibtisch absitzt und damit füllt, Bleistifte gegen die Decke zu
werfen[42] oder sich in *film noir*-Fantasien ergeht.[43]

Der Serienstart gibt dem Schriftsteller nach einer erzählten ‚Krise‘, die ihn
dazu bringt, seine erfolgreiche Ermittlerfigur Derek Storm sterben zu lassen,
durch die Begegnung mit Kate Beckett, die er fortan seine ‚Muse‘ nennt[44], die
Inspiration zu einer Figur und einer neuen Romanreihe. Nach der gemeinsamen Verhaftung des ersten Mörders, der Morde im Stil von Castles Romanen

---

39 Vgl. z. B. Castle, „One Man's Treasure", 2x10 (Regie: Helen Shaver, Erstausstrah-
    lung: 12.11.2010), 00:01:06-00:01:46; Castle, „Undead Again", 4x22 (Regie: Bill
    Roe, Erstausstrahlung: 30.11.2012), 00:00:00-00:01:46; Castle, „The Human Fac-
    tor", 5x23 (Regie: Bill Roe, Erstausstrahlung: 06.05.2013), 00:00:48-00:01:35.

40 Vgl. z. B. Castle, „When the Bough Breaks", 2x5 (Regie: John Terlesky, Erstausstrah-
    lung: 08.10.2010), 00:23:00-00:23:08. Dieses Image wird auch seitens des Verlags
    gepflegt, wenn der erste Nikki Heat-Band in einem Fotoshooting mit Modells in
    an eine Kostümierung von Stripperinnen erinnernde Polizeiuniformen um Castle
    posieren. Vgl. Castle, „Deep in Death", 00:00:34-00:00:51.

41 Beispielsweise findet sich dies in seinen diversen Versuchen, ein diesem Image gemä-
    ßes Video zur Vermarktung seiner Bücher für seinen Internetauftritt zu drehen – was
    der Verlag mit dem Video der Pannen und komischer Special Effects zusätzlich ins
    Lächerliche zieht, vgl. Castle, „Meme Is Murder", 7x5 (Regie: Bill Roe, Erstausstrah-
    lung: 27.10.2014), 00:00:59-00:02:19, 00:38:38-00:40:05. Hier zeigt sich die unten
    weiter diskutierte „Verschränkung von Leben und Text", die „einerseits das Leben
    im Licht des Textes wahrnehmbar macht und andererseits die Textproduktion als
    Teil des beschriebenen Lebens begreift. Gerade im digitalen Zeitalter, wo sich jede/r
    auf einer Homepage, in sozialen Netzwerken, in Blogs etc. selbst darstellt, greifen
    die fiktional-konstruktiven Entwürfe und die Realität des Lebens, das sich in der
    Tat heute zu einem großen Teil online abspielt, untrennbar ineinander." Martina
    Wagner-Egelhaaf: „Einleitung. Was ist Auto(r)fiktion?", S. 12. Vgl weiter Martina
    Wagner-Egelhaaf. „Autofiktion & Gespenster". In: *Kultur & Gespenster: Autofiktion*
    7 (2008), S. 135-149, hier S. 137.

42 Vgl. Castle, „Private Eye Caramba!", 7x 12 (Regie: Hanelle M. Culpepper, Erstaus-
    strahlung: 19.01.2015), 00:05:27-00:05:50.

43 Vgl. z. B. Castle, „Castle, P. I.", 7x11 (Regie: Milan Cheylov, Erstausstrahlung:
    12.01.2015), 00:37:09-00:37:31; Castle, „Private Eye Caramba!", 00:08:07-
    00:08:33, 00:20:39-00:21:49. Das *film noir*-Thema wird bereits in der 4. Staffel
    eingeführt, vgl. Castle, „The Blue Butterfly", 4x14 (Regie: Chuck Bowman, Erstaus-
    strahlung: 28.09.2012), wo die gesamte Folge von Castles Fantasien geprägt ist, die
    er als Privatdetektiv dann ab der 7. Staffel auslebt.

44 Vgl. Castle, „Flowers for Your Grave", 00:38:17-00:39:47. Auch wenn seine Schrift-
    steller-Kollegen sie eher als Ablenkung und weniger als Muse für Castle betrachten.
    Vgl. Castle, „A Deadly Game", 00:28:19-00:28:32.

inszeniert hat, und einem kurzen Flirt mit seiner zukünftigen Partnerin in allen Lebenslagen sitzt Castle am Schreibtisch und arbeitet konzentriert an seinem nächsten Werk. Das Serienpublikum darf seine geschriebenen Worte mitlesen. Das Lesen über die Schulter erlaubt einen Einblick in den autofiktionalen Charakter von Castles Nikki Heat-Reihe: In dieser ersten Schreibszene wird Castles letzter Blick auf Beckett, die von ihm weg die Straße hinunterläuft, inhaltlich wieder aufgegriffen. Damit wird der direkte autobiographische Bezug der Romane, der sprachlich immer wieder in der Serie postuliert wird, nicht nur erzählt (,telling'), sondern über die Montage der beiden Szenen auch gezeigt (,showing').[45] Die Schreibszene der zweiten Episode arbeitet ganz ähnlich und zeigt Castles Überlegungen zu seiner Figur Nikki Heat – die gleichermaßen Beobachtungen und Überlegungen zu Kate Beckett sind.[46] Es kommt im folgenden Verlauf der Serie zu einem Changieren zwischen diesem anfänglichen Enthusiasmus und zunehmender Frustration über Becketts mehrere Staffeln umfassende Weigerung, in ihm allen Flirts zum Trotz mehr als einen zunächst nur aufgezwungenen Arbeitspartner zu sehen. Auch hier wird die autofiktionale Verflechtung deutlich, wenn Castle im Gespräch mit seiner Mutter erläutert, dass er nicht weiterschreiben kann, obwohl sein Manuskript fällig wäre, da er mit der Entwicklung seiner Figuren unzufrieden sei:

[Richard Castle]: The first draft of my new manuscript was due yesterday, and I haven't finished.
[Martha Rogers]: Why not?
[Richard Castle]: Haven't felt like writing. And besides, I don't think I'm entirely happy with where my *characters* are going.[47]

Castles Betonung des Wortes *characters* erzeugt, basierend auf der autofiktionalen Konstellation mit Nikki Heat als Kate Beckett und dem Journalisten Jameson Rook, der aus Recherchezwecken mit Heat zusammenarbeitet, als Pendant für Richard Castle selbst, einen zusätzlichen Subtext, der verdeutlicht, dass Castle nicht nur von seinem neuesten Roman, sondern auch von seinem eigenen Leben spricht, das er im Roman fiktionalisiert. Der fiktive Autor Richard Castle und sein fiktives Publikum –aufgrund der unhinterfragten und nicht im Kontext der Serie widerlegten Behauptung, dass es so sei, bis zu einem gewissen Grad auch das reale Serienpublikum – gehen immer wieder bereitwillig einen autobiographischen Pakt[48] ein, wenngleich die von Lejeune hierfür notwendige Grundprämisse von den Nikki Heat-Romanen nicht erfüllt wird: Der Name von Autor, Erzähler und Protagonist müssen nach Lejeune für die Erfüllung des autobiographischen Pakts, der das ,Angebot' macht, einen Text nicht nur als Roman

---

45 Im ersten unter dem Pseudonym Richard Castle erschienen Roman taucht der Satz hingegen nicht auf. Es wird auf diese enge Verzahnung zwischen Serie und Romanen zur Serie verzichtet.

46 Vgl. Castle, „Nanny McDead", 1x2 (Regie: John Terlesky, Erstausstrahlung: 13.02.2010), 00:36:34-00:38:21.

47 Castle, „A Deadly Game", 00:01:41-00:01:50.

48 Vgl. Philippe Lejeune. *Der autobiographische Pakt.* Frankfurt a. M.: Suhrkamp, 1994.

mit fiktiver Handlung, sondern als faktenbasierte, wenn auch fiktionalisiert ausgestaltete Autobiographie zu lesen, gewährleistet sein. Dies trifft auf Castles Romane nicht zu. Die autobiographischen Bezüge werden nicht über Namen, sondern über eine immer wieder erzählte autobiographische Inspiration, die sowohl vom Autor als auch den fiktiven Rezipient*innenfiguren angenommen und weitergetragen wird, hergeleitet.[49] Für die realen Serienrezipient*innen und Leser*innen der Romane besteht das Angebot ebenfalls, beim Lesen der Romane zu überlegen, auf welchen von Becketts und Castles in der Serie gezeigten Fällen die jeweilige Romanhandlung basieren könnte und damit einen ins fiktive verlagerten autobiographischen Pakt einzugehen. Es kommt damit – wenn auch unter der Prämisse der fiktiven Autorfigur – zu einer Kombination zwischen autobiographischem bzw. referentiellem und fiktionalem Pakt, den Frank Zipfel als eine der drei Formen von Autofiktion ausweist. Auch hier kommt es zu einem „vom autofiktionalen Text inszenierte[n] Spiel", das darin besteht

> dass der Leser von einem Pakt zum anderen wechselt und dies mehrmals im Laufe der Lektüre. Die dabei möglicherweise entstehende Verwirrung ist nicht eine Vermischung zwischen referentiellem Pakt und Fiktions-Pakt, sondern nur die Verwirrung, dass der Text weder nach den Leseinstruktionen des Referenz-Pakts noch denen des Fiktions-Paktes eindeutig aufzulösen ist. Damit jedoch bleibt die Unterschiedlichkeit der beiden Pakte gewahrt, man könnte sogar sagen, dass der Leser gerade durch das Hin und Her zwischen dem einen und dem anderen auf die Spezifik der beiden Pakte aufmerksam gemacht wird.[50]

Verschiedentlich wird auf das Changieren zwischen den beiden Paktmöglichkeiten seitens des Autors Richard Castle und den fiktiven Rezipient*innen seiner Romane angespielt. Gerade die verschiedenen Rezeptionsprozesse zeigen diese permanente Wahlmöglichkeit zwischen den beiden Pakten. Obwohl

---

49 Beispielsweise Martha Rogers Erklärung an Beckett, dass Nikki Heat auf ihr basiere, sowie der daran anschließende Streit zwischen Beckett und Castle über den Namen der Romanfigur. Vgl. Castle, „Hell Hath No Fury", 1x4 (Regie: Rob Bowman, Erst ausstrahlung: 27.02.2010), 00:38:34-00:39:18. Oder Becketts Erzählung aus ihrer eigenen Vergangenheit, die sie mit den Worten beschließt: „I guess, your Nikki Heat has a background story, Castle." Vgl. Castle, „A Chill Goes Through Her Vains", 1x5 (Regie: Bryan Spicer, Erstausstrahlung: 06.03.2010), 00:38:25-00:38:30. Die Ermordung von Becketts Mutter und der Aufklärung dieses Falls spielt zwar als mythical arch die gesamte Serie eine Rolle, wird fortan aber losgelöst von Nikki Heat betrachtet. Z. B. vgl. Castle, „A Death in the Family", 00:00:37-00:01:58, 00:07:12-00:08:33, 00:38:00-00:40:39. Das gleiche trifft auch auf die Identifizierung von Beckett mit Nikki Heat durch einen Serienkiller zu, der sein Katz-und-Maus-Spiel mit den Detectives rund um die Figur Nikki Heat inszeniert: Vgl. Castle, „Tick, Tick, Tick...", 2x17 (Regie: Bryan Spicer, Erstausstrahlung: 04.02.2011) und Castle, „Boom!", 2x18 (Regie: John Terleskey, Erstausstrahlung: 04.02.2011).

50 Frank Zipfel. „Autofiktion. Zwischen den Grenzen von Faktualität, Fiktionalität und Literarität?". In: Simone Winko/Fotis Jannidis/Gerhard Lauer (Hg.). *Grenzen der Literatur. Zu Begriff und Phänomen des Literarischen*. Berlin/New York: De Gruyter, 2009, S. 284-314, hier S. 306.

Beckett sich nicht gern vollständig als Nikki Heat identifizieren lässt, kokettiert sie immer wieder mit einer Aneignung der Figur, dass „[m]aybe there's a little more Nikki Heat in me than you think."[51] Nach dem Erscheinen des ersten Romans mit der markanten Sexszene zwischen Heat und Rook[52] sieht Castle sich genötigt, zu erläutern, dass er hier lediglich den Erwartungshorizont der Rezipient*innen bedient:

[Natalie Rhodes]: I realised the character of Jameson Rook is based on you.
[Richard Castle]: Oh yeah, I guess I drew on my relationship with Detective Beckett.
[Natalie Rhodes]: Even the sex scenes?
[Richard Castle]: No, that was just ...
[Natalie Rhodes]: Fantasy? [...]
[Richard Castle]: Well, you wanna give the audience what they want.[53]

Gleichzeitig wird natürlich auch mit den Erwartungen der Serienrezipient*innen gespielt, die bis dahin das *Will they – Won't they*-Spiel zwischen Beckett und Castle verfolgt haben und ebenfalls auf eine entsprechende Szene zwischen den beiden Romanfigurenvorlagen warten. Vergleichbar mit der letzten Produktionswelle von Spielfilmen zu Autor*innen, kommt es auch hier zu einer klaren Markierung von Autorschaft als autobiographisch inspiriert, die hintergründig die gesamte Serienhandlung von CASTLE bestimmt. Gleichzeitig werden über das obige Zitat mit dem direkten Verweis auf Erwartungshaltungen und die Diskussionen der Pokerrunden über literarische Funktionsweisen indirekt auch selbstreferentiell auf Plotmuster der audio-visuellen Serie in den Blick genommen.

---

51 Castle, „Little Girl Lost", 1x9 (Regie: John Terlesky, Erstausstrahlung: 03.04.2010), 00:40:30-00:40:32.
52 Vgl. Castle, „Fool Me Once ...", 2x4 (Regie: Bryan Spicer, Erstausstrahlung: 01.10.2010), 00:38:15-00:39:13. Die von Castle genannte Seite „105" stimmt nicht mit der erhältlichen Paperback-Ausgabe von „Heat Wave" überein, wenngleich es auch hier zu einer entsprechenden Szene zwischen Heat und Rook kommt, vgl. Richard Castle: *Heat Wave*. Los Angeles, New York: Kingswell k. J., S. 147. Mit dem Autorenportrait von Nathan Fillon in seiner Rolle als Richard Castle, der gleichlautenden Widmung für KB und das 12. Revier sowie dem abschließenden Interview von Richard Castle über seine neue Nikki Heat-Romanserie sowie das identische Cover des Buchs in der Serie und dem realem Buch wird ansonsten viel Aufwand betrieben, das Buch paratextuell mit der Serie in Verbindung zu setzen. So interpretiert Uwe Wirth das reale Buch *Heat Wave* als „ein Buch, das [...] die Grenzen Paratext und Text zum Thema macht. Alle jene Bereiche, die vormals den mehr oder weniger inspirierten Machern paratextueller Marketingstrategien überlassen blieben, wurden konsequent in die World der ‚Story' integriert." Uwe Wirth. „New Yorker Verhältnisse", S. 348.
53 Castle, „Nikki Heat", 00:27:52-00:28:09.

4. Fiktiver Autor mit fiktivem Werk als ‚Vorlage‘ der realen Fernsehserie – Chuck Shurley (SUPERNATURAL)

Weitaus weniger direkt die gesamte Serienhandlung dominierend, aber in ihren Aussagen essenziell, ist die Autorschaft von Chuck Shurley, der als Nebenfigur in der hochgradig selbst- und metareferentiellen Serie SUPERNATURAL punktuell auftritt. Autorschaft wird hier zunächst im Sinne des *second maker* als Schöpfung angelegt, da Chuck parallel bzw. im Vorfeld zu den eigentlichen Handlungen der beiden Protagonisten Sam und Dean Winchester ihre Geschichte aufschreibt.[54] Seine Fähigkeit, die Dinge vorherzusehen bzw. gleichzeitig mit dem Durchleben der Ereignisse der beiden seine Bücher zu schreiben, wird zunächst vom Engel Castiel damit erklärt, dass Chuck ein Prophet sei, dessen Aufgabe darin bestehe, das ‚Winchester-Evangelium‘[55] zu schreiben. Sein eigenes Auftreten als Figur in den Romanen eröffnet erneut eine autofiktionale Spielart, die Chuck selbst als „too preposterous“ deklariert: „Not to mention arrogant. I mean, writing yourself into the story is one thing, but as a prophet?“[56]

Obwohl er unter dem Pseudonym Carver Edlund seine Bücher veröffentlicht, ist er als fiktiver Autor präsent, der gleichzeitig auch punktuell kommentierende Erzählstimme und handelnde (Neben-)Figur in der Serie und den die Serienhandlung spiegelnden Büchern ist. Auch hier wird dem Serienpublikum ein rein in die Fiktion verschobener autobiographischer Pakt präsentiert und gleichsam angeboten, diesen anzunehmen. Es erfüllt sich damit spielerisch die Beobachtung von Martina Wagner-Egelhaaf: „Der autofiktionale Text […] exponiert den Autor im performativen Sinn als jene Instanz, die im selben Moment den Text hervorbringt wie dieser ihr, d. h. dem Autor, auf seiner Bühne den auktorialen Auftritt allererst ermöglicht.“[57] Da Chuck exakt die Ereignisse schreibt, die, beispielsweise während er sie Korrektur liest, geschehen[58], bleibt es (zunächst) in der Schwebe, ob er lediglich die Ereignisse der Serienhandlung dokumentiert, oder ob sie passieren, weil er sie schreibt. Wenn Chuck daher bei seinem ersten Aufeinandertreffen mit den Winchester-Brüdern entgeistert feststellt, er müsse ein ‚Gott‘ sein[59], scheint dies zunächst auch nur ein Gedankenspiel zu sein – bis im späteren Verlauf der Serie den Fanspekulationen Rechnung getragen wird und sich Chuck tatsächlich als Gott zu erkennen gibt, der sich aus dem Himmel zurückgezogen hat.[60]

---

54 Vgl. Supernatural, „The Monster at the End of This Book“, 4x18 (Regie: Mike Rohl, Erstausstrahlung: 25.01.2010), 00:02:19-00:02:57.

55 Vgl. ebd., 00:25:37-00:25:40.

56 Ebd, 00:25:13-00:25:19.

57 Martina Wagner-Egelhaaf. „Einleitung“, S. 14.

58 Z. B. beim ersten Aufeinandertreffen der Winchesters mit Chuck: Vgl. Supernatural, „The Monster at the End of This Book“, 00:06:40-00:07:34.

59 Vgl. ebd., 00:09:44-00:10:52.

60 Vgl. Supernatural, „Don't Call Me Shurley“, 11x20 (Regie: Robert Singer, Erstausstrahlung: 12.01.2017), 00:01:57-00:04:03.

Als zunächst ausgewiesener Prophet und Schriftsteller-Genie erfüllt Chuck erneut eine Reihe von Klischees, die im seriellen Erzählen rund um Autorschaft etabliert scheinen: introvertiert und zurückgezogen lebend[61] schreibt er in einem chaotischen Umfeld, unterstützt von einer Menge Alkohol. Konzepte des Genies bedienend liefern seine Visionen ihm genug Inspiration für den nächsten Abschnitt seines aktuellen Romans.[62] Erst die finale Schreibszene der fünften Staffel durchbricht dieses Konzept des zerstreuten, genialen Autors, wenn Chuck in weißem Hemd (statt Bademantel oder schlabberiger Kleidung) – wenngleich auch hier mit dem obligatorischen Glas mit Whiskey o. ä. in der Hand – ruhig und fokussiert am Schreibtisch sitzt und seinen Abschlusskommentar dieses ersten Abschnitts der Serie schreibt und spricht.[63] Sein Verschwinden nach dem Schreiben von „The End" spielt explizit auf seine Übernatürlichkeit im Sinne des Serientitels „Supernatural" an. Auch sein späteres erneutes Auftreten lenkt durch seine veränderte Kleidung und abgelegte Nervosität hin zu einem souveränen Erscheinungsbild, das mit seiner als Gott ausgeübten Kontrolle, Allmacht und Allwissenheit über die Geschichte einhergeht.

Vergleichbar zum obigen Beispiel DA VINCI'S DEMONS wird auch in SUPER-NATURAL die Narration rund um die Autorfigur mit einer Variante einer Möbiusband-Erzählung verknüpft, die wortwörtlich die durchlebten (bzw. zu durchlebenden) Ereignisse niederschreibt, und damit einmal mehr eine enge Verzahnung zwischen Autobiographie und Schriftstellerei herstellt (wenngleich auf einer rein fiktiven Ebene verbleibend). Dieses Spiel findet sich allerdings nicht nur auf der oberflächlichen inhaltlichen Ebene, in der Chuck sich selbst und die Winchesters als Figuren kreiert und ihr Fälle dokumentiert, sondern reicht auch in die Tiefenstruktur der Serienkonzeption selbst. So erzeugt Chucks Pseudonym Carver Edlund eine Verknüpfung zu zwei der Drehbuchautoren der Serie: Jeremy *Carver* und Ben *Edlund*.[64] In der ersten Episode, in der Chuck auftritt, wird – diesem metareferentiellen Spiel der Autorfigur, die die Serie überhaupt erst ermöglicht, gemäß – die Titelei der Serie verändert: Nach einer Abfolge von Ausschnitten der Buchcover von Edlunds (rein fiktiven) Romanen heißt es: „Supernatural by Carver Edlund".[65] Chuck Shurley alias Carver Edlund wird damit zu einem Alias der im Produktionsprozess ‚verschwundenen' bzw.

---

61 Daher auch unter dem geschlossenen Pseudonym, das die Winchester-Brüder nur mit List auflösen können, indem sie sich mit dem Wissen ihrer eigenen Erlebnisse als große Fans ausgeben; vgl. Supernatural, „The Monster at the End of This Book", 00:03:50-00:06:41.

62 Vgl. Supernatural, „Swan Song" 5x22 (Regie: Steve Boyum, Erstausstrahlung: 30.01.2012), 00:01:19-00:02:40; für den mit Papieren und Bierflaschen übersäten Schreibtisch, vgl. Supernatural, „Lucifer Rising", 4x22 (Regie: Eric Kripke, Erstausstrahlung: 21.03.2011), 00:32:18-00:37:57.

63 Vgl. Supernatural, „Swan Song", 00:35:27-00:39:20.

64 Der Schauspieler Rob Benedict geht in einem Interview auf der Chicagoer Fan-Convention 2009 sogar noch einen Schritt weiter, indem er die von sich verkörperte Figur Chuck Shurley als Symbol für den Serienschöpfer Eric Kripke wertet. Vgl. URL: https://www.youtube.com/watch?v=4l-TSRHnJaE (Stand: 09.06.2020).

65 Supernatural, „The Monster at the End of This Book", 00:02:07-00:02:15.

unsichtbar gewordenen Drehbuchautor*innen, die die Handlung der Serie zwar ursprünglich geschrieben haben, deren textuelle Grundlage im audio-visuellen Endprodukt allerdings nicht mehr sichtbar bzw. erfahrbar ist.

Die ‚Unsichtbarkeit' und Marginalisierung der Drehbuchautor*innen ist der im Zuge der *Nouvelle Vague* (der französischen Autorenfilmbewegung, deren Höhepunkt zwischen 1958 und 1970 lag)[66] durch Filmschaffende, -kritik und -rezipient*innen über nationale Grenzen hinweg vollzogenen Aufwertung der Regisseur*innen als ‚Autoren' und damit Allein- bzw. Hauptverantwortliche des Films geschuldet: „Das stellte die beruflichen Funktionen und die Identität des Drehbuchautors vor neue Herausforderungen. [...] Der Drehbuchautor wurde so bisweilen zum wenig beachteten Ideenlieferanten, der den Regisseur mit Filmstoffen versorgte."[67] Dies macht sich sowohl in der Wahrnehmbarkeit der Drehbuchautor*innen als auch in der Vergütung für die Drehbücher bemerkbar. Gerade letzteres führte 1988 und 2007/2008 zu großangelegten Streiks durch die *Writer's Guild of America*:

> Jedenfalls führte die Frage nach der Anerkennung des geistigen Eigentums und der Beteiligung an Mehrfachverwertungen in den USA zu zwei Streiks der Drehbuchautorengilde in den Jahren 1988 und 2007. Der bisher längste Streik der „Writers' Guild" im Jahr 1988 kostete die Filmindustrie nach eigenen Angaben schätzungsweise 500 Millionen US-Dollar. Die Drehbuchautoren traten in den Streik, um die Beteiligung an den Gewinnen aus dem Heimvideomarkt und an VHS-Einnahmen im Ausland und Wiederholungshonorare für die Mehrfachauswertungen durchzusetzen. Beim Streik der „Writers' Guild of America" vom 5. November 2007 bis 12. Februar 2008 ging es um die Höhe der Tantiemen und die Frage, wie Autoren bei den Einnahmen von DVD-Verkäufen und bei digitalen Ausstrahlungen ihrer Sendungen beteiligt werden sollten. Nach 1960 und 1988 griffen die Drehbuchautoren zum dritten Mal zum Mittel des Streiks, um ihren Verhandlungen mit der „Alliance of Motion Picture and Television Producers" Nachdruck zu verleihen.[68]

Gerade im Bereich der audiovisuellen Serien hat sich zwar jüngst viel für die Wahrnehmung der Drehbuchautoren getan, die nun nicht mehr im Hintergrund eines/einer Filmregisseurs/Filmregisseurin stehen, sondern als Team unter einem *creative producer* gemeinschaftlich agieren,

---

66 Vgl. Juliane Scholz. *Der Drehbuchautor. USA – Deutschland. Ein historischer Vergleich*. Bielefeld: transcript 2016, S. 302-309.

67 Ebd., S. 301.

68 Ebd., S. 337. Vgl. weiterführend: o. A., „Hollywoodstreik. US-Autoren marschieren groß auf ". In: *Der Spiegel*, 21.11.2007, URL: https://www.spiegel.de/kultur/gesellschaft/hollywoodstreik-us-autoren-marschieren-gross-auf-a-518625.html Stand 12.06.2020; Nikolaus Reber, „Beteiligung der Kreativen an neuen Medien aus Sicht des Streiks der Drehbuchautoren in den USA 2007/2008. In: *Gewerblicher Rechtsschutz und Urheberrecht* (2008) H. 10, S. 798-806; Alan Paul/Archie Kleingartner, „Flexible Production and the Transformation of Industrial Relations in the Motion Picture and Television Industry". In: *Industrial and Labor Relations Review*, Bd. 47 (1994) H. 4, S. 663-678, hier S. 667-670.

[a]llerdings zeigt die Person des kreativen Produzenten auch, dass die vielen Dreh-buchautoren wieder hinter dem spezialisierten und rationalisierten Herstellungs-prozess der Fernsehserien verschwinden. Dieser Schreibprozess im Team, der auch *writing-by-committee*, *collective* oder *disposable authorship* genannt wird, wird von einem Produzenten kreativ überwacht und angeleitet.[69]

Chucks Romane werden zu einer direkten, damit einem Drehbuch vergleich-baren Vorlage der filmisch gezeigten Handlung, wie sich beispielsweise sehr eindrücklich beobachten lässt, wenn Dean in einem Waschsalon aus Chucks neuestem Manuskript vorliest und damit parallel zum Vorlesen des Textes Sams Handlungen rund um das Waschen der Wäsche, sein Gespräch mit Dean und seine Gedanken hierbei sprachlich kommentiert.[70] Was hier einerseits ein mit Komik arbeitendes Zusammenspiel disparater Medien ist, macht andererseits in einem gegenläufigen Prozess das von Joachim Paech beobachtete ‚Schatten-dasein' der Schrift im Filmbild[71] wieder präsent, indem das geschriebene Wort in seinem Vorlagencharakter herausgestellt wird.

Gerade die im Zuge der Streaming-Dienste und Blockbuster-Serien – bei-spielsweise die HBO- und Netflix-Produktionen TRUE BLOOD (Creator: Alan Ball, US 2008-2014), GAME OF THRONES, ORANGE IS THE NEW BLACK (Creator: Jenji Kohan, US 2013-2019) etc. – etablierten Veränderungen im neueren seriellen Erzählformat, führten auch zu Veränderungen im Beruf der Drehbuchautor*innen:

Grundsätzlich wurden durch die Veränderung im Fernsehbereich und die vielfäl-tigen neuen Formatmöglichkeiten in den neuen Medien auch die Aufgaben des Drehbuchautorenberufs im arbeitsteiligen kreativen Schaffensprozess neu defi-niert und modifiziert. Die angesprochenen US-Qualitätsserien im Kabelfernse-hen und die Serien der Dienstleister wie Netflix werden dabei in *real time* produ-ziert. Ein festes Autorenteam, das vom creative producer angeleitet wird, entwirft parallel zur Ausstrahlung der Staffel die Figuren und Handlungen der Serie. Dabei kann es vorkommen, dass Fanreaktionen in sozialen Netzwerken die Arbeit des Kreativteams beeinflussen und somit die Weiterentwicklung der Charaktere inter-aktive, transmediale Querverweise annimmt und auf Reaktionen der Fans in sozi-alen Netzwerken wie Twitter oder Facebook direkt Bezug nimmt.[72]

---

69 Juliane Scholz, *Der Drehbuchautor*, S. 337, Hervorhebungen im Original. Vgl. wei-ter: John Thornton Caldwell, *Production Code Industrial Reflexivity and Critical Practice in Film and Television*. Durham-London: Duke University Press 2008, 211-216; Nathaniel Kohn, „Standpoint: Disappearing Authors. A Postmodern Perspec-tive on the Practice of Writing for the Screen". In: *Journal of Broadcasting & Electro-nic Media*, Bd. 43 (1999) H. 2, S. 443-449.

70 Vgl. Supernatural, „The Monster at the End of This Book", 00:11:31-00:12:17.

71 Joachim Paech, „Der Schatten der Schrift auf dem Bild. Vom filmischen zum elek-tronischen ‚Schreiben mit Licht' oder ‚L'image menace par l'ecriture et sauve par l'image meme". In: Michael Wetzel, Herta Wolf (Hg.): *Der Entzug der Bilder. Visuelle Realitäten*. München: Wilhelm Fink 1994, S.213-233.

72 Julian Scholz, *Der Drehbuchautor*, S. 335, Hervorhebungen im Original. Vgl. für die Anfänge dieser Entwicklungen: Michael G. Cantor, *The Hollywood TV Producer. His Work and his Audience*, 2. Aufl., New Brunswick-Oxford 1988, S. 99-103.

Die Rezeption von Chucks Büchern durch Sam und Dean, die ihre in den drei vorangegangenen Staffeln durchlebten Abenteuer nun als Romane ‚nachlesen‘, wird auch dazu genutzt, eben eine solche Kommentierung auf Fanreaktionen vorzunehmen. Explizit wird auf die ‚*Slash-Fans*‘, die eine sexuelle Beziehung der Brüder imaginieren, Bezug genommen, wenn Sam und Dean bei ihrer Recherche im Internet auf entsprechende Foren stoßen und Dean in klarer Positionierung zu diesem Gedankenspiel ausruft: „They know, we're brothers, right? [...] Oh come on! That -- That's just sick!“[73]

Auch Chucks Resümee zum Ende der 5. Staffel (das ursprünglich auch als Serienende angedacht war, das aber aufgrund des Erfolgs der Serie nunmehr um zehn weitere Staffeln verschoben wurde) antizipiert apologetisch die Fanreaktionen, indem er darauf verweist, dass es unmöglich ist, ein Ende zu schreiben, das alle gleichermaßen zufriedenstellen kann:

> Endings are hard. Any chapped-ass monkey with a keybord can poop a beginning. But endings are impossible. You try to tie up every loose end, but you never can. The fans are always gonna bitch. There's always gonna be holes. Since it is the ending, it's all supposed to add up something. I'm telling you, they're a raging pain in the ass.[74]

Gleichzeitig wird Chuck hier – im Gegensatz zu seiner anfänglichen Unsicherheit gegenüber der Existenz der Winchester-Brüder – die Kontrolle über die Geschichte, die er schreibt, zugewiesen, die hintergründig tatsächlich von den Drehbuchautor*innen ausgeübt wird. Das Erzählen von Geschichten wird direkt vom Chronisten-Engel Metatron mit dem Göttlichen verknüpft.[75] Damit wird die Verknüpfung zwischen Chucks Autorschaft und dem Göttlichen bereits vorbereitet, die mit der Auflösung und der Bestätigung der Überlegungen in Fan-Foren, dass Chuck ‚Gott‘ sei, in der 11. Staffel endgültig gezogen wird. Hier spiegelt sich symbolisch das Ungleichgewicht der Bedeutung des Drehbuchautors für das audiovisuelle Endprodukt und dessen Wahrnehmung. Auch Chuck wird zunächst nicht als Gott erkannt, bekommt aber retrospektiv mit der Enthüllung seiner Göttlichkeit die Allmacht über die Serie und die in ihr agierenden Figuren zugeschrieben – vergleichbar zur Macht der ‚second maker‘, die mit den Drehbüchern den Verlauf der Handlung und die Figurenentwicklungen bestimmen. Was anfangs in Chucks Überlegung, er sei „a cruel, cruel, capricious god“[76], noch eher komisch wirkt, zeigt hier seine vollumfängliche Auswirkung. Obwohl es Chuck als Gott (sofern die Figurenkonzeption

---

73 Supernatural, „The Monster at the End of This Book“, 00:03:32-00:03:37. Weitere Episoden, die sich komplett dem Fandom rund um Supernatural zuwenden sind beispielsweise „The Real Ghostbuster“ (5x09), „The French Mistake“(6x15) oder „Fan Fiction“ (10x5), wo Chuck als ‚producer‘ der Musical-Fan Fiction-Adaption von Supernatural auftritt.

74 Vgl. Supernatural, „Swan Song“, 00:35:27-00:35:50.

75 Vgl. Supernatural, „The Great Escapist“, 8x21 (Regie: Robert Duncan McNeill, Erstausstrahlung: 28.11.2013), 00:33:40-00:34:46.

76 Supernatural, „The Monster at the End of This Book“, 00:09:50-00:09:53.

ursprünglich überhaupt so angelegt war und nicht erst der Weiterführung der Serie nach der 5. Staffel geschuldet ist) bis zu seiner Enthüllung und damit seinem (nicht immer zwingend positiven Auftreten) möglich gewesen wäre, Lucifer, den rebellierenden und sich bekriegenden Engeln, Metatrons Okkupation des Himmels etc. Einhalt zu gebieten und so die Winchesters nicht immer wieder vor für Menschen schier unlösbare Aufgaben zu stellen, bleibt er als allmächtige Instanz, bis er sich Metatron und den Winchester offenbart, vordergründig scheinbar untätig, was typische Elemente der Theodizee-Frage retrospektiv bis zur 11. Staffel aufwirft. Gleichzeitig wird ab der 5. Staffel immer wieder auf das punktuelle, explizite Eingreifen einer höheren Instanz angespielt, wenn Sams und Deans Leben auf wundersame Weise gerettet bzw. Castiel nach seinem Tod oder seiner Vernichtung immer wieder zurückgeholt wird.[77]

Obwohl Dean bereits beim ersten Aufeinandertreffen mit Chuck versucht, dessen Visionen zu umgehen und so selbstbestimmtes Handeln gegenüber den Prophezeiungen stark zu machen, scheitert er an der Diskrepanz des Filmbildes und Chucks anschließenden Erläuterungen, was er in seiner Vision gesehen haben möchte. Während sich Chucks Interpretation des Gesehenen, Sam habe Sex mit Lilith, als falsch herausstellt und Dean durch das Verhindern des Aktes selbstbestimmtes Handeln ermöglichen kann, erfüllt sich dennoch alles, was das Filmbild an zukünftigen Szenen in Chucks Vision vorwegnimmt. Gezeigt wird ausschließlich der Weg bis zum Moment der Vereinigung, der dann auch tatsächlich in exakt den gleichen Bildeinstellungen wie in der Vision als Handlung gezeigt wird.[78] Es entsteht damit erneut eine Hierarchisierung zwischen dem gesprochenen/geschriebenen Wort (Literatur) und dem gezeigten Bild (Serienbild) zugunsten des audio*visuellen* Mediums, denn während das Wort bzw. die Literatur durch den gebotenen Interpretationsspielraum fehleranfällig ist, präsentiert das Filmbild die Ereignisse ohne diese Interpretationsfreiheit. Damit wird eben jener Punkt, der mitunter als Schwäche des audiovisuellen Mediums ausgelegt wird, selbstbewusst und performativ zu einer Stärke umfunktioniert.

Die Gegenüberstellung von Selbstbestimmung und vorherbestimmtem Schicksal bleibt eines der Grundthemen der Serie SUPERNATURAL. Ein weiteres ist das metareferentielle Spiel mit der Illusion und der ,Gemachtheit' der Serie, das gerade in der Figur Chuck seinen Ausdruck findet. Die Spiegelung von Autor und Gott, die sich in Chuck vollzieht, und damit die Gleichstellung des ,second makers' mit *dem* Schöpfer zeigt einmal mehr, unter welchen Vorzeichen der Autor in den 1990er Jahren wiedergekehrt ist und bis heute verstanden wird: „mit Barthes als Text, mit Foucault als Funktion, mit de Man als Lese- und Verstehensfigur"[79], genutzt, um Begriffe wie Kreativität, Schöpfung, Genialität zu erklären und im audiovisuellen Format nachvollziehbar zu machen.

---

77 Vgl. z. B. Supernatural, „Sympathy for the Devil", 5x1 (Regie: Robert Singer, Erstausstrahlung: 05.09.2011), 00:01:28-00:06:06, 00:25:47-00:30:41; vgl. Supernatural, „Swan Song", 00:34:24-00:34:58.

78 Vgl. ebd., 00:12:17-00:37:50.

79 Martina Wagner-Egelhaaf. „Einleitung", S. 13. Dieser aktuell vielseitigen Rückkehr von Autorenfiguren und der medialen Inszenierung des Schreibens wird

5. Serielles Erzählen und Autorschaftskonzepte – ausblickende Gedanken

Obgleich die drei hier in den Fokus gerückten Autorfiguren und ihre Werke ganz unterschiedliche Fiktionalisierungs- bzw. Fiktionalitätsgrade aufweisen, zeigen sich dennoch einige Gemeinsamkeiten im seriellen Umgang mit Autorfiguren: Autorschaft (sowohl textuell als auch visuell im Falle von DA VINCI'S DEMONS) wird generell nur episodisch thematisiert und nur indirekt als sich wiederholende, mitunter auch eher monotone Tätigkeit inszeniert. Dennoch kann sie (wie besonders im Fall von CASTLE oder SUPERNATURAL zu beobachten) eine Grundkomponente der Serienkonzeption darstellen. Es wird nicht nur ein Werk serienübergreifend in seinem Entstehungsprozess nachvollzogen, sondern Autorschaft wird als ‚serielles‘ Konzept, durch das immer wieder aufs Neue Werke hervorgebracht werden, aufgefasst. Auch hier findet sich ein Pendant zu den Drehbuchautor*innen im Hintergrund der Serien, die pro Episode ebenfalls ein neues Drehbuch als Grundlage erstellen. Dabei vollzieht sich die Aneignung der Autorfiguren im seriellen Erzählen zugunsten einer neu definierten Hierarchisierung, in der das audiovisuelle Medien sich selbstbewusst gegenüber den anderen Unterhaltungsmedien, allen voran der Literatur, als das dominante Medium positioniert.

Die im Kontext der Serie dargestellten Werke werden auch immer wieder in ihrem vollendeten Zustand präsentiert: als gelungene Ingenieursleistung, vollendetes Gemälde, gedruckte Romane. Der Prozess dorthin scheint weniger stark im Fokus zu stehen, da er meist parallel zu anderen Handlungselementen verläuft, die visuell dominanter sind. Interessant ist der auf verschiedene Arten inszenierte transmediale Umgang mit den realen oder fiktiven Werken der hier betrachteten Autoren, insofern auf Museumsstandorte wie den Louvre (bei DA VINCI'S DEMONS) verwiesen wird, Castles Romane real gekauft und rezipiert werden können oder Chucks (bisher) nicht erhältliche „Supernatural"-Romane aufgrund ihres Vorlagencharakters für die Serie zum Symbol der im Filmbild verschwundenen Drehbücher werden. Spekulativ lässt sich anhand dieses wiederholt illusorischen Spiels mit Metalepsen und dem Angebot autofiktionaler Lesarten ein Bedürfnis nach Interaktivität mit den Serieninhalten vermuten, die andernorts beispielsweise über Spiele zum Film- oder Serieninhalt gelöst werden. Die Produktion und Rezeption von Kunstwerken oder Romanen zum Thema audiovisueller Serien zu machen, zeigt jedenfalls, dass das Medium auch weiterhin an der Adaption und Integration divergenter Medien interessiert ist und ein selbstbewusstes Spiel mit den anderen Unterhaltungsmedien einzugehen vermag.

---

wissenschaftlich (wieder) vermehrt Aufmerksamkeit gewidmet, wie beispielsweise auf der interdisziplinären Tagung zu „Schreiben, Text und Autorschaft – Zur Thematisierung, Inszenierung und Reflexion von Schreibprozessen in ausgewählten Medien und historischen Selbstzeugnissen" an der Justus-Liebig-Universität Gießen, 26.-28. Februar 2020.

Markus Krajewski (Basel)

‚Tell your life story.'

Über Facebooks autobiographischen Imperativ

1. Der Fall der Mauer

Der 22. September 2011 zeitigte eine exklusive Weltneuheit: Die Rede ist von der Rede, allerdings nicht von der ersten offiziellen Ansprache eines inzwischen emeritierten Papstes vor dem Deutschen Bundestag, sondern vielmehr von jener Rede auf der Facebook-Konferenz F8 in San Francisco, anlässlich der Mark Zuckerberg *die* Innovation enthüllte, an der seine Firma vorgeblich ‚das ganze Jahr über' gearbeitet hatte (Abb. 1).

Abbildung 1: Die Zeitleiste

Was genau sollte sich nun, gemäß den Vorstellungen von Zuckerberg und seiner Entwickler aus Menlo Park, Kalifornien, ändern an der Erscheinungsweise ihrer Plattform? Inzwischen mag es fast in Vergessenheit geraten sein, wie Facebook seine Hauptspielwiese bis zum Herbst 2011 genannt und organisiert hatte (Abb. 2, oben): Im Zentrum der Anwendung befand sich eine hellgraue Wand oder Mauer, an die man Informationen in zahlreichen Formaten und Varianten heften konnte. Was zuvor als flächig organisiertes, statisches, mit einem begrenzten Raum ausgestattetes, ältere Einträge automatisch verdrängendes Format diente, wird nun im Herbst 2011 ersetzt durch eine Organisationsform, die man – nicht ohne zahlreiche Implikationen – ‚Timeline‘ zu nennen beliebt. Im Gegensatz zur vorherigen bietet diese neue Struktur ein dynamisches, spaltenartiges, nach oben in die offene Zukunft organisiertes Format, mit einem lediglich nach unten begrenzten Ursprung, ein Arrangement also, das ältere Einträge für den Besucher allesamt unmittelbar sicht- und abrufbar vorhält (Abb. 2, unten).

Warum, so könnte man fragen, nimmt Facebook diese Änderung vor? Worin bestehen die Gründe, dass eine weitestgehend statische Fläche ersetzt wird durch eine verschiebbare, dynamische Zeitleiste oder ‚Chronik‘, wie es auf den deutschen Facebook-Seiten irritierenderweise heißt? Denn eine Chronik [*chronicle*] ist – wie noch zu zeigen sein wird – aus Sicht der Mediengeschichte etwas ganz anderes als eine Zeitleiste. Erschien die Mauer einfach nicht mehr zeitgemäß? ‚Mr. Zuckerberg, tear down that wall!‘ Es läge nahe zu vermuten, dass einem solchen Medienwechsel vor allem ästhetische oder modische Überlegungen vorausgingen: Von Zeit zu Zeit ist ein Tapetenwechsel fällig, verbunden mit neuer Funktionalität und neuen Verheißungen zum Rumklicken, ansonsten nähme womöglich jenes Siebtel der Weltbevölkerung, das Facebook stolz zu seinen Nutzern zählt, den Firmennamen ernst und würde die Nase einem Buch – face a book – statt dem Bildschirm zuwenden.

Ich möchte nun im Folgenden gegen diese allzu leichtgewichtige Vermutung einer rein ästhetischen, aufmerksamkeitsheischenden oder gänzlich arbiträren Umstellung seitens der Firma argumentieren, um einige strukturelle Gründe dafür anzuführen, warum sich dieser Wechsel dennoch und vor allem für die Firma Facebook als ratsam und nicht nur werbetechnisch als profitabel erwiesen hat. Eine solche Begründung findet sich allerdings weder in der Keynote von Zuckerberg vom September 2011 erwähnt noch im Kleingedruckten der Facebook-Statuten. Um die wahren Beweggründe für einen solchen, als durchaus tiefgreifend zu charakterisierenden Eingriff zu ermessen, erweist sich eine medienhistorische und auch medientheoretische Perspektive als außerordentlich hilfreich. Dazu sei zunächst etwas weiter ausgeholt, und zwar meinerseits mit Hilfe einer Zeitleiste, und zwar einer Zeitleiste zur Geschichte der Zeitleiste, die zeigt, was eine Zeitleiste eigentlich leistet.

Abbildung 2: Marshall McLuhan: Aus Alt mach Neu

⟨ Regnū Assirioꝛ	⟨ Regnū Sytionioꝛ	⟨ Regnū Hebꝛeoꝛū
7	11	20
8	12	21
9	13	22
		⟨ Hebꝛeoꝛū Tepte ań. 6.
10	14	1
11	15	2 ⟨ Tepte in libꝛo indiciu ab
12	16	3 etate Moꝛsi vsqꝛ ad semet
13	17	4 ip�sm oiꜩ supputari ań. 300.
14	18	
15	19	6
		⟨ Post quem Hesebon ań. 7.
16	20	1
17	21	2
18	22	3
19	23	4 ⟨ ost Hesebō in libꝛo He
20	24	5 bꝛeoꝛ fert iuder Aдon re
21	25	6 tiſſe pplin ań. 10. q nō ba
22	26	7 bei apuд. 70. interpꝛętib̅.
		⟨ Hebꝛęoꝛ Labdon ań. 8.
23	27	1
24	28	2
25	29 Troia Capta	3

⟨ A Captiuitate Troię vsqꝛ ad pꝑmā olympiadem fiunt anni. 40..al. 406.
⟨ Colligiꞇ oꝰme tempꝰ vsqꝛ in pꝑtē oie fꝑm assirios. a 43. regni nini āno. nini. 8 ꝑ
⟨ Sōm Hebꝛeos a pꝛimo āno natiuitatis habꝛabā dni. 835. al. 824. (al. 34
⟨ Sōm Assꝛios Sytꝛonios. a 22. Europis anno ſimilꞇ. 845
⟨ A natiuitate vero moꝑſi anni. 3 10. al. 308.

26	30	4 ⟨ Post labdon Hebꝛeos i
27	31	5 ditionē redigiꞇ alieniatenꞇ
	⟨ Sytꝛonioꝛ. 25 Delai	ań. 40. q cōputanꞇ tꝑib̅ꝰ Ju
28	ſ gꞇis ań. 10.	6 dicū posterioꝛū fꝑm iudęoꝛ
		traditiones.

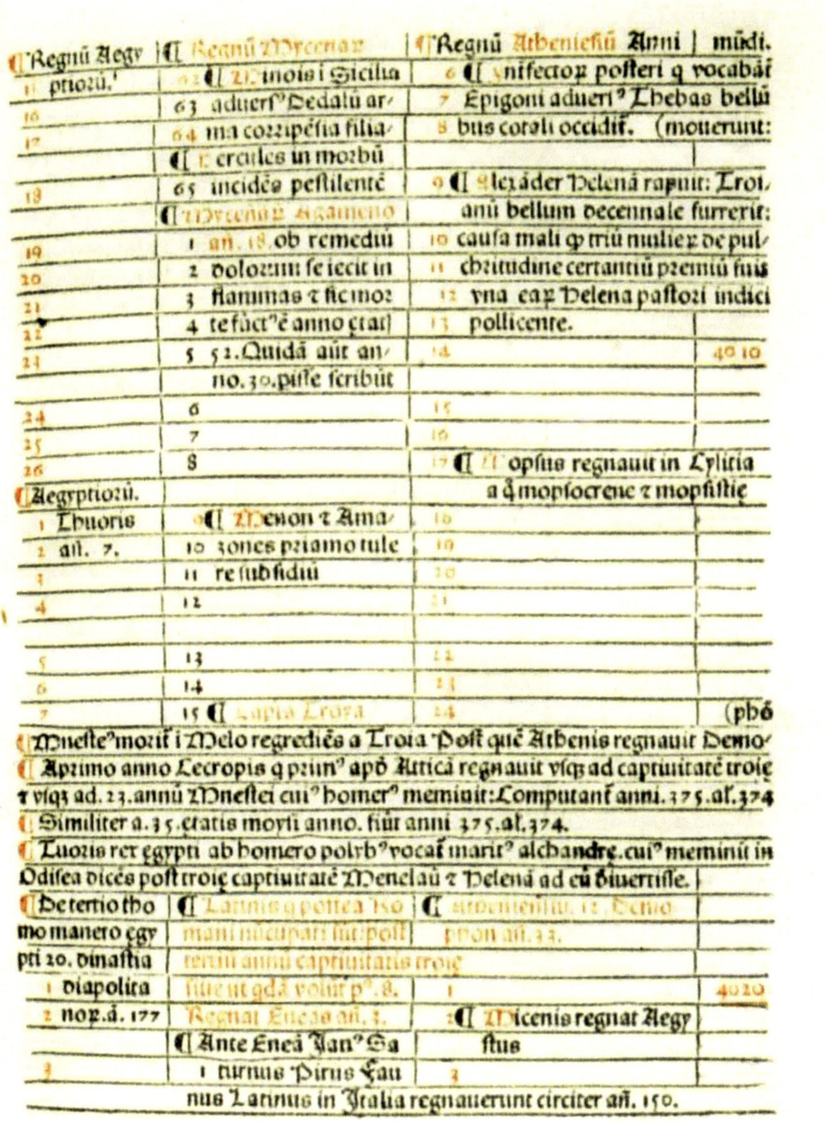

¶Regnū Aegy ptio̅rū.	¶Regnū Mycenax	¶Regnū Athenielsiū Anni	mūdi.
11	62 ¶ 21. inois i Sicilia	6 ¶ ynifecto̅p posteri q vocabā̅t	
16	63 aduerf⁹ Dedalū ar	7 Epigoni aduert⁹ Thebas bellū	
17	64 ma co̅ripéfia filia	8 bus co̅rali occidit. (mouerunt:	
	¶ Eraules in mo̅rbū		
18	65 incidés peftilenté	9 ¶ Alexáder Delená rapuit: Iroi,	
	¶ Mycenax Agameno̅	anū bellum decennale furrerit:	
19	1 an. 18. ob remediū	10 caufa mali q̅ triū nuliep de pul,	
20	2 dolo̅rini fe iecit in	11 chritudine certantiū premiū fuis	
21	3 flammas τ ficmo̅r	12 vna eap Delena paftori indici	
22	4 te fact⁹é anno ctati	13 pollicente.	
23	5 52. Quidá aut an,		
	no. 30. piffe fcribūt	14	40 10
24	6	15	
25	7	16	
26	8	17 ¶ Mopfius regnauit in Cylicia	
¶ Aegyptio̅rū.		a q̅ mopfocrene τ mopfiftie	
1 Thuoris	¶ Mexon τ Ama,	18	
2 an. 7.	10 zones priamo tule	19	
3	11 re fubfidiū	20	
4	12	21	
5	13	22	
6	14	23	
7	15 ¶ Capta Iro̅ra	24	(pb̅o

¶ Mnefte⁹ morit i Melo regrediés a Iroia Poft q̅ Athenis regnauit Demo,
¶ A primo anno Cecropis q̅ priu⁹ apo̅ Attica regnauit vfq̅ ad captiuitaté troie
τ vfq̅ ad. 23. annū Mneftei cui⁹ homer⁹ meminit: Computant anni. 375. af. 374
¶ Similiter a. 35. ctatis mo̅rit anno. fuit anni 375. af. 374.
¶ Thuoris rer egypti ab homero polrb⁹ vocaf marit⁹ alchandre. cui⁹ meminit in
Odifea dicés poft troie captiuitaté Menelaū τ Delená ad eū diuertiffe.

¶ De tertio tho mo manero egr pti 20. dinaftia	¶ Latinis q̅ poftea Io̅ mani nūcupari incipolt terrū anni captiuitatis troie	¶ atbenielfiū. 12. Demo pron an. 33.	
1 Diapolita	fue ut qdá voiut p⁹. 8.	1	40 20
2 no̅p.á. 177	Regnat Eneas an. 3.	¶ Mycenis regnat Aegy ftus	
	¶ Ante Eneā Ian⁹ Sa		
3	1 turnus Pirus Fau	3	

nus Latinus in Italia regnauerunt circiter an. 150.

Abbildung 3: Die Chronik des Eusebius von Cäsarea

2. Zeitleiste zur Zeitleiste

Aus mediengeschichtlicher Perspektive lässt sich anführen, dass die Zeitleiste als Mittel der Darstellung historischer Ereignisse auf eine recht lange Entwicklung zurückblickt, insofern – abgesehen von den eher protokollarischen Annalisten im antiken Griechenland – bereits die spätantiken Historiographen mit entsprechenden Verfahren experimentiert haben, allen voran der Kirchenvater Eusebius von Cäsarea (260-340), der im frühen 4. Jahrhundert eine einflussreiche, weil schulbildende zweibändige Chronik vorlegt. Im zweiten Buch seiner lediglich in lateinischen und armenischen Abschriften tradierten, im griechischen Original hingegen verlorenen Chronik, den *Canones*, arbeitet Eusebius mit einer Tabelle von bis zu 19 Spalten, die einen geschichtlichen Überblick vom Tag der Schöpfung bis zum Jahre 325 bietet (Abb. 3 zeigt die Ereignisse rund um den Fall von Troja). Aufgeführt sind in dieser Chronik neben verschiedenen Reichen und Regenten auch wiederkehrende Ereignisse, etwa die griechischen Olympiaden, zur besseren Orientierung in der Zeit. Der besondere Clou von Eusebius' Darstellung besteht allerdings darin, dass die antike Mehrspaltigkeit und damit die Gleichzeitigkeit verschiedener Reiche endet, und zwar mit der Herrschaft Roms, sodass im weiteren Verlauf des Buchs, nach dem Fall von Jerusalem im Jahr 70, nur noch eine Spalte, namentlich die des römischen Imperiums, dominiert. Motiviert wird diese Darstellung durch die christliche Botschaft von Eusebius, der diese zeitliche Zuspitzung auf eine einzige Spalte als eine Art Wegbereitung für den Messias versteht. Mit diesem graphischen Kunstgriff setzt Eusebius derweil den Standard und präfiguriert das späterhin typische Verfahren einer Chronik, also die Inbeziehungsetzung von einer Jahreszahl und einem Ereignis, insofern diese künftig vorzugsweise listenartig aneinander gereihte, in einer simplen Tabelle organisierten Einzeldaten aufweisen (Abb. 4). – Es gäbe zahlreiche weitere Details anzuführen zu den kleinen und großen graphischen Modifikationen, technischen Varianten und konzeptionellen Verbesserungen, denen das Verfahren in den folgenden rund 1400 Jahren unterliegt. Man darf jedoch getrost konstatieren, dass die Form der Chronik von Eusebius stilbildend bleibt für beinahe eineinhalb Jahrtausende, nicht zuletzt weil damit ein Instrument zur Berechnung des Osterfests oder auch der Apokalypse gegeben ist. Erst im Zeitalter der Aufklärung gerät die Chronik als historiographisches Verfahren selbst in die Krise. Einer der Gründe dafür liegt im besseren global-geschichtlichen Kenntnisstand des Barock, wo deutlich wird, dass es neben der nahöstlich-christlich-abendländischen Tradition weitere, konkurrierende historische Erzählungen aus Ägypten oder China gibt, die objektiven astronomischen Berechnungen zufolge weit über den zeitlichen Ursprung der Genesis hinausgehen. – Diese Modifikationen, kleinen Meilensteine und weiteren Etappen auf der Zeitleiste seien nun jedoch ebenso kurzerhand übersprungen wie die barocke Kritik an der Chronologie, um geradewegs an eine epistemische Bruchstelle zu gelangen, wo die Zeitleiste ihre einstweilen nachhaltigste Veränderung erfährt.

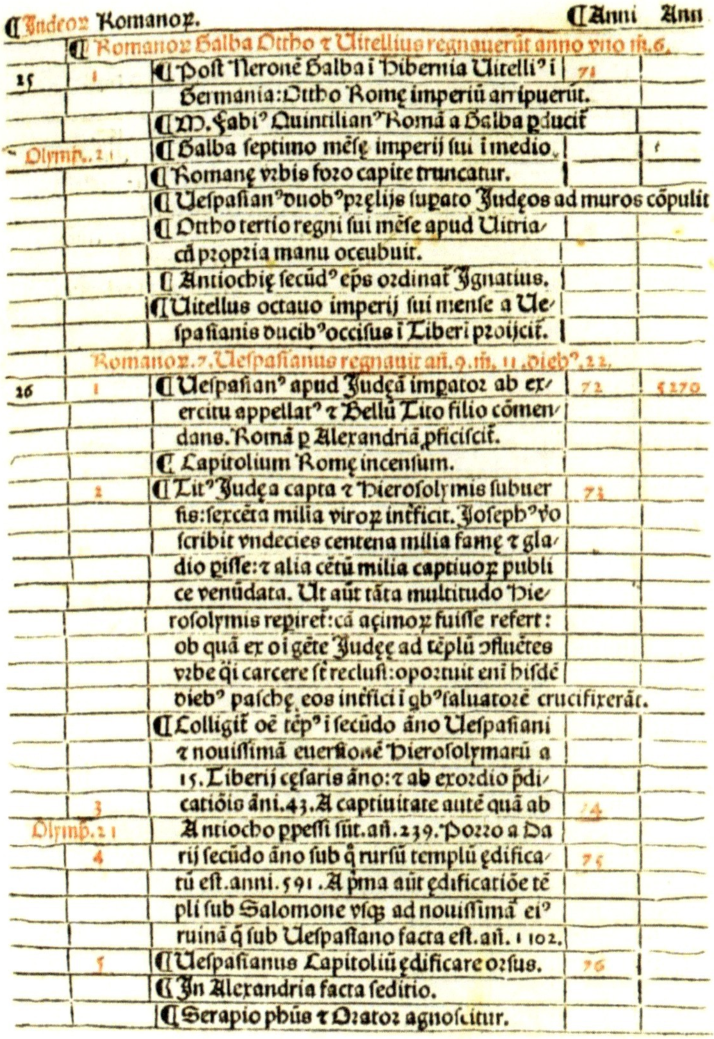

Judeorum Romanorum. Anni Anni

Romanorum Galba Otho et Vitellius regnauerunt anno vno m. 6.

15 1 Post Neronem Galba in Hibernia Vitellius in 71
Germania: Otho Rome imperium arripuerunt.
M. Fabius Quintilianus Romam a Galba perducitur
Olymp. 211 Galba septimo mense imperii sui in medio
Romane vrbis foro capite truncatur.
Vespasianus duobus preliis superato Judeos ad muros compulit
Otho tertio regni sui mense apud Vitriacum propria manu occubuit.
Antiochie secundus eps ordinatur Ignatius.
Vitellus octauo imperii sui mense a Vespasianis ducibus occisus in Tiberim proiicitur.

Romanorum 7. Vespasianus regnauit an. 9. m. 11. dieb. 22.

16 1 Vespasianus apud Judeam imperator ab exercitu appellatur et Bellum Tito filio commendans. Romam per Alexandriam proficiscitur. 72 2170
Capitolium Rome incensum.
2 Titus Judea capta et Hierosolymis subuersis: sexcenta milia virorum interficit. Josephus vero scribit vndecies centena milia fame et gladio perisse: et alia centum milia captiuorum publice venundata. Ut autem tanta multitudo Hierosolymis reperiretur: causam azimorum fuisse refert: ob quam ex omni gente Judee ad templum confluentes vrbe quasi carcere sunt reclusi: oportuit enim hisdem diebus pasche eos interfici in quibus saluatorem crucifixerant. 73
Colligitur omne tempus in secundo anno Vespasiani a nouissimam euersionem Hierosolymarum a 15. Tiberii cesaris anno: et ab exordio predi-
3 cationis anni 43. A captiuitate autem quam ab 74
Olymp. 212 Antiocho perpessi sunt an. 239. Porro a Da-
4 rii secundo anno sub quo rursum templum edifica- 75
tum est anni 591. A prima autem edificatione templi sub Salomone vsque ad nouissimam eius ruinam que sub Vespasiano facta est an. 1102.
5 Vespasianus Capitolium edificare orsus. 76
In Alexandria facta seditio.
Serapio probus et Orator agnoscitur.

Abbildung 4: Eusebius, einspaltig

2.1 Priestley's Chart

Dieser Einschnitt ereignet sich 1765, als der englische Privatlehrer Joseph Priestley *A description of a chart of biography* veröffentlicht. Priestley ist, nebenbei bemerkt, in der Wissenschaftsgeschichte besser bekannt als einer der Entdecker des Sauerstoffs sowie als der große Antagonist zu Antoine Lavoisier, gegen dessen Sauerstofftheorie er sich mit seiner Vorstellung der *dephlogisticated air* nicht durchzusetzen vermochte. Seine *Chart of Biography* kann derweil als das exklusive Gründungsdokument einer Zeitleiste verstanden werden, die einen systematischen, wissenschaftlichen Anspruch erfüllt und von Priestley wie seinen Verlegern aggressiv beworben eine große Verbreitung erfahren hat. Dieses Tableau besitzt mit seiner Länge von rund 1 m und einer Höhe von 60 cm ein durchaus imposantes Format. Es spannt damit eine Matrix auf, die bei einem Zeitraum von 3000 Jahren die Lebensspanne von rund 2 000 Personen nachweist, sortiert nach unterschiedlichen Professionen und Provenienzen (Abb. 5). Begleitet wird die Karte von einem alphabetischen Index der aufgeführten Namen sowie einer rund 30-seitigen Gebrauchsanweisung oder Reflexion über die Verwendungsmöglichkeiten dieses neuartigen Mediums.

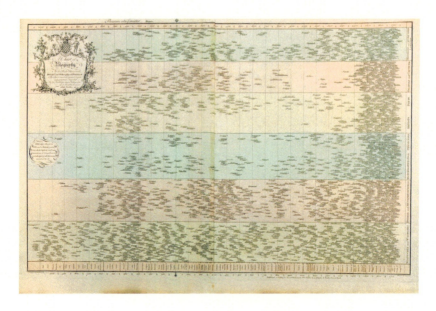

Abbildung 5: Joseph Priestley *A description of a chart of biography*, 1765

Worin bestehen nun die Vorzüge gegenüber der chronologischen Darstellung, wie sie in Anlehnung an Eusebius so lange vorherrschte? Die Chronik bleibt an die ebenso strenge wie schlichte Ordnungsstruktur einer Tabelle mit ihren diskreten Einteilungen in einzelne Zellen gebunden, die zudem im zeitlichen Verlauf ein striktes Nacheinander nicht unterlaufen kann. Priestleys Zeitleiste folgt dagegen einer abweichenden Logik. Ihre graphischen Innovationen orientieren sich deutlich an den frühneuzeitlichen Errungenschaften der Kartographie, so wie Priestleys Tableau ohnehin wie eine Karte zu lesen ist, also flächig, statt zellulär wie eine Tabelle. So wird durch das *Chart* eine Oberfläche generiert, die zum einen metrisiert ist durch eine Skala in der Horizontalen (Zeit) und der Vertikalen (Berufsfelder), gleich dem Descartes'schen Koordinatensystem, um eine Adressierung und bessere Orientierung zu gewährleisten. Auch liegt ein Vorzug darin, dass Priestley im Vergleich zu seinen Inspirationsquellen kartographischer Art (und auch direkte Vorläufer wie Thomas Jefferys *A Chart of Universal History* von 1753) bewusst auf eine Vereinfachung der graphischen Elemente und Anordnungen setzt. Zum anderen entwickelt Priestley ein eigenes graphisches Vokabular, wenn er symbolische Konventionen einführt, mit denen ein Leben hier skizziert wird (Abb. 6): Durchgezogene Linie bedeutet bekannte Geburts- und Sterbedaten, mit Punkten oder Ellipsen endende oder beginnende Linien stehen für unbekannte oder nur ungefähre Daten. Die biographischen Informationen müssen nicht mehr in Buchstaben oder Zahlenform codiert werden, sondern erschließen sich unmittelbar, allein der Name der Person ist das letzte Relikt des alphanumerischen Codes. Aus der Chronologie wird daher eine Chronographie, Priestley selbst weist explizit auf diese Transformation vom Logos zum Graphem hin: Seine Darstellung muss nicht mehr *gelesen* werden, vielmehr steht das Bildliche dank seiner graphischen Elementen der Lebenslinien im Mittelpunkt: „[T]he lines in this case [...] suggest the ideas, and this they do immediately without the intervention of words: and what words would do but very imperfectly, and in a long time, this method effects in the compleatest manner possible, and almost at a single glance“.

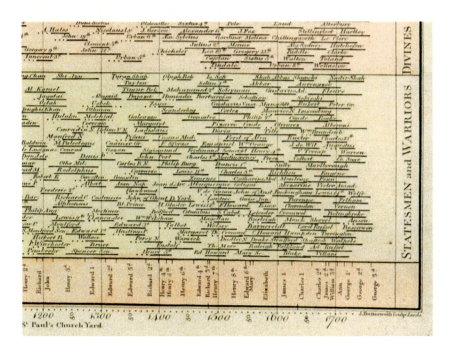

Abbildung 6: Ausschnitt aus *A description of a chart of biography*, 1765

Der stärkste Vorzug gegenüber der Tabelle, die notwendigerweise in diskreten Schritten vorgeht, liegt derweil in genau diesem ‚single glance‘, der eine kontinuierliche Darstellung von Geschichte erlaubt. Auf einen Blick erschließen sich demnach die detailgenauen Informationen, also welche Personen Zeitgenossen waren, wie eng ihre Biographien aufeinander bezogen sind, und wo bestimmte Häufigkeiten, aber auch wo spezifische Leerräume anzutreffen sind. Mit einem Wort, es ist die Synopse, die Übersichtlichkeit des Diagramms, die sich als größter Vorteil gegenüber der Sukzession einer tabellarischen Chronik erweist. Durch die Synopse verschiebt sich zudem die Aufmerksamkeit vom einzelnen Ereignis, vom ,infamen Leben' des Individuums, auf die Gesamtheit, die Vielzahl, vor allem aber auf das Zusammenspiel, die Interdependenz der Einzelereignisse.

Priestley gelingt es damit (vielleicht zum ersten Mal überhaupt), so etwas wie ein synthetisches, wissenschaftliches und zugleich historiographisches *chart* zu schaffen; es ist gewissermaßen die ins Bild gesetzte Biographielandschaft bedeutender Personen (bedauerlicherweise weitestgehend von Männern), die sich aus der Inbeziehungsetzung von einer universalen Zeit mit unterschiedlichen Professionen und Lebensdauern der Betreffenden ergibt. Diese Relation von universaler Zeit, individueller Lebensdauer und Profession folgt einer diagrammatischen Logik, die in graphischer Form Heterogenes ins Verhältnis zu setzen ermöglicht. Die Diagrammatik leistet dabei eine Art chronographische Kommunikation „at one view", wodurch unmittelbar einsichtig wird, wie sich Zeitgenossenschaften ausbilden, zuvor noch unverbundene Biographien plötzlich einen Zusammenhang durch Gleichzeitigkeit ergeben, um damit enge Verbindungs*möglichkeiten* evident zu machen: „We see at once with whom he [Newton] was capable of holding conversation, and in a manner (from a distinct view of their respective ages) upon what terms they might converse." Priestley lobt dabei nicht zuletzt die visuelle Beziehung von einzelnen Biographien untereinander, aber auch, und darin spielt der aggregierende Effekt dieser Zusammenschau seinen Vorzug aus, der einzelnen Biographien zu der sie umgebenden Epoche, in der sie proportional zur Lebensdauer eine große oder kleine Stelle einnehmen.

Darüber hinaus bietet die flächige Organisationsform einer diagrammatischen Anordnung noch einen zusätzlichen Vorteil: Mit ihr werden auch die Leerstellen ausgestellt. Insbesondere mit dem Blick auf das große Ganze erweist sich so rasch, in welcher Epoche die Wissenschaften eher unproduktiv blieben, wo noch Forschungsbedarf besteht und wo bereits eine hohe Informationsdichte herrscht. Der Bereich der Krieger und Staatsmänner zeigt sich dabei durchgängig dicht bevölkert, was Priestley dazu veranlasst, einige moralische und fortschrittstechnische Schlussfolgerungen über stetes Machtstreben und wechselhafte Wissenschaftsbedingungen abzuleiten. Mit diesen Interpretationen deutet der Autor zudem an, wie er sein *chart* am günstigsten verwendet wissen will, nämlich als ein Denkwerkzeug, das den Gelehrten gleichermaßen wie den Schülern als graphische Hilfe diene, neue Übersichten zu gewinnen. „The whole is before us. We see men and things at their full length, as we may say; and we likewise generally see them through a medium which is less partial than that of experience." Mit dieser frühen, durchaus medientheoriesensitiv zu nennenden Sichtweise, verdeutlicht Priestley, dass auch ein Medium wie die Zeitleiste als erkenntnistheoretischer Verstärker die partielle Wahrnehmung und den auf das Einzelne fokussierten Erfahrungsbereich in spezifischer Weise erweitert.

Mit Priestleys *Chart of Biography* ereignet sich also ein medientechnologischer Wechsel zwischen Chronik und Zeitleiste, und durch die diagrammatische

Anordnung, den wissenschaftlichen Anspruch und das neue graphische Vokabular lässt sich sogar von einem epistemischen Bruch sprechen, der einen neuen
Standard setzt für die Verzeichnung zeitlicher Bezüge im Rahmen von Über-
sichtsdarstellungen, die nunmehr auf chronographische statt chronologische
Repräsentation zurückgreifen können. Das symbolische Repertoire der Zeitleiste und ihre erkenntnistechnischen Vorzüge sind damit auf den Weg gebracht.

3. Facing Facebook. Ein Fazit

Man mag sich möglicherweise zwischenzeitlich fragen, was die handgeschrie-
benen Chroniken in der Folge von Eusebius von Cäsarea und die eigenartigen,
großformatigen, handkolorierten Kupferstiche von Joseph Priestley mit Facebook zu tun haben. Mögliche Antworten sind vielfältig, ich möchte mich
abschließend auf eine medientheoretische konzentrieren, die zugleich als
Replik dient auf die Ausgangsfrage, nämlich warum Facebook seine Struktur
und damit auch die Metaphorik seines kommunikativen Herzstücks im Herbst
2011 umgestellt hat. Was bringt die Firma dazu, ihren Bild- und Erzählraum,
der an zentraler Stelle die Nutzerdaten organisiert, derart tiefgreifend umzu-
strukturieren, dass der Nutzer statt vor einer Mauer oder Pinnwand zu stehen,
nunmehr an der eigenen Zeitleiste und damit an seiner Biographie strickt? Und
was haben Eusebius und Priestley damit zu tun? Die Einführung der Zeitleiste
bei Facebook im Herbst 2011 lässt sich in gewisser Weise mit der Engführung
des Datenformats bei Eusebius im Jahre 70, also die Reduktion vieler Spalten auf eine einzige nach dem Fall von Jerusalem und dem Beginn der unum-
schränkten Herrschaft Roms (mit all seinen administrativen Innovationen),
vergleichen. Was dort geschieht ist die Linearisierung und Kanalisierung der
Informationen. Was vorher noch weit verstreut an unterschiedlichen Stellen zu
finden gewesen ist, wird hier mit einem neuen Format, der einspaltigen Chronik
versehen, welche Jahresangaben und Ereignisse in unmittelbaren Zusammenhang bringt. Entsprechendes geschieht bei Facebook, wenn der Nutzer dazu
angehalten wird, seine Informationen in eine zeitliche Abfolge zu bringen, wozu
ihm nach der Umstellung großzügigerweise eine Woche Zeit gegeben wurde.
Das gesamte Leben des Nutzers wird buchstäblich *online*, das heißt auf eine
exklusive Linie, seine Lebenslinie, gebracht. Das Unternehmen formatiert seine
Benutzer neu.

    Begleitet wird diese Umstellung von einem neuen Imperativ an die *user*, der
da lautet ,Tell your life story with a new kind of profile'. Das ist der autobiographische Imperativ (Abb. 1). Und der bedeutet nichts anderes als: Gib noch mehr
von Dir preis, wir schenken Dir dafür eine neue Struktur, von Deiner Geburt bis
jetzt, die allerdings noch zahlreiche Lücken aufweist. Und diese Lücken gilt es
zu füllen. Die zuvor noch verwendete (Pinn-)Wand kannte eine solche Leere
nicht, dort gab es nie freien Raum. Es ist dem Medium der Chronik inhärent,
zumindest in ihrer digitalen Variante prinzipiell unendlich viele dieser Leerstellen zwischen den Zeilen und bereits eingegebenen Ereignissen bereit zu halten,
um den Nutzer damit implizit zum Füllen dieser Lücken, zur Vervollständigung

im Erzählfluss der eigenen Lebensgeschichte aufzufordern. Im Vergleich dazu sind Wände schweigsam.

Aber Facebook geht noch einen Schritt weiter. Man begnügt sich nicht damit, den Nutzern lediglich eine neue Struktur ihrer Daten aufzunötigen. Die Strategie sieht zudem vor, den Nutzer aktiv einzubeziehen in die Neuordnung des Vorhandenen. Das heißt vor allem, dem Imperativ nachzukommen, sein Leben zu erzählen. Seine Informationen online neu zu arrangieren, heißt demnach, Facebook nicht nur bereitwillig mit der eigenen Expertise auszuhelfen, was in welche Kategorie gehört, sondern ungleich mehr von sich preiszugeben – die Lücken fordern dazu auf –, als auf jede Pinnwand passt. Ganz *en passant* strukturiert und klassifiziert sich dabei die eigene Biographie, um dadurch sukzessive einen umso feiner differenzierten Datensatz zu bauen. Das ergibt schließlich ein um zahlreiche Meta-Daten angereichertes Profil, worauf es die Firma letztlich abgesehen hat – zum Beispiel für Werbung. Das Unternehmen formatiert seine Benutzer mit der Zeitleiste nicht nur, sondern macht sie regelrecht zu Benutzten.

Genau zum richtigen Zeitpunkt, gerade noch rechtzeitig, bevor die erste Milliarde an Nutzern versammelt ist, und kurz bevor die alte Datenstruktur der Pinnwand zu grobschlächtig zu geraten droht, delegiert Facebook die Ordnung an die Masse. Fortan nimmt der Nutzer die Feindifferenzierung seiner Daten selbst vor, um sie sauber klassifiziert als Werbedatensatz nur noch an die Zentrale in Menlo Park zu senden. Sobald man sich einloggt in die Welt von F8, sobald man das eigene Leben zu erzählen beginnt, wird man *nolens volens* zum Delegierten, zum Vertreter dieser Werbewelt und zugleich zu einem Eintrag in der umfassenden Historiographie von Facebook, zu einer kleinen Linie inmitten von zahllosen anderen im großen *Geschichtsbuch* des *Gesichtsbuchs*.

Der zweite Schritt in dieser Strategie ist derweil noch ungleich entscheidender. Denn hier zeigt sich nun endlich, worin die eigentlichen Vorzüge der Zeitleiste als Instrument zur Aufbereitung von Informationen liegen: Noch während die Nutzer dem Imperativ Folge leisten und ihre Biographien erzählen und in Ordnung bringen bis zum gegenwärtigen Zeitpunkt, kann sich Facebook an die Aggregation und massenhaften Analysen dieser Daten machen, indem sie nun ihrerseits Synopsen herstellen aus den verschiedensten Biographien, die sie unschwer nach Profession und aufgereiht nach der Abfolge einer universalen Zeit zu einem großen Tableau arrangiert zur übersichtlichen Ansicht und Auswertung bringen können. Das sieht dann so aus wie in Abb. 5: Ganz wie Joseph Priestley geht es Facebook um eine Zusammenstellung und Analyse des Big Picture. Und um dieses umfassende Gemälde von heterogensten Biographien kompilieren zu können, benötigen sie Big Data. Das sind freilich die von den Benutzten selbst linearisierten, feindifferenzierten Lebensläufe, die ungleich mehr Informationen enthalten als noch bei Priestley – 85 Kategorien waren es 2014, die intern natürlich wiederum als Tabelle, längste Zeit mit dem Apache Cassandra-Datenbanksystem, seit zwei Jahren durch eine Weiterentwicklung von Googles *BigTable*, verwaltet werden.

Die Zeitleiste ist ein Erkenntnisinstrument, sie fordert auf, Lücken zu füllen. „Erzähle deine Lebensgeschichte mit einem neuartigen Profil“, lautet der *Gesichtsbuch*-Imperativ. Nur ist die entscheidende Frage: Wem? – Wem wird die

Geschichte letztlich erzählt, wenn nicht einem privaten Unternehmen mit Sitz in Menlo Park, Cal., das alle Kanäle, Augen und Ohren weit aufsperrt, um sich nichts davon entgehen zu lassen. Mehr noch, Format und Struktur sind vorgegeben, fein säuberlich unterteilt in verschiedene Rubriken und Kategorien. Ganz wie bei Priestley geht es darum, ein informativ hoch aufgeladenes Tableau, eine Synopse über Tausende, Millionen von Personen zu erzeugen, das heißt, gleichzeitige Verbindungen auf einen Blick sichtbar und potentielle Bezüge zwischen den einzelnen Biographien evident zu machen, um daraus neue Erkenntnisse – allen voran für Werbekunden – abzuleiten. „The whole is before us. We see men and things at their full length, as we may say; and we likewise generally see them through a medium which is less partial than that of experience." Priestleys Charakterisierung seiner Chart of Biography hätte in dieser Form ebenso in der Vorstandsetage von Facebook vorgebracht werden können. Die digitale Zeitleiste ist ein mächtiges Erkenntnisinstrument, vor allem freilich für Facebook selbst.

Nun lässt sich also endlich eine Antwort formulieren auf die Ausgangsfrage: Was macht die Organisation von Daten in Zeitleisten so attraktiv, auch und gerade für Unternehmen wie etwa Twitter oder Facebook? Worin liegen die Verheißungen, Vorzüge und Verfahren, heterogene Informationen abhängig von Ereignissen und sozialen Beziehungen *in Echtzeit* zu visualisieren? Die Zeitleiste von Facebook ist ein Medium der Synopse, das ungleich mehr sichtbar macht als nur die solitäre Lebensgeschichte eines Einzelnen. Sie ist das Instrument zur Generierung einer nutzer-gestützten Linearisierung und zugleich massiven Differenzierung der individuellen Daten, die vom Benutzten selbst klassifiziert und in eine – in diesem Fall: – biographische Taxonomie eingeordnet werden. Der Zweck besteht darin, möglichst lückenlose Lebensläufe herzustellen, die wiederum *just-in-time*, mit genauen Angaben zeitlicher Bezüge, in der Summe ein umfassendes Tableau ergeben, das wie bei Priestley *auf einen Blick* Aufschluss gibt über die großen Zusammenhänge. Mit anderen Worten, jede individuelle Timeline eines jeden der rund einer Milliarde Mitglieder von Facebook ist als ein kleiner, feindifferenzierter Strich im großen *Chart of Biography* der Firma aus Menlo Park zu lesen.

Literatur

Joseph Priestley. *A description of a chart of biography. With a catalogue of all the names inserted in it, and the dates annexed to them.* Warrington: William Eyres, 1765.
Joseph Priestley. *Lectures On History, And General Policy. To Which Is Prefixed, An Essay On A Course Of Liberal Education For Civil And Active Life.* London: Johnson, 1788.
Arnim Regenbogen. *Chronik der philosophischen Werke. Von der Erfindung des Buchdrucks bis ins 20. Jahrhundert.* Hamburg: Felix Meiner, 2012.
Daniel Rosenberg/Anthony Grafton. *Cartographies of Time.* New York: Princeton Architectural Press, 2010.
Max Schrems. *Kämpf um deine Daten.* Wien: edition a, 2014.

Peter Klimczak (Cottbus)

Fremde Welten – Eigene Welten

Zur kategorisierenden Rolle von Abweichungen für Fiktionalität

1. Fremde Welten und Science-Fiction

Selbst Texte und Filme mit dargestellten Welten jenseits irgendeiner temporalen oder spatialen Relation zur uns bekannten Welt sind notwendigerweise
bloße Produkte ihrer jeweiligen Entstehungszeit.[1] Umso mehr gilt das für Plots
zu beachten, die in der irdischen Zukunft oder auf von der Erde weit entfern-
ten Planeten spielen. Und weil all diese Filme und Texte ein Produkt einer ganz
konkreten Zeit, einer ganz konkreten Kultur sind, gilt auch für deren mal mehr,
mal weniger fremde Welten, dass sie auf Analogien zur jeweils wirklichen Welt
ihrer jeweiligen Entstehungszeit, auf Referenzen zu dieser, zu untersuchen sind.[2]
Die fremden Welten können dann, müssen gar, nicht nur eigentlich, sondern
auch uneigentlich, zeichenhaft gelesen werden. Der Grad an Explizitheit wie
auch Konkretheit der jeweiligen Referenzen mag zwar von Text zu Text, von
Film zu Film verschieden sein, in den meisten Fällen werden allerdings die anzu-
treffenden Analogien zu den jeweils außertextuell oder außerfilmisch existenten
Gegebenheiten ausreichen, um sowohl die jeweils temporale als auch spatiale
Differenz zu neutralisieren[3]: Die fremde Welt des Textes oder Films stellt eben
doch nur ein Spiegelbild, Zerrbild oder Wunschbild der wirklichen, außertextuellen oder außerfilmischen Welt dar.

In fantastisch-utopischen Fiktionen ist der Umstand, dass die dargestellten
Welten von der zeitgenössischen Wirklichkeit abweichen[4], dennoch aber auf

---

1 Vgl. zum Begriff der dargestellten oder filmischen Welt und ihrem Verhältnis zur
außerfilmischen Wirklichkeit: Dennis Gräf/Stephanie Großmann/Peter Klimczak/
Hans Krah/Marietheres Wagner. *Filmsemiotik. Einführung in die Analyse audiovisueller Formate.* Marburg: Schüren, 2017. S. 33-36 (= Kapitel 1.3.1 Grundlagen und
Grundbegriffe) sowie S. 225-229 (= Kapitel 3.5.2 Filmische Welten und außerfilmi-
sche Realitäten).

2 Vgl. hinsichtlich eines philosophischen Blicks auf Fantastik und Science-Fiction:
Karsten Weber/Hans Friesen/Thomas Zoglauer (Hg.). *Philosophie und Phantastik.
Über die Bedingungen, das Mögliche zu denken.* Münster: mentis, 2016.

3 Das hier angewendete Verfahren der Neutralisation und Substitution (vgl. hierzu
weiter unten) orientiert sich (lose) am Isotopienmodell von François Rastier. Vgl.
hierzu: François Rastier. „Systematik der Isotopien". *Lektürekolleg zur Textlinguistik.
Bd. 2: Reader.* Hg. Werner Kallmeyer u. a. Frankfurt a. M.: Fischer Athenäum, 1974.
S. 153-190. Vgl. hinsichtlich einer neueren Anwendung des Modell von Rastier: Peter
Klimczak. „Mono- und polyisotopische Lesarten von Walther von der Vogelweides *Ir
reiniu wîp, ir werden man* (L. 66,21) und ihre Auswirkungen auf die Strophenanord-
nung". *Schriften zur Kultur- und Mediensemiotik. Online* 5 (2018). S. 149-170.

4 Darko Suvin spricht hier vom für das Genre Science-Fiction konstitutiven Novum. Vgl.
Darko Suvin. *Poetik der Science Fiction. Zur Theorie und Geschichte einer literarischen*

diese zeitgenössische Wirklichkeit zu beziehen sind, das entscheidende Wesens-
merkmal. Demnach ist es vorrangiger Sinn und Zweck der in diesen Gattungen
konstruierten, von der raumzeitlichen Wirklichkeit sich differenzierenden, d. h.
abweichenden Anders-, Parallel- und Zukunftswelten, Projektionsflächen für
die Thematisierung von Sachverhalten eben jener Wirklichkeit anzubieten. Auf
diese Weise sollen entweder Themen, die in ihrem ursprünglichen Kontext nur
schwerlich oder gar nicht thematisiert werden können, thematisierbar gemacht
werden oder aber auch in ihrem Kontext thematisierbare Sachverhalte durch
Isolierung von ihrem ursprünglichen Kontext in ein neues Licht gerückt, anders
akzentuiert und damit womöglich auch präzisiert und kritisiert werden. Die
Existenz einer rational-logischen Begründung der in der dargestellten Welt von
der außerfilmischen oder außertextuellen Wirklichkeit abweichenden Phänomene ist dabei nicht zwingend notwendig. Vielmehr stellt deren Vorhandensein
lediglich das Unterscheidungskriterium von Science-Fiction zu anderen fantastisch-utopischen Gattungen dar.[5]

Im Folgenden soll anhand von Tim Burtons Neuverfilmung von *Planet der
Affen* (USA 2001) gezeigt werden, inwiefern eine fremde Welt als eigene Welt
gelesen werden kann. Im Anschluss – und das stellt quasi das ‚Novum' dieses
Beitrags dar – soll vor dem Hintergrund einer mengentheoretischen Definition
von Fiktionalität, Faktualität und Fake erörtert werden, inwieweit es sinnvoll ist,
das von der wirklichen Welt Abweichende als Distinktionsmerkmal von Fiktionalität heranzuziehen.

2. *Planet der Affen* (R: Tim Burton, USA 2001)

2.1 Der Plot

Der auf der Weltraumstation Oberon stationierte Offizier Captain Leo David-
son gerät bei dem Versuch, seinen Flugschüler, ein kleines Schimpansenmännchen, zu retten, in einen elektromagnetischen Sturm (0:07)[6], der sowohl eine
Zeit- wie auch Raumverzerrung verursacht. Leo reist damit durch Zeit und
Raum und muss auf einem ihm unbekannten Planeten notlanden, wobei seine
Raumkapsel in einem See versinkt (0:14). Über diesen Planeten herrscht jedoch
der Affe, wohingegen der Mensch sich entweder in entlegenen Gebieten versteckt hält oder ein den Affen dienender Sklave ist. Die Affen sind der Sprache mächtig, bewohnen eigene, an ihre Bedürfnisse angepasste Städte (0:18),
tragen Kleidung (0:15) und verfügen sogar über ein eigenes Staatswesen ein-
schließlich stehenden Heers (0:28) sowie einer eigenen – eine zentrale Rolle
einnehmenden – Religion.

Gattung. Frankfurt a. M.: Suhrkamp, 1979. S. 93-119. Ein weiterer, nicht zu vernach-
lässigender Theorieklassiker ist: Tzvetan Todorov. *Einführung in die fantastische Literatur,* München: Hanser, 1972.

5 Vgl. Suvin. Poetik der Science Fiction (wie Anm. 4). S. 38-92.

6 Minutennachweise hier und im Folgenden mit Angabe der Minutenzahl (Format:
h:mm) direkt im Text. Genannt wird nur die erste Minute.

Leos Anwesenheit auf dem Planeten muss daher geradezu zwangsweise zu einem Konflikt führen. Und genau dieser bzw. die Lösung dessen steht im Mittelpunkt des restlichen Filmplots. In den Worten des Protagonisten: „Ich glaube, man kann das ruhig feindseliges Gebiet nennen. Ich habe genau 36 Stunden, um meine Freunde zu treffen, dann bin ich raus aus diesem Albtraum." (0:48) Doch anstatt seine Mannschaft zu treffen, findet er nur das Wrack seiner ehemaligen Raumstation Oberon wieder – die mittlerweile jahrhundertealten Ruinen von Calima (1:09). Mithilfe der dort noch abrufbaren Tagebucheintragungen gelingt es Leo, die Umstände des Absturzes der Oberon sowie den Grund der auf diesem Planeten existenten Ordnung zu rekonstruieren (1:12): Wie dem ersten Tagebucheintrag entnommen werden kann, wurde auch die Raumstation samt ihrer Besatzung vom elektromagnetischen Sturm erfasst und durch Raum und Zeit ‚geschleudert' (1:13). Sie kam auf dem gleichen Planeten an, mit dem Unterschied jedoch, dass dies schon hunderte Jahre vor Leos Bruchlandung geschah – in umgekehrter chronologischer Reihenfolge also. Der zweiten Videoaufzeichnung ist zu entnehmen, dass die Oberon ebenfalls bruchlanden musste und die Mannschaft somit auf diesem unbekannten und unbewohnten Planeten (1:13) gefangen war. Ein zuvor vorgenommener gentechnischer Eingriff an den Affen ermöglichte diesen den entscheidenden Sprung in der Evolution (1:13). Doch eines Tages – das geht aus der dritten Tonaufzeichnung hervor – kommt es zum Aufstand der ehemaligen Helfer:

> Die Affen sind nicht mehr unter unserer Kontrolle. Ein Männchen namens Semos, das ich selbst aufzog, hat sich zum Anführer der Gruppe gemacht. Wir haben Waffen, aber ich weiß nicht, wie lange wir noch durchhalten können. (1:13)

Wie das laute, hammerartige Schlagen im Hintergrund dieser Aufzeichnung verdeutlicht, sitzen die Menschen in der Falle. Als die Geräusche dann aufhören, sind nur noch Schreie zu vernehmen; kurz darauf bricht die Aufzeichnung ab. Die eingeschlossene Menschengruppe wurde von den Affen getötet. Da Semos, der Anführer dieses Aufstandes, von den jetzigen Affen als ihr Staatsgründer verehrt wird, ist zu folgern, dass die Herrschaft der Affen über den Planeten die direkte Folge dieser gewaltsamen Erhebung ist.

Da die Oberon nun aber nur noch ein altes Wrack ist, ist auch Leos intendierte Rückkehr auf die Erde nicht mehr möglich. Resigniert beabsichtigt er sodann, sich den Affen auszuliefern. Allerdings haben die sich vor den Affen versteckt haltenden Menschen die Ankunft des Fremdlings vernommen und eilen heran, damit dieser sie in den Kampf gegen die Affen führe und sie von deren Knechtschaft befreie. Nach anfänglichem Zögern (1:16) übernimmt Leo das Kommando und zieht mit den kaum bewaffneten Menschen gegen die Affenarmee in die an sich hoffnungslose Schlacht (1:27). Trotz eines heldenhaften Einsatzes der Menschen zeigt sich schnell die körperliche wie auch kämpferische Überlegenheit der Affen. So fallen der Reihe nach Leos engste Gefährten, und der mitten im Kampfgetümmel stattfindende Zweikampf zwischen ihm und dem Anführer der Affen, General Thade, lässt keinen anderen Schluss zu als den, dass nicht nur die Menschheit auf diesem Planeten endgültig verloren hat, sondern auch Leo (1:36). Doch just zu diesem Zeitpunkt passiert das Unerwartete: Das von Leo trainierte und ebenfalls im selben elektromagnetischen Sturm in einer eigenen Raumkapsel verschollene Schimpansenmännchen landet mitten in der noch kämpfenden Menge (1:33). Das Kampfgetümmel erfährt damit eine Unterbrechung, die den Menschen letztendlich den Sieg bringt. Die Affen des Planeten beginnen den Schimpansen nämlich als den heimgekehrten Messias zu verehren und kapitulieren (1:35). Auch Leo bekommt damit eine neue Chance gegen Thade, den er nun mit List doch noch zu besiegen weiß (1:39).

Mit dem Sieg der Menschen kommt es dann tatsächlich zur „Veränderung der Welt" (1:43), d.h. zur Änderung der Ordnung. Diese – so zumindest wird es von den Figuren propagiert – sieht zwar so aus, dass Mensch und Affe gleichberechtigt nebeneinander und miteinander leben sollen (1:42), was also der Installierung einer neuen Ordnung entspräche. Wie entsprechende Handlungsweisen von Affe und Mensch am Ende der Kampfszenen zeigen, wird im Grunde jedoch das alte Verhältnis von Affe und Mensch restituiert: Als Leos kleiner Schimpanse von Thade, der von dessen messianischer Erscheinung unbeeindruckt bleibt, verletzt wird, zieht er sich augenblicklich in einen der Käfige der zerstörten Raumstation zurück (1:36). Das mag auf den ersten Blick zwar nicht überraschen, handelt es sich bei ihm doch um einen Vertreter der früheren Affen; außerdem sieht er als ehemaliger Bewohner der Raumstation deren Käfige notwendigerweise als seinen eigentlichen Schutzraum an; doch allein die starke Fokussierung des Vorgangs bis in das Innere des Käfigs hinein weist auf eine semantische Aufladung hin. Und tatsächlich ist er nicht der einzige Affe, der den Schutz eines von Menschen gebauten Tierkäfigs in Anspruch nimmt. Auch der Orang-Utan Limbo verkriecht sich in einem Käfig, und das, obwohl er ja genuin ein Vertreter der modernen Affenzivilisation ist (1:37). Hinzu kommt, dass gerade er es ist, der in seiner Funktion als Menschenhändler Menschen in Käfige sperrt (0:21) und über die Vorstellung „Affen in Käfigen" (0:54) zuvor nur müde lächeln und ungläubig den Kopf schütteln konnte (0:54). Aber selbst der große Anführer der Affen und direkte Nachfahre des Begründers der Affenzivilisation wird zeichenhaft in einen Käfig gesperrt: Indem Leo die Glastür des Kommandoraums schließt, ist kein Entrinnen für Thade mehr möglich (1:33). Dabei weist sein wildes Herumspringen und -schießen zudem eine starke Analogie zum Gebaren der Affen in den Käfigen der noch intakten Oberon auf (0:05). Als sich Thade endlich beruhigt hat, verkriecht er sich – obwohl schon eingeschlossen – unter dem Armaturenbrett der Raumstationskonsole und schafft sich damit zusätzlich noch selbst eine Art von Käfig (0:39).

Was aber hat der Mensch, hier in Person Leos, getan? Den einen Affen eingesperrt und zwei weitere aus ihren Käfigen herausgeholt. Damit werden mittels Rekurrenz und Fokussierung ganz eindeutige Zuordnungen vorgenommen: Der Mensch als Herr über die Käfige ist wieder Herrscher, und die Affen sind wieder Tiere, die sich instinktiv Schutz suchend in vom Menschen gemachte Käfige zurückziehen oder notfalls auch in einen eingesperrt werden müssen. Die Hierarchie von Mensch und Affe ist damit zumindest symbolisch wiederhergestellt;

trotz aller Postulate von Gleichheit und Brüderlichkeit (1:45).[7] Ein Konflikt zwischen Leo und seiner Umwelt ist damit nicht mehr gegeben – er könnte demnach auch auf dem Planeten bleiben. Dennoch nutzt er die noch heile Raumkapsel seines Schimpansen, um den Planeten Richtung Erde zu verlassen (1:46).[8] Dort aber erwartet ihn nicht seine alte Welt. Vielmehr muss er nach seiner Landung auf der Erde feststellen, dass diese nun ebenfalls von sprechenden und intelligenten Affen bewohnt wird (1:52).

2.2 Das Verhältnis von Mensch und Affe

Zwar ist den Affen im Vergleich zu ihrem früheren Dasein als im Käfig gehaltene Tiere nicht nur ein beachtlicher evolutionärer, sondern auch ein zivilisatorischer Fortschritt gelungen (sie bewohnen eigene Städte, haben ein eigenes politisches System etc. entwickelt); doch im Vergleich zum Stand der Zivilisation während der Herrschaft der Menschen zeigt sich eindeutig die Mangelhaftigkeit ihres Systems. Während sich die Zivilisation unter menschlicher Führung Raumfahrt, Gentechnik und fortschrittliche Kommunikationsmittel – vgl. dazu den Stand der Zivilisation auf der Oberon – zunutze machen kann, verfügen die Affen allein über Pferdefuhrwerke und eiserne Schlag- und Stoßhandwaffen. Folglich haben sie es nicht im Entferntesten zustande gebracht, die Errungenschaften der menschlichen Zivilisation zu übernehmen, geschweige denn weiterzuentwickeln. Auch jetzt noch, im Zustand der Unterjochung und Versklavung, steht die intellektuelle Überlegenheit der Menschen außer Frage. So sagt Thades Vater, der die Menschheit abgrundtief hasst, ausgerechnet an seinem Sterbebett:

> Was du [Thade] in deiner Hand hältst [eine Feuerschusswaffe] ist der Beweis ihrer Stärke als Erfinder, ihrer Stärke als Techniker. Gegen das da bedeutet unsere Stärke gar nichts. (0:56)

Auch das alltägliche Gebaren revidiert das Bild einer zivilisierten Affengesellschaft. Kulminiert sichtbar wird dies an deren Anführer, General Thade: unaufrechter Gang im Wiegetritt (0:22), Beschnüffeln anderer Affen (0:24), wildes hysterisches Herumspringen von Ast zu Ast (0:34/1:06), Ausstoßen undefinierbarer tierischer Laute (1:06). Zwar stellt Thade gewissermaßen den negativen Extrempunkt dar, aber vieles davon ist auch bei anderen Affen beobachtbar: Ein kleiner Gorillajunge demonstriert seine Stärke durch wildes Schlagen der Fäuste gegen seine Brust (0:21); die Kommandos von Attar an die Soldaten erfolgen durch tierisches Gebrüll (1:07); und gegenseitiges Anknurren tritt nicht nur bei Letzterem und seinem ehemaligen Lehrer Krull in Erscheinung (1:04), sondern

---

7 Markant spricht Leo nicht von gleichberechtigtem, sondern friedlichem Zusammenleben (1:42).

8 Dazu hebt er in den Weltraum ab und lässt sich vom elektromagnetischen Sturm nochmals erfassen, der ihn wiederum durch Raum und Zeit ‚schleudert‘, ihn diesmal aber in die Vergangenheit und ins Sonnensystem der Erde bringt.

auch bei Limbo, dem Sklavenhändler (1:15). Die Herrschaft der Affen über den Planeten kann also nicht darüber hinwegtäuschen, dass sie weiterhin Tiere sind[9] und es mit der früheren menschlichen Zivilisation in keinem Punkt, abgesehen von ihrer körperlichen Stärke, aufnehmen können.

Ihre endgültige Abwertung erfährt die Affenzivilisation jedoch durch den Umstand, dass alles, was die Affen als vernunftbegabte Wesen auszeichnet, nur das Ergebnis menschlicher Leistung ist. Der gentechnische Eingriff des Menschen an den Affen war es, der diesen den Sprung in der Evolution ermöglichte (0:06). Ihre körperliche Stärke, ihr Denkvermögen, ihre Sprachfähigkeit, ihre Zivilisation etc. sind nicht aus ihnen selbst heraus entwickelt. Mit all dem wird eine eindeutige Aussage bezüglich der ‚rechtmäßigen' Hierarchie von Mensch und Affe getroffen: Der Mensch als Schöpfer des vernunftbegabten Affen ist dessen Herr. Als Geschöpf des Menschen kann der Affe niemals legitimer Herr über den Menschen sein. Eine andere Ordnung wäre widernatürlich. Insbesondere Leo – immerhin der Protagonist – weist dabei rekurrent auf dieses Abstammungsverhältnis von Mensch und Affe hin: Nach der Landung seines Schimpansenschülers nimmt er diesen an der Hand und sagt, zwar nur zu ihm, aber im Vordergrund der Tonspur: „Komm mit! O. k., erklären wir den Affen die Evolution!" (1:35) Und kurz danach heißt es dann an alle Affen gerichtet: „Das ist hier euer Ursprung! Wir haben euch hierhergebracht." (1:39).

Wenn nun aber die Affenherrschaft als widernatürlich gelten kann und es damit zur Wiederherstellung des ursprünglichen Verhältnisses von Affe und Mensch quasi kommen *musste,* so stellt sich automatisch die Frage, warum es überhaupt zur Herrschaft des Affen über den Planeten kommen *konnte.* Die Logbucheintragungen der Oberon erlauben zwar den Schluss, dass die Übernahme der Macht seitens der Affen in Form eines gewalttätigen Umsturzes vonstattenging, doch lassen sich darüber hinaus – zumindest für sich allein genommen – keine weiteren Erkenntnisse ableiten. Vergleicht man jedoch den Zustand der Menschen vor und nach der Herrschaftsübernahme durch die Affen (d. h. zum einen auf der Oberon und zum anderen auf dem Affenplaneten), so fällt neben den veränderten Machtverhältnissen die Einstellung des Menschen bezüglich Gefahrensituationen auf. Den sich durch Furchtlosigkeit und Aufopferungsbereitschaft auszeichnenden[10] Menschen zum Zeitpunkt *nach* der äffischen Machtübernahme stehen die – wie insbesondere Leos abschätzige Reaktionen deutlich machen (z. B. 0:08) – passiven und feigen Menschen *vor* ihrem Machtverlust gegenüber: So sagt beispielsweise der Kommandeur der Oberon, als der elektromagnetische Sturm aufzieht: „Keine bemannten Flüge, wir schicken zuerst einen Affen raus. Wenn es ungefährlich ist, reden wir über einen

---

9   Ein weiterer Hinweis auf ihr tierisches Dasein zeigt sich in der Verehrung der Ruinen von Calima. „Calima" ist jedoch nichts anderes als das Kürzel aus „*Ca*ution *li*ve ani*ma*ls" (vgl. dazu die Wandinschrift, 1:10) und weist damit auf den tierischen Ursprung und durch die andauernde Verehrung auch auf den jetzigen Zustand der Affen hin.

10 Karobi verteidigt seine Familie und bezahlt dies bewusst mit seinem Tod (0:43); der junge Birn strotzt nur so voller Tatendrang, und nicht zuletzt verlassen ja sämtliche Menschen ihre sicheren Verstecke, um gegen einen übermächtigen Gegner, die Affen, zu kämpfen.

Piloten. In dieser Reihenfolge!" (0:08) Genau für diesen Zweck, den Menschen in Gefahrensituationen zu vertreten, wurden „[...] die Chromosomen der Affen gentechnisch verbessert" (0:06). Jene gentechnische Verbesserung ist es aber, die die Affen überhaupt in die Lage versetzt, einen Aufstand gegen die Menschen durchzuführen, woraus folgt, dass der Mensch seine Unterjochung und Versklavung aufgrund seiner Passivität und Feigheit selbst verschuldet hat. Jetzt aber, da beides überwunden wurde, gibt es keinen Grund mehr, warum die an sich falsche Ordnung, die Herrschaft des Affen über den Planeten und die Menschen, weiter bestehen sollte. Die Wiederherstellung der ursprünglichen Ordnung ist nur konsequent. Das gilt zudem nicht nur für den fremden Planeten, auf dem die Oberon abgestürzt ist, sondern auch und insbesondere für die Erde.

Da der Affenplanet zuvor unbewohnt war, stellt dessen sowohl menschliche als auch äffische Population eine reine Nachkommenschaft der vormals auf der Oberon stationierten Affen und Menschen dar. Die Oberon selbst ist wiederum Teil eines größeren Ganzen, nämlich der menschlichen wie äffischen Population der Erde (0:05). Die auf dem Affenplaneten von Leo vorgefundene Gesellschaft und Zivilisation hat, sowohl was die Menschen als auch die Affen betrifft, ihren Ursprung nicht in einem selbstständigen, Jahrmillionen alten Evolutionsprozess. Sie besitzt nicht die gleiche Wertigkeit wie die auf der Erde und kann damit auch keinen vergleichbaren Autonomie- und Totalitätsanspruch erheben. Zudem ist die Population des Affenplaneten ein Ableger der irdischen Population und stellt daher einen Vertreter des Raumes Erde dar. Die im Fokus des Films stehende Handlung und damit auch die Konfliktlösung sind demnach auf die Erde zu übertragen. Explizit deutlich wird diese Übertragbarkeit anhand der Art und Weise, wie Leo die wegen seines vorausgehenden Verhaltens (er lehnte es zunächst ab, die Menschen in eine Schlacht gegen die Affen zu führen) resignierten Menschen doch noch vom Kampf überzeugt. Er bemüht hierzu die *irdische* Geschichte:

> Hey, wir können es schaffen! Es hat schon mal geklappt auf meinem Planeten. Unsere Geschichte kennt viele Menschen, die Außergewöhnliches geleistet haben, und diese Geschichte gehört jetzt euch! (1:24)

Übertragbar ist das außerdem auf die neue Situation auf der Erde: dass die Herrschaft der Affen auf die gleiche Art und Weise überwunden werden kann, durch einen Befreiungskampf der Menschen gegen die Affen. Und da der Affenplanet modellhaft für die Erde steht, kann Leo das, was er im Kleinen eingeübt hat, nun im Großen umsetzen: die Menschheit in die Schlacht gegen die Herrschaft der Affen führen. Nicht zuletzt ist es dieser nur implizierte, aber nicht mehr dargestellte Ausgang, der die Notwendigkeit einer Systemwiederherstellung deutlich macht.[11]

---

11 Auch die – viele Rezipienten irritierende – Existenz eines irdischen Thade-Denkmals wird damit verständlich: Da es sich um einen Gegner, den Leo schon einmal erfolgreich besiegt hat, handelt, ist dies als ein weiterer Hinweis darauf zu lesen, dass der nun auf der Erde zu führende Befreiungskampf das gleiche Ende wie auf dem fremden Planeten nehmen wird: mit einem Sieg der Menschheit.

2.3 Kontextualisierungen

Die Lesart der vernunftbegabten Affen als, wenn auch hoch entwickelte, Tiere ist, gerade weil diese vernunftbegabt sind, nicht zwingend. Das genaue Gegenteil trifft zu: Da in der außerfilmischen, wirklichen Welt gilt, dass Vernunftbegabtheit exklusiv für den Menschen reserviert ist, muss ein vernunftbegabtes Wesen zwangsläufig als das einzige sprechende und denkende Lebewesen, als Mensch also, gelesen werden. Entscheidend ist, dass das Merkmal ‚vernunftbegabt' nur dann auftritt, wenn auch das Merkmal ‚Mensch' auftritt, d. h. logisch zwischen ‚Mensch' und ‚vernunftbegabt' ein Bikonditional herrscht, das eine also jeweils das andere impliziert. Mit der ausnahmslosen Korrelation beider Merkmale ist eine zweite, in Konkurrenz zur biologischen Definition stehende, ontologische Definition von ‚Mensch' als vernunftbegabtes Lebewesen möglich. Die biologische Artzugehörigkeit spielt bei einer solchen Definition keine Rolle mehr. Das ontologische Merkmal Vernunftbegabtheit klassifiziert aufgrund des Bikonditionals die Größe Mensch hinreichend. Zwar ist diese Definition nur vor dem Hintergrund der irdischen Verteilung von Vernunft- und Nicht-Vernunftbegabtheit an die jeweiligen Arten hinreichend bestimmt, nicht vor dem Hintergrund der im Film dargestellten Welt; doch tut dies nichts zur Sache. Der Film und die darin dargestellte Welt bleiben letzten Endes immer ein Teil der außerfilmischen irdischen Welt. Diese ist der filmischen damit übergeordnet und eben dort gilt, dass wenn ein Lebewesen vernunftbegabt ist, es ein Mensch ist. Die Affen des Films müssen, können demnach nicht als hoch entwickelte Tiere gelesen werden, sondern uneigentlich als ‚Menschen' bzw. als eine distinkte Menschengruppe – immerhin gibt es ja mit den biologischen Menschen des Films bereits eine Gruppe von Menschen.

So wie die *biologische Differenz* aufgrund des Bikonditionals von ‚vernunftbegabt' und ‚Mensch' als neutralisiert gelten kann, ist die *temporale Differenz* aufgrund der zeitlichen Situierung der Erde zum Ende des Films neutralisierbar. Wie aus dem technischen Stand von Automobilen, Hubschraubern und Schusswaffen der nach Leos Bruchlandung am Lincoln Memorial herbeieilenden Polizeieinheiten geschlossen werden kann, kommt Leo just zu der Zeit auf der Erde an, aus der auch der Film stammt – dem beginnenden 21. Jahrhundert. Der Plot von Affenaufstand, Affenherrschaft und deren Umsturz kann demnach als Aufstand, Herrschaft und Ende einer bestimmten Gruppierung im ausgehenden 20. und beginnenden 21. Jahrhundert gelesen werden. Dass auch die *spatiale Differenz* zwischen fernem Affenplaneten und der Erde als neutralisiert gelten muss, liegt an dem bereits dargelegten Umstand, dass es sich bei der Population des Affenplaneten um einen Ableger der irdischen Population handelt. Zudem hat sich die Geschichte des Affenplaneten, wie der Schluss des Films ja überdeutlich zu verstehen gibt, auf der Erde bereits wiederholt.

Damit stellt sich die Frage, welche tatsächlich existierenden, außerfilmischen Gruppen Mensch und Affe eigentlich repräsentieren. Für die Beantwortung ist es ratsam, das Narrativ des Films zu abstrahieren: Eine Gruppe X unterstützt eine Gruppe Y, damit diese Aufgaben, die Gruppe X selbst nicht machen möchte, erledigt, was jedoch zur Folge hat, dass Gruppe Y dadurch die Möglichkeit bekommt, Gruppe X anzugreifen, was sie dann auch tut. Wird zudem bedacht, dass die Menschen des Affenplaneten Abkömmlinge der Besatzung der auffällig oft bis penetrant als US-amerikanisch attribuierten Raumstation Oberon sind, dass also Gruppe X durch USA zu ersetzen ist, dann lassen sich Parallelen zu außerfilmisch gegebenen Ereignissen durchaus erkennen: zu den von Osama bin Laden und seiner Terrororganisation al-Qaida verübten Terroranschlägen gegen US-amerikanische Einrichtungen und Staatsbürger um die Jahrtausendwende herum[12]: Am 26. Februar 1993 explodiert ein mit 700 kg Sprengstoff gefüllter Van in der Tiefgarage des Nordturms des New Yorker World Trade Centers, reißt ein 30 Meter großes Loch über sechs Geschosse und tötet sechs Menschen. Am 7. August 1998 kommt es zu einer Serie von gleichzeitig gezündeten Autobomben in der tansanischen Hauptstadt Daressalam und in der kenianischen Hauptstadt Nairobi. Die Ziele sind in beiden Fällen Botschaften der Vereinigten Staaten. Es sterben 223 Menschen und mehr als 4.000 werden verletzt. Am 12. Oktober 2000 kommt es zu einem Selbstmordanschlag auf den Zerstörer USS Cole der US-Navy. Ein mit Sprengstoff beladenes kleines Boot mit zwei Personen steuert das im Hafen von Aden (Jemen) anliegende Schiff an und detoniert mittschiffs. Ein zwölf Meter großes Loch wird in den Rumpf gerissen und 17 Matrosen kommen ums Leben.[13]

Dass sich im Nachhinein nicht alle dieser Anschläge unmittelbar auf Bin Laden und al-Qaida zurückführen lassen – beispielsweise sieht das FBI mittlerweile keinen ausreichenden Nachweis für Bin Ladens Beteiligung an den Anschlägen von 2001 gegeben und für die Bombenanschläge von 1998 übernahm die Organisation Islamischer Dschihad die Verantwortung –, ist unerheblich. Entscheidend ist, dass die damalige Öffentlichkeit Osama bin Laden und al-Qaida für diese Anschläge verantwortlich sah. Das ist deshalb ein zentraler Punkt, weil mit der Täterschaft Bin Ladens und al-Qaidas ein ganz bestimmtes Erklärungsmodell für das Zustandekommen dieser Anschläge möglich war: eine verfehlte Politik der Vereinigten Staaten im Afghanistankrieg. Die Ende 1979 von der Sowjetunion begonnene Invasion Afghanistans mit dem Ziel, die kurz zuvor an die Macht gekommene kommunistische Demokratische Volkspartei Afghanistans zu stützen bzw. zu reinstallieren, stieß sowohl aufseiten der islamischen Staaten als auch der USA auf Widerstand. Doch weder die einen

---

12 Vgl. zu den historischen Ereignissen: Christian Hacke. *Zur Weltmacht verdammt. Die amerikanische Außenpolitik von Kennedy bis Clinton.* Berlin: Propyläen, 1997. S. 259-265; Chalmers Johnson. *Ein Imperium verfällt. Wann endet das amerikanische Jahrhundert?* München: Karl Blessing, 2000; Efraim Karsh. *Imperialismus im Namen Allahs. Von Muhammad bis Osama Bin Laden.* München: DVA, 2007. S. 330-351; Jonathan Randal. *Osama. The Making of a Terrorist.* New York: Knopf, 2004; Bernd Stöver. *Der Kalte Krieg 1947-1991. Geschichte eines radikalen Zeitalters.* München: Beck, 2007. 410-416; Lawrence Wright. *Der Tod wird euch finden. Al-Qaida und der Weg zum 11. September.* München: DVA, 2007.

13 Die am 11.09.2001 erfolgten Selbstmordanschläge auf das New Yorker World Trade Center und das amerikanische Verteidigungsministerium können dagegen nicht mehr zum Produktionszeitraum des Filmes gezählt werden; bedingt aber zum Erstrezeptionszeitraum.

noch die anderen wollten aufgrund der hohen Risiken direkt und offiziell in den beginnenden Kampf eingreifen. Sie beschränkten sich auf die Unterstützung der antikommunistischen bzw. antisowjetischen und damit islamischen Kräfte. Pakistan übernahm in Form seines Geheimdienstes ISI die Organisation und Ausbildung der Widerstandsgruppen, die Verteilung von Waffen und die strategische Planung des Krieges und bot zudem auch sein Staatsgebiet als Rückzugsraum an. Im Laufe der Zeit absolvierten so über 80.000 afghanische Mudschahedin-Kämpfer eine Waffenausbildung in pakistanischen Lagern. Die USA unterstützten den ISI wiederum durch die CIA mit Geheimdienstinformationen und Waffenlieferungen, und – vielleicht am wichtigsten – sie trugen zusammen mit Saudi-Arabien, das sich verpflichtete, jeden amerikanischen Dollar zu verdoppeln, auch die finanziellen Kosten dieses Krieges.

Das Motiv der Amerikaner war zum einen, ein Land in geostrategisch wichtiger Lage nicht an die Sowjetunion und den Kommunismus zu verlieren, zum anderen den Sowjets ein eigenes ‚Vietnam‘, also einen langen zermürbenden Krieg gegen lokale Guerillas, zu bereiten. Mit beidem hatten die USA Erfolg: 1989 – also nach zehn Jahren Krieg – musste sich die Sowjetunion geschlagen aus Afghanistan zurückziehen, den Tod von 15.000 Soldaten und Zehntausenden Verwundeten hinnehmen und ein Land ohne kommunistisches System hinterlassen. Die USA hatten jedoch nicht nur gewonnen, sondern sich auch einen neuen zukünftigen Feind geschaffen, quasi großgezogen: Osama bin Laden und seine militanten islamischen Kämpfer. Eine der von den USA unterstützten Gruppen während des Krieges war tatsächlich die des saudi-arabischen Millionärs Bin Laden. Inwieweit er wirklich direkte Unterstützung erhielt, mag strittig sein – so bestreitet er in einem Interview aus dem Jahre 1999, jemals Hilfe von den Vereinigten Staaten erhalten zu haben –, doch profitierte er auf jeden Fall insofern von der US-amerikanischen Strategie, als dass ihm durch den Krieg – der ohne die USA ja so nicht möglich gewesen wäre – überhaupt die Möglichkeit gegeben wurde, an einem islamischen Kampf gegen eine säkulare Macht teilzunehmen. Entsprechend wurden die 9/11 vorausgehenden Terroranschläge als *blowbacks,* als unbeabsichtigte negative Folgen der US-amerikanischen Afghanistanpolitik der 1980er Jahre, angeführt.[14]

Explizit bedient sich der Film demnach der sich am Ende der 1990er Jahre entwickelten neuen US-amerikanischen Ängste und zeigt darauf aufbauend – wozu die Wahl der Transposition des Geschehens auf einen unbewohnten Planeten ideal ist – eine überzeichnete Schreckenszukunft, in der die Folgen eines Sieges der US-amerikanischen Feinde für die USA und die gesamte (zivilisierte) Welt – immerhin werden ja alle Menschen unterjocht – thematisiert werden. Gleichzeitig verdeutlicht der Plot, dass sowohl Ursache als auch Erscheinung des Systemwechsels erfolgreich bewältigt werden können. Sie müssen es geradezu, da es sich bei der eigenen Ordnung, beim eigenen politischen und gesellschaftlichen System eo ipso um das einzig richtige handelt. Nur aufgrund von Passivität und Feigheit kann es überhaupt zu einem Systemwechsel kommen, weshalb – und das ist ein argumentatives Paradoxon – sich Volk und politische

---

14 Vgl. Johnson. Imperium (wie Anm. 12).

Führer in einem steten existenziellen Kampf um die eigene, richtige Ordnung befinden. Da man dem Feind moralisch und intellektuell weiterhin überlegen ist, gilt es nicht in erster Linie, ihn zu besiegen, sondern die eigenen Fehler, die zu dieser Situation geführt haben, zu beheben.[15]

Vor dem Hintergrund einer Substitution von Affen durch Islamisten wundert es kaum, dass die Affengesellschaft recht eindeutig mit undemokratisch-theokratischen Systemen korreliert wird: Thade bezieht seinen Führungsanspruch aus der direkten Abstammung von Semos (0:55/1:08), den angeblich „[...] erste[n] Affe[n], [dem] vom Allmächtigen der erste Atem des Lebens eingehaucht" (0:58) wurde, der zugleich einen gott- und messiasähnlichen Status innehat (0:32/1:35). Dass es sich um eine dynastisch-religiöse Legitimierung handelt, wird insbesondere im Kontrast zu den Menschen deutlich, bei denen Leo ein quasi-plebiszitäres Mandat auf Zeit, d. h. nur für die Dauer des Kampfes gegen die Affen, erhält (1:13). Als politisch und religiös pikant kann in diesem Zusammenhang der Sachverhalt angesehen werden, dass sich im Laufe des Filmes herausstellt, dass Semos nichts weiter als der Anführer der blutigen Affenrebellion war (1:13/1:22), da damit auch der Glaube der Affen als ein nur auf Gewalt und Lügen basierender Pseudoglaube desavouiert wird. So äußert Attar, der zuvor größte religiöse Eiferer, gegenüber Thade: „Alles, woran ich geglaubt habe, war eine Lüge! Sie und ihre Familie haben uns betrogen!" (1:38)[16]

3. Distinktionen von Fiktionalität, Faktualität und Fake

3.1 Traditionelle Distinktionen

Eine der grundlegenden literatur- und medienwissenschaftlichen Distinktionen ist die zwischen faktualer und fiktionaler Rede. So nehmen Matías Martínez und Michael Scheffel die folgende, den aktuellen Konsens bildende Zuschreibung vor: Faktuale Rede erhebe in nicht-dichterischer Form den Anspruch, von realen Vorgängen zu berichten.[17] Als Beispiele werden genannt: ein Zeitungsbericht über einen konkreten Vorfall oder die Biografie einer historischen Person. Fiktionale Rede erzähle hingegen in dichterischer Form von eindeutig

---

15 Im Film spiegelt sich letztlich nichts anderes als das ambivalente Selbstbildnis der US-Amerikaner nach dem Zerfall der Sowjetunion wider: einerseits der uneingeschränkte Glaube an sich selbst und das über den Kommunismus siegreiche System und andererseits die gleichzeitige Angst vor möglichen, aber nicht definierbaren Feinden in einer nunmehr multipolaren Welt.

16 Dass es sich tatsächlich um eine Lüge, d. h. eine wissentliche Hintergehung handelt, wird in der Sterbeszene von Thades Vater deutlich: „Ich muss dir was sagen. Etwas, was mein Vater mir gesagt hat. Und sein Vater ihm. Bis zurück zu unseren Vorfahren, zu Semos. In der Zeit vor der Zeit waren wir die Sklaven und die Menschen waren unsere Herren" (0:54).

17 Vgl. Matías Martínez/Michael Scheffel. *Einführung in die Erzähltheorie.* München: Beck, [11]2020. S. 12.

erfundenen Vorgängen[18], z. B. Märchen, Fabeln, Romanen etc. Als einen Sonderfall der faktualen Rede verstehen beide Autoren die „nichtdichterische
Erzählung erfundener Vorgänge"[19], also Lüge, Täuschung oder Falschmeldung.
Traditionell spricht man hier von fingierter Rede, neudeutsch würde man wohl
eher von Fake sprechen.[20] Das entscheidende Distinktionsmerkmal ist für Martínez und Scheffel der Unterschied zwischen ‚dichterischer' und ‚nicht dichterischer' Rede. Die Unterscheidung zwischen ‚real' und ‚nicht-real' respektive
‚erfunden' und ‚nicht erfunden' dient ihnen lediglich der Untergliederung fak-
tischer Rede in wahre faktische und falsche faktische Rede (‚Fake'). Die erste
Unterscheidung, jene also zwischen ‚dichterisch' und ‚nicht dichterisch', ist auf
der Ebene der Form oder in Anlehnung an den Sprachduktus der französischen
Strukturalisten, auf Ebene des *discours* angesiedelt. Die zweite Unterscheidung,
jene also zwischen ‚real' und ‚nicht real', betrifft hingegen den Inhalt oder wiederum im strukturalistischen Duktus: die *histoire*.[21]

Mit der Betonung des *discours* für die Unterscheidung von fiktionaler und
faktualer Rede stehen Martínez und Scheffel nicht allein da. Man kann dahingehend von einem Konsens sprechen, und das nicht nur bezüglich der Lite-
raturwissenschaften, sondern auch der Film- und Medienwissenschaften.[22]
Wenn auch die Form in audiovisuellen Kommunikaten eine andere ist als in rein
schriftlichen, so ist es die Form, die verantwortlich gemacht wird für die Einordnung als faktual und fiktional. Dass dies nicht sein muss, zeigt der erste Medien-
theoretiker des Abendlandes, Aristoteles: Für ihn ist *nicht* die sprachliche

---

18 Vgl. Martínez/Scheffel. Erzähltheorie (wie Anm. 17). S. 12.

19 Vgl. Martínez/Scheffel. Erzähltheorie (wie Anm. 17). S. 12.

20 Unter den Begriff ‚Fake' kann sehr vieles subsumiert werden, z. B. Falschmeldungen
    (Fake News), die einer entsprechenden Intention wie auch (bzw. damit verbunden)
    einer entsprechenden Darstellungsform bedürfen. Hier soll eine rein inhaltliche
    Definition vorgenommen werden, also ausschließlich auf Ebene der *histoire* und
    damit unter Nichteinbezug der Ebene des *discours* und der (unterstellten oder ange-
    nommen oder explizierten) Senderintentionen. Vgl. bezüglich der gängigen Fake-
    News-Deskriptionen z. B.: Gerd Antos. „Fake News. Warum wir auf sie reinfallen.
    Oder: ‚Ich mache euch die Welt, so wie sie mir gefällt'". *Der Sprachdienst* 1 (2017).
    S. 3-22. Aufgrund der ausschließlich inhaltlichen Definition von ‚Fake' würde dar-
    unter auch das kontrafaktische Erzählen fallen. Diese Undifferenziertheit kann man
    bemängeln, allerdings geht es hier nicht um die Differenzierung dessen, was im wei-
    testen Sinne als Fake oder fingierte Rede bezeichnet werden kann, sondern zunächst
    einmal um eine eindeutige Distinktion von faktualer, fiktionaler und fingierter
    Rede.

21 Vgl. zum struktural-semiotischen Ansatz im deutschsprachigen Raum insbesondere:
    Michael Titzmann. „Semiotische Aspekte der Literaturwissenschaft". *Semiotik. Ein
    Handbuch zu den zeichentheoretischen Grundlagen von Natur und Kultur, Teilbd. 3*.
    Hg. Roland Posner/Klaus Robering/Thomas Sebeok. Berlin: De Gruyter, 2003.
    S. 3028-3103.

22 Vgl. z. B. Angela Keppler. *Mediale Gegenwart. Eine Theorie des Fernsehens am Beispiel
    der Darstellung von Gewalt*, Frankfurt a. M.: Suhrkamp, 2006.

Form, sondern die Wahrheit oder Falschheit des Gesagten das entscheidende Kriterium[23]:

> Denn der Geschichtsschreiber und der Dichter unterscheiden sich nicht dadurch voneinander, daß sich der eine in Versen und der andere in Prosa mitteilt – man könnte ja auch das Werk Herodots in Verse kleiden, und es wäre in Versen um nichts weniger ein Geschichtswerk als ohne Verse –; sie unterscheiden sich dadurch, daß der eine das wirklich Geschehene mitteilt, der andere, was geschehen könnte.[24]

Im Folgenden will ich Faktualität, Fiktionalität und Fake ausschließlich auf der Ebene des Inhalts, der *histoire*, differenzieren. Dennoch soll dabei nicht unmittelbar an Aristoteles angeschlossen werden. Sprich: Es wird nicht vom ontologischen Unterschied (Sein vs. Möglichsein) zwischen ‚wirklich Geschehenem‘ und dem, ‚was geschehen könnte‘, den Aristoteles ja zu Recht anreißt, ausgegangen. Den Ausgangspunkt soll vielmehr die im literatur-, film- und medienwissenschaftlichen Diskurs (immer noch) aktuelle Vorstellung von *histoire* als ‚dargestellter Welt‘ bilden. Einen in dieser Hinsicht interessanten Ansatz formuliert Michael Titzmann:

> Eine dargestellte Welt ließe sich (ob selektiv-abstraktiv oder vollständig) darstellen als *Menge* von einerseits nach dem Umfang ihrer Geltungsbereiche, andererseits nach ihrer logischen, temporalen, kausalen Abfolge geordneter Propositionen.[25]

Was Titzmann anregt, ist nichts weniger als eine mengentheoretische Modellierung von dargestellten Welten. Dass er diesen Vorschlag selbst nicht durchführt und, soweit mir bekannt, sonst auch niemand, heißt nicht, dass dieser nicht realisierbar wäre. Allerdings bedarf es hierzu einiger mengentheoretischer Erläuterungen.[26]

3.2 Darstellung von dargestellten Welten mittels Mengen. Oder: Kurze Einführung in die Mengentheorie

Grundlegend sind in der Mengentheorie die Begriffe der Menge und des Elements. Sind die Elemente einer Menge bekannt, können die Elemente durch Kommata getrennt nebeneinandergeschrieben und mit geschweiften Klammern

---

23 Vgl. zur Wirkmächtigkeit der aristotelischen Auffassung Martínez/Scheffel. *Erzähltheorie* (wie Anm. 17). S. 10. S. 11-16.

24 Aristoteles. *Poetik*. Griechisch/Deutsch [1982]. Übers. und Hg. Manfred Fuhrmann. Stuttgart: Reclam, 1994. S. 29 (= 1451b).

25 Titzmann. *Semiotische Aspekte* (wie Anm. 21), S. 3071.

26 Trotz ihres Alters eignet sich Robert Walls Einführung nach wie vor, da sie keine besonderen mathematischen Kenntnisse voraussetzt, zugleich aber hinreichend detailliert ist: Robert Wall. *Einführung in die Logik und Mathematik für Linguisten, Teil 1: Logik und Mengenlehre*. Kronberg: Scriptor, 1973.

umgeben werden. Dabei ist die Reihenfolge, in der die Elemente einer Menge aufgelistet sind, ohne Bedeutung. In unserem Kontext seien lediglich wahre oder falsche Aussagen erlaubt.[27] Seien drei Aussagen gegeben, die als a, b und c symbolisiert sind, so kann die Menge, die b und c als Elemente enthält, wie folgt angegeben werden:

{b, c},
{c, b}.

Eine Aussage kann entweder Element der Menge sein oder nicht. Ein halbes oder mehrfaches Elementsein gibt es nicht. Mittels des Element-Zeichens lässt sich feststellen, dass eine bestimmte Aussage Element einer bestimmten Menge ist:

c ∈ {b, c}.[28]

Ist eine bestimmte Aussage kein Element einer bestimmten Menge, wird dies mittels eines schräg durchgestrichenen Element-Zeichens symbolisiert:

a ∉ {b, c}.[29]

Obwohl bezüglich der Aussagen lediglich eine Zweiwertigkeit angenommen wird („Es ist wahr, dass [...]" bzw. „Es ist falsch, dass [...]"), ist aufgrund des Nicht-Elementseins einer Aussage eine dritte Option gegeben: die des weder Wahr- noch Falschseins. Damit kann dem Umstand Rechnung getragen werden, dass in einer dargestellten (oder der wirklichen) Welt bezüglich eines Sachverhalts keine Aussage getroffen wird (z. B. bezüglich der Existenz vernunftbegabter Affen). Der Wahrheitsgehalt einer Aussage bleibt damit quasi unbestimmt.[30]

Damit man sich leichter auf eine Menge beziehen kann, weist man einer Menge einen Namen zu, wobei im Allgemeinen große Buchstaben des lateinischen Alphabets Verwendung finden:

X = {b, c}.[31]

---

27 Z. B. „Es ist wahr, dass vernunftbegabte Affen existieren." bzw. „Es ist falsch, dass nur der Mensch vernunftbegabt ist".

28 Lies: „Klein-c ist Element der Menge mit den Elementen Klein-b und Klein-c."

29 Lies: „Klein-a ist kein Element der Menge mit den Elementen Klein-b und Klein-c."

30 Die weiter unten skizzierte Darstellung von Aussagen mittels geordneter Paare ermöglicht auf einfache Weise die Berücksichtigung eines dritten (Aussage-)Wertes und somit die Differenzierung von unbestimmten (da nicht thematisierten) Aussagen und als unbestimmt bestimmten Aussagen, also Aussagen, deren Unbestimmtheit thematisiert wurde. Siehe hinsichtlich dieser Differenzierungen: Peter Klimczak. „Fiction, Fake and Fact. Eine mengentheoretische Modellierung nebst Diskussion dargestellter Welten". *Wahrheit und Fake im postfaktisch-digitalen Zeitalter.* Hg. Peter Klimczak/Thomas Zoglauer. Wiesbaden: Springer Vieweg, 2021.

31 Lies: „Groß-X ist gleich der Menge mit den Elementen Klein-b und Klein-c."

Eine Menge kann entweder identisch mit einer anderen Menge oder aber deren Teilmenge sein. Relevant ist in Kontext dargestellter Welten nur die Teilmengenbeziehung (auch Inklusion genannt). Hierbei gilt: Wenn alle Elemente der Menge X Element der Menge Y sind, so ist X Teilmenge von Y:

$$X \subset Y.^{32}$$

Die entsprechende Negation der Teilmengenbeziehung wird mittels eines Schrägstrichs symbolisiert und ist genau dann gegeben, wenn mindestens ein Element von X nicht Element von Y ist:

$$X \not\subset Y.^{33}$$

Eine grundlegende Eigenschaft von Mengen ist, dass ihre Elemente den gleichen Status haben, sprich: Für die Elemente der Mengen ist keine Reihenfolge festgelegt, weshalb auch von *ungeordneten* Mengen die Rede ist. Wenn man hingegen komplexere Strukturen aufbauen will, so bedarf es *geordneter* Mengen, für deren Elemente eine Reihenfolge festgelegt ist. Die Notation für geordnete Mengen unterscheidet sich von der für ungeordnete Mengen dadurch, dass ihre Elemente (man spricht dann auch von Komponenten) zwischen runde statt zwischen geschweifte Klammern notiert werden:

$$(a, b, c, d).$$

Von grundlegender Bedeutung sind dabei *geordnete Paare,* also geordnete Mengen mit genau zwei Komponenten:

$$(a, b).$$

Das Konzept des geordneten Paares erlaubt die im Kontext dargestellter Welten entscheidende Differenzierung von Aussagen hinsichtlich *Aussagegehalt* und *Aussagewert.* Während die erste Komponente den Aussagegehalt (z. B. „Es existieren vernunftbegabte Affen") symbolisiert, gibt die zweite Komponente den Aussagewert („Der Aussagegehalt ist wahr" oder „Der Aussagegehalt ist falsch") wieder. Formal geht man dabei von zwei vorgelagerten, basalen Mengen aus: zum einen von einer Menge der Aussagegehalte, aus der dann die erste Komponente zu beziehen ist, zum anderen von einer Menge der Aussagewerte, die lediglich zwei Elemente (wahr und falsch) enthält und aus der die zweite Komponente für sämtliche geordnete Paare bezogen wird. Aufbauend darauf lässt sich dann jene Menge bilden, die als Elemente alle Aussagegehalte einer dargestellten Welt enthält bzw. abstrakter: sämtliche ersten Komponenten der geordneten Paare einer Menge. Diese besondere Menge wird als *Vorbereich* bezeichnet. Nehmen wir an, dass die Menge X die Elemente a, b und c enthält,

---

32 Lies: „X ist Teilmenge von Y."
33 Lies: „X ist nicht Teilmenge von Y."

X = {a, b, c},

die Menge Y die Elemente d und e,

Y = {d, e},

und die Menge Z die geordneten Paare (a, d) und (b, e),

Z = {(a, d), (b, e)},

sodass jede erste Komponente Element von X und jede zweite Komponente Element von Y ist, so enthält der Vorbereich von Z die Elemente a und b:

Vor Z = {a, b}.[34]

3.3 Mengentheoretische Distinktion von Fiktionalität, Faktualität und Fake

Mittels des soeben skizzierten Inventars lässt sich eine dargestellte Welt als (ungeordnete) Menge modellieren, deren Elemente geordnete Paare sind, die die für die dargestellte Welt zutreffenden Aussagen symbolisieren.[35] Eine solche Modellierung ist nicht nur für dargestellte Welten möglich, sondern (im Anwendungskontext) auch für die wirkliche Welt: Die wirkliche Welt ist dann die Menge sämtlicher Aussagen, die in der wirklichen Welt ‚wahr sind‘.[36]

Eine derartige Modellierung von dargestellter und wirklicher Welt erlaubt durch bloßen Vergleich der Elemente der betreffenden Mengen festzustellen, ob ein Teilmengenverhältnis zwischen der dargestellten und der wirklichen Welt vorliegt, ob also die Menge, die die dargestellte Welt repräsentiert, Teilmenge der Menge ist, die die wirkliche Welt repräsentiert. Die Feststellung des Teilmengenverhältnisses ist jedoch nicht nur bezüglich der Mengen möglich, die die dargestellte und die wirkliche Welt abbilden, also der wahren (und falschen) Aussagen innerhalb dargestellter und wirklicher Welt, sondern auch bezüglich der bloßen Aussagegehalte von dargestellter und wirklicher Welt: Hierzu sind die Vorbereiche der Mengen, die die dargestellte und die wirkliche Welt symbolisieren, zu bestimmen und das Teilmengenverhältnis zwischen deren Vorbereichen zu überprüfen.

Aufbauend auf einer solchen doppelten Feststellung des Teilmengenverhältnisses, also sowohl hinsichtlich der Mengen, die die dargestellte und die wirkliche Welt abbilden, als auch der Vorbereiche dieser Mengen, kann die dargestellte Welt als faktual, Fake oder fiktional klassifiziert werden:

---

34 Formal gilt: Vor Z = {x ∈ X | ∃y (x,y) ∈ Z}.

35 D_x = {(x,y) | (x,y) ist Aussage des Textes X}. Lies: D_x ist die Menge aller (x,y), sodass gilt: (x,y) ist eine Aussage des Textes X.

36 An dieser Stelle soll zunächst nicht thematisiert werden, was unter Wahrheit eigentlich zu verstehen ist bzw. hier verstanden wird. Vgl. hierzu den vierten Abschnitt.

(1) D_X ist faktual: $\leftrightarrow (\text{Vor } D_X \subset \text{Vor } W) \wedge (D_X \subset W)$,
(2) D_X ist Fake: $\leftrightarrow (\text{Vor } D_X \subset \text{Vor } W) \wedge (D_X \not\subset W)$,
(3) D_X ist fiktional: $\leftrightarrow (\text{Vor } D_X \not\subset \text{Vor } W) \wedge (D_X \not\subset W)$.

Mit andern Worten: (1) *Faktual* ist eine dargestellte Welt demnach genau dann, wenn sie keinen Aussagegehalt enthält, der in der wirklichen Welt nicht vorkommt (sodass ein Teilmengenverhältnis zwischen der dargestellten Welt und der wirklichen Welt gegeben ist) und zugleich sämtliche Aussagewerte ihrer Aussagegehalte mit den Aussagewerten der wirklichen Welt übereinstimmen (sodass ein Teilmengenverhältnis zwischen der dargestellten Welt und der wirklichen Welt gegeben ist). (2) *Fake* ist eine dargestellte Welt genau dann, wenn sie (wie im Falle von faktualen dargestellten Welten) keinen Aussagegehalt enthält, der in der wirklichen Welt nicht vorkommt, zugleich aber (im Gegensatz zur faktualen dargestellten Welt) mindestens hinsichtlich eines Aussagegehalts ein anderer Aussagewert vorliegt als in der wirklichen Welt (in diesem Fall stimmt die Aussage der dargestellten Welt nicht mehr überein mit der korrespondierenden Aussage der wirklichen Welt, sodass kein Teilmengenverhältnis zwischen dargestellter Welt und wirklicher Welt gegeben ist). (3) *Fiktional* ist eine dargestellte Welt genau dann, wenn sie mindestens einen Aussagegehalt enthält, der nicht in der wirklichen Welt vorkommt (sodass kein Teilmengenverhältnis zwischen den Vorbereichen der dargestellten Welt und der wirklichen Welt gegeben ist). Welcher Aussagewert diesem Aussagegehalt zugeschrieben wird, ist nicht von Relevanz, da damit automatisch kein Teilmengenverhältnis zwischen dargestellter und wirklicher Welt mehr möglich ist.[37]

3.4 Anwendung des mengentheoretischen Modells auf *Planet der Affen* (USA 2001)

Die dargestellte Welt des Films spielt zu Beginn im Jahr 2029 auf der Raumstation Oberon. Die Handlung auf dem Affenplaneten lässt sich hingegen nicht datieren. Es lässt sich nicht einmal bestimmen, ob sie vor oder nach 2029 spielt,

---

37 Der Grund dafür, dass bezüglich der Mengen, die die dargestellte und die wirkliche Welt repräsentieren, kein Teilmengenverhältnis besteht, wenn bezüglich der Vorbereiche kein Teilmengenverhältnis besteht, liegt darin, dass der Vorbereich die Menge aller ersten Komponenten der geordneten Paare der dargestellten und der wirklichen Welt darstellt, sodass ein Teilmengenverhältnis bezüglich der geordneten Paare und damit quasi beider Komponenten nicht bestehen kann, wenn bereits hinsichtlich der ersten Komponenten kein Teilmengenverhältnis besteht. Es gilt daher: $(\text{Vor } D_X \not\subset \text{Vor } W) \rightarrow (D_X \not\subset W)$. Die aus kombinatorischer Sicht vierte Variante, $(\text{Vor } D_X \not\subset \text{Vor } W) \wedge (D_X \subset W)$, ist daher nicht möglich. Entsprechend gibt es in dieser Modellierung systemisch nur drei Möglichkeiten (hier als Faktualität, Fake und Fiktionalität prädiziert). Diese Erkenntnis ist nicht nur deshalb von Bedeutung, weil daran exemplarisch zu sehen ist, dass das Vorurteil gegenüber zweiwertigen Modellierungen, stets 2^n-Möglichkeiten zu produzieren, falsch ist, sondern die tradierte Trias von Fiktionalität, Faktualität und Fake auch modellbedingt als gestützt angesehen werden kann.

da sowohl die Oberon als auch Leo und sein Schimpansenschüler aufgrund des elektromagnetischen Sturms nicht nur durch Raum, sondern auch durch die Zeit gereist sind. Obwohl das Datum der dortigen Handlung Leerstelle bleibt, ist diese nicht relevant, da sie – wie oben erläutert – modellhaften Charakter hat. Die Handlung auf der Erde nach Leos Rückkehr lässt sich – bemüht man nicht Parallelweltkonstrukte oder Ähnliches – nach 2029 datieren, da die Affen die Herrschaft auf der Erde erst übernommen haben müssen. Die dargestellte Welt ist demnach im Verhältnis zur Entstehungszeit des Films in der Zukunft situiert. Zwingend gibt es damit für sämtliche Aussagen – oder genauer: Aussagegehalte – des Films keine Entsprechungen seitens der wirklichen Welt: Außer einigen naturgesetzlichen Einschränkungen ist alles, was in der Zukunft passiert, notwendigerweise kontingent.[38] Dementsprechend sind sämtliche Aussagen des Films, also auch die Existenz vernunftbegabter Affen, von Raumstationen, fremder habitabler Planeten etc., kein Element der Menge, die die wirkliche Welt abbildet (ohne diese wirkliche Welt zu spezifizieren). Und da dies nicht nur für die Aussagen, sondern auch bzw. insbesondere für die Aussagegehalte gilt, ist die dargestellte Welt des Films entsprechend der obigen mengentheoretischen Definitionen von Fiktionalität, Faktualität und Fake als fiktional zu klassifizieren.

Dieses Ergebnis verwundert nicht, sollte es doch auch einer intuitiven Einordnung entsprechen; dennoch ist es alles andere als trivial: zum einen deshalb, weil die Einordnung nunmehr gerade nicht intuitiv erfolgt, sondern begründet und anhand eines – dank mathematischer Darstellung – exakten Modells. Die Übereinstimmung des einen mit dem anderen stellt damit eine Bestätigung (wenn auch keinen Beweis, was jedoch ohnehin nicht möglich ist)[39] der Richtigkeit des Modells dar. Zum andern liegt mit der dargestellten Welt des Films der Extremfall von Fiktionalität vor: Modelltheoretisch liegt eine fiktionale dargestellte Welt bereits dann vor, wenn mindestens ein Aussagegehalt der dargestellten Welt nicht Element der wirklichen Welt ist. Bereits dann liegt keine Teilmengenrelation bezüglich der Vorbereiche der Mengen, die die dargestellte und wirkliche Welt repräsentieren, vor. Im hier vorliegenden Fall ist allerdings überhaupt kein Aussagegehalt der dargestellten Welt des Films Element der wirklichen Welt. Die beiden Mengen sind disjunkt. Dieser Extremfall ist nicht nur diesem Film zu eigen, sondern allen Filmen und Texten, deren dargestellte Welt vollständig in der Zukunft situiert ist. Da Letzteres in vielen, vielleicht den meisten Science-Fiction-Werken der Fall ist, wäre damit, wenn man will, ein weiteres Kriterium für Science-Fiction bestimmt.

Das soeben Gesagte gilt allerdings nur für die ‚eigentliche‘ Lesart von Science-Fiction; bei *Planet der Affen* also nur bei Lektüre des Plots als zukünftige Geschehnisse. Sobald aber die oben dargelegte ‚uneigentliche‘ Lesart, die Substitution von Mensch und Affe durch USA und Islamisten angenommen wird,

---

38 Es sei denn, man ist Anhänger bestimmter Weltbilder, in denen die Zukunft vorbestimmt ist.

39 Vgl. zu diesem Problem z.B. Martin Carrier. *Wissenschaftstheorie zur Einführung.* Hamburg: Junius, 2006. S. 98-132 (= Kapitel 4: „Hypothesenbestätigung in der Wissenschaft“).

ändert sich die Spezifizierung der Menge, die die dargestellte Welt des Films abbildet, von Grund auf. Im Falle der Lesart der dargestellten Welt einerseits als Deskription der Gegenwart (US-amerikanische Unterstützung der Taliban im sowjetisch-afghanischen Krieg, Terrorakte der Taliban gegen US-Ziele im Nachgang) und andererseits als Prädikation der Zukunft (Ablegen einer passiven Außenpolitik, Militarisierung, Niederschlagung des Islamismus) muss zumindest eine Teilmenge der Aussagegehalte der dargestellten Welt als Teilmenge der wirklichen Welt angesehen werden. Die Aussagegehalte von dargestellter Welt und wirklicher Welt sind damit nicht mehr – wie zuvor bei Annahme einer kompletten Situierung der dargestellten Welt in der Zukunft – disjunkt. Dass eine Teilmenge der Aussagegehalte der dargestellten Welt Teilmenge der Aussagegehalte der wirklichen Welt ist, heißt aber noch nicht, dass sämtliche Aussagegehalte der dargestellten Welt Teilmenge der Aussagegehalte der wirklichen Welt sind. Es liegt demnach kein Teilmengenverhältnis zwischen dargestellter Welt und wirklicher Welt bezüglich der Aussagegehalte vor. Dieses läge ja nur vor, wenn es keinen einzigen Aussagegehalt der dargestellten Welt gäbe, der nicht Teil der wirklichen Welt ist. Da aber auch im Falle der uneigentlichen Lesart des Films, ein Teil der dargestellten Welt in der Zukunft spielt, werden diese Aussagegehalte nicht Element der wirklichen Welt (der Entstehungszeit des Films) sein. Die dargestellte Welt des Films wäre daher nach wie vor als fiktional und nicht als faktual oder Fake zu qualifizieren.

Diese Qualifizierung ist allerdings ein Produkt des hier vorgestellten mengentheoretischen Modells, und wie jedes Modell kann auch dieses hinterfragt werden. So könnte die Auffassung vertreten werden, dass die Existenz mindestens eines Aussagegehalts innerhalb der dargestellten Welt, der nicht Element der wirklichen Welt ist – so die bisherige Definition – *nicht* ausreichen sollte, um die dargestellte Welt als Ganzes als fiktional und damit weder als faktual noch als Fake zu qualifizieren. Dass die Existenz eines einzigen Aussagegehaltes in der dargestellten Welt, der nicht Element der wirklichen Welt ist, ausreicht, diese Welt als nicht faktual zu klassifizieren, sollte evident, zumindest aber mehrheitsfähig sein. Bezüglich der Qualifizierung der dargestellten Welt als Nicht-Fake wird der Sachverhalt wohl ein anderer sein: Immerhin wäre die Existenz eines einzigen ,fiktiven' bzw. ,fiktionalen' Aussagegehaltes ausreichend, eine ansonsten – aus der Perspektive der Wirklichkeit – von Falschaussagen strotzende dargestellte Welt vor dem Urteil, Fake zu sein, zu bewahren. Damit wäre für die Verbreitung von Fake-Aussagen ein wunderbares Alibi gefunden. Ist damit das oben präsentierte, mengenthcoretische Modell zur Distinktion von Fiktionalität, Faktualität und Fake als unbrauchbar desavouiert? Meines Erachtens mitnichten. Ziel war es, ein Modell zu entwickeln, dass allein auf Basis der *histoire* eine Einordnung als fiktional, faktual oder Fake erlaubt. Diese Einordnung sollte zudem eineindeutig sein, d. h. es sollten Doppel- oder Dreifachklassifizierung ausgeschlossen werden. Genau das leistet das präsentierte Modell.

Aber zurück zum – bislang lediglich theoretisch angedachten – Defizit und dem konkret vorliegenden Werk, Tim Burtons Neuverfilmung von *Planet der Affen*. Als Falschaussagen und damit als Nichtabweichungen hinsichtlich des Aussagegehaltes, aber Abweichungen hinsichtlich der Aussage (also dem

Wahrheitswert) kann die in der uneigentlichen Lesart postulierte Auffassung angesehen werden, der Anführer der Islamisten oder der Taliban sei selbst ungläubig. Darüber lässt sich, nimmt man Osama Bin Laden als diesen Islamistenführer an, sicherlich trefflich streiten. Generell hängt die Einordnung davon ab, welche Aussagen überhaupt als Aussagen der wirklichen Welt angesehen werden können – doch dazu später. In diesem besonderen Fall könnte man argumentieren, dass es sich beim Glauben um eine persönliche Einstellung des Individuums handelt, die weder verifiziert noch falsifiziert werden kann, also zwangsweise Leerstelle bleiben muss und damit kein Element der Menge der wirklichen Welt ist. Dann wäre aber die dargestellte Welt des Films auch hinsichtlich dieser Aussage fiktional und kein Fake. Ein anderer Aussagenkomplex der Neuverfilmung ist jedoch diffiziler: der als lügnerisch desavouierte Affenglaube und damit, im Falle der Substitution der Affen durch Islamisten, die Unterstellung, der Islam sei auf einer Lüge aufgebaut, sowie die Auffassung, der Prophet sei kein Prophet, sondern bloß ein brutaler Revolutionär. Die Entscheidung in diesem Fall hängt, wie mehrfach betont, davon ab, was als wahre und falsche Aussagen der wirklichen Welt angenommen wird.

Unabhängig davon: Es sollte zumindest die Möglichkeit bestehen, einen eigentlich fiktionalen Text als Fake zu klassifizieren. Und diese Möglichkeit besteht tatsächlich, sie lässt sich ebenso mengentheoretisch modellieren, allerdings nicht innerhalb der bestehenden, disjunkten, Distinktion von Fiktionalität, Faktualität und Fake als vierte Möglichkeit[40], sondern als Sonderfall der Fiktionalität. Die Idee ist die Folgende: Wie im ursprünglichen Modell bereits realisiert, kann eine Falschaussage derart definiert werden, dass sowohl die dargestellte Welt als auch die wirkliche Welt denselben Aussagegehalt enthält, aber mit einem anderen Aussagewert. Es ist also nach wie vor das Teilmengenverhältnis bezüglich der Aussagen zu bestimmen, nun aber nicht mehr bezüglich sämtlicher Aussagen, sondern nur derjenigen Aussagen, deren Aussagegehalt sowohl Bestandteil der dargestellten als auch der wirklichen Welt ist. Oder mit anderen Worten: Sämtliche Aussagen der dargestellten Welt, die diese als fiktional klassifizieren würden, weil bezüglich ihrer Aussagegehalte keine Aussage innerhalb der wirklichen Welt getroffen wird, sind nicht zu berücksichtigen. Formal bedarf es hierzu der Operation der Durchschnittsbildung. Der Durchschnitt bzw. die Schnittmenge zweier beliebiger Mengen X und Y ist dabei die Menge aller Objekte, hier x, die sowohl Element von X als auch Element von Y sind:

$$X \cap Y := \{x \mid x \in X \wedge x \in Y\}.$$[41]

---

40 Wie oben bereits erläutert, bestehen modellimmanent, also hinsichtlich der Bestimmung von Teilmengenrelationen hinsichtlich Aussage und Aussagegehalt nur drei Möglichkeiten.

41 Ein Beispiel: Gegeben seien zwei ungeordnete Mengen. Die erste Menge enthält die Elemente a und b, die zweite Menge die Elemente b, c und d: B = {a, b}, C = {b, c, d}. Die Schnittmenge von B und C enthält dann sämtliche Elemente, die Element in beiden Mengen sind, hier also das Objekt b: {a, b} ∩ {b, c, d} = {b}.

Da, wie gerade beschrieben, zunächst jene Aussagen zu identifizieren sind, deren Aussagegehalt sowohl Bestandteil der dargestellten als auch der wirklichen Welt ist, ist der Durchschnitt der Vorbereiche von D_X und W, also der Mengen, die die dargestellte und wirkliche Welt repräsentieren, zu bilden:

Vor $D_X \cap$ Vor W.

Der Durchschnitt von Vor D_X und Vor W enthält somit sämtliche Aussagegehalte, die sowohl in D_X als auch in W enthalten sind. Das Teilmengenverhältnis ist nun allerdings nicht hinsichtlich der Aussagegehalte, sondern bezüglich der Aussagen, die diese Aussagegehalte enthalten, zu bestimmen. Dementsprechend ist einerseits die Menge aller Aussagen aus D_X, deren erste Komponente Element des Durchschnitts der Vorbereiche von D_X und W ist, zu bilden,

$$\{(x,y) \in D_X \mid \exists x\, (x,y) \in \text{Vor } D_X \cap \text{Vor } W\},$$

und andererseits die Menge aller Aussagen aus W, deren erste Komponente Element des Durchschnitts der Vorbereiche von D und W ist:

$$\{(x,y) \in W \mid \exists x\, (x,y) \in \text{Vor } D_X \cap \text{Vor } W\}.$$

Hinsichtlich dieser beiden Mengen ist dann das Teilmengenverhältnis zu bestimmen. Liegt kein Teilmengenverhältnis vor, handelt es sich bei der dargestellten Welt um einen Fake:

$$\{(x,y) \in D_X \mid \exists x\, (x,y) \in \text{Vor } D_X \cap \text{Vor } W\} \not\subset \{(x,y) \in W \mid \exists x\, (x,y) \in \text{Vor } D_X \cap \text{Vor } W\} \leftrightarrow: D_X \text{ ist ein Fake.}$$

Nehmen wir beispielsweise eine dargestellte Welt mit den drei Aussagen (a, 0), (b, 0) und (c, 1),

$$D = \{(a, 0), (b, 0), (c, 1)\},$$

sowie eine wirkliche Welt mit den Aussagen (a, 1), (b, 0) und (d, 1),

$$W = \{(a, 1), (b, 0), (d, 1)\}.$$

Wie gehabt stellt die erste Komponente den Aussagegehalt dar, die zweite Komponente den Aussagewert, hier 0 für falsch und 1 für wahr. Die Vorbereiche von D und W sind dann einerseits a, b, c,

$$\text{Vor } D = \{a, b, c\},$$

und andererseits a, b, d:

$$\text{Vor } W = \{a, b, d\}.$$

Der Durchschnitt der beiden Mengen enthält die beiden Aussagegehalte a und b, da c zwar Element von Vor D, aber nicht Element von Vor W ist, während d Element von Vor W, aber nicht Element von Vor D ist:

Vor D ∩ Vor W = {a, b}.

Anschließend kann die Menge aller Aussagen aus D, deren Aussagegehalt Element des Durchschnitts der Vorbereiche von D und W ist, gebildet werden:

{(a, 0), (b, 0)}.

Analog ist auch die Menge aller Aussagen aus W zu bestimmen, deren Aussagegehalte Element des Durchschnitts der Vorbereiche von D und W ist:

{(a, 1), (b, 0)}.

Abschließend kann festgestellt werden, dass {(a, 0), (b, 0)} keine Teilmenge von {(a, 1), (b, 0)} ist, da (a, 0) – im Gegensatz zu (b, 0) zwar Element von Ersterem, nicht aber von Letzterem ist:

{(a, 0), (b, 0)} ⊄ {(a, 1), (b, 0)}.

Dementsprechend handelt es sich bei D um Fake.

4. Wirklichkeit. Oder: Wahrheit und Welt

1912 formulierte Bertrand Russell eine Korrespondenztheorie der Wahrheit.[42] Er vertrat also die Auffassung, dass die Wahrheit von Aussagen von der Übereinstimmung, sprich Korrespondenz, zwischen Aussagen und Tatsachen abhängt.[43] Von Interesse sind allerdings auch seine unmittelbar vorgelagerten Überlegungen zur Wahrheit und Falschheit:

> Es ist wohl klar, daß es weder Wahrheit noch Falschheit geben könnte, wenn es keine Meinungen gäbe. Wenn wir uns eine bloß materielle Welt vorstellen, dann gibt es keinen Platz für die Falschheiten in dieser Welt. Sie würde zwar das

---

42 Vgl. Bertrand Russell. „Wahrheit und Falschheit (1912)". in: *Wahrheitstheorien. Eine Auswahl aus den Diskussionen über Wahrheit im 20. Jahrhundert.* Hg. Gunnar von Skirbekk. Frankfurt a. M.: Suhrkamp, 2016. S. 63-72.

43 Vgl. zu den einzelnen Wahrheitstheorien den von Skirbekk herausgegeben Sammelband mit dem Nachdruck der wichtigsten Originalschriften: Gunnar von Skirbekk (Hg.). *Wahrheitstheorien. Eine Auswahl aus den Diskussionen über Wahrheit im 20. Jahrhundert.* Frankfurt a.M.: Suhrkamp, [20]2016. Hilfreich kann auch der folgende Kurzüberblick sein: Thomas Zoglauer. *Einführung in die formale Logik für Philosophen,* Göttingen: Vandenhoeck & Ruprecht, [5]2016. S. 28-34, sein.

enthalten, was wir „Tatsachen" nennen, aber es gäbe in ihr keine Wahrheiten in dem Sinne, in dem Wahrheiten dieselbe Art von Dingen sind wie Falschheiten.[44]

Daran schließt Russell an:

> Des eben Gesagten ungeachtet müssen wir daran festhalten, daß die Wahrheit oder Falschheit einer Meinung immer von etwas abhängt, das außerhalb der Meinung selber liegt. Wenn ich glaube, daß Karl I. auf dem Schafott starb, dann ist das nicht deshalb wahr, weil mein Glaube irgendeine Eigenschaft an sich hätte, die man entdecken könnte, wenn man ihn vornimmt und genau untersucht. Mein Glaube ist deshalb wahr, weil dieses historische Ereignis vor zweieinhalb Jahrhunderten stattgefunden hat. Wenn ich glaube, daß Karl I. im Bett starb, irre ich mich; ganz gleich, wie lebhaft meine Überzeugung ist oder wieviel Sorgfalt ich darauf verwandt habe, um zu ihr zu gelangen; nichts dergleichen kann verhindern, daß sie falsch ist, und dies wiederum wegen eines längst vergangenen Ereignisses und nicht wegen irgendeiner Eigenschaft, die mein Glaube an sich hat.[45]

Man ist – insbesondere vor dem Hintergrund der aktuell dominierenden „alternativen Fakten"[46] – geneigt, Bertrand Russell recht zu geben. Und dennoch soll hier Rudolf Carnap und Carl Hempel gefolgt werden, die der Überzeugung waren, dass „Aussagen [...] niemals mit einer ‚Realität', mit ‚Tatsachen' verglichen"[47] werden können:

> Niemand von denen, die sich für eine Trennung zwischen Aussagen und Realität aussprechen, kann präzise angeben, wie sich ein Vergleich zwischen Aussagen und Tatsachen überhaupt soll durchführen lassen, und wie wir uns Gewißheit über die Struktur der Tatsachen verschaffen könnten.[48]

---

44 Russell. Wahrheit und Falschheit (wie Anm. 42). S. 64.

45 Russell. Wahrheit und Falschheit (wie Anm. 42). S. S. 64f.

46 Kellyanne Conway, Beraterin des US-amerikanischen Präsidenten Donald Trump, verteidigte die Aussage von Trumps Pressesprecher Sean Spicer, zur Vereidigung Donald Trumps als Präsident der USA seien die meisten Zuschauer gekommen, er habe „alternative Fakten" präsentiert. Vgl. NBC News, Kellyanne Conway: Press Secretary Sean Spicer Gave ‚Alternative Facts', *YouTube*, (2017), https://www.youtube.com/watch?v=VSrEEDQgFc8 (02.12.2019). Seitdem gibt es insbesondere in der Medienöffentlichkeit einen vitalen Diskurs über Fakten, alternative Fakten, Fake etc. Vgl. Regina Kusch/Andreas Beckmann. „Wahrheit oder Lüge? Eine Kulturgeschichte ‚alternativer Fakten'", *Deutschlandfunk* (2018), https://www.deutschlandfunk.de/eine-kulturgeschichte-alternativer-fakten-wahrheit-oder.1148.de.html?dram:article_id=407821 (02.12.2019). Vgl. aber auch Vincent F. Hendricks/Mads Vestergaard. *Postfaktisch. Die neue Wirklichkeit in Zeiten von Bullshit, Fake News und Verschwörungstheorien.* München: Blessing, 2018; Lee McIntyre. *Post-Truth.* Cambridge (MA): MIT-Press, 2018.

47 Carl Hempel. „Zur Wahrheitstheorie des logischen Positivismus (1935)". *Wahrheitstheorien. Eine Auswahl aus den Diskussionen über Wahrheit im 20. Jahrhundert.* Hg. Gunnar von Skirbekk. Frankfurt a. M.: Suhrkamp, 2016. S. 96-108, hier: S. 97.

48 Hempel. Logischer Positivismus (wie Anm. 47). S. 97f.

Es überrascht nicht, dass Hempel im Anschluss fragt, wie sich von einem solchen Standpunkt aus Wahrheit beschreiben lässt. Es bedarf offensichtlich, so Hempel, keiner Korrespondenz-, sondern einer Kohärenztheorie der Wahrheit. Den entscheidenden Schritt hierzu macht dann Rudolf Carnap, wenn er feststellt:

> Der Unterschied zwischen den beiden Begriffen ‚wahr‘ und ‚bewährt‘ (‚bestätigt‘, ‚(wissenschaftlich) anerkannt‘) ist wichtig, wird aber oft nicht hinreichend beachtet. [...] Die Sätze der Wissenschaft sind so beschaffen, daß sie niemals endgültig anerkannt [...] werden können, sondern nur gradweise mehr oder weniger bewährt oder erschüttert werden. [...] Daraus folgt, daß ein wissenschaftlicher Satz nicht einfach als wahr oder falsch bezeichnet werden kann.[49]

Entscheidend ist nicht nur das Ergebnis, Carnaps Feststellung also, dass sich Sätze der Wissenschaft nicht bewahrheiten lassen, sondern seine Begründung dieser Feststellung mit der Beschaffenheit von wissenschaftlichen Sätzen. Carnap hat, was vor dem Hintergrund des Wiener Kreises kaum überrascht, Sätze der empirischen bzw. induktiven Wissenschaften im Sinn. Diese haben als Gesetze – grob vereinfacht – einerseits die Form von Allsätzen, andererseits werden sie induktiv aus singulären Sätzen gewonnen und sind das Produkt von Beobachtung und Experiment. Der Schluss auf einen Allsatz von wie vielen singulären Sätzen auch immer ist jedoch unmöglich. Und auch im Nachhinein lässt sich ein Allsatz nicht bewahrheiten, sprich verifizieren.[50]

Interessanterweise stehen aber auch Wissenschaften, die sich ihrem Selbstverständnis nach nicht die Formulierung von Gesetzen, sondern die Beschreibung (und Interpretation) des Einzelfalles zum Ziel gesetzt haben, vor demselben Problem: Auch deren Sätze können nicht bewahrheitet werden. Sie können sich lediglich bewähren. Und damit zurück zum Beispiel von Bertrand Russell: Der Sachverhalt, dass Karl I. auf dem Schafott starb und nicht im Bett, ist nichts, was wir oder Historiker beobachten könnten. Man kann lediglich Quellen heranziehen, die besagen, dass Karl I. auf dem Schafott starb. Kann man Quellen aber einfach so trauen? Natürlich nicht. Man muss sie kritisch prüfen, sie gegen andere, andersmeinende Quellen abwägen, ihre Kohärenz mit dem bis dahin rekonstruierten Wissen untersuchen etc. Um mit den Worten Russells zu sprechen und diesem zugleich zu widersprechen, ist die Sorgfalt, die ich darauf verwandt habe, um zu einer Erkenntnis zu gelangen, doch entscheidend. Eine Aussage, die sich auf ein Ereignis bezieht, das in der Vergangenheit liegt (und keinem Naturgesetz folgt oder definitorisch wahr ist), kann nicht *bewahrheitet,* sondern nur *bewährt* werden. Und das, obwohl dieses Ereignis notwendigerweise stattgefunden oder nicht stattgefunden hat. Obwohl es also eine materielle Welt der Tatsachen gibt, kann nicht einfach so eine Korrespondenz zwischen den Tatsachen dieser Welt und den Aussagen über diese Welt festgestellt werden.

---

49 Rudolf Carnap. „Wahrheit und Bewährung (1936)“. *Wahrheitstheorien. Eine Auswahl aus den Diskussionen über Wahrheit im 20. Jahrhundert.* Hg. Gunnar von Skirbekk. Frankfurt a. M.: Suhrkamp, 2016. S. 89-95, hier: S. 89f.

50 Vgl. zur Problematik der Hypothesenbestätigung wieder: Carrier. Wissenschaftstheorie (wie Anm. 39). S. 98-132.

Heißt das aber, dass wir uns von den Werten wahr und falsch für die Modellierung von Welt verabschieden müssen und jede Aussage als unbestimmt zu klassifizieren ist – in der hier vorgestellten mengentheoretischen Modellierung also von einer leeren Menge für die wirkliche Welt ausgegangen werden muss? Mitnichten: Man muss lediglich bedenken, dass die Elemente der Menge, die die wirkliche Welt repräsentiert, nicht Tatsachen dieser (materiellen) Welt sind, sondern lediglich Aussagen über diese Welt, die als wahr angenommen werden, weil sie als hinlänglich bewährt gelten. Die Bewährung von Aussagen findet wiederum in Form von Quellen, Texten, (Bewegt-)Bildern, Tonaufzeichnungen etc. statt. Die Menge, die die wirkliche Welt repräsentiert, entspricht damit der Vereinigungsmenge[51] derjenigen Mengen, denen man eine bewährende Qualität zuschreibt.[52]

Ob eine dargestellte Welt aber als hinlänglich bewährt gelten kann, hängt davon ab, ob die Herleitung ihrer Aussagen bestimmten Kriterien genügt. Als Kriterien wären zu nennen: Widerspruchslosigkeit, Beweisführung, Methode, Zitation, Recherchetiefe, Autorität etc. Da eine bewährte dargestellte Welt Teilmenge der Vereinigungsmenge aller hinglänglich bewährten dargestellten Welten ist, was ja nichts anderes als die wirkliche Welt ist, ist eine hinglänglich bewährte dargestellte Welt stets auch faktual. Allerdings gilt nicht der Umkehrschluss: Nicht jede dargestellte Welt, die faktual ist, ist auch hinglänglich bewährt – obwohl sie Teilmenge der Wirkliche-Welt-Menge und damit der Vereinigungsmenge aller hinglänglich bewährten dargestellten Welten ist. Sie muss zusätzlich noch den oben aufgeführten Kriterien genügen.

---

51 Definitorisch gilt, dass die Vereinigung von zwei beliebigen Mengen X und Y gleich derjenigen Menge ist, die als Elemente alle und nur diejenigen Elemente enthält, die in X oder in Y oder sowohl in X als auch in Y enthalten sind: $X \cup Y := \{x \mid x \in X \vee x \in Y\}$. Ein Beispiel: Seien wieder die beiden von der Schnittmenge bereits bekannten ungeordneten Mengen B und C gegeben, so enthält deren Vereinigungsmenge sämtliche Elemente von B und C: $\{a, b\} \cup \{b, c, d\} = \{a, b, c, d\}$.

52 Formal: $W = U_{x \in T} D_X$. Sprich: W ist gleich der Vereinigung der D_X, wobei x Element von T ist. T wiederum definiert man als Menge aller Texte, deren dargestellte Welten hinlänglich bewährt sind bzw. als hinlänglich bewährt gelten. Formal: $T = \{x \mid D_X \text{ ist hinlänglich bewährt}\}$. Lies: „T ist gleich der Menge aller x, sodass gilt: Die dargestellte Welt von X ist hinlänglich bewährt.“

Alexandra Müller (Gießen)

Virtuelle Räume, digitale Kommunikation und metaphorische Netzwerke

Zur intermedialen Darstellung des Internets in Film und Fernsehen

Das Internet findet auf unterschiedlichste Weise Eingang in den Film: Digitale Formate wie Webserien, Podcasts oder sogar Tweets[1] werden im Medienwechsel Grundlage filmischer Adaptionen, filmische Experimente mit interaktiven und virtuellen Technologien generieren neue, zwischen Film und Computerspiel angesiedelte Medienkombinationen, transmediale Erweiterungen führen auf verschiedene Arten Film- und Serienuniversen im digitalen Raum fort und intermediale Bezüge erzählen durch die Imitation einer digitalen Ästhetik nicht (nur) *über* das Altermedium[2], sondern oft auch *durch* das andere Medium. Zu letzterer intermedialer Kategorie gehörende Phänomene der Thematisierung, Evozierung oder Simulierung sollen hier im Kontext der Darstellung des Internets analysiert werden.

Aufgrund der Ubiquität digitaler Medien im Alltag spielen seit einigen Jahren neuere Technologien als Bezugsmedien eine zentrale Rolle in vielen Filmen und Serien. Filmische Internetanwendungen werden dabei vor allem als grafische Benutzeroberfläche, als Nutzungsschnittstelle zwischen Anwender und technischem Gerät visualisiert, die Repräsentation der Hardware erscheint meist nachrangig. Nicht die Darstellung von Computern und Smartphones[3], sondern die Inszenierung von vernetzten Systemen, Räumen und Kommunikationsstrukturen steht daher im Fokus dieses Artikels. Eingegangen werden soll in diesem Zusammenhang insbesondere auf intermediale Evozierungen des Altermediums durch die Nachahmung digitaler Ästhetiken vermittels des Formenrepertoires des Films, simulierte Screen- und Desktopfilme und auf die Darstellung der dominant schrift- und zeichenbasierten digitalen Kultur durch die

---

1 Vgl. Adi Robertson. „Zola proves that a viral Twitter thread can make a great movie. #TheStory turned into a gorgeous caper." The Verge, 28.01.2020. https://www.theverge.com/2020/1/28/21082396/zola-thestory-viral-twitter-thread-film-review-sundance-2020 [letzter Zugriff: 23.03.2020].

2 Der Begriff des Altermediums bezieht sich auf das kontaktgebende Referenzmedium oder -mediensystem (hier das Internet), zu dem das Objektmedium (hier der Film) im intermedialen Prozess Kontakt aufnimmt, d. h. es thematisiert, imitiert oder integriert. Vgl. Irina O. Rajewsky. *Intermedialität*. Tübingen: Francke, 2002.

3 Vgl. zur Darstellung des Computers im Film: Stefan Höltgen. „Zelluloidmaschinen. Computer im Film". *Medienreflexion im Film: Ein Handbuch*. Hg. Kay Kirchmann/ Jens Ruchatz. Bielefeld: transcript, 2014. S. 293-317. Die folgende Homepage führt eine Auflistung von Computern in Filmen: James Carter. Starring the Computer. Computers in Movies and Television. http://www.starringthecomputer.com [letzter Zugriff: 23.03.2020].

Integration von Schrift im Filmbild. Begonnen wird die Untersuchung mit einer Betrachtung von visuellen Metaphern und Strategien der Sichtbarmachung virtueller Räume.

1. Internetarchitektur als intermediale Konfiguration im Film: Die digitale Umgebung als Netzstruktur und Raumkonstrukt

Um virtuelle Vorgänge wie das Verschicken von Daten, die sich eigentlich der Sichtbarkeit entziehen, visuell für den Zuschauer zu konkretisieren, wird das Internet häufig als grafische Struktur dargestellt. Die aus Gründen einer Komplexreduzierung eingesetzten bildlichen Metaphern entstammen dabei insbesondere dem Bezugsfeld der Vernetzung. Hervorzuheben sind hier die Netzstruktur des Gitters und das Wurzelgeflecht des Rhizoms, die in ihrer jeweils spezifischen Visualisierung der Internetarchitektur unterschiedliche mediale und technische Eigenheiten des Netzes sichtbar machen. Vor allem in älteren Filmen und TV-Serien wird das Internet – oft imaginiert als ,betretbare' Raumsimulation – als Gitter- oder Rasterformation mit rechten Winkeln und geraden Linien abstrahiert. Dieses Modell eines durch die Hardware begrenzten Raumes lässt sich bildgestalterisch an der geometrischen Präsentation des ,Innenlebens' eines Computers im Science Fiction-Film *TRON* (1982) exemplifizieren. In der Fortsetzung des Films beschreibt der Erschaffer der virtuellen Welt diese wie folgt: „The Grid. A digital frontier. I tried to picture clusters of information as they moved through the computer. What did they look like? Ships? Motorcycles? Were the circuits like freeways?"[4] Visuelle Anleihen an Netzdiagramme aus dem Bereich der Infrastruktur – zum Beispiel Strom- oder Verkehrsnetze – lassen sich nach wie vor aber auch in neueren Produktionen finden; hier dienen sie insbesondere der Darstellung von zielorientierten digitalen Prozessen wie einem Cyberangriff, dem Versenden einer E-Mail oder einem Datentransfer, die die Exteriorität des Raums ,Internet', also seine „materielle, faktische, andauernde Ausgedehntheit [...] in der Welt"[5], konstituiert etwa durch Server, Kabel, Endgeräte oder den User, herausstellen.[6]

Die Wahrnehmbarmachung der eigentlich imperzeptiblen Vorgänge erfolgt dabei häufig als Remedialisierung von grafischen Darstellungen elektrischer Technologien: Der digitale Informationsverkehr wird als Stromfluss, als Bewegung elektrischer Ladungsträger entlang des linearen Verteiler-Netzes der

---

4 Joseph Kosinski. *Tron: Legacy*. USA: Walt Disney Pictures, 2010. TC: 00:00:30-00:00:47. In ähnlicher Weise wird das ,Internet der Zukunft' im Film *Johnny Mnemonic* (1995) visualisiert.

5 Jan Wöpking. *Raum und Wissen: Elemente einer Theorie epistemischen Diagrammgebrauchs*. Berlin/Boston: De Gruyter, 2016, S. 12.

6 Als neuere Produktionen, die auf diese Visualisierungsstrategie zurückgreifen lassen sich beispielsweise *Cybergeddon* (2012), *Who am I – Kein System ist sicher* (2014), *Blackhat* (2015), *CSI: Cyber* (2015-2016) anführen. Häufig geht der Darstellung ein Zoomen auf die Hardware (Bildschirm, Kabel, Prozessor, Webcam) voraus. Auch Stockbilder zum Thema Internet greifen oft auf dieses Netzmodell zurück.

metaphorischen Datenautobahn und nicht als interaktives Netz visualisiert. Auf der akustischen Ebene wird die Reise des digitalen Blitzes oft entsprechend vom Knistern oder Brummen einer Hochspannungsleitung begleitet.

Für die Darstellung vor allem der Kommunikations- und Verweisfunktionen in digitalen Netzen wird in neueren Filmen hingegen auf eine rhizomatische Knotenrepräsentation zurückgegriffen, die versucht, ein dezentrales Netzwerk, das aus heterogenen kleineren – etwa ringförmig, sternförmig oder busförmig vermaschten – Netzwerken aufgebaut ist, abzubilden. Hier wird die Netzstruktur entsprechend ihrer Rhizomorphizität als unbegrenzt wachsender Prozess von Verbindungen, als „ein Gefüge prinzipiell unberechenbarer Transformationsprozesse"[7] in Szene gesetzt. Durch die Raumfigur des Rhizoms wird nicht mehr vornehmlich die statische Topologie des Internets, der Aspekt der Maschinengebundenheit des Digitalen, also die artifizielle Form der Organisation des Netzes von Hardware zu Hardware, in den Blick genommen, sondern es werden vielmehr seine topographischen Relationen, die dynamische, spatiotemporale „Vielfalt der Raumerfahrung"[8], aufgezeigt.

Bezieht sich die bildliche Metapher des Rasternetzes also vornehmlich auf die Vorstellung eines stationären, kabelgebundenen Internets, versinnbildlichen die rhizomatischen Verflechtungen die zunehmende Mobilisierung des Internets etwa durch portable Endgeräte, die zu einer medialen Durchdringung des Alltags führt. Betont wird dabei insbesondere die soziale – quasi biologische – Komponente digitaler Interaktionen und Medienpraktiken. Dieser Zusammenhang lässt sich beispielsweise auch optisch an der Grafisierung des Internets in Oliver Stones Film *Snowden* (2014) verdeutlichen: Verzweigte Lichtbögen, die in einer Panorama-Ansicht die globalen Verflechtungen virtueller Kontakte visualisieren, werden in einer Überblendung zur Detailansicht der Gewebeschicht einer Iris.[9] Durch die Ineinssetzung von Körper und Netzwerk über die als Match Dissolve in Szene gesetzte Texturmetaphorik wird zunächst allgemein auf die Verzahntheit von Mensch und Maschine sowie die zunehmende Technologisierung des menschlichen Alltags verwiesen; im Kontext der Erzählung um den bekannten NSA-Whistleblower rekurriert die Szene im Besonderen aber vor allem auf neue Möglichkeiten – nicht nur staatlicher, sondern auch kommerzieller – digitaler Überwachungstechniken durch Datenakkumulation. Die Teilhabe am WorldWideWeb in der Post-Snowden-Ära, so macht der Film deutlich, lässt den User zum Insassen in einem neuartigen Panopticon werden. Das Auge dient dabei nicht nur emblematisch als Symbol des Ausspähens. Das Geflecht des digitalen Fingerabdrucks – Browserverlauf, IP-Adresse, Systemkonfiguration, Cookies etc. – wird ähnlich wie die Struktur des Irisstromas zum Mittel der Personenidentifizierung.

---

7 Alexander Friedrich. *Metaphorologie der Vernetzung. Zur Theorie kultureller Leitmetaphern*. München: Wilhelm Fink, 2015. S. 359.

8 Bernhard Waldenfels. „Topographie der Lebenswelt". *Topologie: Zur Raumbeschreibung in den Kultur- und Medienwissenschaften*. Hg. Stephan Günzel. Bielefeld: transcript, 2007. S. 69-84, hier S. 76.

9 Oliver Stone. *Snowden*. USA/D: Endgame Entmt./Vendian Entmt./KrautPack Entmt., 2016. TC: 01:00:22-01:00:40.

Zur Darstellung des Internets wird im Film jedoch nicht nur auf grafische Modelle zurückgegriffen. Das Netz wird auch als konkreter Ort imaginiert. Dabei spielt die Metapher des Cyberspace, die in den frühen Anfängen des Internets herangezogen wurde, um das neue Medium fassbar zu machen, durchaus immer noch eine Rolle.[10] Durch animierte Sequenzen wird etwa im polnischen Film *Suicide Room*[11] der Austausch in einem Chatroom als Begegnung in einer virtuellen Alternativwelt wiedergegeben, um den Rückzug des jugendlichen Protagonisten aus der Wirklichkeit auch visuell über die Raumkonstruktion wahrnehmbar zu machen. Die ‚digitale Umgebung‘ wird als eine von Avataren bevölkerte immersive Landschaft präsentiert. Als weitere neuere Beispiele, die in ähnlicher Weise zur Abbildung virtueller Gegenwelten – oft mit einem Bezug zu Online-Spielen – auf den Einsatz von Animationstechnologien zurückgreifen, lassen sich hier unter anderem die deutsche TV-Produktion *Play* (2019), die *Black Mirror*-Episode „Striking Vipers" (2019), der amerikanische Blockbuster *Ready Player One* (2018), die britische Serie *Kiss me first* (2018) oder der französische Thriller *L'Autre Monde* (2010) anführen. Das Eintauchen in diese virtuellen Räume wird dabei oft als gefahrvoll für die zwischen zwei Realitätsebenen wechselnden Protagonisten dargestellt.

Darüber hinaus lässt sich eine Reihe von Filmen aufzeigen, die das ‚Leben im Computer‘ nicht anhand eines fiktiven, oft fantastischen Simulationsraums zu veranschaulichen suchen, sondern im Gegenteil digitale Handlungen in einen quasi analogen Kontext versetzen, indem eigentlich virtuelle Interaktionen als realweltliche dargestellt werden. Im britischen Film *Chatroom*[12] werden die Unterhaltungen von fünf jugendlichen Teilnehmern eines Onlineforums entsprechend nicht als Schrifteinblendungen realisiert oder von animierten Grafikfiguren nachgestellt; die Treffen werden präsentiert, als ob sich die eigentlich räumlich voneinander getrennten Internetuser gemeinsam in einem realen Zimmer befinden würden, das man über einen langen Flur, von dem verschiedene Türen, hinter denen sich weitere Chatrooms verbergen, abgehen, betreten muss. Die Zusammenkunft der „Chelsea Teens!" erinnert aufgrund der Platzierung der Jugendlichen in einem Stuhlkreis an das psychotherapeutische Setting einer Gruppentherapie. Durch die Verwendung der Gebäudemetapher wird das Internet als bewohnbarer Raum imaginiert, durch den Verweis auf die Sozialform des Sitzkreises schließt die Darstellung der virtuellen Begegnung an nichtdigitale

---

10 In zahlreichen Sci-fi-Filmen der 1980er und 1990er Jahre wird der futuristische Cyberspace als räumliche Illusion einer geometrischen Techno-Landschaft inszeniert. Im Film *The Lawnmower Man* wird während der Titelsequenz der futuristische Ort wie folgt beschrieben: „By the turn of the millenium a technology known as VIRTUAL REALITY will be in widespread use. It will allow you to enter computer generated artificial worlds as unlimited as the imagination itself. Its creators foresee millions of positive uses – while others fear it as a new form of mind control..." (Brett Leonard. *The Lawnmower Man*. USA/UK: Allied Vision, 1992). Vgl. außerdem u. a. *TRON* (1982), *Johnny Mnemonic* (1995), *The Thirteenth Floor* (1999) oder *eXistenZ* (1999).

11 Jan Komasa. *Suicide Room* (Sala Samobójców). P: Mediabrigade, 2011.

12 Hideo Nakata. *Chatroom*. UK: Ruby Films, 2010.

Erfahrungsräume an. Der digitale Raum erscheint auf diese Weise, anders als die eben angesprochenen Trickfilmwelten, vertraut. Das sich hier eigentlich zwei ontologisch sehr unterschiedliche Räume überlappen, wird auf der Bildebene oft vergessen gemacht. Die Inkongruenz der sich überlagernden Raumkonzepte wird jedoch über die Gestaltung der Konversationssituation impliziert, denn „besonders anfangs ist [dem Regisseur Hideo Nakata] spürbar daran gelegen, seinen Protagonisten jene seltsam zwischen Schriftlichkeit und Mündlichkeit oszillierende Onlinesprache in die Münder zu legen, die sich nur in einem synchronen fernschriftlichen Medium entfalten kann."[13]

Auch der deutsche Hacker-Film *Who am I – Kein System ist sicher*[14] rekurriert auf eine strukturelle Analogie, um den Raum Internet darzustellen: Hier wird der wiederholte Informationsaustausch im Darknet, sozusagen dem Untergrund des Internets, als Begegnung in einem U-Bahn-Waggon visualisiert. Das U-Bahn-Verkehrsnetz lässt sich wie das Darknet als ein abgeschlossenes Netzwerk fassen, welches nur über bestimmte Zugänge erreichbar ist. Das Verlassen des Surface Webs, des ‚sichtbaren' Bereichs des WorldWideWeb, wird dabei durch das Verlassen des öffentlichen Verkehrsraums und durch einen konkreträumlichen Abstieg widergespiegelt. Ein ähnlicher Verweis auf die Metapher des Datenverkehrs und die Bedeutung des Internets als Transitraum findet in *23: Nichts ist wie es scheint* Verwendung. In einer Szene transformiert sich die zunächst als Blitz sichtbar gemachte digitale Datenübertragung durch eine Überblendung in einen fahrenden Zug.[15]

Im Film *The Fifth Estate*[16], der die Entstehung der Whistleblower-Plattform Wikileaks zum Thema hat, greift Regisseur Bill Condon zur Darstellung des Geschehens im Internet ebenfalls auf eine Form räumlicher Materialisierung zurück. Der digitale Handlungsort der Enthüllungsplattform wird durch den Newsroom einer Zeitungsredaktion für den Zuschauer versinnbildlicht. Der den virtuellen Raum repräsentierende physische Raum stellt dabei eine Verbindung zur traditionellen Presse her, gegen die sich in der Verfilmung insbesondere der Gründer der Whistleblower-Plattform Julian Assange, gespielt von Benedict Cumberbatch, antagonistisch positioniert. Die beabsichtigte Ablösung der als veraltet betrachteten Institution des Journalismus als öffentliche Kontrollmacht wird so über die imaginäre Inbesitznahme des Raumes verdeutlicht. Auffällig bei der Inszenierung des imaginären Großraumbüros ist insbesondere die Bedeckung des Fußbodens mit Sand. Dies weist zum einen auf eine am Strand stattfindende Rückblende aus der Kindheit des Protagonisten, die Einblick in die Motivation zur Gründung von Wikileaks gewährt, zurück. Darüber hinaus erinnert der sandige Boden des virtuellen Büros daran, dass auch das oft als

---

13 Jochen Werner. „Chatroom – Kritik." 27.08.2010. https://www.critic.de/film/chatroom-2313/ [letzter Zugriff: 23.03.2020].

14 Baran bo Odar. *Who am I – Kein System ist sicher.* D: Wiedemann & Berg Filmproduktion/SevenPictures Film/Deutsche Columbia Pictures Film Produktion, 2014.

15 Hans-Christian Schmid. *23: Nichts ist wie es scheint.* D: Claussen & Wöbke Filmproduktion, 1998. TC: 00:12:11-00:12:19.

16 Bill Condon. *The Fifth Estate.* USA/B/IND: DreamWorks/Reliance Entmt., 2013.

immateriell wahrgenommene Internet ebenso wie vorrangegangene Kommunikationsmedien wie der Telegraf einer materiellen Infrastruktur bedarf und daher Energie und Rohstoffe wie beispielsweise Sand – etwa für die im Atlantik verlegten Glasfaserkabel – (ver)braucht.

Zum anderen lässt sich die Gestaltung des Zimmers als Kommentar des Films, der auf dem Buch eines desillusionierten Weggefährten des Australiers basiert[17] und die „Hybris des Julian Assange"[18] zur Darstellung bringen will, zum Status der Plattform als Akteur der fünften Gewalt lesen. Das Unternehmen ist wortwörtlich auf Sand gebaut, es erscheint im übertragenen Sinn also auf einer instabilen (juristischen, moralischen, finanziellen) Grundlage errichtet. Der Film endet dann auch nach einem Streit über die möglicherweise fatalen Folgen einer unredigierten Veröffentlichung der US-Botschaftsdepeschen für geheimdienstliche Informanten mit der vorübergehenden Abschaltung der zentralen Software durch den aus dem Projekt ausgestiegenen Unterstützer Daniel Berg, porträtiert von Daniel Brühl, im Jahre 2010. Die Submission-Plattform ist für Whistleblower so nicht mehr erreichbar und dem Zugriff Assanges entzogen. Zur Dramatisierung dieses digitalen Prozesses dient dem Film wiederum eine analoge Äquivalenzbildung: Die Stilllegung von Wikileaks wird als Zerstörung des Büroraums durch Berg – das Mobiliar wird zertrümmert, Akten werden verbrannt – filmisch eingefangen (vgl. Abbildung 1).[19] Durch den Bezug auf eine realweltliche Handlung wird für den Rezipienten zum einen die zuvor auch auf einem Monitor präsentierte Tätigkeit der Außerbetriebsetzung der Website verständlich gemacht; zum anderen kann dem computerbasierten Vorgang auf diese Weise mehr Dramatik verliehen werden.

Obwohl sich die ausgewählten Beispiele in ihrer Darstellung noch an der Metapher des Cyberspace orientieren und infolgedessen räumlich anmutende, virtuelle Alternativwelten inszenieren, lassen sich in den Filmen auch Momente erkennen, die das Internet nicht als statischen, immersiven Raum konzeptualisieren, sondern als raumzeitliche Struktur, die „für den Rezipienten als präsenter, wahrnehmbarer Raum nur während der Dauer seiner Nutzung"[20] erfahrbar ist. So brechen in *Chatroom* beispielsweise Szenen im virtuellen Raum unvermittelt ab, da einer der Jugendlichen plötzlich den Computer ausschaltet, um seine Internetaktivitäten vor den Eltern zu verbergen. Das Internet wird so als relationaler und infolgedessen subjektiver Raum, der sich erst (und immer nur momenthaft) im Austausch zwischen Person und Objekten – Dokumente, Dateien, Links – konstruiert, dargestellt. Auch in *The Fifth Estate* wird dieser

17 Der Film basiert auf Daniel Domscheit-Bergs *Inside WikiLeaks: Meine Zeit bei der gefährlichsten Website der Welt* (2011) und David Leighs und Luke Hardings *WikiLeaks: Inside Julian Assange's War on Secrecy* (2011).

18 Detlef Borchers. „Kinofilm ‚Inside Wikileaks'. ‚Es klebt Blut an den Händen von Assange!'" *Frankfurter Allgemeine Zeitung* 23.10.2013. https://www.faz.net/aktuell/feuilleton/medien/kinofilm-inside-wikileaks-es-klebt-blut-an-den-haenden-von-assange-12629461.html [letzter Zugriff: 10.04.2020].

19 Condon. *The Fifth Estate* (wie Anm. 15). TC: 01:50:23-01:51:45.

20 Manfred Faßler. *Netzwerke. Einführung in die Netzstrukturen, Netzkulturen und verteilte Gesellschaftlichkeit.* München: Fink, 2001. S. 185.

Abbildung 1: The Fifth Estate (2013)

Umstand durch schnelle Bildwechsel zwischen Einstellungen, die die Protagonisten an ihren Rechnern zeigen, und Einstellungen im imaginierten Büroraum, hervorgehoben. Der Film trägt darüber hinaus der Mobilisierung des Internets Rechnung, indem das ‚Büro' von unterschiedlichen realen Räumen wie Cafés, Abstellkammern oder den eigenen vier Wänden aus ‚betreten' werden kann. Ähnliches lässt sich in *Chatroom* beobachten. Die analoge Realität erscheint so durch digitale Medien überlagert. Auf diese Weise entsteht ein hybrider Raum, in welchem die Grenzen zwischen einer medientechnisch generierten und der ‚realen' Welt zu verschwimmen beginnen. Durch die Digitalisierung des Alltags verliert die Metapher des Cyberspace als Veranschaulichung von Internetnutzung infolgedessen an Bedeutung, da in diesen hybriden Räumen beide Realitätsebenen zeitgleich präsent sind:

> Dieser fortschreitende Paradigmenwechsel [...] ist dafür verantwortlich, dass wir uns bei der Nutzung des Internets nicht etwa in eine virtuelle Parallelwelt begeben (wie es anfangs noch verstanden wurde), sondern vielmehr unseren Alltag, unsere Umgebung und unsere direkte Umwelt digital erweitern. Die durch den Ausbau der Mobilfunknetze nunmehr selbstverständliche Möglichkeit des nahezu andauernden Online-Seins auf der einen Seite und mittlerweile fest etablierte technische Funktionen wie GPS-Lokalisierung und Bilderkennung auf der anderen Seite, bestärken diese enge Verquickung zwischen Netz und (Alltags-)Welt.[21]

Auch aktuelle intermediale Darstellungen rekurrieren in ihrer Raumgestaltung entsprechend immer weniger auf die Vorstellung einer Parallelwelt, um unsere

---

21 Inga Gryl/Tobias Nehrdich/Robert Vogler. „geo@web. Zur Entfaltung und Anverwandlung eines neuen Forschungsfeldes". *geo@web: Medium, Räumlichkeit und geographische Bildung.* Hg. dies. Wiesbaden: Springer Fachmedien, 2013. S. 9-31, hier S. 10.

zunehmend digitalisierte Welt zu reflektieren; das Internet wird vielmehr als integraler Teil der abgebildeten Realität in Szene gesetzt. Modelle des Ubiquitous oder Wearable Computing ersetzen damit das Konzept der virtuellen Realität als theoretischer Bezugspunkt filmischer Darstellung des Digitalen. In der amerikanischen Hacker-Serie *Mr. Robot*[22] beispielsweise wird dem Zuschauer insbesondere in der ersten Staffel die Wirklichkeit – gefiltert durch die Wahrnehmung des Protagonisten Eliott, eines IT-Spezialisten – als ein quasi von drinnen nach draußen „umgestülpte[r] Cyberspace"[23] präsentiert. Das virtuelle Leben wird dabei zur realen Umgebung.[24] Personen werden vom Hauptdarsteller etwa als ihre Facebook-Profile, Avatare, als Chatverlauf oder IP-Adressen wahrgenommen; es werden sprachliche Analogien zwischen Computerprogrammen und menschlichem Verhalten gezogen – Selbstmordgedanken werden wie folgt im Voice-Over verbalisiert: „Deletion. When you make that decision, there's always that moment of hesitation. That annoying ‚Are you sure?' dialogue box. And then you have to make a call. Yes or no."[25] Außerdem wird der mentale Zusammenbruch des Protagonisten bildlich durch einen Glitch-Effekt, also durch eine digitale Bildstörung, dargestellt.

Die Vermischung medial und nicht medial erzeugter Welten kulminiert schließlich in einer Szene, in welcher der in seiner Identität verunsicherte Protagonist die Nichtauffindbarkeit einer eigenen digitalen Präsenz im Netz mit seiner realen Nichtexistenz korreliert: „Do I even exist? [...] We have to hack me. Nothing. No identity. I'm a ghost."[26] Diese Wahrnehmungsdarstellung einer „Mixed Reality", in der eigentlich distinkte Realitätsebenen sich nicht nur durchdringen, sondern gar nicht mehr differenzierbar erscheinen, wird in der Serie eingesetzt, um Eliotts dissoziative Identitätsstörung, die dem Zuschauer erst am Ende der ersten Staffel offenbar gemacht wird, zu vermitteln.[27] Der

---

22 Sam Esmail. *Mr Robot*. USA: USA Network, 2015-2019.

23 Torsten Meyer. „Das Netzwerk-Sujet." *Netzwerk als neues Paradigma?: Interdisziplinäre Zugänge zu Netzwerktheorien.* Hg. Florian Kiefer/Jens Holze. Wiesbaden: Springer Fachmedien, 2018. S. 39-64, hier S. 43.

24 Vgl. zur Inszenierung des digitalen Raums in *Mr Robot* auch Lisa Gotto. „Einschreiben, Umschreiben, Weiterschreiben. Mr. Robots digitale Schreiboperationen." *Fernsehserie und Literatur. Facetten einer Medienbeziehung.* Hg. Vincent Fröhlich/Lisa Gotto/Jens Ruchatz. München: edition text + kritik, 2019, S. 382-398.

25 Sam Esmail. „eps3.7_dont-delete-me.ko 3.8." *Mr. Robot.* USA: USA Network, Erstausstrahlung: 29.11.2017. TC: 00.12.20-00:12.44. Vgl. beispielsweise auch: „Maybe it's not about avoiding the crash. But it's about setting a breakpoint to find the flaw in the code, fix it, and carry on until we hit the next flaw – the quest to keep going, to always fight for footing." Esmail. „eps2.1_k3rnel-pan1c.ksd." *Mr. Robot.* Erstausstrahlung: 20.07.2016. TC: 01:01:20-01:01:38.

26 Sam Esmail. „eps1.7_wh1ter0se.m4v." *Mr. Robot.* USA: USA Network, Erstausstrahlung: 12.08.2015. TC: 00:41:20-00:42:20.

27 Hacken wird auch in den Filmen *Who am I – Kein System* ist sicher und *23: Nichts ist wie es scheint* mit geistiger Erkrankung und psychotischen Halluzinationen in Verbindung gebracht.

insbesondere durch Simmel, Benjamin und Freud etablierte Prototyp des modernen Großstadtneurotikers wird so in *Mr. Robot* postmodern zum im umgestülpten Cyberspace lebenden Psychotiker gewandelt; Elliots psychotische Wirklichkeitswahrnehmung, für die Wahrheit und Fiktion gleichermaßen real erscheinen, wird infolgedessen exemplarisch für das Realitätserleben der hyperkonnektiven und medial geprägten Gesellschaft: „The world itself is just one big hoax. Spamming each other with our running commentary of bullshit masquerading as insight, our social media faking as intimacy."[28]

Die unsichtbare Allgegenwärtigkeit der Vernetzung des Alltags bildet sich auch in der Wahl der Schauplätze der Serie ab. Anders als in den zuvor angeführten Beispielen tauchen die Figuren nicht in virtuell erzeugte Welten ein, die Handlung findet zu großen Teilen an identiäts- und geschichtslosen Orten wie öffentlichen Verkehrsmitteln, Vergnügungsstätten oder Büroanlagen statt, die wie der Transitraum Internet im Sinne von Marc Augés Theorie der Übermoderne als Nicht-Orte beschrieben werden können.[29] Digitale und nichtdigitale Räume erscheinen in *Mr. Robot* so gleichermaßen als Orte „der einsamen Individualität, der Durchreise, de[s] Provisorischen und Ephemeren"[30] – sie werden daher für den Protagonisten auch in ihrer sozialen Funktion als gelebter Raum ununterscheidbar. Das Sich-Bewegen im urbanen Raum wird so im Kontext dieser Semantisierung des physischen Raums auch ohne einen direkten Verweis auf das Internet sinnbildhaft für das Flanieren im digitalen Nicht-Ort des Cyberspace.

Darüber hinaus wird zum Beispiel auch anhand der Lichtgestaltung die „Expansion des technogenen Raums"[31] in den Alltagsraum sichtbar gemacht, indem etwa das bläuliche Effektlicht des Bildschirms als moderne Variante einer Chiaroscuro-Beleuchtung eingesetzt wird. Die in blaues Displaylicht und Dunkelheit getauchte Welt des Hacker-Protagonisten wird so bereits über die Ausleuchtung von der meist im High-Key-Stil gefilmten Welt des Finanzkapitalismus optisch unterschieden. Die dem Bildschirm eigentümliche Form der

---

28 Sam Esmail. „eps1.0_hellofriend.mov." *Mr. Robot*. USA: USA Network, Erstausstrahlung: 17.03.2015. TC: 00:12:35-00:13:13.

29 Vgl.: „Dennoch sind die Nicht-Orte das Maß unserer Zeit, ein Maß, das sich quantifizieren lässt und das man nehmen könnte, indem man – mit gewissen Umrechnungen zwischen Fläche, Volumen und Abstand – die Summe bildet aus den Flugstrecken, den Bahnlinien und den Autobahnen, den mobilen Behausungen, die man als ‚Verkehrsmittel' bezeichnet (Flugzeuge, Eisenbahnen und Automobile), den Flughäfen, Bahnhöfen und Raumstationen, den großen Hotelketten, den Freizeitparks, den Einkaufszentren und schließlich dem komplizierten Gewirr der verkabelten oder drahtlosen Netze, die den extraterrestrischen Raum für eine seltsame Art der Kommunikation einsetzen, welche das Individuum vielfach nur mit einem anderen Bild seiner selbst in Verbindung bringt." Marc Augé: *Orte und Nicht-Orte. Vorüberlegungen zu einer Ethnologie der Einsamkeit*. Frankfurt a.M.: S. Fischer, 1994. S. 94.

30 Ebd.: S. 92.

31 Günther Oetzel. „Technotope Räume – vom Naturraum zum verbotenen Raum." *Virtuelle und ideale Welten*. Hg. Ulrich Gehmann. Karlsruhe: KIT Scientific Publishing, 2012. S. 65-83, hier S. 77.

Beleuchtung, positioniert als Unter- oder Gegenlicht, generiert insbesondere bei dunklen Einstellungen expressive Aufnahmen, die oft der Hervorhebung negativer Aspekte der Neuen Medien wie digitale Vereinsamung, Cyberkriminalität oder die Gefahr eines Realitätsverlusts dienen.

Im Film *Searching*[32] beispielsweise, der die Suche eines Vaters nach seiner verschwundenen Tochter nur vermittels des Geschehens auf Computerbildschirmen erzählt, wirkt in einigen Szenen der Laptop als einzige Lichtquelle. Das künstliche Licht generiert dabei eine affektive Atmosphäre, die die Einsamkeit und Verzweiflung des Protagonisten David reflektiert.[33]

2. Formen der Evozierung des Altermediums: Filmische Imitation digitaler Ästhetik

Neben dem Einsatz von Verräumlichungsstrategien und visuellen Metaphern, die die Medialität und Multifunktionalität der neuen Medien für den Zuschauer zu konkretisieren versuchen, werden vor allem auch Formen intermedialer Bezugnahmen in Szene gesetzt, die ästhetische Aspekte der digitalen Medien durch filmische Kompositionstechniken und Parameter wie Kameraperspektive, Schnitttechniken, Beleuchtung oder Bildschirmformate imitieren. So lassen sich beispielsweise Loops, One-Shots, Jumpcuts oder vertikale Bildformate funktionalisieren, um den visuellen Rhythmus des Digitalen nachzuempfinden. In der Indie-Produktion *Like Me*[34] beispielsweise, in welcher die Hauptdarstellerin versucht, durch gewagte Videostunts Viralität zu erlangen, lässt sich die Präsentation des Drogen- und Zuckertrips der Protagonistin als schnell geschnittene, sich wiederholende Aneinanderreihung von kurzen in sich identischen Einzelbildern als intermediale Bezugnahme auf das Grafikformat des animierten GIF interpretieren. Die Schleifen sind im Kontext der Handlung so weniger als selbstreferentieller Verweis auf die Vorgeschichte des Kinofilms zu deuten, sondern als Rekurs auf die Erweiterung des Bildes in der digitalen Umgebung zum Hybrid zwischen Bild und Video. Der Regisseur wählt den Loop, um eine medialisierte Realität, die durch permanente, auf Viralisierung ausgerichtete Informations- und Entertainmentendlosschleifen erzeugt wird, widerzuspiegeln.

Neben der zyklischen Kurzeinstellung des Loop und einer hohen Schnittfrequenz, die die simultane Wahrnehmung über Multiscreens simulieren kann,

---

32 Aneesh Chaganty. *Searching*. USA: Screen Gems, 2018.

33 Vgl. hierzu auch die Aussage von Juan Sebastián Barón, dem Kameramanns des Films: „There are moments when David is really vulnerable, and that's when we played around with the lights from the laptop, how that's an element that gives you the impression that he's suffering through the screen a little bit. The screen becomes a component that maybe you didn't notice before." In: Pierce Singgih. „*Searching*: Cinematographer Juan Sebastián Barón on the Power of Authentic Camerawork." *Filmschoolrejects.com*, 06.09.2018. https://filmschoolrejects.com/searching-cinematographer-juan-sebastian-baron-interview/ [letzter Zugriff: 23.03.2020].

34 Robert Mockler. *Like Me*. USA: Dogfish Pictures/Glass Eye Pix, 2017.

ließe sich der One-Shot, nicht nur von produktionsseite – One-Shots in Spiel-filmlänge wurden erst durch digitale Aufnahmetechniken möglich –[35], sondern auch von einer rezeptionsseite als probates Mittel der filmischen Simulation einer digitalen Ästhetik anführen. Während in der *Tatort*-Folge „Die Musik stirbt zuletzt" (2017), in der die Ermittler in ‚Echtzeit' während eines laufen-den Konzerts einen Mord aufklären, die durchgängig gedrehte Einstellung als intermediale Anspielung auf das Live-Performen im theatralen und ochestralen Raum gewertet werden kann, geriert sich die (fast) ungeschnittene *Mr. Robot*-Folge „eps3.4_runtime-err0r.r00"[36] nicht als ‚Theateraufführung', sondern verweist im Kontext der inhaltlichen Bezugspunkte zunächst auf mittlerweile ubiquitäre Formen digitaler Überwachung. Neben panoptischen Überwa-chungskamerasystemen spielt hier zunehmend eine Kultur der *interveillance*, in der die „non-hierarchical and non-systematic monitoring practices are part of everyday life"[37], eine wichtige Rolle. Verortet ist dieses ‚gemeinschaftliche' Monitoring insbesondere in den sozialen Medien:

> Any Internet user is a potential surveillant force: most obviously, this multiplica-tion of gazes comes from a Web 2.0 user's ability to quickly and easily upload/update information, not just about him/herself, but those around him/her [...] The explosion of more sophisticated portable Internet-connected devices [cam-eras continuous connection to the Internet] allow the user to not only watch but also record and upload any action they can point their device at.[38]

Ferner lässt sich dieses filmtechnische Experiment der simulierten Echtzeit-übertragung, das – für das amerikanische Kabelfernsehen eigentlich undenk-bar – sogar ohne Werbeunterbrechung ausgestrahlt wurde, als Anspielung auf das Unterhaltungsphänomen des Live-Streaming verstehen, das Realität und Authentizität als stilistisches Merkmal digitaler Videoproduktion vermarktet; ein Eindruck, der insbesondere durch den Blick des Protagonisten direkt in die Kamera – das Bewusstsein der Aufnahmesituation und die Anerkennung des

---

35 So beschreibt Nicholas Rombes das digitale Kino als „resurrection of real time and the single take". *Cinema in the Digital Age.* London: Wallflower, 2009. S. 27. „The emblematic digital real-time film is Alexander Sokurov's Russian Ark, consisting of a single take that lasts approximately an hour and a half and that could not have been shot on film." Ebd. S. 26.

36 Sam Esmail. „eps3.4_runtime-err0r.r00." *Mr Robot.* USA: USA Network, Erstaus-strahlung: 08.11.2017. Die Folge soll den Eindruck eines One-Shot vermitteln, besteht aber tatsächlich aus 31 Einstellungen, die in der Postproduktion zusam-mengefügt wurden. Vgl. zur Produktion der Folge: Liz Shannon Miller. „Mr. Robot Creator and Cinematographer Reveal What It Took to Make Episode 5 Look Like One Long Take." *IndieWire*, 08.11.2017. https://www.indiewire.com/2017/11/mr-robot-season-3-episode-5-making-of-eps34runtimeerr0rr00-1201895559/ [letzter Zugriff: 11.01.2020].

37 André Jansson. „Interveillance: A New Culture of Recognition and Mediatization." *Media and Communication* 3/3 (2015): S. 81-90, hier S. 81.

38 Aaron Tucker. *Interfacing with the Internet in Popular Cinema.* New York: Palgrave Macmillan, 2014. S. 141.

Zuschauers als evidentes Merkmal eines anderen Ausstrahlungsprinzips als des erzählenden Films – zu Beginn der Episode, begleitet von den Worten „Do not leave me, stay on focus"[39], unterstützt wird.

Mr. Robot setzt noch weitere Elemente des Mise-en-scène ein, um sein Sujet auch über die Bildsprache zu transportieren: So erläutert der Schöpfer und Regisseur der Serie, dass etwa bei Einstellungen, die aus der Vogelperspektive gedreht wurden, die Darstellung aus der Obersicht Linienstrukturen aufweisen sollten, die dem Muster auf einem Microchip ähnelten.[40] Außerdem evoziert die ungewöhnliche Bildaufteilung während vieler Dialogsequenzen, bei der die im Schuss-Gegenschuss-Verfahren gezeigten Gesprächspartner über kaum *nose room* verfügen, die Figuren also mit wenig Abstand zum Bildrand hin agieren, die räumliche Positionierung – die Proximität zur Displayoberfläche – beim Kommunizieren via Video-Telefonie.[41] Diese Wirkung wird durch weitere unkonventionelle Bildeinstellungen unterstützt: Bei einigen Close-Up-Aufnahmen von Figuren, gefilmt aus einer leichten Untersicht, werden immer wieder Teile der Zimmerdecke im Hintergrund integriert – Einstellungen, die insbesondere bei der virtuellen Kommunikation über mobile Geräte wie Smartphones häufig vorkommen können.

Ein anderer ästhetischer Aspekt digitaler Kommunikation wird in der Episode „Nosedive"[42] der Science-Fiction-Serie *Black Mirror* imitiert, um sich satirisch mit den Anerkennungsstrukturen und der Selbstvermarktung in den sozialen Medien auseinanderzusetzen. Die Folge spielt in einer Welt, in der jede Interaktion über eine App, die ihre Benutzer mit einer AR-Kontaktlinse ausstattet und so die Realität computergestützt erweitert, bewertbar ist. Das sich hieraus ergebende Rating hat Auswirkungen auf den sozioökonomischen Status; es bestimmt das gesellschaftliche und berufliche Leben der Bewerteten. Der persönliche digitale Auftritt auf der Social-Media-Plattform der App hat infolgedessen realweltliche Konsequenzen. Die digitale Vernetzung bedingt so eine Veränderung der Funktionalität des physischen Sozialraums, der primär als fotogener Hintergrund im Hinblick auf seine Verwertbarkeit für das eigene virtuelle Profil von Bedeutung ist: „[Nosedive] conveys one's broadcasted life (via check-ins, photos, and status updates) as a socially sanctioned status [...]. To live outside such a system [...] conceived as a near-impossible, if not outright laughable, choice."[43] Das Filmbild ahmt dabei die Tonalität, Motivik und den

---

39 Sam Esmail. „eps3.4_runtime-err0r.r00" (wie Anm. 35). TC: 00:09:45–00:09:48.

40 Vgl. das Interview in: Matt Grobar. „Mr. Robot, DP Tod Campbell On His Visual Approach To Sam Esmail's Dark, Off-Kilter World." *Deadline*, 22.08.2017. http://deadline.com/2017/08/mr-robot-tod-campbell-sam-esmail-emmys-interview-1202141936/ [letzter Zugriff: 11.01.2020].

41 Vgl. Sean T. Collins. „How *Mr. Robot* Became One of TV's Most Visually Striking Shows." *Vulture*, 02.09.2015. https://www.vulture.com/2015/09/mr-robot-visually-striking-cinematography.html [letzter Zugriff: 22.01.2020].

42 Joe Wright. „Nosedive." *Black Mirror*. UK: Netflix, Erstausstrahlung: 21.10.2016.

43 Manuel Betancourt. „Why does Hollywood tell so many stories about women obsessed with social media?" *Pacific Standard*, 11.08. 2017. https://psmag.com/social-justice/why-are-so-many-ladies-insta-fiends-in-movies [letzter Zugriff: 22.04.2020]. Für eine

Selbstinszenierungscharakter der auf Plattformen wie Instagram oder Facebook veröffentlichten Onlinefotografie nach. Einzelne Einstellungen muten in ihrer Bildkomposition und Unbewegtheit sogar wie inszenierte Fotografien an. Sanftes Licht, Pastellfarben und weiche Konturen erzeugen am Anfang der Episode eine makellose Welt, eine „enhanced reality"[44], die mit einer Filter-App bearbeitet zu sein scheint. Während der Zuschauer auf der inhaltlichen Ebene die Protagonistin Lacie dabei beobachtet, wie sie ihren Alltag fotografisch ‚aufzuwerten' versucht, wird über die imitierte Bildästhetik eben diese digitale Selbstinszenierung optisch gespiegelt.[45]

Über diese Form der Evozierung des Altermediums, die oft erst durch den inhaltlichen Kontext des Films als intermediale Bezugnahmen zu erkennen sind, gehen *Screen*-Filme, ein Subgenre, bei dem Filmbild einen Computerbildschirm wiederzugeben scheint, hinaus. Durch die simulierte Ineinssetzung von diegetischer Webcam und extradiegetischer Kamera werden so etwa in Thriller- und Horrorfilmen Spähsoftware und gehackte Kameras mobiler Geräte zur Grundlage der filmischen Inszenierung: Der Rezipient verfolgt Aufnahmen intimer Momente über den simulierten Computerbildschirm eines Hackers.[46] Diese Prämisse hat zur Folge, dass durch die Nachahmung (oder zum Teil auch Verwendung) nichtprofessioneller Aufzeichnungsgeräte die Möglichkeiten der Kamerabewegungen, Einstellungsgrößen und Lichtführung nur eingeschränkt ausgeschöpft werden. Die so begrenzte Perspektive kann eine kammerspielartige Atmosphäre erzeugen, wird jedoch häufig durch den Wechsel zwischen verschiedenen Webcams dynamisiert. Neben dieser modernisierten Variante des *Found Footage*-Erzählformats lassen sich als weitere Beispiele für *Screen*-Filme Produktionen anführen, deren Handlung wie etwa in der ursprünglich als Webvideos

---

Analyse der Episode im Hinblick auf soziale Medien als neue Form des Panoptikums vgl.: Francois Allard-Huver/Julie Escurignan. „*Black Mirror*'s ‚Nosedive' as a New Panopticon: Interveillance and Digital Parrhesia in Alternative Realities." *Black Mirror and Critical Media Theory*. Hg. Angela M. Cirucci/Barry Vacker. London: Lexington Books, 2018. S. 43-54.

44 „Instagram's product always seemed to endorse an enhanced reality. The first filters, by Kevin Systrom and then Cole Rise, turned photography into art. And then, as photo-editing technology improved, models and celebrities [...] often asked for filterst hat would beautify their faces. [...] On Instagram, users are so accustomed to enhanced images that the culture of disclosure works the oposite way, with people tagging photos #nofilter when it's real." Sarah Frier. *No Filter: The Inside Story of Instagram*. New York: Simon & Schuster, 2020.

45 Zu einer ähnlichen Schlussfolgerung kommt Erik Abriss bezüglich des Films *Ingrid Goes West* (2017): „They capture a world where IRL and URL have collapsed onto each other, where ‚But First, Coffee' and other shorthand caption-speak festoon the streets, as to exist solely as a carefully composed backdrop to a pseudo-candid photo for social media consumption." Erik Abriss. „Ingrid Goes West: A Dark Comedy That Shines an Empathetic Light on Digital Addiction." *Vulture*, 16.08.2017. https://www.vulture.com/2017/08/ingrid-goes-west-a-dark-comedy-that-shines-an-empathetic-light-on-digital-addiction.html [letzter Zugriff: 20.01.2020].

46 In Filmen wie *Aux yeux de tous* (2012), *The Den* (2013), *Open Windows* (2015) oder *Ratter* (2015).

veröffentlichten TV-Serie *Web Therapy* (2011-2015) ausschließlich – oder zumindest fast ausschließlich – über Video-Chats vermittelt werden. Die Videochataufnahmen erzeugen dabei ästhetische Abweichungen von gängigen cineastischen Konventionen. Hierzu zählen etwa die häufig vertikale Ausrichtung der Bilder insbesondere bei Videokonferenzen mit mehreren Teilnehmern und der nicht als metafiktionales Stilmittel verwendete Blick in die Kamera. Zudem wird durch die Nachahmung des Altermediums die Großaufnahme zur primären Einstellungsgröße für Dialogsegmente. Darüber hinaus werden Unterhaltungen nicht mehr hauptsächlich im Schuss-Gegenschuss-Prinzip präsentiert, da durch die Verwendung einer Splitscreen-Struktur die Gesprächsteilnehmer meist zeitgleich zu sehen sind. Aktion und Reaktion der Akteure werden so simultan in einer Einstellung gezeigt. Die Kommunikationssituation der Bildtelefonie erlaubt es auch, die eigentlich off-screen verorteten Protagonisten durch die Bild-im-Bild-Funktion für den Zuschauer sichtbar zu machen.

Es handelt sich bei dieser intermedialen Konfiguration um eine narrative Technik, die im Zuge der restriktiven Drehbedingungen während des weltweiten Corona-Lockdowns sowohl bei Independent-Produktionen als auch bei großen Studios an Popularität gewonnen hat. So liefen im April und Mai 2020 beispielsweise spezielle Quarantäne-Episoden der Serien *Parks & Recreation*, *All Rise* und *Mythic Quest: Raven's Banquet*, die sich dieser (hauptsächlich) bildschirmvermittelten Erzählweise bedienen.[47] Inhaltlich wird sich dabei nicht nur mit der Pandemie und dem Leben im Lockdown befasst, auch die digitale Kommunikationsumgebung wird zum Thema gemacht. Verhandelt werden dabei zum einen private Kommunikationsstrukturen und Beziehungsdynamiken im virtuellen Raum und zum anderen Aspekte der Virtualisierung des Arbeitsumfelds – in der Gerichtsserie *All Rise* etwa wird eine virtuelle Gerichtsverhandlung abgehalten, in *Mythic Quest* wird das ungewohnte Arbeiten im Homeoffice erprobt.[48]

Anders als bei den soeben genannten Beispielen, die zwar Computerbildschirme ‚verfilmen‘, das andere Medium jedoch primär über seine Kamerafunktion darstellen, imitieren Desktopfilme[49] zusätzlich die grafische Benutzerober-

---

47 Zudem wurde im selben Verfahren von der BBC die 6-teilige, seit Juni ausgestrahlte Serie *Staged* produziert, auf ZDFneo lief im April das tägliche Format *Drinnen – Im Internet sind alle gleich* und Netflix hat eine Anthologie-Serie mit dem Arbeitstitel *Social Distancing* in Auftrag gegeben. Auch viele Theater haben während der Schließung der Bühnen Online-Stücke inszeniert (als Livestream oder hochgeladenes Video), die die Schauspieler im Videochat-Austausch zeigen. Vgl. z. B. die folgenden Aufführungen: *Midnight Your Time* (Donmar Warehouse, UK), *What Do We Need to Talk About* (The Public Theatre, USA) oder *Unprecedented* (Headlong/Century Films, UK).

48 Michael M. Robin. „Dancing at Los Angeles". *All Rise*. USA: CBS, Erstausstrahlung: 04.05.2020. Rob McElhenney. „Quarantine". *Mythic Quest: Raven's Banquet*. USA: Apple TV, Erstausstrahlung: 22.05.2020.

49 Vgl. zum Genre der Desktopfilme: Alexandra Müller. „Netzkommunikation, Ablenkungskultur und Informationsexzess. Der verfilmte Desktop als intermediale Konfiguration des Digitalen." *Jahrbuch Komparatistik 2018* (2019): S. 127-150. Als Beispiele lassen sich der Kurzfilm *Noah* (2013), die Dokumentation *Transformers: The*

fläche einer Desktopumgebung oder eines Smartphone-Displays. Es wird filmisch ein Als-ob-Monitor kreiert, dessen materielle Abspielfläche zum Ausgangspunkt visuellen Erzählens wird und die Darstellung einer Innensicht des
Benutzers des technischen Geräts ermöglicht:

> Das Interagieren mit Icons, Fenstern, Menüs, Symbolleisten oder Schaltflächen
> wird zur Grundlage der Narration. Digitales Verhalten wird dergestalt nicht nur
> thematisiert, sondern anhand der durch die multimodale Erweiterung des Film-
> bilds erzeugten intermedialen Simulation der Computerarbeitsfläche vorgeführt.
> Aufgrund von Bild-im-Bild-Effekten, hervorgerufen beispielsweise durch sich
> überlagernde Dialogfenster und Videotelefonie, und der durch die Präsentation
> von Webseiten, Emails oder Textverarbeitungsprogrammen bedingten Schriftin-
> tegration, entstehen unkonventionelle filmische Bildkompositionen, die aber für
> den Zuschauer bekannte digitale Bildeinstellungen abbilden.[50]

Die Darstellung simultanen Internetsurfens, Musikhörens, Nachrichtentip-
pens und Videochattens, das plötzliche Sich-Öffnen von Pop-Up-Fenster und
der ständige Wechsel zwischen verschiedenen Webseiten und Dateien wird
zum Ausdruck einer digitalen ‚Ablenkungskultur‘. Die Bild-im-Bild-Elemente
dienen dabei nicht nur der optischen Nachahmung eines Monitors, sondern
evozieren in ihrem visuellen Übermaß Simultanität als Prinzip digitaler Zeitlichkeit und den Informationsexzess des Internets. In der Episode „Connection
Lost"[51] der Serie *Modern Family* versinnbildlichen die durch sich überlagernde
Programmfenster oder parallel verwendete Dokumente entstehenden Split-
screen-Aufnahmen das Verhaltensphänomen des Multitaskings. In der Sitcom
kulminiert die zerteilte Bildstruktur in einer Einstellung, die sieben gleichzeitig
geöffnete Browser-Tabs auf dem zuvor leeren Desktop zeigt (vgl. Abbildung 2).
Um das zeitliche Nebeneinander, das Übermaß der simultan eintreffenden
Informationen bildlich einfangen zu können, werden die aufgerufenen Webseiten als sich überlappend dargestellt. Die Szene präsentiert so die modernisierte
Version eines überquellenden Schreibtischs.

Beständige Aufmerksamkeitsverlagerungen angesichts der medialen Bilder-
flut können zum anderen durch harte Schnitte inszeniert werden. Dies kann
beispielsweise durch das Öffnen und Schließen von Webseiten erzeugt werden.
Längere Szenen werden auf diese Weise von nur ein bis zwei Sekunden dauern-
den Einstellungen unterbrochen. Die filmische Projektionsfläche wird für den
Zuschauer in ihrer intermedialen Imitation der digitalen Benutzeroberfläche
zu einem Ort geteilter Aufmerksamkeit, denn die multimediale Komplexität

---

Premake (2014), die *Modern Family*-Episode „Connection Lost" (2015), die Hor-
rorfilme *Unfriended* (2015) und *Unfriended: Dark Web* (2018), die Mini-Serie *Il
revient quand Bertrand?* (2016) sowie die Filme *Searching* (2018) und *Profile* (2018)
anführen. Außerdem wurden bereits auf ähnliche Weise Werbespots, Musikvideos,
Videoinstallationen und Computerspiele produziert.

50 Ebd.: S. 129f.

51 Steven Levitan. „Connection Lost". *Modern Family*. USA: 20th Century Fox Television, Erstausstrahlung: 25.02.2015.

Abbildung 2: Modern Family

zwingt den Rezipienten der Desktopfilme immer wieder dazu, sich zwischen Handlungsverlauf und Hintergrund, zwischen Bildsegmenten oder zwischen gesprochener und geschriebener Sprache zu entscheiden. Über die Inszenierung dieser visuellen Überwältigung und Informationsüberlastung wird der Umgang mit den digitalen Medien daher nicht nur thematisiert, das Medium wird selbst erlebbar gemacht.

Das Desktopformat animiert durch den Detailreichtum seiner Bilder und durch die Imitation eines Bildschirms, der anders als die Kinoleinwand die persönliche Interaktion mit Bildern ermöglicht, ein taktiles Sehen, das zum Anhalten oder Zurückspulen des Films und zum Vergrößern des Bildes einlädt. Die intermediale Erzählform entfaltet ihr Als-ob-Potential daher nicht primär in der in distanzierenden Fernsicht auf die Kinoleinwand, sondern vor allem in der Nahsicht auf die „nonthreatening, intimate, touch-based interface[s]"[52] mobiler Endgeräte.[53]

3. Abgefilmte Interfaces und frei schwebende Textnachrichten: Die Integration des Altermediums in das Filmbild

Das Desktopformat kann insbesondere auch zur Aufzeichnung einer subjektiven Kameraperspektive funktionalisiert werden. Der dem Zuschauer über das inszenierte Display gewährte Einblick in die Internetaktivitäten – das Aufrufen von Webseiten, das Eingeben von Suchanfragen, das Öffnen von Dateien, der

---

52　Martine Beugnet/Annie van den Oever. „Gulliver Goes to the Movies: Screen Size, Scale, and Experiential Impact – A Dialogue". *Screens: From Materiality to Spectatorship – A Historical and Theoretical Reassessment.* Hg. Dominique Chateau/José Moure. Amsterdam: Amsterdam University, 2016. S. 247-257, hier S. 254.

53　Vgl. hierzu ausführlicher: Alexandra Müller. „Netzkommunikation, Ablenkungskultur und Informationsexzess. Der verfilmte Desktop als intermediale Konfiguration des Digitalen" (wie Anm. 48). S. 137f.

schriftliche Austausch via Mail oder Messengerdienst – ermöglicht dabei die nonverbale Darstellung einer internen Fokalisierung der Figur. Die Bildebene kann durch die Integration von Schrift in den filmischen Raum Erzählerfunktionen übernehmen, die sonst durch auditive Mittel wie Voice-over geleistet werden müssten. Beispielsweise dient das Scrollen des Protagonisten durch alte Chat-Verläufe und Social-Media-Einträge zu Beginn der französischen Serie *Il revient quand Bertrand?*[54] als Exposition – der Zuschauer erfährt vermittels des schriftlichen Austauschs Näheres über den unglücklichen Verlauf der handlungsbestimmenden Liebesbeziehung der Hauptfigur. Ferner können, indem der Akt des Verfassens, Löschens und Absendens einer Email oder Textnachricht in Szene gesetzt wird – die Schriftzeichen sozusagen als „Typokinetogramm"[55] sukzessive in Bewegung gesetzt werden, Denkprozesse sichtbar werden.[56] Durch Tätigkeiten wie Umformulieren, Zögern oder Verwerfen erscheint das Interface des Computers dann als „temporary palimpsest [...] with false starts and notes-to-self sometimes visible in the cracks of the intended presentation."[57]

Der Verweis auf die Neuen Medien findet dabei nicht nur in Desktopfilmen über Formen der Schriftintegration statt. Die Ubiquität digitaler Kommunikationsmedien führt dazu, die Schrift im Film selbst in Mainstream-Formaten eine Renaissance erlebt. Während Szenen, die Figuren beim Chatten, Surfen im Internet oder Textnachrichtenschreiben zeigen, in vielen Fällen vorrangig als authentisierendes Zeitrequisit einer digitalisierten Lebenswelt dienen, so lassen sich durchaus auch zunehmend Beispiele identifizieren, die den intermedialen Verweis als Ausgangspunkt einer Thematisierung des Altermediums nutzen. Die Schrift der digitalen Kommunikation wird zum Beispiel prominent in den Serien *House of Cards* (2013-2018), *Sherlock* (2010-), *Pretty Little Liars* (2010-2017), *How to Sell Drugs Online (Fast)* (2019) oder in den Filmen *Personal Shopper* (2016) und *Disconnect* (2012) als „gleichberechtigte Größe innerhalb des diegetischen Raums [und als] funktionales Element der Fiktion"[58] eingesetzt.

Die grafischen Benutzeroberflächen und Textnachrichten können als Insert von Displays abgefilmt oder als Einblendungen, die als nicht gerätgebundene Fragmente eines Interfaces, etwa als frei schwebende Sprechblase oder Icon, das Filmbild überschreiben, integriert werden. Die verschiedenen

---

54 Guillaume Cremonese. *Il revient quand Bertrand?* F: Arte, 2016.

55 Michael Schaudig. „‚Flying Logos in Typosphere'. Eine kleine Phänomenologie des graphischen Titeldesigns filmischer Credits." *Schrift und Bild im Film*. Hg. Hans-Edwin Friedrich/Uli Jung. Bielefeld: Aisthesis, 2002. S. 163-184, hier S. 181.

56 Vgl. zur Darstellung von Gedanken im Film durch Schrift, exemplifiziert anhand der Serie Sherlock (2013-) auch: Judith Niehaus. „Gedanken lesen lassen. Zur narrativen Funktion(sweise) von Gedankenvisualisierung durch Schrift". *Medienobservationen* (2017). https://www.medienobservationen.de/2017/niehaus-gedanken-lesen-lassen/ [letzter Zugriff: 20.03.2020].

57 Sharday Mosurinjohn. „Overload, Boredom and the Aesthetics of Texting". *Boredom Studies Reader: Frameworks and Perspectives*. Hg. Michael E. Gardiner/Julian Jason Haladyn. London: Routledge, 2017. E-book. O. A.

58 Hans-Edwin Friedrich/Uli Jung. „Vorwort". *Schrift und Bild im Film*. Hg. dies. Bielefeld: Aisthesis, 2002. S. 9-12, hier S. 10.

Darstellungsformen unterscheiden sich in ihrer semantischen Funktion der Informationsvergabe kaum, sie können aber durchaus unterschiedliche narrative Zwecke verfolgen. Die Darstellungsmöglichkeit der Einblendung erweist sich nicht nur von einem produktionstechnischen Standpunkt aus als ökonomischer, sie kann zudem erzähltechnisch dynamischer wirken und rekurriert darüber hinaus auf die durch Digitalisierungsprozesse bedingte zunehmende Dematerialisierung von Daten und Informationen. David Banks betont, dass die bildschirmlose Präsentation digitaler Schrift unserer tatsächlichen Wahrnehmung näher kommt:

> You will also notice that [in Sherlock] we are almost never forced to view a tiny, too-bright, Blackberry-esque screen every time a phone is used. Not only is that unpleasant to see, but it is not how we experience the information our phones give us. We look at the phone and see the screen, but the social action is ephemeral and separated from the screen itself. As N. Katherine Hayles might put it – we anthropomorphize the computer, while the virtual creatures „computationalize" us. The phones are not props, but they are not characters either. They disembody characters and translate their utterances across space and time.[59]

Die vollkommen frei schwebende und quasi apparatlose Repräsentation von Textnachrichten und Internetseiten in der BBC-Serie *Sherlock* generiert wiederum eine hybride Realität, in der Digitales und Analoges sich für den Protagonisten überlagern. Dies wird durch den Umstand unterstrichen, dass die Schrifteinblendungen nicht auf digital übermittelte Informationen beschränkt sind, sondern auch Gedanken und Wahrnehmungsakte des Detektivs auf die gleiche Weise visualisiert werden. Die Perzeption von virtueller und realer Umwelt unterscheidet sich dabei in nichts.[60] Durch die Auflösung des Displays wird die ganze Welt zum Bildschirm erweitert. Immer wieder kommt es zu Einstellungen, in denen die abgebildeten Texte und Bilder von Webseiten auf die Gesichter der Betrachtenden – so etwa in der Folge „The Hounds of Baskerville"[61] – projiziert werden. Die Darstellung der digitalen Hautprojektion verweist auf Konzepte des Wearable Computing: „Die Neupositionierung des Menschen zu einer technischen Umwelt mündet in eine veränderte Praxis von Zuschreibung und Autonomie. Diese hat dem Anspruch gerecht zu werden, dass ubiquitäre Technik ihre Funktion einer prothetischen Erweiterung des

---

59　David Banks. „Sherlock: A Perspective on Technology and Story Telling." *Cyborgology (2012)*. https://thesocietypages.org/cyborgology/2012/01/25/sherlock-a-perspective-on-technology-and-story-telling/ [letzter Zugriff: 30.01.2020].

60　Die Schrifteinblendungen symbolisieren dann auch keine Schreibakte oder Nachrichtenübermittlungen, sondern Wahrnehmungsakte. Entsprechend wird die Schrift dynamisiert: Sie verblasst langsam, zerbricht plötzlich oder wird – im angetrunkenen Zustand – unscharf.

61　Paul Mcguigan. „The Hounds of Baskerville." *Sherlock*. UK: Hartswood Films/BBC Wales, Erstausstrahlung: 08.01.2012.

Körpers überschritten hat."[62] Der Mensch selbst wird so als Einschreibungsort des Digitalen, als transhumaner[63] Datenkörper inszeniert (vgl. Abbildung 3).

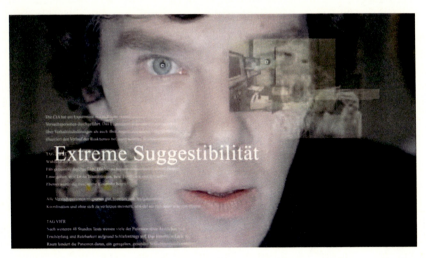

Abbildung 3: Sherlock (2012)

In *Sherlock* kommen jedoch insbesondere beim Umgang der restlichen Figuren mit dem Internet auch andere Formen der Repräsentation zur Anwendung. Neben der diegetischen Darstellung von Computerschrift auf verschiedenen Bildschirmen werden extradiegetische Sprechblasen oder grafische Benutzeroberflächen, deren Optik aus der eigenen Mediennutzung vertraut ist, in das Filmbild integriert. Hierbei handelt es sich um die gebräuchlichste Art der intermedialen Bezugnahme. Interessant erscheint bei dieser Wiedergabeform weniger die sich oft ähnelnde Gestaltung (Form, Farbe, Schrifttyp) der Einblendungen und vielmehr ihre individuelle Platzierung im Raum. Im Film *Men, Women & Children*[64] (deutscher Titel: #Zeitgeist), der sich recht moralistisch mit den Schattenseiten der digitalen Kultur (Cybermobbing, Internetsucht, Identitätsdiebstahl etc.) auseinandersetzt, füllen die von den Charakteren betrachteten

---

62 Stefan Rieger. „Anthropophilie. Das neue Gewand der Medien." *Smartphone-Ästhetik: Zur Philosophie und Gestaltung mobiler Medien*. Hg. Oliver Ruf. Bielefeld: transcript, 2018. S. 123-142. Hier S. 133.

63 Vgl. zu Sherlocks Transhumanismus auch: „The crux of Sherlock has always been the ongoing question about how ‚human' Sherlock is, and how his relationship with John Watson has made him a more relatable, ‚better' man. But just as every season likes to reveal a mystery hidden in plain sight, it's worth wondering: is this a show that's also been secretly pointing out the ways in which we've all outsourced parts of ourselves to our technology? Is Sherlock actually about how transhuman we've all become without even noticing?" Graeme McMillan. „Sherlock's Text Messages Reveal Our Transhumanism." *Wired UK*, 03.02.2014. https://www.wired.co.uk/article/sherlock-tech [letzter Zugriff: 20.01.2020].

64 Jason Reitman. *Men, Women & Children*. USA: Paramount Pictures, 2014.

Webseiten und Nachrichten entweder den Hintergrund aus oder werden wie
eine Last über den nach unten gesenkten Köpfen der meist jugendlichen User
eingeblendet (vgl. Abbildung 4). Die Schrift ist dabei oft nicht völlig entziffer-
bar, Bilder aufgrund der Kürze der Einblendung nicht erkennbar. Texte werden
infolge dieser präsentativen (und nicht diskursiven) Darbietung von Schrift
nicht gelesen, sondern gesehen: Schriftinformationen werden zu Bildinforma-
tionen transformiert. Die Darstellung dient im Film somit nicht der semantischen Informationsvergabe, sondern der Sichtbarmachung der als zersetzerisch
für das gesellschaftliche Miteinander eingestuften Allgegenwart des Internets.

Abbildung 4: Men, Women & Children (2014)

Auch Szenen digitaler Überwältigung etwa durch Kommunikationsüberschuss,
virale Social Media-Momente oder Hasskommentar-Kampagnen können evoziert werden, indem Schrift als visuelles Element verwendet wird. Der Zustand
der Informationsüberflutung kann durch sich sukzessive überlagernde Nachrichten, Posts oder E-Mails, die das gesamte Filmbild zu überschreiben beginnen, eingefangen werden. Digitale Schrift tritt auch hier nicht mehr als refe-
rentielles Zeichen auf, sondern als Datenmenge. Für solche Inszenierungen des
digitalen Exzess eignen sich daher Einblendungen besser als auf Zeigeflächen
gebundene Inserts.
 Formen der synchronen digitalen Schriftkommunikation werden darüber
hinaus ebenfalls meist durch Schrifteinblendungen und nicht Inserts realisiert.
Da die Schrift als Teil des Bildes erscheint, entsteht kein Einschnitt in den Erzählfluss; zudem kann gleichzeitig mit der Nachricht die Reaktion und Emotionen

des Lesenden oder des Schreibenden abgebildet werden.[65] Die Inszenierung der virtuellen Gesprächssituation lehnt sich dabei in ihrer Raumaufteilung sehr häufig an die filmische Darstellung von Telefongesprächen an. Wie bei einem Splitscreen nehmen die ‚Teilnehmer' der Unterhaltung jeweils eine Hälfte des Filmbildes ein. Die oft in Höhe des Gesichts des Nachrichtenempfängers platzierten eingehenden Textnachrichten werden zum Stand-In für das virtuelle Gegenüber. Durch die räumliche Proximität kann so trotz der Nichtsichtbarkeit des abwesenden Gesprächspartners emotionale Nähe transportiert werden.

Asynchrone Kommunikation, die Darstellung von Interaktionsschwierigkeiten – seien diese technischer oder menschlicher Natur – sowie Formen der Nichtkommunikation werden hingen oft durch das Abfilmen von Nachrichten auf Displays vermittelt. Inserts verweisen durch die Sichtbarkeit des Endgeräts auf die technische Mittelbarkeit digitaler Gesprächssituationen. Der Monitor – mal konzipiert als verbindendes Element, mal als physikalisches Hindernis – wird dabei als materielle Abspielfläche wahrnehmbar gemacht. Dramaturgisch orientiert sich die Abbildung daher eher an der filmischen Wiedergabe des monologischen Mediums Brief und nicht an der des dialogischen Mediums Telefon. Um lange auf den Bildschirm gerichtete Einstellungen zu vermeiden, werden meist keine Gespräche, sondern einzelne Schreib- oder Leseakte gezeigt: Wie bei der Inszenierung des Briefs „werden die Figuren des Absenders und des Adressaten nicht durch die Montage zusammengeführt [...]. Stattdessen fällt in der Regel sogar eine der beiden Komponenten weg.“[66]

Entsprechend kann das Insert im Kontext der Digitalkultur als narratives Mittel dienen, um einseitige Kommunikationsprozesse und Formen der Nichtkommunikation in Szene zu setzen. Durch eine Großaufnahme der leeren Zeigefläche lassen sich beispielsweise Momente des (vergeblichen) Wartens auf eine Antwort oder die Unfähigkeit, selbst zu schreiben, darstellen. Nicht die menschliche Verbindung, sondern der Austausch mit der Maschine wird auf diese Weise betont und verweist so auf die Vereinzelung im digitalen Raum.[67]

---

65 Vgl.: Tony Zhou. „A Brief Look at Texting and the Internet in Film. Video Essay.“ *Every Frame a Painting*. 15.08.2014. https://www.youtube.com/watch?v=uFfq2zblGXw [letzter Zugriff: 20.01.2020].

66 Christina Bartz. „Antwortlos. Brief, Postkarte und Email in filmischer Reflexion.“ *Medienreflexion im Film: Ein Handbuch*. Hg. Kay Kirchmann/Jens Ruchatz. Bielefeld: transcript, 2014. S. 243-256, hier S. 245.

67 Dies lässt sich beispielsweise am Film *Personal Shopper* exemplifizieren. Hier erhält die Protagonistin Maureen nach dem Tod ihres Zwillingsbruders, einem Medium, der ihr versprochen hatte, ihr ein Zeichen aus dem Jenseits zu schicken, plötzlich Textnachrichten von einem unbekannten Absender. Über 20 Minuten verfolgt der Zuschauer über den Blick auf Maureens Smartphone, wie sich eine asynchrone Unterhaltung über mehrere Tage hinweg zwischen der jungen Frau und dem nur über den Bildschirm fassbaren Fremden, hinter dem sich möglicherweise der Bruder verbirgt, entspinnt. Die Präsenz des Mediums und die Körperlichkeit des Vorgangs stehen dabei im Fokus. Die übermittelten Nachrichten erscheinen für die Darstellung nachrangig. Olivier Assayas. *Personal Shopper*. F/D: CG Cinéma/Vortex Sutra, 2016. TC: 00:38:00-00:59:30.

Die Wahl der intermedialen Darstellungsform wird infolgedessen zum Ausdruck einer Medienreflexion, die zeitgenössische mediale Bedingungen und Funktionen von digitaler Kommunikation aufzeigt und den gesellschaftlichen Umgang mit den Neuen Medien hinterfragt.

Linda Simonis (Bochum)

Epigraphische Regierungskünste

Inschriften als Medien politischer Verfahrensweisen[1]

Inschriften sind Formen, die durch eine besondere mediale Disposition charakterisiert sind. Was Inschriften auszeichnet, ist, neben ihrem engen Bezug zu einem materiellen Träger, ihre eigentümliche Position auf der Schwelle von Schrift und Bild: Die Inschrift tritt uns gleichermaßen als sprachlicher Text wie als sichtbares (und materiell erfahrbares, greif- und tastbares) Zeichen bzw. Zeichenensemble entgegen. In ihr tritt m. a. W. die visuelle Dimension, die dem Medium Schrift von Haus aus eigen ist, deutlich hervor. Die Inschrift scheint gleichsam dazu disponiert gesehen zu werden; sie lässt Schrift als Bild sichtbar werden.

Diese Eigenart der Inschrift, ein Wort oder einen Text als sichtbare Zeichenfolge auszustellen, hat der italienische Epigraphieforscher Armando Petrucci im Begriff der *scrittura esposta* zum Ausdruck gebracht.[2] Mit diesem Begriff bezeichnet Petrucci Inschriften, die im öffentlichen, vorzugsweise urbanen Raum angebracht sind und die sich dazu anbieten, von einer Gruppe, einem Kollektiv, betrachtet bzw. gelesen zu werden[3]:

> Scrittura esposta: con questo termine intendo indicare qualsiasi tipo di scrittura concepito per essere usato, ed effettivamente usato, in spazi aperti, anche in spazi chiusi, al fine di permettere una lettura plurima (di gruppo o di massa) ed a distanza di un testo scritto su di una superficie esposta.

Die Kriterien der Exponiertheit und öffentlichen Sichtbarkeit, die Petrucci als wichtigste Kennzeichen der Inschrift herausstellt, implizieren dabei ihm zufolge zugleich, dass jene auf eine gewisse Entfernung hin sichtbar ist, also aus einer räumlichen Distanz heraus wahrgenommen und rezipiert werden kann.

Zwar treffen die hier angeführten Merkmale nicht auf alle Inschriften zu, und nicht jede Inschrift ist Geschriebenes oder Zeichen im öffentlichen Raum. Doch ist mit dem Impuls des Ausstellens und Hervorhebens, den das Konzept der *scrittura esposta* anzeigt, ein Moment angesprochen, das zumindest für einen bestimmten Grundtyp inschriftlichen Schreibens bestimmend ist. Die Charakteristik der Inschrift als *scrittura esposta* ist überdies noch in einer weiteren

---

1 Der vorliegende Beitrag ist aus einem Vortrag hervorgegangen, den ich im Januar 2020 im Rahmen einer Veranstaltung des Masterstudiengangs Allgemeine und Vergleichende Literaturwissenschaft an der Universität Köln gehalten habe. Mein Dank gilt den daran beteiligten Kolleginnen und Kollegen für wertvolle Hinweise in der Diskussion.

2 Armando Petrucci. „Potere, spazi urbani, scritture esposte: proposte ed esempi". In: *Culture et idéologie dans la genèse de l'Etat moderne*. Actes de la table ronde organisée par le CNRS et l'EFR (Rome, 15-17 octobre 1984). Rom 1985. S. 85-97.

3 Petrucci, ebd. S. 85.

Hinsicht aufschlussreich: Bei der ‚ausgestellten Schrift' haben wir es, wie auch Petrucci bemerkt, mit einer Art des Zeichengebrauchs zu tun, die ein spezifisches Wirkungspotenzial in sich birgt. Die *scrittura esposta* erlaubt es, Schrift oder Zeichen auf wirksame, wirkungsmächtige Art zu gebrauchen. Von der ‚ausgestellten' Schrift gehen Machtwirkungen aus, die insbesondere dort zur Geltung kommen, wo wir es mit Zusammenhängen politischer Kommunikation zu tun haben.

Versucht man, die damit berührte spezifische Potenz der Inschrift genauer zu erfassen, liegt es nahe, zunächst auf die oben bereits bemerkte visuelle Dimension zurückzukommen. Es ist, so darf man annehmen, die Fähigkeit der Inschrift, als Bild zu erscheinen, die es ihr erlaubt, in den Blick des Betrachters zu treten und sich jenem als exponierte Figur vor Augen zu stellen. Mit dieser bildhaften Erscheinungsform, so ließe sich das Argument weiterführen, verbinden sich ästhetische Qualitäten der sinnlichen Eindrücklichkeit und Präsenz, die der Inschrift die ihr eigentümliche Ausdrucks- und Aussagekraft verleihen. So betrachtet scheint die Inschrift an einem Vermögen zu partizipieren, das dem Bild von einer prominenten Deutungs- und Forschungstradition zugeschrieben wird, der Fähigkeit, Evidenz zu erzeugen.[4] Man kann hier beispielsweise an die Beobachtungen von Klaus Krüger anschließen, der in einer Studie über die politische Bedeutung von Bildern im Trecento überzeugend darlegt[5], wie Bilder seit dem späten Mittelalter in verstärktem Maße zu entscheidenden Faktoren der öffentlichen Sphäre werden und dabei als konstitutive Elemente politischer Akte und Diskurse firmieren.

Mit dieser Erklärung ist unterdessen nur die eine Seite der Inschrift und ihrer medien- und wirkungsästhetischen Beschaffenheit erfasst. Das Besondere der Inschrift erschöpft sich jedoch nicht in deren Eigenart als ausgestellter, exponierter Zeichenformation. Die Inschrift ist nicht nur *esposta*, sondern ebenso *scrittura*. Die besondere Gestaltungs- und Wirkungsweise der Inschrift beruht mithin nicht allein auf deren bildhafter Disposition. Die Wirkkraft der Inschrift verdankt sich, so die hier vorgeschlagene These, dem Umstand, dass diese, auch wenn sie sich als exponierte, eingängig und weithin sichtbare Gestalt zur Geltung bringt, zugleich ihren Charakter als Schrift bewahrt und diesen nicht weniger deutlich hervorkehrt. Wer eine Inschrift betrachtet, der erblickt in ihrer bildhaften Gestaltung zugleich die visuelle Form eines Textes, einer sprachlichen Äußerung. Durch ihre Gestaltung als *scrittura* erscheint die Inschrift somit in einer Form, die in spezifischer Weise mit Momenten der Macht und Autorität versehen ist. Ist doch die Schrift dasjenige Medium, in dem uns, in einer von der Antike bis in die Neuzeit und Moderne reichenden Tradition, das Gesetz, die aufgezeichnete und materialisierte ‚Stimme des Souveräns' entgegentritt.[6]

---

4 Die Frage nach den Formen und Verfahren bildlicher Evidenzerzeugung ist Gegenstand des breit angelegten, interdisziplinären Projekts der Kolleg-Forschergruppe BildEvidenz an der FU Berlin: http://bildevidenz.de/.

5 Klaus Krüger. *Politik der Evidenz: Öffentliche Bilder als Bilder der Öffentlichkeit im Trecento.* Göttingen 2015. Vgl. besonders S. 9-15 und S. 16-29.

6 Vgl. Stephan Kossmann. *Die Stimme des Souveräns und die Schrift des Gesetzes. Zur Medialität dezisionistischer Gestimmtheit in Literatur, Recht und Theater.* München 2012. S. 31-49.

Das Besondere der Inschrift scheint also, so lässt sich vorläufig festhalten, darin zu bestehen, dass sie die Medien von Bild und Schrift in einer spezifischen Weise miteinander verknüpft. In ihr sind mediale und ästhetische Qualitäten wirksam, die teils dem Bild, teils der Schrift angehören. Auf diesem Zusammenspiel beruht auch das eigentümliche Wirkungspotential, das sich mit dieser Äußerungsform verbindet. In der Folge wird es darum gehen, dieses Zusammenwirken bildlicher und skripturaler Aspekte genauer zu erkunden und vor diesem Hintergrund die Bedeutung und Wirkkraft inschriftlicher Zeichen insbesondere in politischen Kontexten zu untersuchen.

Bevor wir uns konkreten Fallbeispielen zuwenden, sei hier noch eine kurze Erläuterung zum hier verwendeten Begriff der Inschrift vorausgeschickt: In den folgenden Ausführungen verwende ich diesen Begriff in einem etwas weiteren Sinne als es herkömmlich in der Epigraphik üblich ist. Ich verstehe darunter nicht nur Schriftzeichen, die in einen stabilen Träger wie Stein, Metall, Holz eingelassen, eingemeißelt oder eingeritzt sind, sondern Beschriftungen aller Art, also auch Aufschriften auf Gegenständen, Widmungen in Büchern und ähnliches. Mit diesem weiter gefassten Begriff der Inschrift knüpfe ich an das weite Spektrum von Bedeutungen an, die dem Wort seiner historischen Herkunft nach zukamen[7]: In Anlehnung an den antiken Sprachgebrauch (griech. ἐπίγραμμα, lat. inscriptio) lassen sich unter den Ausdruck ‚Inschrift‘ nicht nur Buchstaben oder Schriftzüge fassen, die einem materiellen Träger eingeschrieben, eingeritzt oder eingraviert sind. Zu den epigrammatischen Formen im weiteren Sinne gehören ebenso Schriftgestaltungen, die einem Objekt oder Material aufgemalt, beigefügt oder angeheftet sind. Auf diese Weise rückt eine Palette unterschiedlicher Formen des Aufmalens, Bezeichnens und Beschriftens in den Blick, die der Inschrift (im herkömmlichen Sinne) morphologisch und in ihren Gebrauchsweisen verwandt sind.

Einen guten Einstieg in die Diskussion um die Frage nach dem politischen Moment der Inschrift bietet eine Begebenheit aus dem Umkreis der italienischen Renaissance, die Fritz Saxl in seinem Aufsatz „The Classical Inscription in Renaissance Art and Politics" eingängig beschrieben hat[8]:

> Modern epigraphy starts in the political sphere. Convoking the Roman people in S. Giovanni in Laterano, Cola di Rienzo displayed, read and interpreted to his audience a great bronze inscription, the „Senatus Consultum de imperio Vespasiani." From it he drew the conclusion that in antiquity the Imperium proceeded from the People who granted to the Monarch the use of supreme power. „Signori", he said, „such was the sovereign power of the Roman people that it gave authority to the emperor". And he used to prophesy: „In a short time the Romans will return to their good old condition".

---

7 Vgl. Ulrich Rehm/Linda Simonis. „Formen und Wirkungsweisen der Inschrift in epochen- und fächerübergreifender Perspektive. Umrisse eines Forschungsprogramms". In: *Poetik der Inschrift*. Hg. Ulrich Rehm und Linda Simonis. Heidelberg 2019. S. 7-23, hier S. 7-8.

8 Fritz Saxl. „The Classical Inscription in Renaissance Art and Politics". *Journal of the Warburg and Courtauld Institutes* 4 (1941): S. 19-46, hier S. 19.

Die Geschichte, die Saxl hier erzählt, ist tatsächlich durch historische Quellen der Zeit belegt. Saxl gibt hier sozusagen eine pointierte Zusammenfassung einer Begebenheit, die uns in einer anonymen ‚Chronik' des Trecento überliefert ist.[9] Es handelt sich um ein Ereignis aus der wechselvollen Karriere Colas di Rienzo. Der philologisch und epigraphisch geschulte Cola entdeckte 1347 in der Lateranbasilika in Rom eine in den Altar eingebaute Bronzetafel, deren Inschrift er als Dokument der römischen Kaiserzeit identifizieren und entziffern konnte.[10] Die Inschrift, von der die Rede ist, ist die sogenannte „Lex de imperio Vespasiani", die den Amtsantritt Vespasians ausweist (69 n. Chr.) (Abb. 1).

Dieses Dokument ist durch eine eigentümliche Ambivalenz gekennzeichnet, insofern es zum einen als durch die Volksversammlung beschlossenes Gesetz[11] auftritt, zum anderen aber in die Form eines Senatsbeschlusses gefasst ist.[12] In dieser Doppelheit deutet sich an, dass hier offensichtlich eine Übertragung von Machtbefugnissen vollzogen werden soll: Die betreffenden Befugnisse, insbesondere die Gesetzgebungskompetenz, die zuvor der Volksversammlung zukamen, werden über den Senat an den Kaiser übergeben.[13] In der Forschung ist umstritten, wie dieser Vorgang einzuschätzen ist und wer hier eigentlich als Akteur anzusprechen ist: Ist es das Volk, der *populus*, der die Übergabe entscheidet, ist es der Senat, der dies beschließt, oder ist es der Kaiser, der dies verordnet hat? Cola di Rienzo gibt, wie Saxl in seiner Nacherzählung der Begebenheit herausstellt, auf diese Frage eine klare Antwort: Für ihn ist es das Volk, der *populus Romanus*, der in einem autonomen Akt seine Souveränitätsrechte dem Princeps überträgt.

Ohne mich in die heikle Frage des ‚quis iudicat' einschalten zu können, möchte ich vorschlagen, den genannten Sachverhalt aus einer Perspektive zu betrachten, die in Saxls Schilderung der genannten Szene angelegt ist, aber, soweit ich sehe, in der bisherigen Debatte um die ‚Lex de imperio Vespasiani' noch nicht in ihrer vollen Tragweite bedacht worden ist: unter dem Gesichtspunkt der Inschrift. Es ist die Inschrift selbst, die hier als Mittel und Figur der anvisierten Übertragung souveräner Rechte dient. Sie ist offensichtlich weniger als eine nachträgliche Aufzeichnung oder Beschreibung eines juridischen Vorgangs zu verstehen; vielmehr vollzieht sie selbst bzw. bekräftigt diesen Akt und verleiht ihm Geltung. Eine solche operative Wirkung wird man zunächst für die Inschrift in ihrem ursprünglichen, antiken Kontext annehmen dürfen; nicht ohne Grund stellte man die Steintafel öffentlich aus, um so die Inschrift in

---

9 ‚*Cronica' di Anonimo romano*. A cura di Giuseppe Porta. Milano: Adelphi 1979.

10 Vgl. Amanda Collins. „Cola di Rienzo, the Lateran Basilica, and the Lex de Imperio Vespasian". *Medieval Studies* 60 (1998): S. 159-183.

11 In diesem Aspekt als *lex* markiert es den Abschluss der republikanischen Gesetzgebungstradition. Vgl. Christoph F. Wetzler. *Rechtsstaat und Absolutismus: Überlegungen zur Verfassung des spätantiken Kaiserreichs anhand von CJ 1.14.8*. Berlin 1997. S. 79.

12 Vgl. Peter Brunt. „Lex de imperio Vespasiani". *Journal of Roman Studies* 67 (1977): S. 95-116, hier S. 95-96.

13 Carlo Lanza. „„Sovranità', poteri e Lex de imperio Vespasiani". In: *La Lex de imperio Vespasiani e la Roma dei Flavi*. Hg. Luigi Capogrossi Colognesi und Elena Tassi Scandone. Rom 2009. S. 167-186, hier S. 167-172.

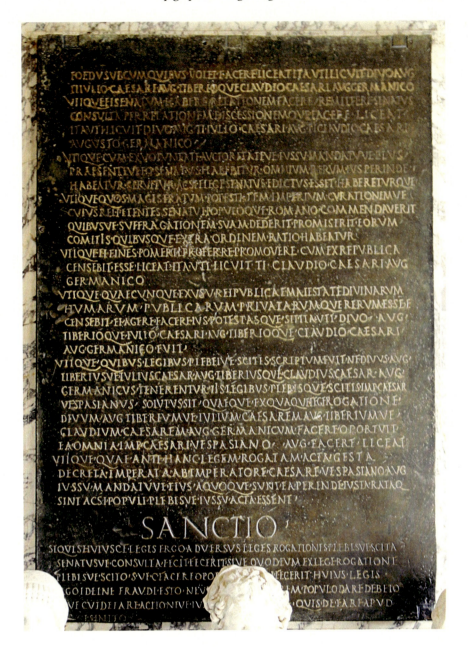

Abb. 1: Lex De Imperio Vespasiani. Bronzetafel, Palazzo Nuovo.
Musei Capitolini, Rom.

den Blick zu rücken, die in ihren erhabenen Majuskeln den kaiserlichen Herr-
schaftsanspruch in eindrucksvoller und gleichsam unabweisbarer Form sichtbar
werden ließ. Es ist nicht zuletzt die physische Präsenz der in Stein gemeißelten
scriptura monumentalis, von der Machtwirkungen ausgehen und die den Eindruck von Evidenz und Autorität hervorbringt. Auch in ihrer rinascimentalen
Wiederaufnahme, in jener Szene, die Saxl als ‚Urszene‘ neuzeitlicher Epigraphik
beschreibt, tritt die genannte Inschrift als entscheidende Figur und Movens des
Geschehens hervor. Cola die Rienzo knüpft gewissermaßen an deren operative
Qualität, deren autoritätsstiftende Kraft, an. Er nutzt die Inschrift bzw. deren
öffentliche Präsentation dazu, den stadtrömischen Anspruch auf die Verleihung
der Souveränität zu beglaubigen und sich so in seiner Position als *l'ultimo dei
tribuni del popolo*, die er sich selbst zuschrieb, zu legitimieren, d. h. die eigene
Machtstellung zu untermauern.[14]

Dass das skizzierte Manöver gelingt, dass es zumindest vorübergehend Plausi-
bilität gewinnt, hängt nicht zuletzt mit einer spezifischen Eigenart der Inschrift
zusammen, ihrer Fähigkeit, das, was sie ausstellt, als sinnlich offenkundig und
unabweisbar darzutun und geltend zu machen. Dieses Potenzial verdankt sich
dabei wohl vor allem der oben angesprochenen hybriden medialen Verfasstheit der Inschrift, die bildhafte und skripturale Qualitäten verbindet und die so
zugleich die Evidenz des Bildes wie die Autorität der Schrift zur Wirkung bringen kann. Der zuletzt genannte Aspekt, die auf Verbindlichkeit und Geltung
zielende Dimension der Inschrift macht sich dabei offensichtlich dort bemerkbar, wo wir es, wie im Fall der Vespasian-Inschrift, buchstäblich mit einer *lex* zu
tun haben, sie kommt aber auch in Inschriften zum Tragen, die nicht im formalen Sinne Gesetzestexte sind.

In der oben zitierten Episode der Wiederentdeckung und Enthüllung der
Lex de imperio Vespasiani kommt unterdessen noch ein weiteres Moment ins
Spiel, das den eigentümlichen Charakter jener Szene ausmacht und Colas Relek-
türe der Inschrift ihre spezifische Wirkungsmacht verleiht. Cola begnügt sich ja
nicht damit, die antike Bronzetafel freizulegen und deren Inschrift zu entziffern.
Was er tut, erschöpft sich nicht in einer archäologischen und philologischen
Operation. Er weist vielmehr der Inschrift eine Aussagekraft und Relevanz für
die eigene Gegenwart zu. Darauf deutet die Ankündigung am Ende der zitierten
Szene, die Cola in Saxls Schilderung in wörtlicher Rede vorträgt: „In a short
time the Romans will return to their good old condition.“ Mit dieser Akzentuierung kann sich Saxl auf seine historische Quelle, die erwähnte anonyme *Cronica*, berufen. Schon dort erscheint Colas passioniertes Studium der römischen
Antike und ihrer Relikte im Zeichen eines Verlangens, diese nicht nur zu erfor-
schen, sondern als lebendige Gegenwart zu erfahren. Dieses Begehren ist ein
Grundzug des Charakterbilds, mit dem der Chronist das entscheidende Kapitel
von Colas Aufstieg zum Volkstribun eröffnet[15]:

14　Vgl. Jean-Yves Boriaud. „Cola di Rienzo et la mise en scène de la lex Vespasiani de imperio“. In: *La Lex de imperio Vespasiani e la Roma dei Flavi* (wie Anm. 13). S. 115-124.

15　‚Cronica‘ di Anonimo romano. A cura di Giuseppe Porta. Milano 1979, Kapitel
XVIII, zit. nach der online Version https://it.wikisource.org/wiki/Cronica

Tutta dìe se speculava nelli intagli de marmo li quali iaccio intorno a Roma. Non
era aitri che esso, che sapessi leiere li antiqui pataffii. Tutte scritture antiche vul-
garizzava. Queste figure de marmo iustamente interpretava. Deh, como spesso
diceva: „Dove sono questi buoni Romani? Dove è ne loro summa iustizia? Pòte-
rame trovare in tiempo che questi fussino!"

Jeden Tag pflegte er die marmornen Einschreibungen zu betrachten, die rund
um Rom lagen. Niemand außer ihm verstand es, die antiken Epitaphe zu lesen.
Er übersetzte alle antiken Schriften. Er interpretierte jene marmornen Figuren
zutreffend und genau. Ach, so sagte er oft: „Wo sind jene guten Römer? Wo ist
ihre hohe Gerechtigkeit? Könnte ich mich doch in der Zeit befinden, in denen
jene lebten!"[16]

In dem hier erkennbaren nostalgischen Blick auf das antike Rom, der zugleich
mit dem Wunsch nach Aktualisierung einhergeht, kommt Cola mit einem
Grundimpuls überein, der die Renaissancebewegung insgesamt charakterisiert,
nämlich dem Bestreben, die Zeugnisse der antiken Kultur wiederzubeleben und
zu vergegenwärtigen.[17] Wie für die Mehrzahl der Humanisten seiner Zeit sind
für Cola die Objekte der Antike nicht bloß Gegenstände des Studiums und
der Gelehrsamkeit, sondern Figuren der Gegenwart, die es aufzugreifen und zu
einem lebendigen Element der eigenen Kultur zu machen gilt.[18] Entsprechend
erscheint auch die Tafel Vespasians in Colas Präsentation nicht als Relikt einer
vergangenen Epoche. Sie ist vielmehr Teil einer in die eigene Gegenwart und
Zukunft fortwirkenden Kultur und kann so zum Vehikel eines *re-enactment*
werden, in dem das antike Manifest in seiner ehemaligen Funktion bekräftigt,
in seinem Status als *lex* (wieder) eingesetzt wird.[19] Colas *restitutio* der antiken
Gesetzestafel macht sich dabei die mit der Inschrift seit ihren antiken Anfängen verbundenen Konnotationen der Dauer und zeitübergreifenden Bewah-
rungskraft zu eigen, wenn er dem wiederentdeckten inschriftlichen Text eine
ununterbrochene, in die eigene Gegenwart sich fortsetzende Geltung unterstellt. Mehr noch: Der Inschrift wird hier eine geradezu prophetische Qualität zugeschrieben, die deren frühneuzeitlichen Lesern den nahenden Anbruch

---

16 Übersetzung von mir, L. S.
17 Vgl. Linda Simonis. *Genetisches Prinzip: Zur Struktur der Kulturgeschichte bei Jacob
Burckhardt, Georg Lukács, Ernst Robert Curtius und Walter Benjamin.* Tübingen
1998. S. 54 und S. 77.
18 Vgl. Ronald G. Musto. *Apocalypse in Rome: Cola di Rienzo and the Politics of the New
Age.* Berkeley 2003. S. 45-46.
19 Der Umstand, dass die es sich bei der Vespasianischen Tafel um ein unvollständiges
Dokument handelt, das nur eine (d. h. die zweite) Hälfte des fraglichen Gesetzes-
textes wiedergibt, steht dabei ihrer Wiedereinsetzung als lex nicht im Wege, eher
scheint es bei Cola und seinen Zuhörern das Begehren nach Wiedererweckung noch
zu stimulieren. Zur fragmentarischen Überlieferung der Lex de imperio Vespasiani
siehe Barbara Levick. „The Lex de imperio Vespasiani: the parts and the whole". In:
La Lex de imperio Vespasiani e la Roma dei Flavi (wie Anm. 13). S. 11-22.

eines neuen Zeitalters verkündet.[20] Dass sich Cola in seiner aktualisierenden
Deutung großzügig über mehr als ein Jahrtausend historischer und politischer
Umbrüche hinwegsetzen kann, hängt dabei nicht zuletzt mit dem physischen
Eindruck des von ihm exponierten epigraphischen Monuments zusammen, das
in seiner sinnlichen Präsenz jenes Kontinuum der Geltung, auf das sich Cola
beruft, sichtbar und greifbar werden lässt. Um Colas Reinszenierung der Vespasian-Inschrift und die eigentümliche Faszination, die diese auf das damalige
Publikum ausübte, richtig einschätzen zu können, muss man schließlich noch
einen weiteren Aspekt hinzunehmen, der diese auf den ersten Blick merkwürdige Veranstaltung charakterisiert. Dieses Moment kommt in dem Verb *vulgarizzare* zum Ausdruck, das der anonyme Verfasser wiederholt verwendet, um
das Verfahren seines Protagonisten zu beschreiben. Damit ist, auf einer primären Bedeutungsebene, zunächst einmal das Übersetzen in die Volkssprache, ins
volgare, gemeint, also jene Tätigkeit, die die grundlegende philologische Operation der humanistischen Annäherung an die Antike darstellt. In einer weiteren,
damit verbundenen Hinsicht meint *vulgarizzare* aber auch einen Vorgang der
Popularisierung: Mit ihrer Übertragung ins *volgare* werden die antiken Zeugnisse zugleich verständlich und einem breiteren Rezipientenkreis zugänglich
gemacht. Das Projekt der Renaissance, der Wiederbelebung der Antike, kann
so zu einem „Element der Populärkultur" werden.[21] Eben diese populäre Ausrichtung ist bestimmend für Colas Projekt: Es ist nicht ein elitärer Kreis von
Gelehrten, den er mit seinem Erneuerungsbegehren adressiert, es ist vielmehr
„la iente"[22], die Menge des Volks, die versammelten Bürger der Stadt Rom, die er
anspricht und dazu aufruft an der Reproduktion des antiken Rom mitzuwirken.
Auf diese Weise kann Cola sein Ansinnen zum Gegenstand einer Massenbewe-
gung machen und das als Nachfahre des römisch-antiken *populus* verstandene
‚Volk' der Stadt Rom zum Träger seiner imperialen Vision werden lassen.

Die Dimension von Inschriften, die uns hier interessiert, beschränkt sich
unterdessen nicht auf den im genannten Beispiel angesprochenen Fall, in dem
die Inschrift als Medium der Souveränität firmiert, in dem sie als Mittel der
Gesetzgebung fungiert. Nicht minder wichtig erscheint es, dem politischen
Moment der Inschrift in Bereichen nachzuspüren, wo sie auf weniger offenkundige und spektakuläre Weise zutage tritt. Dies bietet sich auch insofern an,
als sich der Komplex politischer Machtausübung, insbesondere in neuzeitlich-
modernen Zusammenhängen, nicht (mehr) ausschließlich und primär im juridischen Begriff der Souveränität fassen lässt, sondern sich vielmehr in vielfältigen
Formen des Regierens und Verwaltens manifestiert. Anders gesagt: Während in

---

20 Auch in der *Cronica* spricht Cola im Gestus der Prophezeiung: „Puoi se stese più
    innanti e disse: ‚Romani, voi non avete pace. [...] Per bona fede che llo iubileo se
    approssima." („Dann beugte er sich weiter vor und sprach: Römer, ihr habt keinen
    Frieden. [...] Bei meinem guten Glauben, das Jubeljahr naht." *Cronica*, Kap. XVIII,
    wie Anm. 15). Zur apokalyptischen Erwartung vgl. auch Ronald G. Musto. *Apoca-
    lypse in Rome*. S. 104-105.
21 Friedrich Balke: *Mimesis zur Einführung*. Hamburg 2018. S. 84.
22 ‚*Cronica*' di Anonimo romano. Kap. 18.

der Lex de imperio Vespasiani die betreffende Kompetenz – so jedenfalls scheint es – noch unmittelbar zwischen dem Volk und dem Souverän verhandelt wird, die hier gewissermaßen von Angesicht zu Angesicht einander gegenübertreten, schiebt sich zwischen das neuzeitliche Subjekt und die Instanz des Staates ein ganzer Apparat von institutionellen und administrativen Verfahren, die man mit Michel Foucault als *arts de gouverner*[23] oder mit Max Weber als Formen der Bürokratie bezeichnen könnte.[24] Wäre Foucault Epigraphie-Forscher gewesen, hätte er auf diesem Gebiet für seine Geschichte der ‚Gouvernementalität‘ ein reiches und vielfältiges Material finden können, denn gerade in inschriftlichen Quellen gibt es schon für frühe historische Perioden Hinweise auf administrative Kontexte, in denen Inschriften eine wichtige Rolle spielen.

Um die genannte Verbindung von Inschriften und Administration ein wenig zu veranschaulichen, sei hier als Beispiel eine byzantinische Inschrift aus dem zehnten Jahrhundert angeführt, die ich einem Beitrag von Antony Eastmond entnehme.[25] Es handelt sich um ein Diptychon aus Elfenbein, das Szenen aus dem Leben Jesu zeigt und rings um mit einer Inschrift versehen ist (Abb. 2).

Die Inschrift enthält unter anderem folgende bemerkenswerte Zeilen[26]:

μὴ τὴν τέχνην θαύναζε,
τὸν δ' ἐπιστάτην
ὅς πολλὰ τεῦξε τερπνὰ
νῷ δραστηρίῳ

Staune nicht über die Kunstfertigkeit, sondern über den Verwalter (epistátes), der viele erfreuliche Dinge bewirkt hat mit tätigem Geist.

Die Inschrift tritt hier also gewissermaßen in den Dienst der Administration, indem sie deren Lob ausspricht. Darüber hinaus ist bekannt, dass Inschriften im byzantinischen Reich auch in anderer Hinsicht als bürokratische Techniken dienten, wie z. B. die Beschriftungen, durch die Philotheos, ein hoher Staatsbeamter, in seinem *Klētorologion* aus dem Jahr 899 die genaue und korrekte Sitzordnung der Gäste bei einem kaiserlichen Gastmahl markierte.[27]

---

23 Vgl. Michel Foucault. *Sécurité, territoire, population*. Paris 2004. S. 111-112; sowie die daran anknüpfende Studie von Michel Senellart. *Les Arts de gouverner. Du ‚regimen‘ médiéval au concept de gouvernement*. Paris 1995.

24 Vgl. Max Weber. *Wirtschaft und Gesellschaft: Grundriß der Verstehenden Soziologie*. 5. Auflage. Tübingen 2002. S.551-575.

25 Antony Eastmond. *„Don't praise artists, praise administrators!“ Byzantine Bureaucracy as cultural creativity*. Professorial Lecture am Courtauld Institute of Art, London, 15. Januar 2019. Videoaufzeichnung: https://www.youtube.com/watch?v=5mWMNQBfaIw (zuletzt konsultiert 1. 6. 2020).

26 Zit. nach Eastmond (wie Anm. 25).

27 Siehe John B. Bury. *The Imperial Administrative System in the Ninth Century. With a Revised Text of the Kletorologion of Philotheos*. London 1911. Vgl. auch Eastmond. *Byzantine Bureaucracy* (wie Anm. 25).

Abb. 2: Diptychon aus Elfenbein, Byzanz, 10. Jh. Nationalmuseum Warschau.
Quelle: Antony Eastmond: *Byzantine Bureaucracy* (wie Anm. 25)

Die Inschrift erscheint hier also als integraler Bestandteil eines Ensembles admi-
nistrativer Techniken, die in ihrer Gesamtheit die staatliche bzw. kaiserliche
Regierung und Machtausübung ermöglichen. Was sich hier im Kontext des mit-
telalterlichen Byzanz beobachten lässt, deutet in gewisser Hinsicht voraus auf
Formen neuzeitlich-moderner Regierung, die im Zeichen einer administrativen
Rationalität vorwiegend der kontrollierenden Aufsicht über und Sorge für die
Bevölkerung gelten.[28] Dass dabei der Inschrift auch im Kontext neuzeitlichen
Regierens eine spezifische Bedeutsamkeit beigemessen wurde, lässt sich nicht
nur an der Wiederbelebung antiker Inschriften in italienischen Kommunen
der Renaissance ablesen[29], sondern auch an dem Umstand, dass im Frankreich
Ludwigs XIV. eine eigens dafür gegründete Akademie, die Académie royale
des inscriptions et médailles (1663), mit der Aufsicht über die zu Ehren des
Königs angebrachten öffentlichen Inschriften und Devisen betraut wurde.[30] Die

28 Vgl. Senellart. *Les arts de gouverner.* (wie Anm. 23). S. 19-31.
29 Vgl. Marc von der Höh. „Einleitung". *Inschriftenkulturen im kommunalen Italien:
Traditionen, Brüche, Neuanfänge.* Hg. Katharina Bolle, Marc von der Höh, Nikolas
Jaspert. Berlin 2019. S. 1-29.
30 Vgl. Thierry Sarmant. „De l'Académie des Médaillles à l'Académie des Belles-lett-
res". In: *Akademie und/oder Autonomie: akademische Diskurse vom 16. bis 18. Jahr-*

Etablierung und Kontrolle der Inschriften im öffentlichen Raum war hier gewissermaßen ein königliches Privileg.

Wie man hier sieht, wird die Inschrift in doppelter Hinsicht für die Frage des Regierens relevant: zum einen als *Mittel* des Regierens, also etwa indem man Inschriften des Königs ausstellt und so dessen Autorität bekundet; zum anderen aber auch als *Objekt* des Regierens, als einen Gegenstand, dessen Erscheinen es zu regulieren und zu kontrollieren gilt. Von diesen beiden Aspekten interessiere ich mich im Folgenden näher für den zweiten Aspekt, der unter den Bedingungen moderner politischer Regime spezifische Relevanz gewinnt. Ich beziehe mich hier insbesondere auf die Untersuchungen des französischen Historikers Philippe Artières, der ins seiner Studie *La police de l'écriture* gezeigt hat, wie sich für die Polizei des 19. Jahrhunderts die neue Aufgabe stellt, die wachsende Zahl und Vielfalt von Beschriftungen im öffentlichen urbanen Raum, insbesondere in Paris, zu überwachen.[31] Seit der Mitte des 19. Jahrhunderts, so Artières, werden Beschriftungen verschiedenster Art, In- und Aufschriften an Gebäuden, beschriftete Artefakte etc. zum Gegenstand eines verstärkten Interesses der Pariser Polizei, die jene Objekte von nun an systematisch zu erfassen versucht.[32] Als potenzielle Medien einer neuen Form von Delinquenz („délinquance graphique"[33]) rücken diese Beschriftungen nun in den Fokus eines polizeilichen Blicks, der sie rubriziert und klassifiziert und damit die von ihnen ausgehende mögliche Gefährdung der öffentlichen Ordnung zu kontrollieren sucht.[34]

Vor dem Hintergrund der Beobachtungen von Philippe Artières möchte ich einen literarischen Text erörtern, der den veränderten Stellenwert von Beschriftungen und Graphismen im öffentlichen, urbanen Raum reflektiert – Edgar Allan Poes *The purloined letter*. Es handelt sich um eine Detektivgeschichte, die jedoch nicht einen Mord oder eine andere Art der körperlichen Gewalt zum Thema hat. Stattdessen rückt sie ein graphisches Delikt, die Entwendung eines Schriftstücks, eines Briefs, ins Zentrum des Geschehens. In den folgenden Ausführungen geht es mir vor allem um die Funktion, die hier der Aufschrift auf einem Brief, der Adresse zukommt.

Zunächst seien kurz einige Grundzüge der Handlung der Erzählung in Erinnerung gerufen: Bei einem abendlichen Besuch im Haus des Detektivs Auguste Dupin in Paris berichtet der Polizeipräfekt von einem Fall, den zu lösen er sich nicht imstande sieht. Einer Dame von königlichem Stand (vermutlich ist die Gemahlin des Königs gemeint) sei durch den Minister D, einem einflussreichen und intriganten Höfling, ein wichtiges Dokument, ein Brief, entwendet

---

hundert. Hg. Barbara Marx und Christoph Oliver Mayer. Frankfurt a. M. 2009. S. 281-296, hier S. 281-283.

31 Philippe Artières. *La police de l'écriture. L'invention de la délinquance graphique (1852-1945)*. Paris 2013.

32 Vgl. ebd. S. 21-32.

33 Ebd. S. 61.

34 Vgl. ebd. S. 70-81.

worden. Der Polizeipräfekt erläutert die Umstände des Diebstahls des Schrift-stücks wie folgt[35]:

> The document in question – a letter, to be frank – had been received by the per-sonage robbed while alone in the royal boudoir. During its perusal she was sud-denly interrupted by the entrance of the other exalted personage from whom especially it was her wish to conceal it. After a hurried and vain endeavor to thrust it in a drawer, she was forced to place it, open as it was, upon a table. The address, however, was uppermost, and, the contents thus unexposed, the letter escaped notice. At this juncture enters the Minister D. His lynx eye immedi-ately perceives the paper, recognises the handwriting of the address, observes the confusion of the personage addressed, and fathoms her secret. After some busi-ness transactions, hurried through in his ordinary manner, he produces a letter somewhat similar to the one in question, opens it, pretends to read it, and then places it in close juxtaposition to the other. Again he converses, for some fifteen minutes, upon the public affairs. At length, in taking leave, he takes also from the table the letter to which he had no claim. Its rightful owner saw, but, of course, dared not call attention to the act, in the presence of the third personage who stood at her elbow. The minister decamped; leaving his own letter – one of no importance – upon the table.

Die zitierte Passage umreißt eine Situation, die sich als Szene eines doppelten Überraschtwerdens zu erkennen gibt: die Dame, die in ihrem Boudoir gerade dabei ist, den besagten Brief zu lesen, wird dabei zunächst von einem anderen „exalted personnage", also vermutlich ihrem Gemahl, dem König, und sodann durch den Eintritt des Ministers überrascht. Die Erzählung lenkt die Aufmerk-samkeit auf die materielle Beschaffenheit des Briefs. Letzterer erscheint als ein Ding, ein Stück Papier, das nicht ohne weiteres zum Verschwinden gebracht werden kann. Es liegt, mit der Adresse oben auf, auf dem Tisch. Der Adresse kommt dabei gewissermaßen die Rolle einer *inscriptio*, d. h. einer auf einem Gegenstand angebrachten und in eins damit optisch hervorgehobenen Auf-schrift, zu. Zugleich macht sie das Schriftstück als Brief kenntlich und gibt des-sen entscheidende Koordinaten zu erkennen: Während sie zunächst, als expli-zite Information, Name und Ort der Adressatin anzeigt, gibt die Handschrift zugleich Auskunft über den Absender und Verfasser des Briefs. In der skizzierten Szene wird der Brief bzw. dessen *inscriptio* Gegenstand zweier unterschiedlicher, einander diametral entgegengesetzter Wahrnehmungen. Während er dem arg-losen Blick des Königs unauffällig und damit unbemerkt bleibt, gerät er sogleich ins Visier des Luchs-Auges des Ministers, der das Boudoir der Dame im Modus des Verdachts unter die Lupe nimmt. Die Entwendung des Briefs erfolgt sodann durch eine Operation der Vertauschung, indem dieser gegen ein anderes, ähnli-ches Schriftstück, ausgetauscht wird.

Aufschlussreich in unserem Zusammenhang ist zudem, dass der Brief dem-jenigen, der ihn entwendet hat, Macht verleiht – über diejenige Person, an die

---

35 Edgar Allan Poe. „The purloined letter". In: *Tales*. 2. Auflage. London 1848. S. 200-218, hier S. 202-203.

es gerichtet ist.[36] In Anbetracht des prekären Inhalts des Briefs, kann dieser als ein Mittel in Anschlag gebracht werden, die Adressatin auf erpresserische Weise unter Druck zu setzen. Die Macht, die das Dokument verleiht, beruht dabei, wie der Präfekt scharfsinnig bemerkt, vor allem darauf, dass der Besitzer keinen Gebrauch von ihm macht.[37] Die Macht ist hier vor allem eine virtuelle, deren Pointe darin besteht, dass sie über ein ganzes Spektrum erpresserischer Anwendungsmöglichkeiten verfügt.

Der Polizeipräfekt und Dupin legen in ihrem Umgang mit dem Fall und in ihren Strategien, diesen zu lösen, zwei ganz unterschiedliche Herangehensweisen an den Tag, die ich vorläufig und verkürzt durch die Formel ,polizeilicher versus detektivischer Blick' umschreiben möchte. Was damit gemeint ist, sei im Folgenden näher ausgeführt.

Bei seinem Besuch berichtet der Polizeipräfekt dem Detektiv Dupin ausführlich von seinen intensiven, aber vergeblichen Versuchen, den entwendeten Brief zu finden. Im Zentrum dieser Operation stand die Wohnung des Ministers, die in Abwesenheit des Bewohners zunächst kartographisch erfasst und dann, unter Aufgebot der gesamten Pariser Polizei, minutiös und systematisch durchsucht worden ist.[38] Um auch das zu erfassen, was mit bloßem Auge nicht sichtbar ist, kamen dabei auch technische Instrumente zum Einsatz, sogar ein spezielles Mikroskop, das es erlaubte, die untersuchten Objekte zu durchleuchten, gleichsam in sie hinein zu zoomen.[39] Doch im gleichen Zuge, in dem die Erzählung die polizeiliche Beobachtung in ihrer Wirksamkeit und an Unfehlbarkeit grenzenden Genauigkeit vorführt, stellt sie zugleich deren Scheitern aus. Trotz noch so raffinierter Methoden gelingt es der Polizei nicht, des verschwundenen Schriftstücks habhaft zu werden.

Der scheinbar überlegenen, aber letztlich scheiternden polizeilichen Methode setzt die Erzählung sodann, in ihrem abschließenden Teil, eine andere Form der Annäherung an das Schriftstück entgegen, die sich als eine zugleich detektivische und poetische Zugangsweise charakterisieren ließe. Diese andere Beobachtungsweise, die Poes Protagonist Auguste Dupin erfolgreich zum Einsatz bringt, setzt nicht darauf, in mikrologischer Analyse etwas Verborgenes zu sichten. Sie stellt vielmehr die Möglichkeit in Rechnung, dass wir es bei dem gesuchten Objekt mit einem Gegenstand zu tun haben, der sichtbar ist und zwar sogar in offenkundiger und ostentativer Weise. Denn am schwierigsten zu sichten ist, so die Weisheit Dupins, nicht das Verborgene, sondern das, was vor aller Augen geradezu aufdringlich offen da liegt, aber gerade dadurch der Aufmerksamkeit der bewussten Wahrnehmung entgeht.[40]

---

36 Vgl. Poe. „The purloined letter". S. 202: „Well, I may venture so far as to say that the paper gives its holder a certain power in a certain quarter where such power is immensely valuable".

37 Vgl. ebd. S. 203: „It is clear," said I, „[...] it is this possession, and not any employment of the letter, which bestows the power. With the employment the power departs".

38 Vgl. ebd. S. 205.

39 Vgl. ebd. S. 205-206.

40 Solche Objekte oder Zeichen, so Dupin, „escape observation by dint of being excessively obvious" (ebd. S. 215).

Indem er dieser Maxime folgt, also nach einem offen da liegenden Schriftstück sucht, gelingt es Dupin, den entwendeten Brief zu finden, nämlich indem
er dem Minister einen Besuch abstattet und dabei den Brief offen ausgestellt in
einem Regal oberhalb des Kaminsims erspäht[41]:

> At length my eyes, in going the circuit of the room, fell upon a trumpery filigree
> card-rack of pasteboard, that hung dangling by a dirty blue ribbon, from a little
> brass knob just beneath the middle of the mantelpiece. In this rack, which had
> three or four compartments, were five or six visiting cards and a solitary letter.
> This last was much soiled and crumpled. It was torn nearly in two, across the mid-
> dle – as if a design, in the first instance, to tear it entirely up as worthless, had been
> altered, or stayed, in the second. It had a large black seal, bearing the D-cipher
> very conspicuously, and was addressed, in a diminutive female hand, to D – the
> minister, himself. It was thrust carelessly, and even, as it seemed, contemptuously,
> into one of the upper divisions of the rack.

Was Dupins Interesse weckt, ist also die Auffälligkeit, die aufdringliche Sichtbarkeit des solitären Briefs sowie die ostentative Sorglosigkeit, mit der er ins
Regal gelegt bzw. geworfen wurde. Dupin versäumt es nicht, das Schriftstück
genau zu beschreiben: Siegel, Adresse und die Handschrift werden im Detail
notiert, wobei die „female hand" eigentlich einen anderen Brief erwarten
ließe als den gesuchten. Es ist also nicht eine Relation der Ähnlichkeit, die
Dupin als Kriterium seiner Suche dient, sondern vielmehr die einer radikalen Verschiedenheit. Gerade weil der gesichtete Brief seiner äußeren Erscheinung nach dem gesuchten Brief geradezu diametral entgegengesetzt ist, zieht
er die Aufmerksamkeit Dupins auf sich. Übermäßige Sichtbarkeit, Exponiertheit und vordergründige Unähnlichkeit sind also Merkmale, von denen
sich Dupin leiten lässt, um dem gesuchten Objekt auf die Spur zu kommen.
Dabei sind es – dies ist in unserem Zusammenhang bemerkenswert – Schrift-
motive, inskriptionelle Elemente, die vor diesem Hintergrund als entscheidende Anzeichen dienen und Dupin davon überzeugen, in dem gesichteten
papiernen Objekt tatsächlich den gesuchten Brief vor Augen zu haben. Was
Dupins Blick auf sich zieht, ist das Verhältnis von Adresse und Siegel, das bei
dem betreffenden Schriftstück eine merkwürdige Diskrepanz aufweist: Denn
einerseits ist der Brief, wie die in zierlichen Lettern ausgeführte Aufschrift
bekundet, an den Minister D adressiert, andererseits aber trägt er, offenkundig
sichtbar, dessen Siegel. Wir haben es hier also mit einer in sich widersprüch-
lichen inskriptionellen Markierung des Briefs zu tun: Den genannten *inscrip-
tiones* zufolge müsste es sich um eine Nachricht handeln, bei der Absender und
Empfänger übereinstimmen.

Von hier aus gelangt Dupin schließlich auch zu einer Erklärung für das merk-
würdige, beschädigte Aussehen des Briefs. An den Beschädigungen an den
Ecken und Kanten des Papiers erkennt er, dass der Brief umgewendet wurde:
Man hat die Innenseite nach außen gekehrt, um ihn sodann mit einer neuen
Adresse zu versehen und neu zu versiegeln.

---

41 Ebd. S. 216.

Das hier erkennbare Sensorium für inschriftliche und der Inschrift affine Formen, das die Beobachtungsweise des Detektivs charakterisiert, findet auch in der Komposition der Erzählung einen Niederschlag. Es ist wohl kein Zufall, dass die Geschichte von einem Motto eröffnet und von einem zweizeiligen Ausspruch beendet wird, also von Textformen, die an Epigramme erinnern. So ruft der dem Text vorangestellte lateinische Merkspruch „Nil sapientiae odiosius acumine nimio", der dort Seneca zugeschrieben wird[42], durch die antike Konnotation einen kulturellen Kontext auf, in dem es zum guten Ton gehörte, epigrammatische Formen zu gebrauchen. Überdies scheint diesem Spruch, wie dessen hervorgehobene Stellung als Eröffnungsmotiv nahelegt, der Charakter einer Maxime oder Devise zuzukommen. Er zitiert damit eine literarische Form, die, in einer von der Antike bis in die Renaissance reichenden Tradition, häufig als Inschrift oder Aufschrift auf einem emblematischen Gegenstand gestaltet war.[43]

Auch am Ende der Erzählung steht ein Zitat, das die Form eines Epigramms aufruft. Die Rede ist von jenen Zeilen, die Dupin, wie er am Schluss der Geschichte seinem Zuhörer verrät, auf die im übrigen unbeschriftete Innenseite des Briefs notiert hat, den er als Attrappe an Stelle des zurückgestohlenen Briefs der Dame auf dem Kaminsims in der Wohnung des Ministers zurückgelassen hat. Es handelt sich um ein Zitat aus Crébillons Stück *Atrée et Thyeste* (1707), in dem der Dramatiker den antiken Mythos der verfeindeten Brüder Atreus und Thyestes als Tragödie gestaltet hat. Die Stelle lautet folgendermaßen:

> —— Un dessein si funeste,
> S'il n'est digne d'Atrée, est digne de Thyeste.

Die zitierte Äußerung, ein aus anderthalb Versen bestehender Zweizeiler im Versmaß des Alexandriners, ist dem großen Monolog Atrées in der 5. Szene des 5. Akts entnommen. Mit diesen Worten besiegelt Atrée seinen Entschluss, sich an Thyeste zu rächen, indem er dessen Sohn tötet. Für unsere Fragestellung von Interesse ist die Form dieser Zeilen, die Poe gleichsam als Exzerpt aus dem Zusammenhang der langen Rede herausgelöst hat, um sie als isolierten Ausspruch und abschließende Pointe seiner Erzählung zu präsentieren. Die kurze und pointierte Gestalt des Zitats sowie dessen zweizeilige Struktur nimmt die Form des Epigramms auf, das in seiner charakteristischen antiken Ausprägung meist als Distichon gestaltet war. Poes Erzählung verweist also schon in ihrer formalen Anlage, dem Umstand, dass die Geschichte von epigrammatischen Motiven gerahmt wird, auf die zentrale Bedeutung, die im Verlauf des erzählten Geschehens der Inschrift zukommt.

---

42 „Nichts ist der Weisheit verhasster als übermäßiger Scharfsinn." Stavros Theodorakis. „The Motto in Edgar Allan Poe's ‚The Purloined Letter'." *A Quarterly Journal of Short Articles, Notes and Reviews* 22 (2009): S. 25-27, nennt als Quelle des Zitats Petrarcas Dialog *De Ingenio* aus dessen Schrift *De remediis utriusque fortunae*.

43 Vgl. Dorigen Caldwell. *The Sixteenth-Century Italian Impresa in Theory and Practice.* New York 2004. S. xi-xii.

Wie sich in Poes Erzählung andeutet, hat die Inschrift auch in der späteren Neuzeit und Moderne ihre Wirkungsmacht und das damit verbundene politische Potenzial nicht verloren. Vielmehr scheint sie womöglich sogar unter den Bedingungen einer weiteren, massenhaften Verbreitung von Schriftpraktiken an Einfluss zu gewinnen. Eine Inschrift oder Aufschrift anzubringen ist nun nicht mehr das Privileg des Königs oder Verwalters, der über ihre öffentliche Ausstellung Aufsicht führt und ihren Einsatz bestimmt. Die moderne urbane Inscriptio bedient sich dabei vielfach anderer, ,leichterer' Materialien als jener harten Medien wie Stein oder Metall, die als klassische Trägersubstanzen der alten Inschriften dienten. Zu den bevorzugten Formen moderner inskriptioneller Praktiken gehören neben Graffiti auf Mauern und Hauswänden vor allem auch Beschriftungen auf Papier oder Karton, die in Gestalt von Zetteln, Briefen oder in anderen kleinen Formaten im urbanen Raum zirkulieren und dabei, wie Poes Erzählung vorführt, die Grenze zwischen öffentlichem und privatem Raum passieren. Diese Mobilisierung und Vervielfältigung inskriptioneller Äußerungen stellt die Instanzen der öffentlichen Ordnung vor das Problem, wie sich jene Praktiken und das mit ihnen verknüpfte subversive Potential begrenzen und regulieren lassen.[44] In Poes literarischer Fiktion bleibt es indessen der poetischen Eingebung und überlegenen Einsicht des Detektivs vorbehalten, die Produktion und Verwendung der Inscriptio steuern und kontrollieren zu können. Um sich als Herr der Inschriften zu erweisen, macht Dupin dabei von einer Technik Gebrauch, die schon Colas di Rienzo Umgang mit den antiken Monumenten kennzeichnete und die sich, folgt man den Ausführungen Artières, auch die Polizei des 19. Jahrhunderts zu eigen zu machen beginnt[45]: der Fertigkeit, die Beschriftungen zu lesen und zu interpretieren.

---

44 Vgl. Artières. *La police de l'écriture*. S. 32.
45 Vgl. Artières. *La police de l'écriture*. S. 63-69.

Martin Sexl (Innsbruck)

Komparatistik und Gegenwartskunst

1. Verunsicherung

Vor einigen Jahren besuchte ich mit Studierenden eine Kunstausstellung in einer Galerie, die nur aus einem Raum bestand. Der Arbeitsplatz der Galeristin mit Computer und Drucker sowie ihre ein ganzes Regal füllende Arbeitsbibliothek in einer gut sichtbaren Nische knapp hinter dem Bürotisch befanden sich im selben Raum wie die ausgestellten Werke. Teil der besuchten Ausstellung war ein umgebauter Verkaufsautomat, der – wenn man ihn mit zehn Euro fütterte – nicht Getränke oder Snacks ausspuckte, sondern die hinter der Glasscheibe gut sichtbaren Bücher des Künstlers. Bei der Nachbesprechung des Galeriebesuches mit den Studierenden wurde klar, dass sie den Verkaufsautomaten nicht wahrgenommen hatten – zumindest nicht bewusst, denn niemand konnte sich an ihn erinnern –, aber einige fragten, ob die Bücher im Regal der Galeristin Teil der Ausstellung gewesen wären.

Diese kleine Anekdote zeigt, dass die Verunsicherung auf dem Feld zeitgenössischer Kunst nicht nur die Frage nach der Qualität von Kunst berührt, sondern auch jene der Grenze zwischen Kunst(werk) und ihrem (bzw. seinem) jeweiligen Außen. Wenn diese Grenze in Frage steht, dann drückt der Satz „Das ist doch keine Kunst!" ein (ungläubiges) Staunen darüber aus, dass ein Verkaufsautomat ein Kunstwerk ist – wir haben es also mit einem Definitionsproblem zu tun, das unter anderem juristische Fragen aufwirft –, während derselbe Satz in Debatten über die Qualität von Kunst eine Abwertung artikuliert, d. h. ein ästhetisches Urteil, für das sich in der Regel nicht der Gesetzgeber und die Rechtsprechung interessiert[1], sondern die (Kunst-)Kritik.

Das Definitionsproblem ist beileibe nicht neu und kann auch nicht immer – wie das Eingangsbeispiel ebenso zeigt wie einige prominente Fälle der jüngeren Kunstgeschichte[2] –, dadurch vermieden werden, dass man eindeutige institutionelle Zuordnungen ermöglicht und Galerien, Museen, Theater oder Konzertsäle eindeutig von anderen Orten abgrenzt. Noch ausgeprägter tritt dieses Problem auf, wenn Kunst gar nicht mehr an solchen Orten zu finden ist, sondern sich in alltäglichen Wirklichkeiten situiert.

---

1 Außer wenn die Ablehnung eines Kunstwerks so weit führt, dass dieses (absichtlich) beschädigt oder zerstört wird.

2 Zu den bekanntesten darunter dürften wohl eine mit Fett und medizinischem Verbandsmaterial gefüllte Badewanne von Joseph Beuys sein, die 1973 in einem Museum in Leverkusen eingelagert war, weil dort eine Beuys-Ausstellung vorbereitet wurde. In diesem Museum wurde ein Fest gefeiert, und die Badewanne wurde von Gästen dieses Festes geputzt und zum Kühlen von Getränken verwendet. Auch der knapp nach dem Ableben des Künstlers irrtümlicherweise aus seinem Atelier entfernte und als „Fettecke" bekannte Klotz Margarine löste beträchtliche Aufregung aus. In beiden Fällen kam es zu einem Rechtsstreit.

Kunst, die einen herkömmlichen Werkbegriff in Frage stellt (und vom breiten Publikum oft abgelehnt wird), aber doch verortet und verortbar und daher, zumindest weitestgehend, als Kunst erkennbar ist, soll im folgenden *Gegenwartskunst* genannt werden, die in den Alltag integrierte und intervenierende und manchmal nicht als Kunst wahrgenommene Kunst als *Situationskunst*. Gegenwartskunst setzt ihre Autonomie und eine klare Grenze zwischen Kunst und Nicht-Kunst voraus – ein Flaschentrockner zählt eindeutig *entweder* (als Gebrauchsgegenstand) zur Alltagsordnung *oder* (als Readymade von Marcel Duchamp) zur Kunst –, Situationskunst (die man als eine radikale Ausformung und somit als Teil der Gegenwartskunst ansehen könnte) sät Zweifel an der Kunstautonomie, auch wenn sie diese häufig als Argument gegen Anrufungen oder Übergriffe von Politik, Religion oder Alltagswirklichkeit verwendet bzw. verwenden ‚muss'. Readymades sind Gegenwartskunst, Pussy Riot machen Situationskunst.[3]

Bei beiden Formen, die sich in vielen Fällen überschneiden (wie die *Situation* des Ausstellungsbesuchs mit den Studierenden zeigt), wird im herkömmlichen Sinne nichts mehr erschaffen (*poesis*), sondern etwas gefunden bzw. letztlich ‚einfach' etwas getan (*praxis*).[4] In beiden Fällen versteht sich nichts mehr von selbst: Es ist in der Rezeption – zumindest im ersten Moment – unklar, ob wir es überhaupt mit Kunst zu tun haben. In anderen Worten: Wir können uns im Moment des Ausstellungsbesuches also nicht auf unsere Sinneswahrnehmungen, auf unsere Erfahrung und auf unser *implizites* (Vor-)Wissen verlassen, wenn wir wissen wollen, womit wir es zu tun haben und was das alles soll. Wir benötigen also nicht zuletzt Erklärungen und Erläuterungen (die wieder zu implizitem Wissen gerinnen können) – und das ist *ein* Grund, warum zeitgenössische Kunst für die Komparatistik interessant sein könnte. Davon wird noch zu sprechen sein.

Die Begriffe Gegenwarts- und Situationskunst decken einen sehr weiten Bereich von Phänomenen ab. Daher wird das Folgende eine kursorische Skizze werden, bei der in erster Linie auf solche Phänomene und ihre Gemeinsamkeiten abgezielt werden soll, die für die Komparatistik von Interesse sind. Im Zentrum steht nicht eine genaue Analyse und Interpretation von Phänomenen, sondern die Frage, was im Hinblick auf die Disziplin der Komparatistik spannend für

---

3 Bei einem Readymade gibt es zwar noch ein eindeutig identifizierbares Objekt, aber das, was dieses zum *Kunstwerk* macht, hat mit dessen Eigenschaften nichts zu tun. Readymades zerstören letztlich auch einen seit Bestehen der Kunst gültigen Konsens: Kunst hat etwas Gemachtes und nicht etwas zufällig Gefundenes zu sein. (Im Übrigen hatte und hat dieser Konsens für Ästhetiken des Hässlichen ebenso Gültigkeit wie für Texte und Gemälde, die von Zufallsgeneratoren oder Algorithmen produziert werden: Auch vom ‚Hässlichen' verlangen wir, wenn es als Kunst wahrgenommen werden soll, dass Gestaltungsenergie darauf verwandt wird; und auch der Hervorbringung von Computern geschriebenen Gedichten unterstellen wir eine Art intentionales Bewusstsein, etwa das von Programmierer*innen.)

4 Roberto Nigro. „Wie verändert sich Kunst, wenn sie zur Tätigkeit ohne Werk wird?". *Wie verändert sich Kunst, wenn man sie als Forschung versteht?* Hg. Judith Siegmund. Bielefeld: Transcript, 2016. S. 199-213, hier S. 206f.

Analyse und Interpretation *wäre*. Die im Folgenden diskutierten Phänomene und Beispiele befinden sich auf jeden Fall in der Peripherie der Komparatistik mit allen Nachteilen, welche die Arbeit in Peripherien mit sich bringt: Diese reichen von zu führenden Abgrenzungsdebatten („Das gehört nicht zur Komparatistik!") über Probleme von Methodik („Das kann man mit den Methoden der Komparatistik gar nicht untersuchen!"), Monodisziplinarität („Dazu fehlen uns die Voraussetzungen und das Wissen über juristische, ökonomische oder soziale Zusammenhänge!") und Seinsweise der Phänomene („Das zu erklärende Phänomen kann gar nicht präzise definiert oder fixiert werden!") bis zu mangelnden Ressourcen in finanzieller („Drittmittel bekommt man mit diesen Themen keine!") oder organisatorischer Hinsicht („Die nötige Zusammenarbeit mit so vielen unterschiedlichen Disziplinen ist zu aufwändig und zu schwerfällig!"). Dass Peripherien auch spannende und interessante Fragestellungen und Reflexionsmöglichkeiten bereithalten (die nicht zuletzt der Tatsache geschuldet sind, dass sich in diesen viele unterschiedliche wissenschaftliche Disziplinen tummeln, manche vielleicht – wie etwa die Kunstgeschichte[5] – mit einem scheinbar angestammten Recht), soll in der Folge belegt werden.

2. Gegenwartskunst

Gegenwartskunst ist nicht einfach die Kunst, die gegenwärtig gemacht wird. Gegenwartskunst ist kein Epochenbegriff. Juliane Rebentisch und Peter Osborne beschreiben mit diesem Begriff, bzw. mit dem der *contemporary art*[6], Kunstformen, die die Kategorie des Werkes in Frage stellen: etwa aufgrund seiner raschen Vergänglichkeit (Beispiel: Performances), seiner prekären räumlichen und institutionellen Zuordnung (Beispiel: Street Art) oder seines Ursprungs in kunstexternen Feldern (Beispiel: Readymades). Werkwerdung und Werkstatus müssen aufgrund ihrer Instabilität also gestärkt werden, und zwar durch spezifische

---

5 Auch wenn sich die Kunstgeschichte Phänomenen der Gegenwarts- und Situationskunst nicht verschließt, scheint es auch ihr leichter zu fallen – und das hat an Universitäten auch mit den Anforderungen an die Lehre, also an Bildungs- und Ausbildungsstrukturen, zu tun –, eindeutig definierbare Kunstwerke und klar eingrenzbare institutionelle Kontexte in den Blick zu nehmen als jene künstlerischen Formen, die nicht als Werk fixiert werden können oder bei denen nicht einmal so recht klar ist, ob es sich um Kunst oder nicht vielmehr um etwas anderes handelt. Dies gilt für die Disziplin zumindest an den theoretisch-wissenschaftlich ausgerichteten Universitäten, wohingegen Kunsthochschulen diesbezüglich in der Regel mehr Freiheiten genießen.

6 Juliane Rebentisch. *Theorien der Gegenwartskunst zur Einführung*. Hamburg: Junius, 2013; Peter Osborne. *Anywhere or Not at All. Philosophy of Contemporary Art*. London: Verso, 2013. Im deutschen Sprachraum scheint sich in der Kunstszene der Begriff *contemporary art* gegenüber dem der Gegenwartskunst oder der zeitgenössischen Kunst durchgesetzt zu haben, wohl um eine gängige Bedeutung der beiden deutschsprachigen Begriffe – nämlich Kunst, die zu einer bestimmten Zeit gemacht wird oder wurde – zu vermeiden. Diese Bedeutungen schwingen auch im englischen Begriff mit, aber aufgrund der Geschichte der Verwendung des Begriffs in schwächerem Ausmaß.

Kontextualisierungsstrategien, die den Zweifel am Werk allerdings nicht neutralisieren, sondern mit ihm spielen. Dabei arbeiten diese Strategien mit scheinbar kunstexternen Faktoren wie dem jeweiligen Publikum, der textuellen Einbettung (Museumskataloge, Dokumentation etc.), dem Standort (der Galerie oder des Museums) u. Ä. m. Diese Faktoren machen die Kunst in einem sehr direkten und buchstäblichen Sinne *gegenwärtig*. Die Readymades von Duchamp zählen zu den ersten Formen einer solchen gegenwärtigen Kunst: Als diese das erste Mal in den Kunstdiskurs eingeführt wurden, war es nur die Differenz zwischen dem ‚Fundort' Kaufhaus und dem Standort Kunstgalerie, der einen handelsüblichen Flaschentrockner in ein Kunstwerk transformierte. Die Rezeptionsgeschichte hat ihren Status allerdings verändert, denn Duchamp wurde im Laufe des 20. Jahrhunderts berühmt, was aus seinen Readymades begehrte Objekte machte, von denen man Reproduktionen anzufertigen begann.[7]

Readymades benötigen neben einem spezifischen institutionellen Kontext unabdingbar Formen des sozial verbindlichen und durch *interpretive communities* (Stanley Fish) akzeptierten Sprechens und Schreibens, um überhaupt als Kunst wahrgenommen zu werden.[8] Damit stehen sie am Anfang einer Entwick-

---

7 So erschienen 1964 in der Galerie Schwarz in Mailand 14 Readymades als Multiples in einer auf jeweils acht Exemplare limitierten sowie vom Künstler autorisierten und signierten Auflage, um die zunehmende Nachfrage zu befriedigen. Bei gefundenen oder im Kaufhaus gekauften Gegenständen mutet es jedoch ein wenig absurd an, wenn Handwerker*innen „präzisen technischen Aufriß- und Querschnittzeichnungen" folgend (Dieter Daniels. *Duchamp und die anderen. Der Modellfall einer künstlerischen Wirkungsgeschichte in der Moderne*. Köln: DuMont, 1992, S. 228f.) einen Kunstgegenstand nachbauen, der ganz pragmatisch gesehen ohnehin nichts anderes als ein von Handwerker*innen hergestellter und im Kaufhaus erhältlicher Gebrauchsgegenstand ist. Der Gründungsdirektor des Museums des 20. Jahrhunderts in Wien, Werner Hofmann, bat 1962 Duchamp in einem Brief um eine Replik des *Flaschentrockners* für das Museum, bekam allerdings „die Antwort, er könne sich den Flaschentrockner für das Museum im Bazar de l'Hôtel de Ville" – einem großen Kaufhaus in Paris – besorgen, er, Duchamp, würde diesen dann signieren (Daniels. Duchamp und die anderen. S. 231). Das wäre allerdings ein neues Readymade gewesen, und Hofmann war auf der Suche nach der Reproduktion des Originals.

8 Sonst würde jede*r, die/der *irgendetwas* macht und es als Kunst bezeichnet, Kunst produzieren. Die Grenze zwischen Kunst und Nicht-Kunst wurde durch die Autonomisierung des künstlerischen Feldes im 18. Jahrhundert gezogen und stabilisiert, konnte sich aber darüber hinaus lange Zeit auch darauf verlassen, dass man Kunstwerke anhand bestimmter Merkmale erkennen konnte oder zumindest darauf vertraute, dies tun zu können („Das sieht aus wie Kunst, ist also Kunst."). Dieses Vertrauen ist im 20. Jahrhundert brüchig geworden oder gar verloren gegangen. Um heute Kunst von Nicht-Kunst abgrenzen zu können, muss man die Autonomie des künstlerischen Feldes noch weiter stärken („Das steht in der Galerie und nicht auf der Straße, also ist es Kunst, auch wenn es nicht so aussieht."), was natürlich auch mit Machtverteilung und Deutungshoheiten in einem diskursiven Feld zu tun hat. Michel Foucault folgend könnte man also sagen, dass eine Gesellschaft nicht nur Mechanismen entwickeln muss, die darüber entscheiden, wie Kunst behandelt werden darf und wie nicht, sondern auch solche, die definieren, was im Diskurs überhaupt als Kunst angesehen

lung, die die Konzentration des Publikums (im Akt der Rezeption wie auch in der Vorbereitung darauf) zunehmend von Sinneserfahrungen und von einer kontemplativen Haltung hin auf Wissensgenerierung und -abruf zu verschieben beginnt.[9] Aber doch gibt es bei Readymades einen identifizierbaren und von seiner ‚Umwelt' abgrenzbaren Gegenstand, was diese auch weiterhin zu Arbeiten der modernen Kunst machen, die trotz aller avantgardistischer Revolutionen an ein Werk gebunden bleibt. Vergleichbares gilt für die Konzeptkunst in den 1960er Jahren, die wie die Readymades als ein Ausgangspunkt oder auch als ein Teil der Gegenwartskunst angesehen werden kann. Die Konzeptkunst spitzt den Akt der Konstruktion von Kunst durch den Diskurs weiter zu und macht ihn zum Thema der Kunst, wodurch sie selbst- und metareflexiv wird. Exemplarisch ist dies bei Yves Kleins Ausstellung „Le vide" in den 1950er Jahren (ein gänzlich leerer und frisch in Weiß gestrichener Raum einer Pariser Galerie) oder etwa bei *The Vertical Column of Accelerated Air* von Michael Asher von 1969 (eine Säule aus Luft) zu ‚beobachten': Bei beiden ist nichts zu sehen. Aber doch sind beide in einen Kunstdiskurs eingebettet, der unter anderem durch Texte (Ausstellungsschilder mit Werktitel, Einladungskarten, Museumskataloge, Presseberichte etc.) die Wahrnehmung des Publikums lenkt.

Die Konzeptkunst hat die Auflösung des Werkbegriffs entscheidend vorangetrieben. Deutlich wird das etwa bei Joseph Kosuths *One and Three Chairs* (1965), bei der ein Stuhl, die Fotografie eines Stuhls und der Lexikoneintrag zum Begriff „Stuhl" in einem Werk kombiniert sind. Kosuth hat nur festgelegt, wie das Arrangement aussieht – die Fotografie muss einen Stuhl an seinem jeweiligen Ort in der Ausstellung wiedergeben –, und zwar in einer von ihm signierten Skizze. Daher kann das Werk mit jedem beliebigen Stuhl und jedem beliebigen Lexikoneintrag realisiert werden und es bleibt offen, ob das nach Entscheidungen von Kurator*innen gestaltete Werk in einer Ausstellung das ‚eigentliche' Kunstwerk ist oder nicht doch die signierte Skizze des Künstlers.[10]

---

bzw. zugelassen wird. (Daher irritieren Kunstformen, wie die Situationskunst, die die Autonomie des Feldes in Frage stellen.) Dass die Ökonomie dabei eine zentrale Rolle spielt und Kunst ein Spekulationsobjekt und ein wesentlicher Wirtschaftsfaktor geworden ist (vgl. Markus Metz/Georg Seeßlen. *Geld frisst Kunst – Kunst frisst Geld. Ein Pamphlet*. Berlin: Suhrkamp, 2014), versteht sich in Zeiten eines kapitalistischen Systems, das von Bedürfnisbefriedigung auf Begehrenssteigerung und von der Produktion und Konsumtion von Gütern und Dienstleistungen auf die von Zeichen – also von ‚Natur' auf ‚Kultur' – umgestellt hat, von selbst (vgl. Gernot Böhme. *Ästhetischer Kapitalismus*. Berlin: Suhrkamp, 2016; Luc Boltanski/Arnaud Esquerre. *Bereicherung. Eine Kritik der Ware*. Berlin: Suhrkamp, 2018).

9   Der Unterschied zwischen dem Gebrauchs- und dem Kunstgegenstand ist ja, noch einmal, visuell nicht wahrnehmbar.

10 *One and Three Chairs* thematisiert auch das Verhältnis von Sprache und Sinneserfahrungen, was zu einer „spatialization of language" und einer „temporalization of visual structure" führt (Benjamin H. D. Buchloh. „Conceptual Art 1962-1969: From the Aesthetic of Administration to the Critique of Institutions". *October* 55 (1990): S. 105-143, hier S. 107).

3. Situationskunst

Werk- und Handlungsformen (beispielsweise Performances) auf dem Feld der Gegenwartskunst gründen trotz aller Dekonstruktion von Grenzen auf drei ‚Minimalbedingungen': auf einem intentionalen Akt produzierender Künstler*innen (der auch in der Programmierung einer Software, die Kunst herstellt, oder in der ‚Organisation von Zufällen' bestehen kann), auf der Verortung dieser Formen in Kunstinstitutionen (die wiederum auf der Autonomie des künstlerischer Feldes basieren) sowie auf dem Wissen des Publikums, es mit Kunst zu tun zu haben. Diese Minimalbedingungen werden in dem, was hier Situationskunst genannt werden soll, zumindest in Teilen ausgehebelt, weil Situationskunst nur in dem einen Moment und für die eine spezifische Situation funktioniert, in dem sie gerade passiert, oder weil man gar nicht weiß, ob das Kunst ist oder nicht, was da gerade passiert, oder weil man das, was passiert, nicht als Kunst, sondern als faktische Realität wahrnimmt. Situationskunst ist ein *Prozess*, der in einem *radikalen* Sinne gegenwärtig ist und bei dem nicht klar ist, auf welchem Feld man sich überhaupt bewegt.[11] Unter Situationskunst fallen etwa das Agitprop-Theater eines Béla Balázs in Berlin um 1930 oder das Unsichtbare Theater von Augusto Boal in den 1960er Jahren. Bei beiden agierten professionelle Schauspieler*innen oder geschulte Laien im öffentlichen Raum, die zufällig anwesenden Passant*innen wussten nicht, dass es sich um ein ‚Spiel' handelte. Das ‚Publikum' wurde daher – egal ob es aktiv in die Situation eingriff, zuschaute oder weiterging bzw. davonging – zu einer Art Mit*täter*, auch wenn es eigentlich Mit*spieler* war. In der Rolle des *Zuschauers* war es zu keinem Moment.

Die Situationskunst kennt viele und sehr unterschiedliche Formen: Hinzuzählen könnte man etwa neben den bereits genannten ‚Theaterformen' die vielen unterschiedlichen Zusammenschlüsse von (meist linken) Künstler*innen, Intellektuellen, Wissenschaftler*innen und/oder politischen Aktivist*innen wie die Situationistische Internationale (1957-1972), den Wiener Aktionismus (1962-1970), das Zentrum für politische Schönheit, Pussy Riot (Moskau), das Peng Collective (Berlin), Forensic Architecture (mit Sitz in London), das Bureau d'Etudes (Paris), The Yes Men, Liberate Tate (London) und viele mehr.[12] Gemeinsam ist den Aktionen dieser Gruppen, dass sie außerhalb der bestehenden Kunstinstitutionen (im Internet, in der konkreten Realität oder beidem) mit recherchebasierten Aktionen und Projekten in alltägliche Zusammenhänge

---

11 Wodurch sie sich auch von den darstellenden Künsten wie Musik, Theater oder Performance unterscheidet, bei denen eine Aufführung zwar auch nicht wiederholbar ist, es aber doch meist klar ist, dass man es mit Kunst zu tun hat. Auch beim postdramatischen Theater gibt es in der Regel eine deutliche Trennlinie zwischen Kunst (System) und ihrem Außerhalb (Umwelt).

12 Die genannten Gruppen sind nur eine kleine Auswahl und arbeiten auch methodisch wie inhaltlich ganz unterschiedlich. Viele ihrer Aktionen sind umstritten. Das gilt insbesondere für das Zentrum für politische Schönheit. Für die vorliegenden Ausführungen ist dabei vor allem die Tatsache interessant, dass Gerichte die Aktionist*innen des Zentrums, das in viele Rechtskonflikte verstrickt ist, immer wieder mit der Berufung auf die Autonomie der Kunst freisprechen.

intervenieren und sich dabei nicht (nur) als politische Aktionist*innen verstehen, sondern in erster Linie als Künstler*innen. Eine weitere Gemeinsamkeit besteht darin, dass für das Publikum in vielen Fällen nicht klar ist, ob das Wahrgenommene oder Erlebte eine Kunstaktion ist oder ein Ernstfall.

Situationskunst ist in einem direkteren und weit vergänglicheren Sinne gegenwärtig als Gegenwartskunst: Sie verschwindet mit der Situation, in der sie stattfindet und (re)agiert. Weil Situationskunst nur in einer ganz bestimmten Situation und zu einem ganz bestimmten Moment (und daher nur einmal) passiert, kann sie kein Werk entwickeln. Sie entkommt damit *möglicherweise* dem Überbietungswettbewerb der Avantgarden auf der einen Seite[13], der Kommodifizierung durch den Kunstmarkt auf der anderen. Verdinglichungsprozesse benötigen nämlich ein Werk, das man kaufen und verkaufen kann, was bei Performances trotz ihrer Einmaligkeit noch denkbar ist: Erstens kann das anwesende Publikum als Käufer in einem Tauschverhältnis fungieren (wenn etwa eine Performance als *charity event* organisiert wird), zweitens können Performances gefilmt und dadurch festgehalten, in ein *wiederholt sichtbares* Werk transformiert und solchermaßen kommodifiziert werden. Mit Diedrich Diederichsen könnte man sagen, dass es in solchen Fällen *gerade* das „(Massen-)Medium" ist, „dessen standardisierter und standardisierender, vervielfältigter und vervielfältigender Rahmen die indexikal hervorgebrachte Einmaligkeit wirkungsvoll hervorhebt und verstärkt. Erst das Massenmedium schafft den einmaligen Star."[14] Beim Unsichtbaren Theater ist dies unmöglich, weil man nicht sieht, dass es sich um Theater handelt.

Situationskunst ist auf eine sehr spezielle Art und Weise *verortet*: Sie stellt sich, und dies häufig außerhalb künstlerischer Institutionen, den Menschen in einem buchstäblichen Sinne in den Weg oder verbaut ihnen Zugänge[15], schränkt

---

13 „Möglicherweise" deshalb, weil auch Situationskunst um Aufmerksamkeit kämpfen muss und daher nicht unabhängig von Formen der Steigerung, Überbietung und Radikalisierung gesehen werden kann.

14 Diedrich Diederichsen. *Körpertreffer. Zur Ästhetik der nachpopulären Künste.* Berlin: Suhrkamp, 2017. S. 14f. Sogar Tino Sehgal, inzwischen einer der bekanntesten Performancekünstler, entkommt den „Medien des Index" (Diederichsen. Körpertreffer. S. 9) nicht, auch wenn er, so zumindest steht es im Wikipedia-Eintrag [am 17.3.2020] unter seinem Namen zu lesen, keine schriftlichen Verträge abschließt, die filmische wie fotografische Dokumentation seiner Performances verbietet und keine Einladungen drucken oder Kataloge publizieren lässt. Und doch haben wir es mit identifizierbaren Kunstwerken in Museen und Galerien zu tun. Dies gilt auch für die Performance *The Artist is Present* im Museum of Modern Art in New York von Marina Abramović, bei der die Künstlerin 2010 mehr als zwei Monate lang zu den Öffnungszeiten des Museums ohne zu sprechen und nahezu ohne Regung auf einem Stuhl an einem Tisch in einem leeren Raum saß. Auch hier sorgt die institutionelle Verankerung für eine klare Grenzziehung zwischen Kunst und Nicht-Kunst.

15 Man denke etwa an den vollkommen leeren spanischen Pavillon auf der Biennale 2003 in Venedig von Santiago Sierra, in den ausschließlich spanische Staatsangehörige über einen von spanischen Wachleuten bewachten Nebeneingang eingelassen wurden.

also die Bewegungsfreiheit von Menschen ein oder lenkt diese in eine bestimmte Richtung. Dazu kommt ein Moment der *Verzeitlichung*: Damit ist nicht nur die Tatsache gemeint, dass jedes Kunstwerk und dessen Analyse in einen spezifischen historischen Kontext eingebunden ist und daher seinen Status ändert, sondern dass das ‚Werk' selbst aus einem Prozess besteht, der aufgrund seiner Situierung in der Alltagswirklichkeit nicht vorhersehbar und irreversibel ist. Das ‚Werk' als eine Form der Aufführung kann also nicht reproduziert werden, und oft weiß oder merkt das ‚Publikum' nicht, dass es sich in einem Kunstkontext befindet. Situationskunst ist *als* Kunst häufig unsichtbar. Diese Kunst ist in einem sehr direkten Sinne gegenwärtig, und sie kann nur schwer, wenn überhaupt, kommodifiziert werden: Da die Funktionslogik dieser Kunst „einem radikalen und irreparablen Bruch mit der institutionalisierten Kunst gleichkommt, besteht wenig Gefahr, dass ein solcher Protest durch eine neue Expansion des dominanten Kunstbegriffes wieder absorbiert wird".[16]

4. Kunst als Politik?

Die kurze Schilderung eines Beispiels kann helfen zu verstehen, was Situationskunst ist und wie sie funktioniert: Die britische Künstler*innen- und Aktionsgruppe Liberate Tate installierte gegen den physischen Widerstand des Museumspersonals unter dem Namen *The Gift* im Juli 2012 in der großen Eingangshalle der Tate Gallery of Modern Art in London (einer ehemaligen Turbinenhalle) einen 16,5 Meter langen Flügel einer Windturbine, um gegen die Tatsache zu protestieren, dass der Hauptsponsor der Tate Gallery das Unternehmen British Petrol ist, das sich – so der Vorwurf – nach der Umweltkatastrophe 2010 im Golf von Mexiko durch Kunstsponsoring eine weiße Weste kaufen wolle. In einer filmischen Dokumentation[17] sieht man, wie sich zwischen dem Museumspersonal und den Künstler*innen ein Handgemenge und ein hitzig geführter Wortwechsel entwickelt, in dem zwei Behauptungen der Künstler*innen bemerkenswert sind,

---

16 Gene Ray. „Für eine Kritische Kunst-Theorie". *ipcp – European Institute for Progressive Cultural Policies* (Mai 2007): o. S. (https://transversal.at/transversal/0806/ray/de [17.3.2020]).

17 Die kurze Analyse des Beispiels stützt sich auf unterschiedliche Dokumente, vor allem auf die Homepage der Gruppe und auf kurze Filme im Netz. Das wirft natürlich Fragen nach der Objektivität und Validität der Quellen und der methodischen Herangehensweise auf, die hier nicht weiterverfolgt werden können. Diese Fragen betreffen die Situationskunst ganz generell: Worüber spricht man als Wissenschaftler*in, wenn man sich Werken der Situationskunst widmet? Über eine Handlung? Eine Filmaufnahme von dieser Handlung? Wer ist der/die Urheber*in der Handlung? Wer hat den Film darüber gedreht? Mit welchem Interesse? Wo wird dieser Film gezeigt? Ist er eine zuverlässige Quelle? Etc. *Eine* Quelle für die vorliegenden Ausführungen, der auch die zitierten Aussagen der Gruppenmitglieder entnommen wurden, war die etwas mehr als zölf Minuten dauernde Film-Dokumentation *THE GIFT Documentary*, die auf der Videoplattform Vimeo zu finden ist (https://vimeo.com/83778146 [17.3.2020]).

nämlich „This conversation has to take place *in* the gallery" und „It's an artistic performance." Die erste Aussage rekurriert auf die Notwendigkeit eines institutionell klar zuordenbaren Raums, damit etwas zu Kunst werden kann. Denn wenn es schon keine Genehmigung für die ‚Kunstwerdung' gibt, man also nicht den Konventionen und rechtlichen Gepflogenheiten des Kunstbetriebs folgt, dann muss man ins Innere des Kunstbetriebs eindringen.[18] Die zweite Aussage stellt eine Behauptung in den Raum, die allerdings nicht als Beitrag zur Kunstdefinition verstanden werden darf (Liberate Tate hat auch nicht die Deutungshoheit über die Frage der Definition von Kunst), sondern in dem Moment als Argumentationsstrategie interpretiert werden muss, um ein bestimmtes Ziel in einer ganz spezifischen Situation zu erreichen. Der Satz dient im Moment des Konflikts dem Ziel, das Museumspersonal zu überzeugen. Wenn dies gelingt, dann akzeptiert es die Eindringlinge als Künstler*innen und verhält sich dem Windflügel gegenüber wie einem Kunstwerk: Man schaut ihn an, organisiert seine Aufstellung, schützt ihn vor Berührungen von Museumsbesucher*innen etc.

Der Windflügel wird in der Halle aufgebaut, während das Museumspersonal die Polizei verständigt. Der Film zeigt ein Gespräch zwischen einem Mitglied von Liberate Tate (wohl der Sprecher der Gruppe) und einem Polizisten, in dem sich der Künstler auf den „Museums and Galleries Act" von 1992 beruft, der britische Museen dazu verpflichtet, Kunstgeschenke „given for the benefit for the public"[19] in die permanente Sammlung aufzunehmen und pfleglich zu behandeln. Der Windflügel wurde zwar rasch wieder aus der Tate Modern entfernt, allerdings formierte sich eine Unterstützungsbewegung, die Unterschriften sammelte und mit Berufung auf das genannte Gesetz die Aufnahme in die ständige Sammlung forderte und damit die Tate Modern zu einer Stellungnahme zwang, in der sie Argumente für die Tatsache formulieren musste, warum sie das Geschenk zurückgewiesen hat.[20]

Es mag sein, dass die Aktion keine Performance ist und der Windflügel kein Kunstwerk. Allerdings ist es nicht undenkbar, dass die Institution die Gabe angenommen hätte[21] oder der Windflügel nach der Ablehnung durch eine andere Institution, eine*n Mäzen*in oder eine*n Sponsor*in erworben worden

---

18 Denn dort muss sich das Museum der Auseinandersetzung und der Verhandlung stellen, während die ganze Angelegenheit auf der Straße vor dem Museum ein Fall für die kommunale Verwaltung wäre.

19 So auf der Homepage der Gruppe zu finden (https://www.liberatetate.org.uk/performances/the-gift [17.3.2020]).

20 Die Aktion der Gruppe kann, diesen Hinweis verdanke ich Joachim Harst, auch als *Gabe* angesehen werden. Die Implikationen des Begriffes und die philosophische wie ethnologische Debatten dazu, die ausgehend von Marcel Mauss seit gut hundert Jahren geführt werden, sind allerdings so weitreichend, dass sie hier nicht berücksichtigt werden können.

21 In ihr Archiv, das einsehbar ist, hat die Tate Modern allerdings die gesamte Dokumentation der Aktion aufgenommen, etwa die Skizzen und Planungsunterlagen von Liberate Tate. Im Vergleich mit *One and Three Chairs* von Joseph Kosuth, der den ‚Bauplan' des Kunstwerks signierte, aber nicht die Ausführungen übernahm oder kontrollierte, wirft dies die Frage auf, ob man die genannte Dokumentation von *The Gift* als eine

wäre. Dann wäre die Transformation in einen Kunstgegenstand realisiert worden. Die Aktion als konkrete Handlung bewegt sich für Betrachter*innen möglicherweise an der Grenze zwischen Performance, Anlieferung eines Kunstwerks und politischer Aktion, denn es ist durchaus möglich, dass ein Teil der Museumsbesucher*innen, die vielleicht auch nicht den ganzen Prozess miterlebt haben, sich bis zum Schluss keinen Reim auf die ganze Geschichte machen kann oder einem Irrtum unterliegt.[22]

5. Komparatistik als Kunst?

Das Feld ist abgesteckt. Aber in welcher Form kann sich die Komparatistik mit diesem beschäftigen und sich in dieses einschreiben, ohne ihre Herkunft und ihr angestammtes Fachverständnis als philologische Disziplin zu verleugnen? Ein Antwortversuch kann aus unterschiedlichen Perspektiven erfolgen.

5.1. Strategien: Aus institutionenpolitischer Hinsicht ist es von Vorteil, wenn die Komparatistik ihren Gegenstandsbereich immer wieder neu denkt und erweitert. Solche Facherweiterungen (bzw. Forderungen danach) hat es immer wieder gegeben: Man denke nur an die Forderungen von vor mehr als 50 Jahren, die Komparatistik möge sich öffnen gegenüber den damals so genannten „anderen Künsten". Heute ist von Inter- und Transmedialität die Rede, und weil sich die Phänomene und Felder der Inter- und Transmedialität seit den 1960er Jahren stark verändert und erweitert haben, sich Grenzen zwischen Kunstformen, Theorieentwürfen und Disziplinen ständig verschieben und zudem auch in anderen philologischen Fächern inter- und transmediale Formen ganz selbstverständlich erforscht werden, ist es aus strategischen Gründen angezeigt, über disziplinäre Modifikationen in inhaltlicher, theoretischer und methodischer Hinsicht nachzudenken. Da Gegenwarts- und Situationskunst eines inter- und multidisziplinären Zugriffs bedürfen[23], sind Komparatist*innen, die aufgrund ihres Fachverständnisses auf solche Zugriffe gleichsam spezialisiert sind, in besonderem Maße geeignet, sich diesen Kunstformen zu widmen.

Dokumentation, ein Kunstwerk, eine Handlungsanleitung, einen Konstruktionsplan, eine Partitur oder ein Original – oder auch etwas ganz anderes – wahrnimmt.

22 Damit sich die Komparatistik einen Reim darauf machen kann, muss sie zeichentheoretische mit handlungstheoretischen Zugängen verknüpfen – und sie muss ein Diktum von Viktor Šklovskij ernst nehmen, das dieser vor mehr als hundert Jahren formuliert hat: „[D]ie Kunst ist ein Mittel, das Machen einer Sache zu erleben; das Gemachte hingegen ist in der Kunst unwichtig." (Viktor Šklovskij. „Die Kunst als Verfahren". *Russischer Formalismus. Texte zur allgemeinen Literaturtheorie und zur Theorie der Prosa.* Hg. Jurij Striedter. 5. Aufl. München: Wilhelm Fink, 1994. S. 3-35, hier S. 15.)

23 Ohne Kenntnisse der herrschenden Rechtslage und des herrschenden Kunstbegriffs, des Funktionierens von Medien, der Soziologie und der Psychologie, über Entwicklung der Autonomie des Kunstwerks etc. können so komplexe Phänomene wie die genannten kaum untersucht werden.

5.2. Methoden: Gegenwarts- und Situationskunst sind eine Herausforderung
für die Komparatistik, sich ‚alten‘ theoretischen Fragen ganz neu zu stellen: Sie
betreffen Autorschaft, Selbstreflexivität der literarischen Sprache, Übersetzung
und Übersetzbarkeit, Materialität der Literatur, Literatur als Ware, Fiktionali-
tät/Faktualität und vieles mehr. In der jüngeren Kunst- und Literaturgeschichte
gibt es zahlreiche Beispiele für Werke, welche die üblichen Antworten auf diese
Fragen dekonstruieren oder gar ad absurdum führen.

Um nur zwei Beispiele zu erwähnen, die einige dieser Fragen neu verhandeln:
Stephen McLaughlin und Jim Carpenter entwickelten eine Software, die auf der
Basis von digitalen Text-Korpora Gedichte generierte, die von einem Zufalls-
generator existierenden Autor*innen zugeordnet wurden. Diese Gedichte wurden unter dem Titel *Issue I* 2008 in Form einer nahezu 4.000 Seiten umfassenden PDF-Datei mit mehr als 3.000 Namen von Autor*innen publiziert, wobei
McLaughlin und Carpenter auch die, nicht immer amüsierten, Reaktionen der
Autor*innen im Internet zugänglich machten.[24] Das zweite Beispiel ist Dan Gra-
hams Gedicht *Poem* von 1966, das aus einer Art Auflistung selbstbezüglicher
Eigenschaften besteht. Im Gedicht sind die Zeilen „5 adjectives“, „2 adverbs“,
„325 letters of alphabet“, „38 nouns“ usw. oder ‚Angaben‘ zur Typographie, zum
gedruckten Papier oder zur Schriftgröße zu finden. Das Gedicht besteht auch
tatsächlich aus fünf Adjektiven, zwei Adverbien usw. und ist in der angegebenen
Schriftart und auf dem angegebenen Papier gedruckt. Wenn man das Gedicht
nah am Text übersetzen möchte, dann ‚stimmt‘ es durch die Änderungen in
Grammatik oder Ausstattung nicht mehr; wenn man das Gedicht der jeweiligen
Sprache oder Ausgabe anpasst, dann hat man es nicht mehr mit einer Übersetzung, sondern mit einem neuen Gedicht zu tun.[25]

Um sich den genannten Fragen stellen zu können, darf die Komparatistik
nicht nur als eine wissenschaftliche Disziplin verstanden werden, sondern als
eine Praxis – eine Praxis des Vergleichens, wenn man so will.[26] Diese Praxis ergibt

---

24 Vgl. die Analyse in Annette Gilbert. *Im toten Winkel der Literatur. Grenzfälle literarischer Werkwerdung seit den 1950er Jahren*. Paderborn: Wilhelm Fink, 2018.
S. 211-223.

25 Gilbert. Im toten Winkel (wie Anm. 24). S. 276-285.

26 Die Frage, ob das Hauptgeschäft der Komparatistik der Vergleich sei und ob das
Vergleichen die Komparatistik von anderen literaturwissenschaftlichen Disziplinen
unterscheide, ist so alt wie das Fach selbst und die Literatur dazu sehr umfangreich.
Dieser Frage kann hier nicht weiter nachgegangen werden. Bestandsaufnahmen sind
zu finden in: Carsten Zelle. „Komparatistik und *comparatio* – der Vergleich in der
Vergleichenden Literaturwissenschaft. Skizze einer Bestandsaufnahme“. *Komparatistik* (2004/2005): S. 13-33; Achim Hölter. „Über den Grund des Vergnügens am
philologischen Vergleich“. *Komparatistik* (2010): S. 11-23; Jürgen Joachimsthaler.
„Was produziert Komparatistik? Vergleichen als kulturelle Praxis“. *Komparatistik
gestern und heute*. Hg. Sandro M. Moraldo. Göttingen: Bonn University Press bei
V & R Press, 2019. S. 55-69. In Zeiten globaler Möglichkeiten des Suchens und
Findens ohne nennenswerte Bindungen von Zeit und Raum wird das Vergleichen
auf jeden Fall kontingent. Dies betrifft Typologien ebenso wie Genealogien – ganz
praktisch gesehen ist es nicht nur unmöglich nachzuweisen, „wer was von wem ‚hat‘,

sich aus ganz pragmatischen Gründen gleichsam von selbst: Das Irritationspotential von Gegenwarts- und Situationskunst, deren enge Verflechtung mit alltäglichen Wirklichkeiten, die Vermischung von Fiktionalem und Faktualem, die Infragestellung der Autonomie des künstlerischen Feldes wie auch deren inter-, trans- und multimediale Verfasstheit sind ohne theoretisch untermauerte Vergleichspraktiken nicht in den Begriff zu bekommen. Zudem kommt, aber das gilt für die Wahrnehmung von Kunst generell, „dass das menschliche Vermögen zur ästhetischen Erfahrung nicht einfach vorhanden ist, sondern dass es sich erst in einer bestimmten kulturellen Praxis ausprägt".[27] Diese „kulturelle Praxis" scheint noch prägender zu sein, wenn die Rezeption von Kunst gleichsam prekär wird, weil der (implizite oder ausgesprochene, intuitive oder methodisch-theoretisch unterfütterte) Vergleich von Objektmerkmalen und -eigenschaften, Wahrnehmungen, Erfahrungen oder künstlerischen Handlungsformen keine Grundlage mehr in dem hat, was gemeinhin in der Kunstrezeption als essentiell galt und immer noch gilt: die Sinneserfahrung. Wenn im herkömmlichen Sinne nichts mehr wahrgenommen werden kann, was man vergleichen könnte, heißt das aber noch lange nicht, dass der Vergleich unmöglich wird. Allerdings muss er sich, um das Feld von Gegenwarts- und Situationskunst erschließen zu können, auf ökonomische, politische, juristische oder sozialpsychologische Rahmenbedingungen und Kontexte ausdehnen.

Viele Komparatist*innen sehen im Ausgang ihrer „Säulenheiligen [...] Giambattista Vico und Johann Gottfried Herder" im komparatistischen Vergleich „methodisch organisierten Dialog"[28], allerdings ist Vergleichen, wie andere Praktiken auch, performativ und bringt Positionen nicht einfach in ein Gespräch miteinander, sondern stellt das, was spricht oder worüber gesprochen wird, erst her. In dem Sinne ist der Vergleich weit mehr als ‚Tun‘, ‚Tätig-Sein‘ und ‚Handeln‘ (was die Wortbedeutung des altgriechischen Begriffs *praxis* wiedergibt), sondern ist ein Produzieren von etwas, das vorher nicht existiert hat, ist *poiesis*, ein ‚Ins-Sein-Bringen‘, ‚Arbeit‘.[29] Poiesis impliziert mehr oder weniger willkürliche Entscheidungen und daher Ausschließungen: Wer dieses mit jenem miteinander in Beziehung setzt, schließt anderes aus. Dass die Konstruktion im Vergleichsprozess unter bestimmten Bedingungen stattfindet, die als Machtbeziehungen beschreibbar sind, wird an einem geradezu paradigmatischen Vergleich deutlich: der Lessing'schen Ringparabel. Ganz unabhängig davon, welche Lesart man bevorzugt – es gibt einen echten und zwei falsche Ringe, selbst

---

der oder die Autor(in) selbst wird dies im Normalfall nicht wissen" (Achim Hölter. „Volltextsuche". *Komparatistik* (2004/2005): S. 131-137, hier S. 133f.).

27 Harry Lehmann. *Ästhetische Erfahrung. Eine Diskursanalyse.* München: Wilhelm Fink, 2016. S. 89.

28 Hölter. Grund des Vergnügens (wie Anm. 26). S. 13.

29 Vgl. Nigro. Wie verändert sich Kunst (wie Anm. 4). S. 206f. Während sich die Kunst seit der ‚Findung‘ der Readymades zunehmend von einer Poiesis zu einer Praxis entwickelt – das betrifft weniger die moderne Kunst, die an die Hervorbringung eines Werks gebunden bleibt, sondern mehr die Gegenwarts- und Situationskunst –, scheint die Wissenschaft, die sich mit ihr beschäftigt, teilweise einen umgekehrten Weg einzuschlagen oder gar einschlagen zu müssen.

wenn der echte nicht mehr „erweislich" ist (Vers 1963), bzw. alle drei Ringe
falsch sind –, ist im Rahmen dieser Ausführungen der *Kontext* des Dialogs zwischen Nathan und Saladin von Interesse. Denn dem Gespräch ist ein Machtge-
fälle eingeschrieben, das im Monolog Nathans, den Lessing vor die Erzählung
der Ringparabel stellt, deutlich wird: Nathan fühlt sich unter Druck gesetzt,
weil der mächtige Herrscher nicht Geld oder Güter verlangt, die er ihm geben
könnte, sondern eine Antwort auf die Frage, welche der drei Religionen Islam,
Christentum und Judentum die wahre sei. Weil Nathan die ‚richtige' Antwort,
aus welchem Grund auch immer, nicht geben kann, einem Herrscher aber eine
Antwort zusteht (oder er dies glaubt), sinnt Nathan auf „Rettung" (V. 1889),
und die findet er im Erzählen eines „Märchens", mit dem er Saladin „abspeisen"
kann: „Das war's! Das kann / Mich retten! – Nicht die Kinder bloß, speist man /
Mit Märchen ab" (V. 1888-90). Entscheidend ist dabei weniger, dass Nathan
Auswege aus seiner Situation sucht, sondern vielmehr die Tatsache, dass dies in
einem performativen Sprechakt vorab Leser*innen oder Theaterbesucher*innen
in der jeweiligen Zeit und im jeweiligen Kontext deutlich kommuniziert wird.
Die Aussage, dass alle drei Religionen gleich wahr seien, wird also durch den
kontextuellen Rahmen der Parabel – der ganz offen demonstriert, dass es keinen
machtfreien Dialog geben kann – unterwandert.

Die Komparatistik als wissenschaftliche und an Universitäten verankerte akademische Disziplin schlüpft wohl (abwechselnd oder zur gleichen Zeit) in beide
Rollen: in die Saladins, wenn sie etwa mit Studierenden, Schriftsteller*innen
(und ihren Texten) oder Künstler*innen Dialoge führt, in die Nathans, wenn sie
es mit Politiker*innen, universitären Leitungspersonen und Funktionären oder
Drittmittelgeber*innen zu tun hat. Auf jeden Fall sind die kontextuellen Bedingungen zu beachten, in denen eine wissenschaftliche Komparatistik durch die
vielfältige Praxis wissenschaftlicher Forschung und Lehre ihren Gegenstandsbereich definiert. Diese Definition erfolgt im Rahmen von Institutionalisierungs-
prozessen, zu denen etwa Forschungsprojektanträge, Tagungen oder die Deno-
mination von Professuren zählen. Disziplinen stellen also Begriffe und Theorien
zur Verfügung, um Phänomenbereiche zu klassifizieren und zu strukturieren,
nicht zuletzt deshalb, um überhaupt über Gemeinsames kommunizieren zu
können. Dabei werden Kanones gebildet, die allerdings im Zuge technologi-
scher und sozialer Ausdifferenzierungsprozesse immer kleinräumiger, unsyste-
matischer und letztlich auch brüchiger werden.

Den Vergleich kann man mit Monika Schmitz-Emans als Konstellation verstehen, die auf „Relationen [zielt], die er nicht als vorgegeben unterstellt".[30] Eine
„konstellierende Komparatistik wird sich konsequenterweise als eine erfinde-
rische Wissenschaft verstehen", als eine „para-kreative, kunstnahe Praxis"[31], die
Urteile fällen muss, bei denen – wenn man sie nicht reflektiert – allerdings die
Gefahr besteht, dass „kleine und junge Literaturen [Anm.: und Kunstformen,

---

30 Monika Schmitz-Emans. „Konstellieren und Vergleichen. Beobachtungen zu kompa-
    rativen Autorenpoetiken". *Komparatistik gestern und heute.* Hg. Sandro M. Moraldo.
    Göttingen: Bonn University Press bei V & R Press, 2019. S. 179-197, hier S. 184.
31 Schmitz-Emans. Konstellieren und Vergleichen (wie Anm. 30). S. 185.

die sich nicht in einem identifizierbaren Werk materialisieren oder gar nicht als
Kunst wahrgenommen werden] im Weltmaßstab benachteiligt"[32] werden.

Konstellieren bedeutet auch, dass eine Disziplin daran beteiligt ist, wenn auch
meist in einer indirekten Weise, den Gegenstand, über den sie spricht, herzustellen. Da alles zur Kunst werden kann und es keine Grenzen gibt, die durch ein
bestimmtes Material oder Medium definiert würde, entsteht Kunst durch eine
Form der *Setzung* im Rahmen institutionalisierten Handelns.[33] Künstler*innen
agieren im Rahmen von größeren Diskurszusammenhängen, in die auch die
Komparatistik eingebunden ist. So unterrichten Komparatist*innen Studie-
rende, die später selbst in Universitäten, Kunst- und Kulturinstitutionen, Schu-
len, Verlagen etc. oder auch als Künstler*innen tätig sind. Komparatist*innen
greifen manchmal noch direkter in das Feld der Produktion von Kunst ein,
wenn sie etwa in (außeruniversitären) Gremien wie Jurys oder Fachbeiräten an
Entscheidungsprozessen beteiligt sind.

5.3. Narrative: Konstellierende Institutionalisierungsprozesse ziehen auch die
Grenze zwischen Kunst und Nicht-Kunst[34] und *erzählen* dabei. Der Prozess,
in dem aus einem Flaschentrockner ein Kunstwerk wird, könnte man als eine
hochkomplexe Erzählung ansehen, in dem es Haupt- und Nebenfiguren gibt,
unzuverlässige Erzähler, dramatische Höhepunkte, die Verteilung von Macht
und Kompetenz, Gesetze und Institutionen, Ausschließungsmechanismen,
politische und ökonomische Bedingungen etc.[35] Diese Erzählungen finden auf
einem Feld im Sinne Pierre Bourdieus bzw. in einem Diskurs im Sinne Michel
Foucaults statt, wodurch bestimmte Gegenstände und Praktiken in komplexe

---

32 Hölter. Grund des Vergnügens (wie Anm. 26). S. 15.

33 Duchamp hat es vorgemacht mit den Readymades. Wäre der Akt der Setzung nicht
    nachhaltig akzeptiert worden, dann hätte das Platzieren eines Flaschentrockners in
    einer Kunstausstellung nicht zu einem Kunstwerk ‚geführt', sondern wäre als Akt
    eines Neurotikers, eines politischen Aktivisten o. Ä. m. angesehen worden.

34 Achim Hölter zufolge auch zwischen Literatur und Literaturwissenschaft: So werde
    „es immer schwerer [...], einen substantiell haltbaren Unterschied zwischen Litera-
    tur und Literaturwissenschaft zu fundieren. [...] Es scheint nämlich, dass die einzig
    stabile und eben nicht essentielle Differenz die der Geldquelle bzw. der Institutiona-
    lität ist, und dass weder die Trennung nach Aktantengruppen des Literaturbetriebs
    noch die vermeintliche oder objektive Berufung zu diesem oder jenem Beruf auf
    eine substantialistische Begründung für ein Gegenüber von Poeten und Professoren,
    Romanciers und Kritikern zurückgeht." (Hölter. Grund des Vergnügens (wie Anm.
    26). S. 17). Selbst wenn Achim Hölter richtig liegen sollte, dürfen jedoch zu Recht
    bestehende unterschiedliche (An-)Forderungen an Literatur und Literaturwissen-
    schaften nicht über Bord geworfen werden.

35 Daher kann Ausstellen und Kuratieren auch als Erzählen interpretiert werden
    (Sarah Kristin Happersberger. „Aktionsgeschichten. Wie Ausstellungen Performan-
    ce *erzählen*". *Das Immaterielle ausstellen. Zur Musealisierung von Literatur und
    performativer Kunst*. Hg. Lis Hansen/Janneke Schoene/Levke Tessmann. Bielefeld:
    Transcript, 2017. S. 101-124, hier S. 103). Welche, wenn nicht literaturwissenschaft-
    lichen Disziplinen, bringen das Instrumentarium mit, das es erlaubt, solch hochkom-
    plexe Erzählungen zu analysieren?

Narrative eingeordnet werden.[36] Mit Benjamin Buchloh könnte man sagen: „meaning" auf dem Feld der Kunst „is generated by structural relationships".[37] Diese Narrative sind nicht selbstverständliche Formationen, sondern kontingente Konstrukte, die allerdings durch Evidenzbehauptungen und Naturalisierungsstrategien vergleichsweise stabil sind.[38] Darunter zählt etwa die Idee – die seit gut 250 Jahren gültig ist – der Autonomie oder der „Interesselosigkeit" (Immanuel Kant) der Kunst.[39] Ein anderes Narrativ, das jüngeren Datums ist, ist die augenscheinliche Tatsache, dass jeder Gegenstand und jedes (Nicht-)Tun von Menschen im Grunde *als* Kunst fungieren oder *wie* Kunst funktionieren kann.[40] Weil wir gelernt haben, in Kunstwerken und literarischen Texten tiefere und metaphorische Bedeutungen zu suchen und zu finden, erfahren wir auch etwas zufällig Gefundenes oder ein Nichts (wie die erwähnte Säule aus Luft von Michael Asher) als bedeutsam, wenn diese uns in einem bestimmten (institutionellen) Kontext als Kunst begegnen. Und wir unterstellen ihnen eine spezifische Form von Intentionalität, nämlich die bereits erwähnte Interesselosigkeit: Kunst hat keinen (pragmatischen) Zweck, und genau darin besteht ihr Nutzen.[41] Wir

---

36 Zum Begriff des Narrativs vgl. Albrecht Koschorke. *Wahrheit und Erfindung. Grundzüge einer Allgemeinen Erzähltheorie.* Frankfurt a.M.: Fischer, 2012.

37 Buchloh. Conceptual Art (wie Anm. 10). S. 115. Bedeutung wird also nicht durch Merkmale eines Gegenstandes oder einer Handlung generiert, sondern durch bestimmte Differenzen innerhalb eines Systems von institutionellen Prozessen, die durch arbiträre und zu Konventionen geronnene Bezüge zwischen Signifikanten und Signifikaten und nicht durch einen Bezug zu Referenten geregelt werden. Vereinfacht formuliert: Aus *allem*, was sich im Museum befindet oder dort passiert, wird Kunst. Gerade die Gegenwartskunst besteht aus Erfindungen im Sinne Benedict Andersons, der von erfundenen Gemeinschaften spricht (auch wenn es in seinem Buch *Imagined Communities*, auf Deutsch *Die Erfindung der Nation*, um Nationen geht). Kunst ist also immer *imagined*, Ergebnis eines komplexen, institutionalisierten Handelns.

38 Daher funktionieren Narrative wie Mythen im Sinne von Roland Barthes, die trotz der Tatsache, *imagined* zu sein, sehr real sind bzw. reale Auswirkungen haben.

39 Die es seither schwierig macht, „Künste bzw. Künstlerinnen und Künstler als Produzenten von Wissen anzusehen" (Judith Siegmund/Anna Calabrese. „Einleitung". *Wie verändert sich Kunst, wenn man sie als Forschung versteht?* Hg. Judith Siegmund. Bielefeld: Transcript, 2016. S. 7-21, hier S. 11).

40 Bei literarischen Texten ist das im Grunde ebenso. Besonders gut sieht man das bei Found Poems wie etwa bei Peter Handkes *Die Aufstellung des 1. FC Nürnberg vom 27.1.1968* (von 1969), das bis auf zwei kleine Änderungen – oder auch Fehler, wenn man so will – jene Aufstellung wiedergibt, in der der 1. FC Nürnberg *tatsächlich* an dem Tag gegen Bayer Leverkusen gespielt hat. Auch hier sind jene Prozesse der Institutionalisierung zu beachten, die aus einem Zeitungsausschnitt ein Gedicht machen. Darüber hinaus wäre auch die Frage spannend, was der Ausschnitt, den Handke vielleicht aus einer Zeitung ausgeschnitten hat – wenn es ihn noch gibt oder je gegeben hat –, in seiner Materialität für einen Status hat oder hätte: Ist er ein wertvolles Dokument? Eine Art Original, das in Büchern nur abgebildet wird? Ein Kunstwerk, das man bestaunen kann?

41 Was im Umkehrschluss dazu führt, dass wir Gegenständen und Handlungen, deren Ursachen, Motive oder Interessen unbekannt oder unklar sind, manchmal

haben also ein Interesse an der Interesselosigkeit. Damit hängt ein weiteres Narrativ zusammen, das mindestens so alt ist wie das der Autonomie (und vielleicht sogar bis zur Abhandlung des Pseudo-Longinos über das Erhabene aus dem ersten nachchristlichen Jahrhundert zurückgeführt werden kann), nämlich das der Authentizität bzw. des authentischen Ausdrucks, durch das Fragen von Macht und Gerechtigkeit im Feld der Kunst von soziopolitischen und ökonomischen Debatten in solche über Identität und Anerkennung (Stichwort: *cultural appropriation*) transformiert werden.[42]

5.4. Kommunikationskontexte: Mündliche und schriftliche Sprachhandlungen spielen bei der Zuordnung von Gegenständen, Zeichen und Handlungen zum Kunstfeld, also bei Kunstwerdung und -interpretation, eine entscheidende Rolle: Gesetzestexte, Aussagen von Künstler*innen, Gespräche, Verhandlungen, Kunstkritiken, literarische Texte, Autorenhomepages, Einladungskarten, Katalogtexte etc.; Sprachhandlungen ganz unterschiedlicher Art sind also – wenn auch meist in einer indirekten Art und Weise – performativ bei der Frage, ob wir etwas als Kunst oder Nicht-Kunst wahrnehmen und ob wir etwas, das uns als Kunst begegnet, als beachtenswert oder uninteressant wahrnehmen. Allerdings gibt es auch Formen, wo Sprachhandlungen eine direktere Rolle bei der Zuschreibung von Bedeutung spielen, wenn man etwa an Werksignaturen oder Werktitel denkt, an Bildlegenden oder an die Beschreibungen, die in Museen neben den Kunstwerken zu finden sind.[43] Auch auf Kunstwerken früherer Jahrhunderte sind oft Signaturen oder (etwa auf dem Rahmen) Bildlegenden und Erläuterungen zu finden, aber heute sind diese konstitutiv bei der Frage, welche Bedeutung wir einem Kunstwerk zuordnen, weil wir ohne Erläuterungen uns keinen Reim auf eine künstlerische Hervorbringung machen können oder nicht einmal wissen, ob wir es mit Kunst oder Nicht-Kunst (Müll, Alltag, Politik etc.) zu tun haben. Kunstmarkt, Sozialisation, (Aus-)Bildungssysteme oder auch individuelle Rezeptionsgewohnheiten sind Teil des Prozesses, in dem Sprachhandlungen erfolgen. Zu den Rezeptionsgewohnheiten heute zählt, dass wir etwas (sei es Kunst oder auch ‚die Natur', z. B. im Tourismus) nicht einfach mit unseren Sinnen wahrnehmen, sondern darüber in der Regel *vorher* mit Hilfe von Texten ein bestimmtes Wissen generieren: Man liest etwa einen Museumsführer,

---

Kunstcharakter unterstellen nach dem Motto: „Ich habe auch nach längerem Nachdenken und Nachforschen keine Ahnung, was das sein soll, also wird es wohl Kunst sein."

42 Was unter Umständen in ein Dilemma führen kann, gehört doch die *Aneignung* (z. B. das In-andere-Rollen-Schlüpfen) etwa im Theater, in den Performancekünsten oder im Karneval wesentlich dazu. Eine Gefahr des Gerechtigkeitsdiskurses in der Kunst ganz generell besteht sicherlich auch im Neutralisieren widerständiger, provokativer und grenzgängerischer Impulse, was natürlich nicht heißt, dass man Fragen der Ungerechtigkeit und ungleicher Machtverteilungen nicht im Kunstdiskus stellen sollte, im Gegenteil.

43 Wenn *The Vertical Column of Accelerated Air* von Michael Asher *The Horror of the Holocaust* hieße, dann bekäme die Leere im Galerieraum eine vollkommen andere Bedeutung.

informiert sich im Internet oder hat vor einem Besuch des Pergamonaltars in Berlin *Die Ästhetik des Widerstands* von Peter Weiss gelesen. Kunst ist heute in einem so umfassenden Sinne in ein Textuniversum eingebettet, dass diese Texte die Kunst nicht nur begleiten und sie vermitteln, sondern die Bedeutung der Kunst, ja sogar die Kunst als solche, erst herstellen.[44]

Grenzen zwischen Kunstformen, klare Definitionen und gängige Leitdifferenzen werden brüchig. Einige seien stark vereinfacht genannt: Bei Musik und Literatur weise die Rezeption eine deutliche zeitliche Erstreckung auf, während wir bildende Kunst mit einem Blick anschauen können[45]; beim Lesen (Intelligibles, Immaterielles, *Sagen*) spiele die Sinneserfahrung eine marginale Rolle (die sinnliche Qualität von Texten sei also vernachlässigbar), bei der Wahrnehmung von bildender Kunst (Sensibles, Materielles, *Zeigen*) und Musik stehe diese im Vordergrund; literarische Texte *verstehen* wir (kognitiv), bildende Kunst und Musik *erfahren* wir (somatisch); Phänomene der bildenden Kunst seien Originale, literarische Texte zirkulieren in mehreren Exemplaren; Kunst und Literatur seien etwas Fiktionales und Autonomes, Gebrauchstexte und -gegenstände unmittelbar mit der uns umgebenden faktischen Realität verknüpft[46]; Literatur bleibe an die Bedeutungsstrukturen der Verbalsprache gebunden (wenn nicht, werde sie unverständlich), bildende Kunst sei nicht (oder nicht mehr) an Bedeutungsstrukturen im Sinne von Ähnlichkeitsbeziehungen zur Wirklichkeitswahrnehmung geknüpft.

5.5. Grenzfälle: Deutlich wird das Brüchig-Werden von Grenzen an literarischen Texten/Kunstwerken, die Text und Bild unauflöslich miteinander verschränken oder bei denen nicht ganz klar ist, ob es ein literarischer Text, ein Werk der bildenden Kunst oder überhaupt so etwas wie ein Werk ist. Es seien nur zwei Beispiele kurz angerissen.

Der US-amerikanische Konzeptkünstler Wade Guyton ‚malt‘ am Computer mit Photoshop großformatige abstrakte Gemälde, die mit Inkjet-Druckern ausgedruckt werden. Für sein Buch *WG3031* mit 360 Seiten hat Guyton ein

---

44 Die Bedeutung von Kunst kann auch von teils sehr flüchtigen Parametern abhängen wie – wenn man etwa an einen Ausstellungsbesuch denkt – der Tagesverfassung der Besucher*innen, der Richtung und der Geschwindigkeit der Bewegungen im Raum, den (zufälligen) Begegnungen mit anderen Besucher*innen etc. Letztlich entspricht das Wahrnehmen eines Kunstwerks in einem Galerieraum dem Erleben eines Konzerts oder einer Theateraufführung, und das materielle Substrat dabei (ein Text, ein Gemälde, eine Performance etc.) ist allenfalls so etwas wie ein Angebot, eine „art proposition" (Joseph Kosuth zit. n. Buchloh. Conceptual Art (wie Anm. 10). S. 108).

45 Barnett Newman ließ bei Ausstellungen großformatige Bilder in engen Gängen aufhängen, wodurch man sie nicht als Gesamtes (und auf einen Blick) betrachten konnte und gezwungen war, an den Bilder vorbeizugehen, was in den Akt der visuellen Wahrnehmung eine deutlich ausgeprägte zeitliche Ausdehnung einführte.

46 Was nicht heißt, dass man einen Gebrauchstext nicht unter bestimmten Umständen als Literatur wahrnehmen kann, wie man an Peter Handkes Fußballgedicht sehen kann.

solches Gemälde sozusagen in hunderte Teile zerlegt, die im Maßstab 1:1 Seite
für Seite und Blatt für Blatt randabfallend ‚reproduziert' werden – wobei man
von Reproduktion eigentlich gar nicht sprechen kann, denn der Terminus setzt
ein Original voraus, das aber außerhalb des Buches möglicherweise überhaupt
nicht (mehr) existiert oder von dem unklar ist, ob es jemals ausgestellt wurde.
Wenn man das Gemälde *in toto* haben wollte, müsste man aus zwei Exemplaren
des Buches – zwei deshalb, weil die Vorder- und Rückseiten der Blätter bedruckt
sind – gewissermaßen alle Seiten nebeneinanderlegen und zusammenkleben. Das
Buch ist also keines über ein Bild oder eines, das Bilder zur Abbildung bringen
würde, sondern *ist* das Bild. Das Bild zwingt durch seine Form – bewusst ist hier
von Form und nicht von (Re-)Präsentation der Reproduktion die Rede – die
Rezeption in einen zeitlichen Verlauf: Man muss das Bild gleichsam durchblät-
tern. Dieser Prozess wird durch die Tatsache verstärkt, dass in *WG3031* – mit
der Ausnahme der Titelaufnahme auf der letzten Seite – keinerlei Text zu finden ist. In der Titelaufnahme ist nicht einmal der Name des Künstlers/Autors
genannt, dieser ist nur auf dem Buchrücken festgehalten. Auch wenn Bildmaterial dadurch natürlich noch nicht in einen Text transformiert wird, so werden
doch interessante Fragen zur Art und Weise der Rezeption von Bildern (und der
Lektüre von Texten) aufgeworfen.

Ein anderes Beispiel ist das Kunstwerk/Buch *Christine Lavant. Das Kind* von
Michael Birkl, ein vom Künstler selbst aufwändig gebundenes Buch, in das er
mit der Hand den kompletten Text *Das Kind* von Christine Lavant abschrieb,
und zwar auf der einen Seite (im buchstäblichen Sinne) fortlaufend auf dem
Papier, auf der anderen in Form von Kaltnadelradierungen. Die Metallplatte, die
Birkl für die Radierungen verwendete, diente ihm vorher als Arbeitsunterlage
und war daher zerkratzt, wies also Spuren seiner Arbeit als Buchbinder auf. Auf
diese Platte ritzte er ein paar Zeilen des Lavant-Textes, machte einen Abdruck,
überschrieb dieselbe Platte mit der Fortsetzung des Lavant-Textes und machte
wieder einen Abdruck davon, überschrieb die Platte wieder usw. – der Text auf
den Radierungen, die alle in das Buch eingebunden wurden, wird schnell unles-
bar, und auf dem letzten der Abdrucke ist nur mehr eine dunkle Fläche zu sehen.
Das heißt, der Prozess der Herstellung des Buches und des Ab- und Überschrei-
bens wird im Buch sichtbar gemacht. *Christine Lavant. Das Kind* ist eine Form
der Literaturrezeption und -interpretation sowie eine Reflexion des Lese- und
Schreibprozesses. Es ist (und bleibt) ein literarischer Text – allerdings ist klar,
dass sich niemand, der den Lavant-Text nur lesen will, sich an Michael Birkl
wenden wird – und gleichzeitig ein Original, das es nur einmal gibt. Der literarische Text von Lavant wird solchermaßen gleichsam auratisiert und für diejenigen, die mit der Erfahrung von Birkls Kunstwerk *Das Kind* von Lavant lesen,
wird der Text eine andere Bedeutung annehmen. Wir haben es mit einer Form
der Literaturrezeption zu tun, die erstens den Leser Michael Birkl beeinflusst,
zweitens aber auch die Birkl-Kenner*innen unter den Lavant-Leser*innen.

5.6. Materialitäten: Elisabeth Tonnard hat 2012 *The Invisible Book* in einer
Auflage von 100 Stück herausgegeben, ein Buch, dessen Klappentext im Internet zu finden war und das man über das Internet zum Gegenwert von 0.- Euro

kaufen konnte. Die per E-Mail zugesandte Rechnung wies die Käufer*innen als Besitzer*innen des Buches aus, das aber „weder als Manuskript noch als physisches Buchobjekt noch als digitaler Datensatz"[47] existierte. Die Auflage war bald vergriffen, die bereits verkauften Exemplare wurden im Internet angeboten und gegen ‚richtiges' Geld weiterverkauft, wobei dabei bis zu 16,82 € pro Exemplar verdient wurden, womit „an interesting aspect of the art market", so die Künstlerin, demonstriert werde: „the speculator makes money while the artist gets zero."[48]

Eine Beschäftigung mit diesem und vergleichbaren Phänomenen kann den Blick schärfen für die Materialität des Buches, die ja beim Lesen *immer* eine Rolle spielt und in der Komparatistik in der Regel hinter das immaterielle Werk zurücktritt, wie auch für die Ermöglichungsbedingungen von Literatur ganz generell, die unauflöslich mit Kommodifizierungsmechanismen und Prozessen der ökonomischen Wertschöpfung zu tun haben. Gerade dann, wenn es gar nichts Materielles mehr gibt und dieses Immaterielle Wertschöpfungsprozesse initiiert, wird deutlich, wie stark Kunst und ihre Wahrnehmung *imagined* ist. Ob man *The Invisible Book* noch Literatur nennen kann, ist zweitrangig, vor allem dann, wenn es eine Frage nach bestimmten (ontologisch fixierbaren) Merkmalen ist, die ein Etwas zu etwas Literarischem machen. Entscheidend ist in dem Falle, dass es als Literatur gehandelt wird und dadurch auch die Konnotationen des Begriffsfeldes Literatur die Wahrnehmung dieses Etwas beeinflussen.

6. Kunst als Komparatistik?

Die Komparatistik als wissenschaftliche Disziplin und als Praxis des Vergleichens kann also als eine Form der Poiesis verstanden werden.[49] Umgekehrt nähern sich bestimmte Formen der Gegenwartskunst Prozessen wissenschaftlicher Forschung an und verletzten die seit mehr als 250 Jahren gültige Grenze zwischen Kunst und Wissenschaft. Generell können Kunst und Wissenschaft als Forschungspraktiken verstanden werden, aber erst im 21. Jahrhundert sind sie manchmal nur mehr durch die Tatsache unterscheidbar, in unterschiedlichen institutionellen Kontexten verankert zu sein. In den Methoden (etwa:

---

47 Gilbert. Im toten Winkel (wie Anm. 24). S. 60.

48 Tonnard zit. n. Gilbert. Im toten Winkel (wie Anm. 24). S. 71.

49 Damit ist aber noch lange nicht gemeint – und das sollte nach den bisherigen Ausführungen klar zum Vorschein gekommen sein –, dass Wissenschaft in irgendeiner Form fiktional wird oder Ansprüche auf Präzision und Klarheit aufgeben sollte. Gemeint ist vielmehr die ‚schlichte' Tatsache, dass Wissenschaft immer performativ ist und konstruiert – und das auch bewusst tun sollte. Daher sind auch Überlegungen zu Macht, Ethik und Engagement in der Wissenschaft zu stellen, was wiederum „starke" Theorien im Sinne Byung-Chul Hans notwendig macht. Solchen Theorien „liegt ein Denken im emphatischen Sinne zugrunde. Die Theorie stellt eine wesentliche Entscheidung dar, die die Welt ganz anders, in einem ganz anderen Licht erscheinen lässt" (Byung-Chul Han. *Agonie des Eros*. Berlin: Matthes & Seitz, 2012. S. 62).

Recherche, Dokumentation etc.), im Anspruch (etwa: Wissensgenerierung, Aufklärung, Information, möglichst objektive Darstellung etc.) oder in der Ausbildung gibt es manchmal keine substantiellen Differenzen mehr.

Der Gegenwartskunst „wird nicht im Hinblick auf die Möglichkeiten einer ästhetischen Erfahrung, sondern vermehrt im Hinblick auf ihren Erkenntnisgehalt, ihr kritisches Vermögen und die Bereitstellung eines anderen Wissens beurteilt".[50] Dies hat auch damit zu tun, dass sich Kunstausbildungen in den letzten Jahren und Jahrzehnten zunehmend akademisiert haben. Die Akademisierung ‚zwingt' Künstler*innen in eine wissenschaftliche Logik, d. h. etwa zu Verschriftlichungsprozessen und zur „kritisch-analytischen Distanz zum eigenen Schaffen".[51] So haben Kunsthochschulen das Doktorat für Künstler*innen eingeführt oder sind berechtigt, bei Forschungsförderungsinstitutionen, in denen wissenschaftliche geschulte Gutachter*innen entscheiden, Mittel zu beantragen, was unter anderem zu bislang ungewohnten Formen der Konkurrenz zwischen Künstler*innen führt – und zwar einer Konkurrenz, in der wissenschaftliche Argumentationsstrategien entscheidend sind.[52]

Trotz der Annäherungen bzw. bestehender Schnittmengen von (Gegenwarts-)Kunst und Komparatistik sollte man jedoch zwei Dinge nicht vergessen: Erstens macht es Sinn, dass eine wissenschaftliche Disziplin einer anderen Logik folgt als eine künstlerische Hervorbringung, selbst wenn der einzige feststellbare Unterschied in der institutionellen Verankerung zu finden sein sollte. Und zweitens gibt es auch weiterhin (und vollkommen zu Recht) Formen der Kunst, die ein Werk hervorbringen, das mit den Sinnen erfahren werden kann.[53]

---

50 Kathrin Busch. „Ästhetische Amalgamierung. Zu Kunstformen der Theorie". *Wie verändert sich Kunst, wenn man sie als Forschung versteht?* Hg. Judith Siegmund. Bielefeld: Transcript, 2016. S. 163-178, hier S. 165.

51 Vgl. Cornelia Sollfrank. „A Pervert's Guide to Artistic Research". *Wie verändert sich Kunst, wenn man sie als Forschung versteht?* Hg. Judith Siegmund. Bielefeld: Transcript, 2016. S. 87-104, hier S. 96. Künstler*innen, die keine akademische Ausbildung vorweisen können, haben es auf dem Arbeitsmarkt schwer. Viele Institutionen und Interessensvertretungen, in denen sich Künstler*innen zusammenschließen oder in die man als Künstler*in eintreten kann, setzen einen akademischen Abschluss als Aufnahmebedingung voraus.

52 Sollfrank. A Pervert's Guide (wie Anm. 51). S. 93.

53 Madelaine Schweißgut sei für die Durchsicht des Manuskripts und für wichtige Hinweise gedankt.

Isabelle Stauffer (Eichstätt)

Ein mediales Spiel um das Erkennen und Verkennen von Gefühlen

Briefe in Max Ophüls' *Letter from an unknown woman* und Joe Wrights *Atonement*

Briefe, das Gespräch zweier Abwesender miteinander[1], spielen in vielen Filmen eine große Rolle. Sie werden eingeblendet oder per *voice over* vorgelesen, man sieht Lese- und Schreibszenen, die mit der Vieldeutigkeit des Geschriebenen spielen. Der Brief sei, so Christina Bartz, „wegen der kommunikativen Verbindung über zeitliche und räumliche Distanzen hinweg" „besonders anschlussfähig für den Film"[2], der ebenfalls durch die Montage räumlich und zeitlich Getrenntes zusammenbringt. Im Gegensatz zum Film ist der Brief jedoch kein Massenmedium sondern Individualkommunikation.[3] Das Zeigen des Mediums Brief oder das Ersetzen dieses historischen Mediums durch ein aktuelleres im Film bietet immer auch die Möglichkeit der Medienreflexion.

In meinem Beitrag möchte ich anhand zweier prominenter Beispiele zum einen beobachten, wie in filmischen Adaptionen briefgeprägter literarischer Texte mit Briefen umgegangen wird, und zum anderen, wie anhand der Briefthematik eine Medienreflexion stattfindet. Ich stelle dazu zwei Melodramen vor, in denen Briefe und das damit einhergehende Erkennen und Verkennen eine zentrale Rolle spielen: Max Ophüls' *Letter from an unknown woman* (USA 1948), der Verfilmung von Stefan Zweigs Novelle *Brief einer Unbekannten* (1922), und *Atonement* (2007), die Adaption von Ian McEwans gleichnamigen Roman von 2001.

Das Genre des Melodramas ist von exzessiven Gefühlen geprägt und soll das Publikum zu Tränen rühren.[4] Dies erreicht es wesentlich über Diskrepanzen von Wissen und Point of View zwischen Zuschauer und Figuren einerseits und zwischen den Figuren andererseits. Die Figuren wissen voneinander oft nicht, dass der andere sie liebt, und sie können sich häufig nicht finden, sehen oder sich nicht erkennen. Das Filmpublikum aber weiß um diese Dinge sehr wohl und hat die Übersicht.[5] Zugleich spielt der Zeitfaktor eine zentrale Rolle, nämlich

---

1 Vgl. Annette C. Anton. *Authentizität als Fiktion. Briefkultur im 18. und 19. Jahrhundert.* Stuttgart 1995, S. 8.

2 Christina Bartz. „Antwortlos. Brief, Postkarte und E-Mail in filmischer Reflexion". *Medienreflexion im Film: ein Handbuch.* Hg. Kay Kirchmann/Jens Ruchatz. Bielefeld: transcript, 2014. S. 243-256, hier S. 244.

3 Vgl. Bartz. Antwortlos (wie Anm. 2). S. 246.

4 Vgl. Steve Neale. „Melodram und Tränen". *Und immer wieder geht die Sonne auf: Texte zum Melodramatischen im Film.* Hg. Christian Cargnelli. Wien: PVS Verlag, 1994. S. 146-166, hier S. 147, 154.

5 Vgl. Neale. Melodram und Tränen (wie Anm. 4). S. 148-149.

dass – falls noch ein Erkennen stattfindet – es zu spät kommt.[6] Zugleich wird für die Zuschauer eine Position konstruiert, in der sie sich einen anderen Ausgang wünschen sollen.[7]

Neben dem Genre verbindet die beiden Filme, dass *Atonement* in den 1930er Jahren spielt und insbesondere im Schauspielstil und in den romantischen Versatzstücken an die Melodramen der 1930 und 1940er Jahre erinnert.[8] Zudem wird von beiden Filmen gesagt, dass sie Elemente des *film noir* enthalten.[9]

1. Ein Brief und Bilder jenseits der Zeit

Der Brief in Max Ophüls' Verfilmung wird tief in der Nacht zum Pianisten Stefan Brand gebracht, der aus dem Ausgang zurückkommt und am nächsten Morgen früh zu einem Duell soll. Das Duell könnte für Stefan durchaus tödlich verlaufen, Stefans Kontrahend ist nämlich „ein ausgezeichneter Schütze".[10] Während der Brief in der Erzählung sowohl von der intradiegetischen Figur, dem Schriftsteller R., als auch dem extradiegetischen Leser gelesen wird, lebt der Film von der Illusion der Präsenz, und es wäre für den Filmzuschauer zu langweilig, die gesamte Lektüre des Briefes mitansehen oder ihn sogar mitlesen zu müssen. Deshalb wird der Briefinhalt bei Ophüls größtenteils dramatisiert, begleitet von einem *voice over* der Briefeschreiberin, in diesem Fall der Stimme von Joan Fontaine. Dieser Brief macht – abgesehen von der Rahmenerzählung mit dem Duell – den gesamten Film aus.

---

6   Vgl. Neale. Melodram und Tränen (wie Anm. 4). S. 149, 151, 163.
7   Vgl. Neale. Melodram und Tränen (wie Anm. 4). S. 154, 163, 165.
8   Vgl. Christine Gerathy. „Foregrounding the Media: *Atonement* as an Adaptation". *A Companion to Literature, Film, and Adaptation.* Hg. Deborah Cartmell. Wiley Blackwell, 2007. S. 359-373, hier S. 361.
9   Barbara von der Lühe erwähnt Ophüls' Darstellung von Wien als dunkel, geheimnisvoll und labyrinthartig, den negativen Ausgang der Filmstory, der schon zu Beginn in der Rahmenerzählung preisgegeben wird, und die anfangs akusmatische Stimme Lisas als häufig angewandte Erzähltechniken des *film noir* und wichtige Elemente in Ophüls' Film vgl. Barbara von der Lühe. „Transformationen der Einsamkeit. Max Ophüls' und Xu Jingleis filmische Adaptionen von Stefan Zweigs Brief einer Unbekannten". In: *Literaturstraße* 16, (2015): S. 377-395, hier S. 385. Ulrike Hanstein bezeichnet die tödliche Macht der posthumanen Stimme als ein Element, aufgrund dessen man *Letter from an unknown woman* als *film noir* verstehen könne, vgl. Ulrike Hanstein. „The purloined letter: Ophuls after Cavell". *Melodrama after Tears.* Hg. Scott Loren. Amsterdam: Amsterdam University Press, 2016. S. 127-154, hier S. 149. Giselle Bastin beschreibt, dass Joe Wright bei David Leans *noir*-Einflüssen Anleihen mache vgl. Giselle Bastin. „Precursor Texts in the Novel and Film *Atonement*". *The Shadow of the Precursor.* Hg. Diana Glenn. Newcastle upon Tyne: Cambridge Scholars Publ., 2012. S. 188-201, S. 199.
10   „He's an excellent shot". Max Ophüls. *Letter from an unknown woman* (USA 1948), 00:01:38. Deutsche Fassung unter dem Titel *Brief einer Unbekannten* (1950).

Der Brief hat eine Art Absenderadresse, nämlich „St. Catherine's Hospital".[11] Er beginnt mit den Worten „By the time you read this letter, I may be dead."[12] Diese Worte werden nicht per *voice over* gesprochen, sondern in einer Nahaufnahme dem Zuschauer gezeigt, so dass er sie selbst lesen kann und muss.

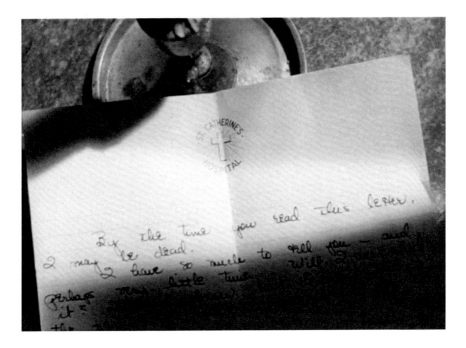

Abb. 1: Briefbeginn

Durch diesen Briefbeginn steht die Vermutung im Raum, dass es sich um den Brief einer Toten handeln könnte, was ein Zusatz am Briefende bestätigt. Die Nonnen des Krankenhauses, in dem sich Lisa befand, haben dem Brief einen Zettel beigefügt. Insofern kann man mit Stanley Cavell sagen, dass eine Geistfrau den Film erzählt.[13]

Auf dem Zettel (Abb. 2) steht in Schreibmaschinenschrift die Information: „This letter was written by a patient here. We believe it was meant for you as she spoke your name just before she died."[14] Unter dieser Notiz hat eine Nonne handschriftlich hinzugefügt: „May god be merciful to you both, Mary Theresa, Sister in Charge".[15] Auch diese Notiz muss gelesen werden. Damit wird offiziell bestätigt, dass die Briefeschreiberin inzwischen verstorben ist.

---

11 Ophüls. Letter (wie Anm. 10). 00:03:47-00:03:51.
12 Ophüls. Letter (wie Anm. 10). 00:03:47-00:03:51.
13 Vgl. Stanley Cavell. *Contesting Tears: the Hollywood Melodrama of the Unknown Woman.* Chicago: Univ. of Chicago Press, 1996. S. 108.
14 Ophüls. Letter (wie Anm. 10). 01:18:18-01:18:28.
15 Ophüls. Letter (wie Anm. 10). 01:18:18-01:18:28.

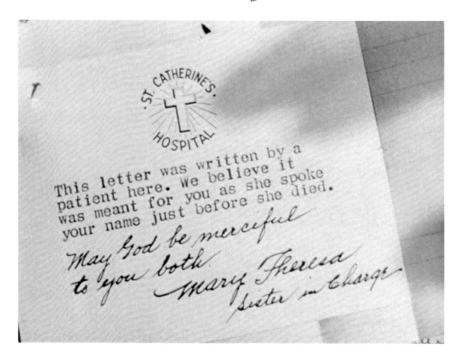

Abb. 2: Zettel der Nonnen

Die Lektüre des Briefes hält Stefan davon ab, sich dem Duell zu entziehen und fordert somit höchstwahrscheinlich noch einen weiteren Tod – denjenigen Stefans.[16] Einer Toten, die einem schreibt, kann man nicht antworten. Es sei denn, man geht dahin, wo sie ist: in den Tod. Deshalb vertritt Clara Rowland die These, dass Selbstmord eine mögliche Antwort auf einen posthumanen Brief sei.[17] Und sowohl der Tod als auch die Medien entziehen sich der Zeitstruktur des menschlichen Lebens. Der Brief der unbekannten Frau überwindet somit die Zeit und überbringt dank seiner Speicherfunktion ihre Nachricht und ihre Lebensgeschichte dem intradiegetischen Leser Stefan. Zugleich wird diese Geschichte für künftige Leserinnen gespeichert und letztlich auch den extradiegetischen Zuschauerinnen gezeigt.

Der Film betont das Immerwährende, Zeitlose der Liebe, das in Zweigs Text ansatzweise auch vorhanden ist, stärker. Anders als Zweigs Text beginnt der Film nachts. Die Nacht mit ihrer Dunkelheit und als Hort der Träume liegt von ihrer Symbolik näher beim Tod als der Tag. Dadurch wird das Todesmotiv, das

---

16 Vgl. Hanstein. The purloined letter (wie Anm. 9). S. 145, 149; Clara Rowland. „Deliveries of absence: epistolary structures in classical cinema". *The Writer on Film.* Hg. Judith Buchanan. New York: Palgrave and Macmillan, 2013. S. 193-205, hier S. 200; Gaylyn Studlar. „Masochistic Performance and Female Subjectivity in *Letter from an Unknown Woman*". Cinema Journal 33/3 (1994): S. 35-57, hier S. 50.

17 Vgl. Rowland. Deliveries of absence (wie Anm. 16). S. 203, 195.

den Film durchzieht, verstärkt. Durch den Brief überwindet die Liebe den Tod. Zugleich aber bringt der Brief Stefan höchstwahrscheinlich den Tod.

Franz Kafka schreibt in einem seiner Briefe an Milena, Briefeschreiben als entkörperlichte Kommunikation sei etwas für Gespenster nicht für Lebende.[18] Auch das Kino hat eine, wie Laura Mulvey sagt, „unsichere Beziehung zum Leben und Tod", weil es alle, die es je aufgenommen habe, „in perfekt fossiler Form"[19] reanimiere. Das verewigende, geisterhafte Potential der Medien Brief und Film wird in *Letter from an unknown woman* verstärkt durch den Plot. Avrom Fleishman spricht davon, dass Ophüls' Geschichte in eine „Transaktion mit den Toten"[20] trete. Etwa in der Mitte des Films wird aus der Dramatisierung in die Lesesituation zurückgeblendet und werden in einer medialen Collage Lisas Brief und die ihm beigelegten Fotos von Lisas und Stefans gemeinsamem Sohn gezeigt; auf einem davon ist er zusammen mit Lisa zu sehen.[21]

Abb. 3 : Mediale Collage mit Fotografien

18 Vgl. Franz Kafka. *Briefe an Milena*. Erweiterte und neu geordnete Ausgabe. Hg. Jürgen Born u. Michael Müller. Frankfurt a. M.: Fischer, 1986, S. 301.

19 „the cinema's uncertain relation to life and death", „in perfect fossil form", Laura Mulvey. *Death 24 x a second*. London: Reaktion Books, 2006, S. 18.

20 „a transaction with the dead", Avrom Fleishman. *Narrated Films: Storytelling Situations in Cinema History*. Baltimore, MD: Johns Hopkins University Press, 2004, S. 150.

21 Vgl. Edward Gallafent. *Letters and Literacy in Hollywood Film*. New York: Palgrave and Macmillan, 2013, S. 11.

Auch diese Fotos sind im Sinne von Roland Barthes' Fotografieverständnis eine ‚Wiederkehr des Toten'.[22] Der fotografierte Junge ist ein fotografisches *spectrum*.[23] Er wurde nicht nur in einem Moment fotografiert, den es nicht mehr gibt[24], sondern ist auch tatsächlich verstorben. Diese Fotografien spiegeln das Medium Film, denn auch der Film sendet uns Simulacren von Personen, die verstorben sind oder es eines Tages sein werden.[25]

Der Brief endet bei Ophüls mit den Worten: „If this letter reaches you, believe this – that I love you now as I have always loved you. [...] ... if only you could have recognized what was always yours ... could have found what was never lost ... if only".[26] Das zweimal erwähnte „Immer" dominiert gegenüber dem ebenfalls vorhandenen „Nie". Mit dem Deiktikon „jetzt" spricht der Brief von Jenseits des Todes aus einer entzeitlichten Sphäre.

Im Unterschied zu Zweigs Erzählung wird die Liebe in Ophüls' Film vereindeutigt. Denn diese Liebe bleibt nicht unerkannt und diffus „wie eine ferne Musik"[27], wie es in Zweigs Text heißt, sondern wird bei Ophüls für Stefan identifizierbar. Während sich in Zweigs Text „kein Bild"[28] aus R.s verworrenen Erinnerungen herauskristallisiert, hat Stefan ein Foto von Lisa und zudem nach der Lektüre des Briefes eine Reihe von Flashbacks, die ebenfalls Bilder von Lisa zeigen. Vor diesen Flashbacks weint Stefan und danach schlägt er entsetzt die Hände vor das Gesicht, zugleich mündet die extradiegetische Walzer-Musik in einen dissonanten Klang. Während in Zweigs Text die Unbekannte keinen Namen hat, enthüllt Stefans stummer Diener John ihm Lisas Namen, indem er ihn auf ein Stück Papier schreibt. Auch wenn Stefans Reaktion zeigt, dass er selbst nicht fähig gewesen wäre, den Namen seinen Erinnerungen zuzuordnen, ist er nun – dank Johns Hilfe – fähig, diese Verbindung herzustellen. Insofern findet ein Erkennen in einem doppelten Sinne statt: Stefan erkennt Lisa und erkennt zugleich, dass dies die wahre Liebe in seinem Leben gewesen wäre. Damit greift die für Melodramen typische Zeitstruktur des „[Z]u spät".[29]

---

22 Vgl. Iris Därmann. *Tod und Bild: eine phänomenologische Mediengeschichte.* München: Fink, 1995, S. 402. Da die Fotografien so klein sind, braucht Stefan noch ein weiteres optisches Gerät, eine Lupe, um den Jungen zu ‚erkennen'.

23 Vgl. Därmann. Tod und Bild (wie Anm. 22). S. 402. Und Roland Barthes. *Die helle Kammer: Bemerkung zur Photographie.* Übersetzt von Dietrich Leube. Frankfurt a. M.: Suhrkamp, 1989, S. 22.

24 „Es stimmt, das Foto ist ein Zeuge, aber ein Zeuge dessen, was nicht mehr ist. Selbst wenn das Subjekt noch lebt, wurde dennoch ein Moment des Subjekts fotografiert, und dieser Moment ist nicht mehr." Roland Barthes. „Über Fotografie. Interview mit Angelo Schwarz (1977) und Guy Mandery (1979)". *Paradigma Fotografie.* Hg. Herta Wolf. Frankfurt a. M.: Suhrkamp, 2002. S. 82-88, hier S. 85.

25 Zum geisterhaften Effekt des Films vgl. Hanstein. The purloined letter (wie Anm. 9). S. 138.

26 Ophüls. Letter (wie Anm. 10). 01:17:41-01:18:06.

27 Stefan Zweig. „Brief einer Unbekannten". *Meistererzählungen.* Frankfurt a. M.: Fischer, 1970. S. 151-197, hier S. 197.

28 Zweig. Brief (wie Anm. 27). S. 196.

29 Vgl. Hanstein. The purloined letter (wie Anm. 9). S. 145 und Neale. Melodram und Tränen (wie Anm. 4). S. 151-152.

Diese Vereindeutigung der Liebe in Ophüls' Film bewirkt jedoch auch eine Überwindung der Zeit. Indem die Liebe nicht mehr von einer Unbekannten ausgeht, sondern einer bestimmten Frau zugeordnet werden kann, wird auch eine Art Antwort oder Reaktion wie die folgend Geschilderte möglich. Als Stefan zum Duell aufbricht, steckt er sich eine der weißen Rosen an, die ihm Lisa bei ihrer letzten Begegnung gebracht hatte. Dazu erklingt als geisterhaftes *voice-over* Lisas Stimme, die den Schluss ihres Briefes nochmals wiederholt. In der deutschen Synchronisierung ist der gesprochene Text signifikanterweise völlig anders: Anstelle des wunschbetonenden „if only" greift Lisas Stimme das Thema des Verkennens nochmals auf: „Nur Du ... Du hast mich nicht erkannt!"[30]

Unten bei der Tür sieht Stefan die dreizehnjährige Lisa in einem weiteren *Flashback*. Dieses geisterhafte Bild hat einen Status *jenseits* der Zeit, wie Stanley Cavell formuliert[31], und kann als Vorausdeutung von Stefans Tod im Duell gelesen werden. Durch die Vereindeutigung und Andeutung einer nachträglichen Gegenseitigkeit wird diese Liebe der Namenlosigkeit und Flüchtigkeit entrissen, überwindet den Tod und damit die zeitliche Begrenzung des Menschenlebens. Der posthumane Brief überwindet somit die Zeit durch die unsterbliche Liebe, die er enthält.[32] Darüber hinaus zeigt Ophüls, dass nicht nur Briefe, sondern auch das Kino ein Medium ist, das die Zeit überwindet.

So zum Beispiel, wenn sich Lisa und Stefan bei ihrer ersten Liebesbegegnung in ein Diorama in Form eines Zugwaggons setzen (Abb. 4).[33] In diesem Diorama sehen sie, scheinbar in einem Zug reisend, vor ihrem Fenster die ganzen Sehenswürdigkeiten Europas, so etwa Venedig oder die Schweiz, auf einer Leinwand an sich vorüberziehen. Das Diorama ist eine Vorform des Kinos. In diesem Dorama erleben Lisa und Stefan in fantastisch kurzer Zeit eine virtuelle Europareise.[34] Dabei erzählt Lisa Stefan, sie sei früher mit ihrem Vater viel gereist, um kurz darauf zuzugeben, dass das nur imaginäre Reisen anhand von Reiseprospekten waren, die ihr Vater von einem Freund, der im Reisebüro arbeitete,

---

30 Ophüls. Letter (wie Anm. 10). 01:21:32-01:21:37.

31 „the image of the young Lisa in place, beyond time", Stanley Cavell. „Postscript (1989): To Whom It May Concern". *Critical Inquiry* 16/2 (1990): S. 248-289, hier S. 266. Hanstein erwähnt, dass die Konstellation, des sich umwendenden Stefan und der geisterhaften Erscheinung von Lisa an Orpheus und Eurydike erinnert vgl. Hanstein. The purloined letter (wie Anm. 9). S. 149.

32 Vgl. Rowland. Deliveries (wie Anm. 16). S. 199.

33 Zum Diorama vgl. James von Hüningen. „Diorama I: Illusionsszenen". *Lexikon der Filmbegriffe*. https://filmlexikon.uni-kiel.de/index.php?action=lexikon&tag=det &id=661, [letzter Zugriff: 29.05.2020]. David Lusted spricht von einem cyclorama dies meint aber einer Rundleinwand ohne Bewegung vgl. David Lusted. „Fantasy Disguise: Where New Communications Meet Old Entertainments". *Screen Methods: Comparative Readings in Film Studies*. Hg. Jaqueline Furby and Karen Randell. London: Middleton Press, 2005. S. 157-166, hier S. 162. Zum Cyclorama oder Zyklorama vgl. Ludger Kaczmarek: „Zyklorama". *Lexikon der Filmbegriffe*. https://filmlexikon.uni-kiel.de/index.php?action=lexikon&tag=det&id=3905, [letzter Zugriff: 29.05.2020].

34 Vgl. Lusted. „Fantasy Disguise (wie Anm. 33). S. 162.

Abb. 4: Das Diorama

erhalten hatte. Als sie alles gesehen haben, beginnen sie nochmals von vorn, um die Bilder ihrer Jugend wieder zu sehen, wie Stefan Brand sagt. Insofern reisen sie nicht an Orte, sondern in die eigene imaginäre Vergangenheit, und das Diorama dient ihnen als imaginäres Erinnerungsmedium. Zugleich enthält diese kurze Szene ein selbstreflexives Moment[35] und ein augenzwinkerndes Betrachten der zeitlichen Manipulationen, die das Kino leistet, da man in ihm Reisen der Vergangenheit wiederholen kann und dies deutlich schneller, als wenn man wirklich reisen würde. Ophüls Film präsentiert somit den zentralen Brief von Lisa an prominenten Stellen des Films (Anfang, Mitte, Ende), zeigt seine zeitüberwindende Kraft und seine Geisterhaftigkeit und seine Funktion als Erinnerungsmedium. Er kombiniert ihn mit anderen Medien, wie Fotografie und Diorama, wodurch er den Zuschauer dazu einlädt, über die Möglichkeiten und Grenzen dieser Medien im Verhältnis zum Brief nachzudenken.

2. *Écriture automatique* und die Macht des Kinos

In Joe Wrights Literatur-Verfilmung *Atonement* spielen Briefe eine zentrale Rolle. Es ist ein doppelter Brief, der die Handlung ins Rollen bringt. Er lässt die Hauptfiguren, Cecilia Tallis und Robbie Turner, einander ihre Liebe offenbaren

---

35 Vgl. Susan M. White. *The Cinema of Max Ophuls: Magisterial Vision and the Figure of Woman*. New York: Columbia University Press, 1995. S. 171.

und trennt sie zugleich. Zentral ist zudem der titelgebende Abbitte-Brief. Diese Briefe eröffnen – wie in Ophüls' Film – ein Spiel von Erkennen und Verkennen.

Der Film beginnt in einem heißen Sommer Mitte der 1930er Jahre. Cecilia und Robbie, Sohn der Putzfrau der Familie Tallis, streiten sich am Brunnen im Garten des Anwesens. Dabei geht eine teure und erinnerungsträchtige Vase zu Bruch. Ein Teil davon fällt in den Brunnen. Cecilia zieht sich bis auf den Unterrock aus und springt in den Brunnen, um das Vasenbruchstück herauszuholen. Wie eine Nixe taucht sie zwischen den Seerosen. Als sie aus dem Brunnen steigt, erscheint sie in ihrem nassen, hautfarbenen Unterkleid wie nackt. Sie zieht sich wieder an und läuft wütend weg. Es ist eine erotisch hochexplosive Szene, die zweimal direkt hintereinander aus unterschiedlichen Perspektiven gezeigt wird. Einmal als POV-shot der dreizehnjährigen Briony, die Cecilia und Robbie von ihrem Zimmerfenster aus beobachtet, und einmal mit einer allwissenden neutralen Kamera. Durch die beiden Varianten der Brunnenszene wird deutlich, dass der noch kindliche Blick von Briony die Geschehnisse in diesem Sommer weder vollständig noch akkurat erfassen kann. Nach beiden Brunnenszenen blickt Briony jeweils vor einem verschwommenen und dadurch nicht lokalisierbaren Hintergrund wie durch eine Glasscheibe direkt in die Kamera. Diese Rahmung deutet Brionys Autorschaft der gesamten Geschichte an.[36] Insofern steht auch die scheinbar neutrale Variante der Brunnenszene unter ihrer Regie, aber nicht des halbwüchsigen Kindes, sondern der erwachsenen Frau.

In der ersten Briefszene wird gezeigt, wie Robbie zwei Briefe an Cecilia schreibt, die er miteinander verwechselt, was entscheidend zur Tragödie beiträgt. Beide Briefe, ein Entschuldigungs- und ein erotischer Brief, sind an Cecilia gerichtet und eine unmittelbare Reaktion auf das Missgeschick in der Brunnenszene. An seinem Schreibtisch am Fenster sitzend, tippt Robbie auf der Schreibmaschine einen Entschuldigungsbrief an Cecilia, der durch ein *voice over* mit seiner Stimme wiedergegeben wird. Es fällt Robbie schwer, er findet nicht die richtigen Worte. Er reißt den unfertigen Brief aus der Maschine, zerknüllt ihn und wirft ihn hinter sich. Dann legt er eine Schallplatte auf sein Grammophon. Es ist das Duett „O soave fanciulla" aus Giacomo Puccinis

---

36 Effektiv soll in dem Film das Gefühl eines omnipräsenten Autors erzeugt werden. Dies wird jedoch selten durch direkte Blicke Brionys in die Kamera erzeugt. Oft wird dies über die Tonspur gemacht, auf der häufig ein rhythmisches Klicken, das an die Tippgeräusche ihrer Schreibmaschine erinnert, zu hören ist vgl. James Schiff. „Reading and Writing on Screen: Cinematic Adaptation of McEwan's *Atonement* and Cunningham's *The Hours*". *Critique: Studies in Contemporary Fiction* 53/2 (2012): S. 164-173, hier S. 170; Yvonne Griggs. „Writing for the movies: Writing and Screening Atonement (2007)". *A Companion to Literature, Film, and Adaptation.* Hg. Deborah Cartmell. Malden Mass.: Wiley-Blackwell, 2007. S. 345-358, hier S. 351 und Beatrix Hesse. „Point of View in Atonement – Novel and Film". *Anglistik* 21/2 (2010). S. 83-91, hier S. 90.

Oper *La Bohème*.[37] In diesem Duett gestehen sich die beiden Hauptfiguren Mimi und Rodolfo ihre Liebe. Das Duett setzt an der Stelle ein, wo es um die äußerste Süßigkeit (der Liebe) geht, die in der Seele bebt. Begleitet von der sinnlichen, schmelzenden Opernmusik zieht Robbie ein neues Blatt ein und tippt einen neuen Briefentwurf. In der folgenden Parallelmontage sieht man abwechselnd Robbie und Cecilia. Cecilia raucht vor dem Spiegel in ihrem Zimmer sitzend, partiell verschleiert von weißen Straußenfedern, Zigarettenrauch oder Lichtreflexen. Sie schminkt ihre Lippen ab. Auch Robbies Gesicht erscheint manchmal im Spiegel. Er raucht ebenfalls. Beide reden leise vor sich hin. Ihre Gesichter sind häufig in Großaufnahme zu sehen. Auch der zweite Briefentwurf wird von Robbie aus der Maschine gezogen und zerrissen. Es ist unklar, wieviel Zeit während dieser Briefentwürfe vergeht. Robbie hört das Duett immer wieder von Neuem. Schließlich schreibt er einen neuen Brief. Es wird in einer Detailaufnahme gezeigt, wie er den Brieftext tippt. Der Text wird nicht per *voice over* vorgetragen, man muss ihn selbst lesen: „In my dreams I kiss your cunt, your sweet wet cunt.“[38] Anders als bei Ophüls wird nicht der fertige Text, sondern in einer Detailaufnahme der Schreibprozess gezeigt.

Abbildung 5: Der erotische Brief

---

37 Die intermediale Bezugnahme auf *La Bohème* mit ihrer Geschichte einer unglücklichen Liebe weise auf das tragische Ende von *Atonement* voraus, vgl. Griggs. Writing for the movies (wie Anm. 36). S. 353. Im Roman ist Robbie unmusikalisch, und daher kommen andere Medien in dieser Szene vor, wie das Kino und die Bilder eines Anatomiebuches, vgl. Ian McEwan. *Atonement*. London Vintage, 2001. S. 80, 85, 94.

38 Der Brief ist noch um einen Satz länger: „In my thoughts I make love to you all day long.“ Joe Wright. *Atonement*. (GB 2007). 00:22:33-00:22:48. Dass der Brief länger als der eine vom Filmpublikum lesbare Satz ist, kann in einer späteren Szene nur bei sehr genauem Schauen entdeckt werden.

Währenddessen singen Mimi und Rodolfo aus *La Bohème* zusammen „Amor". Die diegetische Opernmusik verdeutlicht, dass das teilweise vulgärsprachlich formulierte Begehren von Liebe motiviert und getragen wird.[39] Robbie lacht und beginnt dann von Hand den Entschuldigungsbrief zu schreiben. Auf dem Weg zum Dinner bei der Herrschaft übergibt er Briony den Brief mit der Bitte, ihn Cecilia zu bringen. Er hat jedoch den falschen Brief eingesteckt, und die neugierige Briony liest ihn, bevor sie ihn übergibt. Wie in Stephen Frears *Dangerous Liaisons* (1988) wird der Brief zuerst von jemand anderem gelesen, mit fatalen Folgen für die richtige Adressatin.[40] Briony spricht mit ihrer Cousine Lola über den Brief, und die beiden kommen zum Schluss, dass Robbie ein Triebtäter sein müsse. Als Lola während einer nächtlichen Suchaktion vergewaltigt wird, behauptet Briony, sie hätte gesehen, dass Robbie der Täter war. Briony sucht in Cecilias Sachen nach Robbies erotischem Brief und bringt ihn ihrer Mutter. Dieser Brief dient als weiteres Indiz für Robbies Schuld. Robbie wird von der Polizei verhaftet, verurteilt und muss ins Gefängnis.

Es gibt somit zwei Briefe, einen offiziellen, konventionellen, von Hand geschriebenen und einen geheimen, begehrenden und unverschämten, der auf der Schreibmaschine geschrieben wurde.[41] Die Handschrift wird im Roman wegen ihres persönlicheren Effektes gewählt.[42] Der getippte Brief fungiert als eine Art *écriture automatique*.[43] Der geheime, getippte Brief ist somit ehrlicher als der offizielle, handschriftliche. Die Handschrift ist kein Garant für Wahrheit. Fatalerweise gelangt der geheime Brief an die Öffentlichkeit, die im Kontext von Lolas Vergewaltigung das darin so explizit geäußerte Begehren als Gewaltandrohung missdeutet. Die Liebesgeschichte von Cecilia und Robbie existiert darauf fast nur noch in ihren Briefen, die sie einander schreiben und die von der Gefängnis- und Militärverwaltung zensuriert und manchmal auch konfisziert werden.[44]

---

39 Während im Roman die scheinbar heterodiegetische Erzählinstanz berichtet, dass Robbie verliebt ist, vgl. McEwan. Atonement (wie Anm. 37). S. 90.

40 Vgl. Isabelle Stauffer. „Körperspuren und Ornament. Schrift in den Briefroman-Adaptionen *Dangerous Liaisons* und *Cruel Intentions*". *Schrift und Graphisches im Vergleich.* Hg. Monika Schmitz-Emans u. a. Bielefeld: Aisthesis, 2019, S. 497-509, hier S. 499.

41 Der Entschuldigungsbrief, heißt es in Ian McEwans Roman, sei eine „conventional apology", McEwan. Atonement (wie Anm. 37). S. 85. Der erotische Brief, insbesondere das Wort „cunt", wird als „typographical demon" bezeichnet, McEwan. Atonement (wie Anm. 37). S. 114.

42 „He [...] wrote his letter in longhand, confident that the personal touch fitted the occasion." McEwan. Atonement (wie Anm. 37). S. 86.

43 Zum Schreibmaschinenschreiben als *écriture automatique* vgl. Friedrich Kittler. *Grammophon, Film, Typewriter.* Berlin: Brinkmann & Bose, 1986, S. 298. Diese These stützt auch eine Textstelle aus dem von Ideen der Psychoanalyse durchzogenen Roman: „Then, after a few moments' reverie, [...] he dropped forwards and typed before he could stopp himself", McEwan. Atonement (wie Anm. 37). S. 85-86.

44 Vgl. Monica Spiridon. „,The (meta)narrative paratext: coda as a cunning fictional device". In: *Neohelicon* 37 (2010): S. 53-62, hier S. 59 und McEwan. Atonement (wie Anm. 37). S. 204-205.

Aus dem Krankenhaus *St. Thomas*, in dem Briony ihre Ausbildung als Krankenschwester macht, schreibt sie von Hand einen Brief an Cecilia, in dem sie andeutet, dass sie das Ausmaß ihrer Tat zu begreifen beginne und bittet um ein Treffen. Von Brionys Brief erzählt Cecilia Robbie im letzten ihrer Briefe, der ihn an der Front in Frankreich noch erreicht, bevor die Post zusammenbricht.[45] Briony fährt nach Balham für das Treffen mit ihrer Schwester. Dort trifft sie zudem Robbie an, der gerade zu Besuch ist. Beim diesem Treffen willigt Briony ein, ihr falsches Zeugnis zu widerrufen und verspricht Robbie einen Brief zu schreiben. Darin soll sie darlegen, wie sie dazu kam zu behaupten, er sei der Täter gewesen und warum sie bis zu seiner Verurteilung daran festgehalten hatte. Aber dieses Treffen und ihren Brief, in dem Briony öffentlich Abbitte leisten sollte, hat es nie gegeben. Stattdessen hat Briony ihr Leben lang an einen autobiographischen Roman geschrieben, den sie als alte Dame angesichts der Diagnose vaskulärer Demenz vollendet und unter dem Titel *Atonement* veröffentlicht. Im Roman allerdings ist es Briony nicht möglich, zu ihren Lebzeiten ihren autobiographischen Roman zu veröffentlichen, da sie und ihr Verlag befürchten, dass Lola dagegen prozessieren würde.[46] Insofern ist die Erzählinstanz des publizierten Buches, wie in Ophüls' Film, auch schon tot.

In einem Fernseh-Interview am Ende des Films gesteht Briony, die eine erfolgreiche Schriftstellerin geworden ist, dass sie viel zu feige gewesen sei, im Juni 1940 zu ihrer Schwester zu fahren. Die Aussprache zwischen Cecilia, Robbie und ihr sei erfunden gewesen. Sie konnte sich nicht länger vorstellen, was es bringen würde, ehrlich zu sein.[47] Die Erzählinstanz hat gelogen und rechtfertigt ihre Unehrlichkeit mit den Bedürfnissen der Leser. Diese können angesichts der realen, historischen Geschichte keine Hoffnung schöpfen oder Befriedigung erlangen.[48] Mit der Enthüllung, dass die Erzählinstanz unzuverlässig ist, wird auch das Filmpublikum in das Spiel um Erkennen und Verkennen verstrickt.[49] Diese Unzuverlässigkeit löst weitere Fragen aus[50]: Wenn es das Treffen nicht gegeben hat, hat es dann den Brief von Briony an Cecilia gegeben? Der Flashback im Interview zeigt Briony jedenfalls an der Schreibmaschine über ihrem Romanentwurf und nicht beim Briefschreiben.

---

45 Die Briefe der Liebenden sind in die Archive des *Imperial War Museum* gelangt und werden dort aufbewahrt, heißt es im Roman, McEwan. Atonement (wie Anm. 37). S. 371.

46 Vgl. McEwan. Atonement (wie Anm. 37). S. 359, 361, 370.

47 „I couldn't any longer imagine what purpose would be served by [...] honesty or reality." Wright. Atonement (wie Anm. 38). 01:45:01-01:45:14.

48 „[W]hat sense of hope or satisfaction could a reader drive from an ending like that?" Wright. Atonement (wie Anm. 38). 01:47:58-01:48:05.

49 Zur Unzuverlässigkeit der Erzählinstanz vgl. Spiridon. The (meta)narrative paratext (wie Anm. 44). S. 57.

50 Vgl. auch Sabine Schlickers. „Auto- and Author-Fiction in Literature and Film". *Authorship revisited: conceptions of authorship around 1900 and 2000*. Hg. Gillis J. Dorleijn. Leuven: Peeters, 2010. S. 155-173, hier S. 173.

Abbildung 6: Briony schreibt von Hand an Cecilia

Abbildung 7: Briony an der Schreibmaschine

Was die Kamera gezeigt hat, erscheint nun nicht mehr neutral, sondern entpuppt sich als Verfilmung von Brionys Roman. Robbie und Cecilia, gesteht Briony in diesem Interview, haben sich nicht mehr wiedergesehen. Robbie ist in der Nacht vor der Evakuierung von Dünkirchen und Cecilia bei der Blitzbombardierung von London gestorben. Dass Briony die Abbitte-Szene erfunden hat, bezeichnet sie als einen „letzten Akt der Güte".[51] Sie habe den beiden zu ihrem Glück verholfen.[52] Dabei blickt sie mit schiefgestelltem Kopf in einer Großaufnahme

---

51 „[A] final act of kindness". Wright. Atonement (wie Anm. 38). 01:48:20-01:48:22.
52 „I gave them their happiness." Wright. Atonement (wie Anm. 38). 01:48:25-01:48:31.

in die Kamera. Es ist eine unangenehme Nähe, in die man als Filmzuschauer da gerät. Diese unangenehme Nähe lässt die (unfreiwillige) Ironie des Gesagten umso stärker hervortreten und festigt den Eindruck, dass sich Briony in einem umfassenden und destruktiven Sinne zur Autorin des Lebens anderer gemacht hat und dies auch noch als Freundlichkeit tarnt.[53] Insofern gibt es in diesem Film keine ‚letzte Ehrlichkeit‘: weder vor dem Tod noch im Medium des Fernsehens.[54]

Abbildung 8: Kein Moment der Wahrheit: Briony im Fernsehstudio

Der doppelte Brief von Robbie in *Atonement* hat auch eine doppelte Funktion: Er lässt die Liebenden ihre Liebe zueinander erkennen und zugleich ihre soziale Umwelt diese Liebe verkennen. Er bringt sie zusammen und trennt sie gleichzeitig für immer. Es wären Brionys Briefe gewesen, die sie wieder hätten zusammenbringen können. Gemäß den temporalen Gesetzen des Melodramas kommt die Abbitte zu spät. Der Film endet mit dem ostentativen Zeigen, welche Macht das Kino hat, die Toten wieder lebendig zu machen: Robbie und Cecilia haschen sich glücklich und spielerisch am Strand bei dem Cottage in Wiltshire, wo es ihnen real verwehrt war, zusammen Zeit zu verbringen. Sie erleben das Glück, das ein verwechselter und ein nie gesandter Brief ihnen verwehrt haben.

---

53 Dazu, dass Briony sich selbst als gottgleich inszeniert vgl. Griggs. Writing for the movies (wie Anm. 36). S. 349. „[H]ow can a novelist achieve atonement when, with her absolute power of deciding outcomes, she is also God?" McEwan. Atonement (wie Anm. 37). S. 371.

54 Die These, dass das Fernsehen (im Gegensatz zu Literatur und Kino) eine „Quelle der Ehrlichkeit (a source of truth)" sei, vertritt Christine Gerathy, vgl. Gerathy. Foregrounding the Media (wie Anm. 8). S. 369.

3. Fazit: Ein mediales Spiel um das Erkennen und Verkennen von Gefühlen

In *Letter from an unknown woman* werden entscheidende Sätze aus und Para-
texte zu Lisas Brief gezeigt, das Meiste wird per *voice over* vorgetragen und dramatisiert. Aus dem Brief heraus spricht die Stimme einer Verstorbenen aus einem
jenseitigen „Jetzt" und beschwört das Immerwährende ihrer Liebe, das ein Echo
und eine Bestätigung findet in der narrativen Rahmung durch das höchstwahrscheinlich tödliche Duell. Der Brief überwindet damit die Beschränktheit der
menschlichen Lebenszeit, fungiert als imaginäres Erinnerungsmedium und
wirkt aber auch tödlich. Er erscheint in einer medialen Collage mit der ebenfalls an den Tod gemahnenden Fotografie. Seine Funktion als imaginäres Erinnerungsmedium teilt er mit dem Kino, auf das über die Diorama-Szene selbstreflexiv angespielt wird.

In *Atonement* wird der entscheidende katastrophenauslösende Brief von Robbie ebenfalls gezeigt.[55] Seinen harmloseren und den vielleicht erfundenen Brief
von Briony mit der Bitte um ein Treffen an ihre Schwester werden per *voice over*
vorgetragen, während sie geschrieben werden. Der erfundene Abbitte-Brief von
Briony an Robbie existiert nur als Robbies Auftrag, man sieht ihn Briony nicht
schreiben, bevor sie aufdeckt, dass es das Treffen und den Auftrag nie gab. *Atonement* zeigt zudem, dass handschriftliche Briefe weder persönlicher noch ehrlicher sind als maschinengeschriebene. Die Polyvalenz und das Fiktionspotential
aller Medien wird hervorgehoben. Während die Briefe und Schrift Strafe und
Tod bringen und als Erinnerungsmedium fungieren, inszeniert das Fernsehen
Aufklärung und Diskursmacht, während das Kino nostalgisches, fiktives Glück
verspricht.

Somit sind in beiden Verfilmungen die Briefe und ihre modernen Äquiva-
lente, Fotografie, Film und Fernsehen, verflochten in ein mediales Spiel um
das Erkennen und Verkennen von Gefühlen. Während ihre Figuren daran
zerbrechen, stellen die Verfilmungen dadurch ihren reflexiven Umgang mit
Intermedialität und ihre kunstvolle Verfasstheit zur Schau.[56]

---

55 Gerathy schreibt, dass in *Atonement* die mächtigsten Wörter als Schrift und in
    Detailaufnahmen erscheinen vgl. Gerathy. Foregrounding the Media (wie Anm. 8).
    S. 366.
56 Bastin schreibt über Wrights *Atonement* von „narrative awareness" vgl. Bastin. „Pre-
    cursor Texts (wie Anm. 9). S. 194.

Dominik Schrey (Freiburg)

Medienglaziologie

Kartierungen einer Medialität der Gletscher

1. Einleitung

Wie kaum ein anderes Bildmotiv machen schmelzende Gletscher den Klimawandel sichtbar. Sie spielen deshalb eine zentrale Rolle für die Klimaforschung selbst, für die Popularisierung ihrer alarmierenden Erkenntnisse sowie für die zeitgenössische Kunst, die im Lichte dieser Einsichten nach einer adäquaten neuen Ästhetik sucht. Entsprechend umfangreich fällt inzwischen auch die kulturwissenschaftliche Auseinandersetzung mit Gletscherbildern aus. Zahlreiche Ausstellungskataloge[1] und umfangreiche Studien[2] verfolgen deren Entwicklung vom frühen 17. Jahrhundert, auf das die ersten bildlichen Darstellungen datiert sind, bis in die Gegenwart, in der Gletscher und ihr Verschwinden zum Emblem der globalen Erwärmung geworden sind. Der Heuristik des Vergleichs kommt dabei eine wichtige Funktion zu: Nicht nur bildet sie die Basis etwa für klassisch kunsthistorische Untersuchungen, deren Augenmerk dem Wandel der Ausdrucksformen und Abbildungskonventionen von Gletscherbildern (etwa auf einer Skala zwischen Idealisierung und Realismus) gilt. Überdies und insbesondere ist auch der Prozess des Verschwindens auf den vergleichenden Blick angewiesen, denn dieser offenbart sich ja erst auf diese Weise in seiner ganzen Dramatik.[3]

Dieser Aufsatz jedoch wählt eine andere Perspektive: In begrifflicher Anlehnung an Jussi Parikkas ‚Mediengeologie‘[4] und vor dem Hintergrund des umfassenden Felds der Medienökologie wird im Folgenden eine „Medienglaziologie"

---

1 Vgl. etwa Monika Faber und Klaus Albrecht Schröder (Hg.). *Die Weite des Eises. Arktis und Alpen 1860 bis heute*. Ostfildern: Hatje Cantz 2008; Barbara C. Matilsky. *Vanishing Ice. Alpine and Polar Landscapes in Art, 1775-2012*. Bellingham: The Whatcom Museum, 2013; Heinz J. Zumbühl, Samuel Nussbaumer und Hanspeter Holzhauser (Hg.). *Die Grindelwaldgletscher. Kunst und Wissenschaft*. Bern: Haupt 2016.

2 Vgl. jüngst etwa Peter G. Knight. *Glacier. Nature and Culture*. London: Reaktion Books, 2019.

3 Vgl. Birgit Schneider. „Zeit im Bild. Wie Bildvergleiche den Klimawandel vor Augen führen." In: Matthias Bruhn und Gerhard Scholtz (Hg.): *Der vergleichende Blick. Formanalyse in Natur- und Kulturwissenschaften*. Berlin: Reimer, 2017, S. 125-146; Rodney Garrard und Mark Carey. „Beyond Images of Melting Ice. Hidden Histories of People, Place, and Time in Repeat Photography of Glaciers." In: Jordan Bear und Kate Palmer Albers (Hg.): *Before-And-After Photography. Histories and Contexts*. London und New York: Bloomsbury, 2017, S. 101-122.

4 Jussi Parikka. *A Geology of Media*. Minneapolis/MN: University of Minnesota Press, 2015.

umrissen, die Gletscher selbst als Medien versteht. Ganz im Sinne des medien-komparatistischen Forschungsparadigmas, dass sich spezifische Medialitäten erst aus einer medienvergleichenden Perspektive erschließen[5], wird der Frage nachgegangen, wie sich dieses „Medien-Werden" der Gletscher im und durch den Vergleich mit anderen (technischen) Medien vollzieht. Dabei konzentriere ich mich zeitlich auf das 19. und frühe 20. Jahrhundert und regional auf die Alpengletscher, deren wissenschaftliche Erforschung die Disziplin der Glaziologie begründete.

2. „Einst in jener schönen Zeit, so lautet die Sage, gab es noch nirgendwo Gletscher."

1851 trägt der deutsche Reiseschriftsteller Johann Georg Kohl für seine *Naturansichten aus den Alpen* nicht nur das Wissen seiner Zeit über die Entstehung der Felsformationen, die Beschaffenheit ihrer Schneedecke und ihre spezifischen Klanglandschaften zusammen, sondern in einem langen Kapitel auch regionale Sagen und Mythen. Zwar seien die Alpen ein erzarmes Gebirge und somit selbst-verständlich ärmer an „poetischem Aberglauben" als etwa das Erzgebirge oder der Ural, wo ganze Scharen von Fabelwesen sagenhafte Gold- und Silberschätze bewachen. Auch habe es der Alpenregion historisch an großen Dichtern gemangelt, die die bäuerliche Folklore in Erzählungen von Weltrang transformiert hätten. Dennoch gebe es durchaus auch im alpinen Kulturraum einige interessante Mythen, die sich vor allem um naturgewaltige Phänomene des Hochgebirges und insbesondere die Gletscher drehen. Als den „eigenthümlichsten und am allgemeinsten verbreiteten Mythus der Alpen"[6] benennt Kohl in diesem Kontext die Erzählung von einem goldenen Zeitalter, als es noch keine Gletscher gegeben habe und auch die höchsten Alpenhänge noch von fruchtbaren grünen Wiesen gesäumt gewesen seien.

Die Veröffentlichung von Kohls *Naturansichten* fällt zeitlich zusammen mit den ersten fotografischen Zeugnissen der Alpengletscher[7] und dem Beginn eines weiteren „goldenen Zeitalters", nämlich dem des Alpinismus[8], der die Alpengipfel zum Ziel sportlichen Ehrgeizes werden lässt. Vor allem aber markiert

---

5 Lisa Gotto und Annette Simonis. „Medienkomparatistik. Aktualität und Aufgaben eines interdisziplinären Forschungsfelds." *Medienkomparatistik. Beiträge zur Vergleichenden Medienwissenschaft*. 1.1 (2019), S. 7-20, hier S. 18.

6 Johann Georg Kohl. *Naturansichten aus den Alpen*. Leipzig: Arnoldische Buchhandlung, 1851, S. 317.

7 Die ersten Fotografien von Schweizer Gebirgsgletschern wurden wahrscheinlich 1849/50 von Jean-Gustave Dardel und Camille Bernabé angefertigt, vgl. Daniel Steiner, Heinz J. Zumbühl und Andreas Bauder. „Two Alpine Glaciers over the Past Two Centuries. A Scientific View Based on Pictorial Sources." In: Benjamin S. Orlove, Ellen Wiegandt und Brian Luckman (Hg.): *Darkening Peaks. Glacier Retreat, Science, and Society*. Berkeley/CA 2008: University of California Press, S. 83-99, hier S. 88.

8 Ann C. Colley. *Victorians in the Mountains. Sinking the Sublime*. Farnham/MA: Ashgate, 2010, S. 40.

der Beginn der 1850er Jahre den letzten Höhepunkt der Ausbreitung der Alpengletscher und das Ende der sogenannten „Kleinen Eiszeit". Während dieser vergleichsweise kalten Phase, deren Beginn meist auf das 15. oder 16. Jahrhundert datiert wird, bedroht das Vorstoßen der Gletscher im Alpenraum immer wieder höher gelegene Siedlungen und Weidegründe oder löst sogar dramatische Überschwemmungen aus. Ihre zerstörerische Kraft wird deshalb mitunter mit jener von Vulkanen verglichen.[9] Das unaufhaltsame Wachsen der Eismassen stellt in den von Kohl gesammelten Erzählungen eine himmlische Strafe für Arroganz oder andere moralische Verfehlungen der Alpenbewohner*innen dar.

Trotz ihrer teils wichtigen Rolle für die regionale Wasserversorgung wurden die europäischen Gletscher lange Zeit vorwiegend als unheimliche und unwirtliche Orte angesehen, die von Menschen gemieden wurden, bevor sie ab dem 18. Jahrhundert zum Gegenstand wachsenden wissenschaftlichen und im 19. Jahrhundert zunehmend auch touristischen Interesses wurden. Im lokalen christlichen Aberglauben wurden sie einst dem Fegefeuer gleichgesetzt: Eingeschlossen ins ewige Eis warten die Armen Seelen verstorbener Sünder*innen dichtgedrängt und unter Qualen auf ihre Erlösung, während der Strom ihrer gefrierenden Tränen die Eismassen stetig anwachsen lässt.[10] Berichte von zeremoniellen Gletscherbannungen sind aus dem Alpenraum bis ins 19. Jahrhundert und zum Teil sogar darüber hinaus überliefert. 1678 legten etwa die Bewohner*innen des Fieschertals vor Papst Innozenz XI. ein Gelübde ab, jedes Jahr eine Prozession abzuhalten und für das Zurückweichen des Großen Aletschgletschers zu beten. 2010 erhielten sie von Papst Benedikt XVI. nach einer dringenden Eingabe schließlich offiziell die Erlaubnis, ihre Prozession umzuwidmen und die göttliche Hilfe fortan stattdessen für ein rasches Wachstum der inzwischen akut vom Klimawandel bedrohten Eisformation zu erbitten.

Bereits im Jahr 2000 hatten die Alpengletscher gut die Hälfte ihrer Fläche von 1850 eingebüßt, seither beschleunigt sich der Rückgang für die meisten der verbliebenen Gletscher beständig, einige sind bereits komplett verschwunden.[11] Je nach Berechnungsmodell und angenommener Temperaturerhöhung ist bis spätestens Ende dieses Jahrhunderts mit weitgehend eisfreien Alpen zu rechnen – eine Vorstellung, die freilich längst keine Assoziationen eines goldenen Zeitalters mehr hervorruft, sondern vielmehr das *worst case*-Szenario ungebremster globaler Erwärmung darstellt. Das Holozän, jenes klimatisch relativ stabile und warme Erdzeitalter, dessen Beginn mit dem Rückgang der gigantischen eiszeitlichen Gletscher vor gut 11.000 Jahren angesetzt wird und unter dessen Umweltbedingungen „alles entstanden ist, was wir als menschliche Zivilisation

---

9   Vgl. Silvia Flubacher. „Gefühlswelten und Gebirgslandschaften." In: Tina Asmussen (Hg.): *Montan-Welten. Alpengeschichte abseits des Pfades.* Zürich: Intercom, 2019, S. E1-E15, hier S. E9.

10 Martin Scharfe. *Berg-Sucht. Eine Kulturgeschichte des frühen Alpinismus 1750-1850.* Wien: Böhlau, 2007, S. 83ff.

11 Vgl. Stefan Rahmstorf und Hans Joachim Schellnhuber. *Der Klimawandel. Diagnose, Prognose, Therapie.* München: C. H. Beck, 2018, S. 55.

kennen"[12], gilt für viele Wissenschaftler*innen inzwischen als beendet, abgelöst von der geochronologischen Epoche des Anthropozäns, in der diese menschliche Zivilisation selbst zum maßgeblichen Einflussfaktor auf das gesamte planetare Ökosystem geworden ist.

Der Beginn des Rückgangs der Alpengletscher in den 1850er Jahren wird heute nicht nur mit dem Ende der natürlichen Klimaschwankungen der „Kleinen Eiszeit" erklärt, sondern auch mit anthropogenen Einflüssen: Im Zuge der rasanten Industrialisierung Europas werden im 19. Jahrhundert enorme Mengen Kohle verbrannt, deren Ruß sich als feine Schicht auch auf dem Eis und Schnee in den Alpen ablagert und so die Rückstrahlfähigkeit der Oberflächen reduziert, was schließlich zu einer erhöhten Temperatur und damit zum beschleunigten Schmelzen der Gletscher führt.[13] Um diese Dynamik abzuschwächen, werden inzwischen zahlreiche bedrohte Gletscher in den Sommermonaten mit weißen Planen abgedeckt, die in der zeitgenössischen künstlerischen Auseinandersetzung mitunter mit Leichentüchern assoziiert (etwa in den Fotografien Ester Vonplons) oder selbst als Bildträger für materialästhetische Selbstreflexionen verwendet werden (etwa bei Douglas Mandry). Die einst erhabene Erscheinung der „majestätischen Gletscher" weicht so der Einsicht in die Verwundbarkeit der Natur: „Der Berge wachsend Eis', das Albrecht von Haller in seinem Preislied auf die Alpen 1729 besungen hatte, ist dramatisch am Schwinden"[14], wie die Schriftstellerin Gertrud Leutenegger feststellt.

Diesem Prozess des Verschwindens kommt in den Diskussionen um Anthropozän und Klimawandel aus gleich mehreren Gründen eine zentrale Rolle zu: Die Gletscher gelten als wichtigstes Frühwarnsystem der Klimaentwicklung[15] und als „visuelle Kronzeugen des Klimawandels"[16], denn die tauenden Eismassen verleihen der globalen Erwärmung jene „sinnlich-sichtbare Evidenz,"[17] die den diagrammatischen Visualisierungen statistischer Modelle von wahrscheinlichen langfristigen Entwicklungen und komplexen globalen Dynamiken weitgehend abgeht.[18] Bilder schmelzenden Eises sind daher emblematisch für eine ganze Reihe von eng miteinander verflochtenen, größtenteils aber unmittelbar kaum sichtbaren Prozessen, was sie zu einem wichtigen Element der Klimawandelkommunikation macht. Dabei zeigen sie die bereits sichtbaren *Folgen* der globalen Erwärmung,

---

12 Eva Horn und Hannes Bergthaller. *Anthropozän zur Einführung.* Hamburg, 2019, S. 10.

13 Vgl. Thomas H. Painter et al. „End of the Little Ice Age in the Alps Forced by Industrial Black Carbon." *Proceedings of the National Academy of Sciences of the United States of America.* 110.38 (2013), S. 15216-15221.

14 Gertrud Leutenegger. „Ruinen." *Neue Zürcher Zeitung,* 30.4.2016. https://www. nzz.ch/feuilleton/buecher/arthur-rimbaud-auf-dem-gotthard-ruinen-ld.17131 [11.06.2020].

15 Rahmstorf und Schellnhuber. *Klimawandel,* S. 55.

16 Birgit Schneider. *Klimabilder. Eine Genealogie globaler Bildpolitiken von Klima und Klimawandel.* Berlin: Matthes & Seitz, 2018, S. 207.

17 Schneider. „Zeit im Bild", S. 138.

18 Vgl. Schneider. *Klimabilder,* S. 40f. zur Unterscheidung von Sichtbarkeit und Visualisierbarkeit.

sagen aber – anders als etwa statistische Kurven – wenig über dessen *Ursachen* aus.[19] In der Diskussion um diese Bilder werden deshalb immer wieder auch die ihnen inhärenten Probleme betont. Hingewiesen wird in diesem Kontext etwa auf die Gefahr, die sichtbar gemachten Veränderungen als unwiederbringliches und unvermeidliches Verschwinden der Natur darzustellen und so eine fatalistische Haltung zu befördern.[20] Ein weiterer Einwand betrifft das Gefühl von Distanz, das Bilder tauender Eismassen evozieren können, denn das Hochgebirge oder die Polarregionen sind für die allermeisten Menschen so weit entfernt, dass ihre Relevanz für die unmittelbare Lebenswelt gering erscheint. Damit verbunden ist auch die Kritik, dass die Gletscher in ihrer Verwendung als Ikonen des Klimawandels ihrer sozialen und kulturellen Kontexte beraubt werden und vereinfachend als Maßstab für die Veränderungen angeführt werden, wodurch sie letztlich zu sinnbildlichen Thermometern degradiert würden.[21] Und schließlich wird jüngeren künstlerischen Darstellungen einer „ruinierten" Natur oft vorgeworfen, letztere zu ästhetisieren, indem ausgerechnet in Bildern der anthropogenen Zerstörung jener romantische Topos der Erhabenheit aktualisiert werde, der einst dem Anblick gerade solcher Naturgewalten zugeschrieben wurde, die die Maßstäbe menschlicher Wahrnehmung in neue Perspektiven rückten.[22]

3. *Gallery of Glacial Doom*: Gletscher als Speichermedien und Archive

Wie bereits die Ausführungen über die Rußablagerungen aus den 1850er Jahren beweisen, verschwindet mit dem Eis der Gletscher mehr als nur gefrorenes Wasser: Denn solche Aussagen über die Klimageschichte und die Folgen menschlicher Einflüsse werden erst möglich durch die Untersuchung von Gletschereis in seiner Eigenschaft als „Zeitmedium, das durch seine Stofflichkeit in direktem Verhältnis zur Temperatur steht."[23] Das Eis der Kryosphäre ist in dieser Perspek-

---

19 Ebd., S. 208.

20 Eva Nöthen. *Spiegelbilder des Klimawandels. Die Fotografie als Medium in der Umweltbildung.* Bielefeld: transcript, 2018, S. 122. Vgl. auch Julie Doyle. „Picturing the Clima(c)tic. Greenpeace and the Representational Politics of Climate Change Communication." In: Birgit Schneider und Thomas Nocke (Hg.): *Image Politics of Climate Change. Visualizations, Imaginations, Documentations.* Bielefeld: transcript, 2014, S. 225-247.

21 Mark Carey et al. „Glaciers, Gender, and Science. A Feminist Glaciology Framework for Global Environmental Change Research." *Progress in Human Geography.* 40.6 (2016), S. 770-793, hier S. 773.

22 Vgl. T. J. Demos. *Against the Anthropocene. Visual Culture and Environment Today.* Berlin: Sternberg Press, 2017. Vorgeworfen wurde dies etwa dem Oscar-nominierten Dokumentarfilm CHASING ICE (2012) über das *Extreme Ice Survey*-Projekt des Fotografen James Balog, vgl. Margret Grebowicz. „Glacial Time and Lonely Crowds. The Social Effects of Climate Change as Internet Spectacle." *Environmental Humanities.* 5.1 (2014), S. 1-11.

23 Schneider. „Zeit im Bild", S. 138.

tive ein planetares geochronologisches Aufschreibesystem, das indexikalische
Spuren aufzeichnet und konserviert: Es besteht aus unzähligen Schichten von
gefrorenem und zusammengepresstem Schnee und ist in dieser Hinsicht den
Jahresringen eines Baumes vergleichbar. In diesem natürlichen ‚Geo-Archiv‘[24]
des Eises enthalten sind demnach Zeugnisse über die langfristige Temperatur-
entwicklung, die chemische Zusammensetzung der Atmosphäre, vulkanische
Aktivitäten, Spuren der Industrialisierung, das Vorkommen von Mikroorganis-
men etc.[25] Um die so sedimentierten Daten „lesbar“ zu machen, müssen aus dem
(metaphorischen[26]) natürlichen Archiv Proben entnommen werden, die dann
in tatsächlichen Archiven eingelagert werden, um schließlich ausgewertet und
in Klimadiagramme übersetzt werden zu können.[27]

Ab den 1960er Jahren werden dafür systematisch Eiskernbohrungen vorgenommen, bei denen extrem unhandliche zylindrische ‚Datenträger‘ anfallen,
für deren langfristige Sicherung ironischerweise enorme Energiemengen auf-
gebracht werden müssen und die – um im Bild der Speichermedien zu bleiben – in der Regel lediglich einen einmaligen lesenden Zugriff erlauben: Die
Extraktion der enthaltenen *big data* führt bei den meisten Analyseverfahren zur
Zerstörung des Bohrkerns.[28] Zwar spielen die alpinen Gletscher Mitteleuropas
in der Forschung an solchen natürlichen Klimaarchiven eine untergeordnete
Rolle gegenüber den Polarregionen, wo der Eisschild erheblich massiver ist und
sich entsprechend über größere Zeiträume hinweg akkumuliert hat. Doch sie
haben den Vorteil, einen Zeitraum von ‚nur‘ maximal tausend Jahren (gegenüber mehreren hunderttausenden für die Polarkappen)[29] in ‚höherer Auflösung‘
abzudecken und vor allem deutlich näher an den Emissionsquellen des industrialisierten Europas zu sein, deren spezifischer Einfluss auf die Klimaentwicklung für die Forschung von großem Interesse ist.[30] Entsprechend wichtig ist

24 Shannon Mattern. „The Big Data of Ice, Rocks, Soils, and Sediments.“ Places Jour-
    nal. (November 2017). https://placesjournal.org/article/the-big-data-of-ice-rocks-
    soils-and-sediments/ [11.06.2020].

25 Vgl. Susi K. Frank und Kjetil A. Jakobsen. „Introduction. The Arctic as an Archive.“
    In: Dies. (Hg.): *Arctic Archives. Ice, Memory and Entropy*. Bielefeld: transcript, 2019,
    S. 9-17.

26 Wolfgang Ernst weist auf die Problematik und Grenzen der Beschreibung solcher
    Prozesse natürlicher Konservierung als Archivierung hin, denn es findet keinerlei
    bewusste Selektion statt und auch die Aufbewahrung erfolgt nicht intentional. Vgl.
    Wolfgang Ernst. „Archival Metahistory and Inhuman Memory.“ In: Susi K. Frank
    und Kjetil A. Jakobsen (Hg.): *Arctic Archives. Ice, Memory and Entropy*. Bielefeld:
    transcript, 2019, S. 37-47.

27 Ein Vorgang, der sich ganz analog zu dem in Latours *Pedologenfaden von Boa Vista*
    dargestellten Forschungsprozess beschreiben lässt, vgl. Bruno Latour. *Die Hoffnung
    der Pandora. Untersuchungen zur Wirklichkeit der Wissenschaft*. Frankfurt a. M.
    2015, S. 36-95.

28 Vgl. Mattern. „Big Data“.

29 Vgl. Bernhard Stauffer und Ulrich Schotterer. „Untersuchungen an Eisbohrkernen
    von Alpengletschern.“ *Geographica Helvetica*. 4 (1985), S. 223-229.

30 Vgl. Pascal Bohleber. „Alpine Ice Cores as Climate and Environmental Archives.“ In:
    Hans von Storch (Hg.): *The Oxford Research Encyclopedia of Climate Science*. Oxford:

hier die komparatistische Heuristik, denn erst der systematische Vergleich der Klimadaten aus unterschiedlichen Eiskernen erlaubt gesicherte Erkenntnisse. Mit dem Steigen der Temperaturen schreibt dieses Archiv jedoch zunehmend sein eigenes Verschwinden an, was demnach auch die zukünftige wissenschaftliche Untersuchung der Klimageschichte erschwert, die auf die im Eis gespeicherten Daten angewiesen ist. Der Verlust ist demnach ein doppelter.

Gletscher sind jedoch nicht nur ein Archiv der klimatischen Bedingungen, denen sie unterworfen sind. Thomas Elsaesser betrachtet sie auch als ‚natürliche Medien' historischer Topografien. Er versteht Gletscher (genauso wie auch z. B. Permafrost, Bernstein oder Moore) als die plausibleren genealogischen Vorläufer der analogen Aufzeichnungsmedien und schlägt so ein alternatives medienhistoriografisches Modell vor, in dem Film und Fotografie nicht mehr innerhalb der Entwicklung symbolischer Notationssysteme verortet werden müssen.[31] Insbesondere die medientheoretische Auseinandersetzung mit der Fotografie greift oft auf glaziale Metaphorik zurück, prominent etwa in Peter Wollens medienkomparatistischem Essay *Feuer und Eis* aus dem Jahr 1984[32], aber auch in jüngeren Publikationen ist beispielsweise von der „eingefrorenen Zeitkapsel der Fotografie"[33] die Rede.

Dabei sollte allerdings nicht übersehen werden: Gletscher konservieren Gegenstände und sogar ganze Lebewesen in einer Art Momentaufnahme, geben sie aber in der Regel zu einem späteren Zeitpunkt wieder frei, sie speichern – zumindest in dieser Hinsicht – nicht einen Abdruck, sondern das Ding selbst, das aber eben nur temporär: Der grundsätzliche Mechanismus dieser willkürlichen Konservierung wird bereits in den ersten protoglaziologischen Studien beschrieben: Da Gletscher alle Fremdkörper, die sie sich einverleiben, irgendwann auch wieder ausstoßen, wird ihnen die Fähigkeit zur Selbstreinigung zugesprochen.[34] Diese wird im 19. Jahrhundert bisweilen metonymisch auf die gesamte Alpenregion übertragen, die in der romantischen Imagination nachhaltig zum Anderen der urbanisierten und industrialisierten Zivilisation stilisiert wird.

Paradoxerweise ist es gerade das Schmelzen der Gletscher bzw. ihre daraus resultierende Rückzugsbewegung, die dazu führt, dass im Eis Konserviertes heute vermehrt zutage gefördert wird. Besondere Berühmtheit erlangt hat in diesem Zusammenhang die „Gletschermumie" Ötzi, die vor ca. 5.300 Jahren in den Südtiroler Alpen eingeschneit wurde und deren guter Erhaltungszustand neue

Oxford University Press, 2019, https://oxfordre.com/climatescience/view/10.1093/acrefore/9780190228620.001.0001/acrefore-9780190228620-e-743 [11.06.2020].

31 Thomas Elsaesser. „Trapped in Amber. The New Materialities of Memory." *Panoptikum.* 19 (2018), S. 144-158.

32 Peter Wollen. „Feuer und Eis. In: Wolfgang Kemp und Hubertus von Amelunxen (Hg.): *Theorie der Fotografie I-IV. 1839-1995. Komplett in einem Band.* München: Schirmer/Mosel, 2006, S. 355-361.

33 Katharina Sykora. *Die Tode der Fotografie II. Tod, Theorie und Fotokunst.* Paderborn: Wilhelm Fink, 2015, S. 385.

34 Vgl. etwa Louis Agassiz. *Untersuchungen über die Gletscher. Nebst einem Atlas von 32 Steindrucktafeln.* Solothurn: Jent & Gassmann, 1841, S. 4.

Erkenntnisse über das Leben in der Jungsteinzeit ermöglichte.[35] In der Populärkultur finden sich jedoch schon lange vor der Entdeckung Ötzis vergleichbare Szenarien dessen, was sich in Anlehnung an André Bazin als ‚kryonischer Mumienkomplex' beschreiben lässt.[36] Insbesondere im Rahmen jener Fantasien globaler Abkühlung, die Eva Horn als das „wohl älteste Klimakatastrophen-Szenario der Moderne"[37] beschreibt, gibt es eine Vielzahl von in dieser Hinsicht aufschlussreichen Erzählungen. Eine Kurzgeschichte aus dem goldenen Zeitalter der Pulp-Ära der Science Fiction imaginiert gar eine „Gallery of Glacial Doom": ein tiefgefrorenes Museum der Menschheitsgeschichte, kuratiert von verführerisch schönen – aber emotional buchstäblich eiskalten – außerirdischen Invasorinnen, die die Erde per Terraforming in eine neue Eiszeit zu überführen versuchen.[38] (Abb. 1)

Abb. 1: Brady: Titelillustration zur Kurzgeschichte „Gallery of Glacial Doom", 1945[39]

---

35 David Turnbull. „Out of the Glacier into the Freezer. Ötzi the Iceman's Disruptive Timings, Spacings, and Mobilities." In: Emma Kowal und Joanna Radin (Hg.): *Cryopolitics. Frozen Life in a Melting World*. Cambridge/MA: MIT Press, 2017, S. 157-178.

36 Vgl. André Bazin. „Ontologie des photographischen Bildes." In: Ders.: *Was ist Film? Herausgegeben von Robert Fischer. Mit einem Vorwort von Tom Tykwer und einer Einleitung von François Truffaut*. Berlin: Alexander Verlag, 2004, S. 33-42, hier S. 33.

37 Eva Horn. *Zukunft als Katastrophe*. Frankfurt a. M.: S. Fischer, 2014, S. 140.

38 Frances M. Deegan. „Gallery of Glacial Doom." In *Amazing Stories* 19.4 (1945), S. 146-157.

39 https://archive.org/details/Amazing_Stories_v19n04_1945-12_cape1736_/page/n145/mode/2up [11.06.2020].

4. Tiefenzeit: Gletscher als Schreibmedien

Bei dieser Metaphorik wird freilich ein wesentlicher Aspekt der Gletscher ignoriert, nämlich die Tatsache, dass sie alles andere als statisch sind: „Flow is what glaciers are all about"[40], heißt es bei Lutz Koepnick. Tatsächlich sind sie stets in Bewegung, wobei die Fließgeschwindigkeit keineswegs an allen Stellen eines Gletschers gleich ist – das Zentrum bewegt sich schneller als die Ränder, zwischen den Eisschichten gibt es teils große Unterschiede. Bereits im frühen 18. Jahrhundert werden diese Bewegung und ihre extreme Langsamkeit beschrieben und erste Spekulationen über ihre Ursachen präsentiert. Um die Geschwindigkeit zu messen, legen Glaziologen um die Wende zum 19. Jahrhundert Felsbrocken auf die Gletscher und vermessen deren sich langsam verschiebende Position teils geduldig über einen Zeitraum von mehreren Jahre hinweg.[41]

Die langsame, aber unerbittlich gewaltige Gletscherbewegung wird in der Folge als Ursache für eine Reihe von Phänomenen wie etwa die sogenannten „Findlinge" erkannt. Mit diesem Begriff werden weit entfernt vom Gebirge vorkommende riesige Felsblöcke bezeichnet, die aufgrund ihrer nicht zum Fundort passenden mineralogischen Zusammensetzung und ihres enormen Gewichts, das einen Transport durch Menschen ausschließt, lange als Inbegriff des wissenschaftlichen Rätsels galten.[42] Die Konsequenzen aus dieser Erkenntnis sind äußerst weitreichend, bedeuten sie doch, dass große Teile Europas einst von einem „ungeheure[n] Eismeer"[43] bedeckt gewesen sein müssen, was wiederum zur Einsicht führt, dass es auch Gletscher waren, die die Topografie der Landschaft einst überhaupt erst *geprägt* haben. Viele Täler in gletscherfernen Alpengebieten werden im 19. Jahrhundert als ehemalige Endmoränen erkannt. Louis Agassiz, der maßgeblich für die Durchsetzung der sogenannten Eiszeittheorie verantwortlich war, beschreibt den Einfluss der Gletscher auf die Landschaft in seinen 1840 erschienenen und für das Feld der Glaziologie wegweisenden *Études sur les glaciers* folgendermaßen:

> Oft schon habe ich bei mir diese schwachen Spuren, die letzten Reste der mächtigen Einwirkung, welcher unser Erdkörper in einer gewissen Periode seines Daseins ausgesetzt war, mit den kaum sichtbaren Zeichnungen eines lithographischen Steines, welchen man zum Aufheben zubereitet hat, verglichen; nur wer die Sache kennt, versteht ihre Bedeutung zu entziffern und ihren Werth zu schätzen.[44]

---

40 Lutz P. Koepnick. *On Slowness. Toward an Aesthetic of the Contemporary*. New York: Columbia University Press, 2014, S. 86.

41 David J. A. Evans. *Glaciation. A Very Short Introduction*. Oxford: Oxford University Press, 2018, S. 31.

42 Ebd., S. 119.

43 Agassiz. *Untersuchungen*, S. 241.

44 Agassiz. *Untersuchungen*, S. 221f. Aufmerksam geworden bin ich auf diesen Vergleich über Mirzoeffs Auseinandersetzung mit Agassiz als zentraler Figur der Verstrickung der Geologie des 19. Jahrhunderts in rassentheoretische Überlegungen. Er schreibt Agassiz in diesem Zusammenhang die Erfindung des entkörperlichten Blicks des (männlichen) modernen Naturforschers zu, der die Welt gleichsam aus

Auch hier werden die Gletscher also mit einer Reproduktionstechnik verglichen (es ist anzunehmen, dass die Passage noch vor der Veröffentlichung der Daguerreotypie im Jahr zuvor verfasst wurde) und als natürliches Medium der Topografie beschrieben, wenn auch in einem ganz anderen Sinn. Anders als Elsaesser, für den die Gletscher ein aufnehmendes Medium sind, das Objekte tiefgefroren konserviert und so – zumindest für eine gewisse Zeit – fixiert, betont Agassiz den gegenteiligen Prozess, der sich als Prägung oder Schreibvorgang begreifen lässt.[45] Von Interesse ist in dieser Perspektive nicht das Objekt, das im Gletscher „gespeichert" wird und so aus seiner eigenen Zeit in eine andere transportiert wird. Vielmehr geht es um die Spur, die die Gletscher dort hinterlassen haben, wo sie eben nicht mehr sind, um den Abdruck ihrer erodierenden Bewegung, durch die ihre einstige Präsenz belegbar ist. Die Landschaft wird so gleichsam zum Abdruck ihrer eigenen wechselhaften Geschichte: Sie ist das Medium, das über Jahrtausende hinweg in unzähligen Schreibvorgängen immer wieder umgestaltet wird, wobei die Gletscher als geomorphologische Akteure auftreten.

Der Glaziologe – tatsächlich bleibt das Feld bis weit ins 20. Jahrhundert hinein ein nahezu exklusiver Männerverein, dominiert von Narrativen männlichheroischer und oft auch nationalistisch geprägter Triumphe über widerspenstige Natur[46] – muss die Landschaft lesen und die Spuren entziffern, die ihre Geheimnisse erst seinem Forscherblick offenbaren: „processes of transmission and recording are already present in the earth itself, a vast library waiting to be deciphered"[47], wie Jussi Parikka das Selbstverständnis geologischer Forschung Mitte des 19. Jahrhunderts zusammenfasst.

Ganz diesem Gedanken verpflichtet ist auch der euphorische Bericht von James David Forbes über einen Alpengletscher aus dem Jahr 1843:

> It is an endless scroll, a stream of time, upon whose stainless ground is engraven the succession of events, whose dates far transcend the memory of living man. Assuming, roughly, the length of a glacier to be twenty miles, and its annual progression 500 feet, the block which is now discharged from its surface on the terminal moraine may have started from its rocky origin in the reign of Charles I.[48]

---

göttlicher Perspektive betrachtet. Vgl. Nicholas Mirzoeff. „It's Not the Anthropocene, It's the White Supremacy Scene; or, The Geological Color Line." In: Richard Grusin (Hg.): *After Extinction*. Minneapolis/MN: University of Minnesota Press, 2018, S. 123-149, hier S. 134.

45 Etwas kontraintuitiv erscheint zunächst der Vergleich des Wirkens von Gletschern auf Landschaften ausgerechnet mit dem Flachdruckverfahren der Lithographie, doch der vielleicht näherliegende Vergleich mit Kupferstich oder Gravur (s. auch das Zitat von James David Forbes weiter unten) geht insofern nicht auf, als die Druckträger hier nicht verblassen.

46 Carey et al. *Glaciers*, S. 777.

47 Parikka. *Geology of Media*, S. 41f.

48 James David Forbes. *Travels through the Alps. New Edition Revised and Annotated by W. A. B. Coolidge*. London: Adam and Charles Black, 1900, S. 22.

Hier wird zwar explizit beschrieben, wie das Gletschereis etwas konserviert und später wieder freigibt, doch der Steinblock selbst ist dabei nicht von besonderem Interesse. Er veranschaulicht lediglich die These, dass der Gletscher ein kontinuierlicher Zeitstrom sei, in dessen endloses Band sich die Abfolge historischer Ereignisse gleichsam selbst „eingraviert" habe. Anders als etwa Felsformationen, denen ja auch immer wieder eine (stumme) Zeitzeugenschaft zugeschrieben wird, ist der Gletscher in stetiger Bewegung, was ihn in den Augen des Viktorianers Forbes zum idealen Chronisten macht. Der Gletscher ist für ihn Materie gewordene Geschichte. Der – offensichtlich nicht ganz zu Ende gedachte[49] – Vergleich erinnert daher aus heutiger Sicht am ehesten an erst deutlich später realisierte filmische Aufzeichnungsverfahren und reiht sich damit in das protokinematographische Imaginarium seiner Zeit ein.[50]

So ist die frühe wissenschaftliche Untersuchung der Gletscher und ihrer Bewegung ein wichtiger Faktor für jene epistemologische Wende, die als „Entdeckung der geologischen Tiefenzeit" beschrieben wird.[51] Diese wissenschaftliche Revolution erschüttert im 19. Jahrhundert nachhaltig die Maßstäbe historischer Wahrnehmung, indem sie völlig inkommensurable Zeitskalen aufeinanderprallen lässt. Auch im Rahmen der jüngeren Diskussionen um das Anthropozän spielen diese Skalierungsfragen eine zentrale Rolle, legen sie doch eine Dezentrierung des Menschen nahe.[52] Balke, Siegert und Vogl haben in diesem Zusammenhang zuletzt die Frage nach den Medien gestellt, „die die Ausweitung des Geschichtshorizonts über das Maß anthropogener Interventionen hinaus denkbar werden lassen."[53] Wie sich in den bisherigen Ausfüh-

---

49 Für Koepnick sind Beschreibungen wie die von Forbes letztlich zum Scheitern verurteilte Versuche, die rätselhaften Eisformationen zu rationalisieren. Diese entziehen sich solchen Vergleichen jedoch, indem sie sich eben gerade nicht verhalten wie Bilder, vgl. Koepnick. *On Slowness*, S. 89.

50 Ähnliche Vorstellungen eines direkten Zugriffs auf eine Erdgeschichte, die sich gleichsam selbst aufzeichnet, finden sich etwa zur selben Zeit auch in Felix Ebertys Vorstellung eines kosmischen „Lichtbildarchivs", in dem es möglich ist, die von der Erdoberfläche reflektierten Sonnenstrahlen wie einen Film zu betrachten. Vgl. Karl Clausberg. *Zwischen den Sternen: Lichtbildarchive. Was Einstein und Uexküll, Benjamin und das Kino der Astronomie des 19. Jahrhunderts verdanken*. Berlin: Akademie Verlag 2006. Auch Charles Babbages Idee, dass Schallwellen nie ganz verklingen und irgendwann wieder hörbar gemacht werden könnten, fällt in dieselbe Zeit. Vgl. John Durham Peters. „Space, Time, and Communication Theory." *Canadian Journal of Communication*. 28.4 (2003), S. 397-411.

51 So der deutsche Titel von Stephen J. Gould. *Time's Arrow, Time's Cycle. Myth and Metaphor in the Discovery of Geological Time*. Cambridge/MA: Harvard University Press, 1987. James Hutton, der in Goulds Studie eine zentrale Rolle spielt, ist 1795 einer der ersten, die die „Findlinge" mit der Bewegung ehemaliger Gletscher erklären und so mit dem vorher gängigen physiktheologischen Erklärungsansatz brechen, demzufolge die biblische Sintflut die Steine bewegt habe.

52 Vgl. Horn/Bergthaller. *Anthropozän*, S. 196-212.

53 Friedrich Balke, Bernhard Siegert und Joseph Vogl. „Editorial." In: Dies. (Hg.): *Mikrozeit und Tiefenzeit*. Paderborn: Wilhelm Fink, 2018, S. 5-8, hier S. 5.

rungen gezeigt hat, lassen sich Gletscher selbst als geochronologische Medien verstehen, die eine solche Ausweitung zu leisten imstande sind. Zentral hierfür ist ihre komplexe Eigenzeitlichkeit und ihr Oszillieren zwischen der paradoxen Vorstellung einer unvorstellbar langsamen, aber unaufhaltsamen und mit ihrer schieren Gewalt ganze Landschaften umpflügenden Fließbewegung einerseits und der Warnung vor einem aus menschlicher Perspektive ebenfalls extrem langsamen, in geologischen Maßstäben jedoch unglaublich schnellen Auflösungsprozess andererseits. Letzterer ist Resultat jenes sich über Jahrhunderte akkumulierenden anthropogenen Einflusses, der von Robert Nixon als „slow violence" charakterisiert wurde:

> In this cultural milieu of digitally speeded up time, and foreshortened narrative, the intergenerational aftermath becomes a harder sell. So to render slow violence visible entails, among other things, redefining speed: we see such efforts in talk of accelerated species loss, rapid climate change, and in attempts to recast ‚glacial' – once a dead metaphor for ‚slow' – as a rousing, iconic image of unacceptably fast loss.[54]

5. Gletscherkomparatistik

Während es bislang darum ging, wie die Medialität der Gletscher sich über den Vergleich mit anderen – technischen – Medien konturieren lässt, soll der Fokus nun ausblickend darauf gerichtet werden, wie andere Medien diese komplexe Temporalität der Gletscher im doppelten Wortsinn ästhetisch werden lassen. Denn offensichtlich lässt sie sich nicht einfach im (einzelnen) Bild festhalten. Lange Zeit steht dies auch gar nicht im Zentrum der künstlerischen Aufmerksamkeit. Von Interesse ist stattdessen die morphologische Vielfalt des Eises sowie vor allem die überwältigende räumliche Größe der Gletscher – also eine andere Skalierungsproblematik. Um einen Eindruck von ihrer Größendimension zu vermitteln, werden in vielen romantischen Gletscherdarstellungen und auch in der frühen Gletscherfotografie häufig Menschen mit abgebildet, die als diskreter Vergleichsmaßstab dienen.[55] (Abb. 2 bis 4)

Dass diese Surrogatfiguren, mit denen wir als Betrachter*innen gemeinsam über das dargebotene Naturschauspiel staunen können, mitunter zu schwarzen Flecken auf hellem Grund werden, betont in der Romantik deren Bedeutungslosigkeit im Angesicht des Erhabenen. In der Fotografie jedoch ist dieser Umstand nicht zuletzt auch der technischen Herausforderung des hohen Kontrastumfangs geschuldet, denn die großen weißen Flächen lassen die Details der Schattenpartien verschwinden. Bis Anfang der 1850er Jahre hält sich die Meinung John Ruskins, der zufolge aus technischen Gründen „keine Fotografie

---

54 Robert Nixon. *Slow Violence and the Environmentalism of the Poor*. Cambridge/MA: Harvard University Press, 2011, S. 13.

55 Matilsky. *Vanishing Ice*, S. 55.

Abb. 2, oben links: Johann Heinrich Wüest: *Der Rhonegletscher*, um 1775[56]
Abb. 3, unten: Carl Gustav Carus: *Das Eismeer bei Chamonix*, um 1825[57]
Abb. 4, oben rechts: Auguste-Rosalie und Louis-Auguste Bisson:
La crevasse (Départ), 1862[58]

56 https://upload.wikimedia.org/wikipedia/commons/b/bb/Johann_Heinrich_W%
C3%BCest_001.jpg [13.06.2020].
57 https://upload.wikimedia.org/wikipedia/commons/f/fd/Carl_Gustav_Carus_-_
Das_Eismeer_bei_Chamonix.jpg [13.06.2020].
58 https://upload.wikimedia.org/wikipedia/commons/5/54/Fr%C3%A8res_Bis-
son_-_1862_-_La_crevasse_%28D%C3%A9part%29.jpg [13.06.2020].

oberhalb der Schneegrenze möglich sei.“[59] Um diesen modernen Wettstreit zwischen Malerei und Fotografie zugunsten der letzteren zu entscheiden, setzen die Brüder Bisson, Pioniere der Gletscherfotografie, verschiedene Filter ein, die es ihnen erlauben, detailreiche und plastisch wirkende Bilder zu erzeugen. Bereits 1856 arbeiten sie auch mit extrem großformatigen Panoramaaufnahmen von fast zwei Metern Bildbreite[60], die den zu dieser Zeit beliebten großen Gemälden von Eislandschaften Konkurrenz machen.

Schwieriger darstellbar ist die Dimension der Tiefenzeit, die insbesondere in stereoskopischen Fotografien reliefartig zerfurchter ehemaliger Gletscherkanäle zwar zum Teil absichtsvoll aufgerufen wird[61], aber dennoch immer nur implizit im Bild figuriert. Abhilfe soll in dieser Hinsicht die Chronofotografie schaffen. 1891 beschreibt Étienne-Jules Marey sie als „unschätzbares Mittel zur Erforschung der Natur-Phänomene“. Besonders dann, wenn Prozesse so schnell oder so langsam ablaufen, dass der menschliche Wahrnehmungsapparat sie nicht mehr adäquat registrieren kann, kann die Methode nach Marey ihre spezifischen Stärken ausspielen. Während aber die Fotografie zu dieser Zeit bereits tief in die mikrotemporale Dimension vorgedrungen ist, bleibt die Sichtbarmachung der Tiefenzeit seinen Ausführungen zufolge noch ein Desiderat: „Die Hoffnung ist ja nicht ausgeschlossen, dass es uns dermaleinst mit Hilfe von in sehr langen Zwischen-Räumen aufgenommenen Bildern gelingen werde, die langsamen Ortsveränderungen der Gletscher und die geologischen Umgestaltungen der Oberfläche ganzer Länder zu verfolgen.“[62]

Tatsächlich beginnt bereits zwei Jahre vor Mareys Ausführungen eine Forschergruppe um den Mathematiker und Geodäten Sebastian Finsterwalder damit, dessen fotogrammetrische Verfahren zur Vermessung von Gletschern so weiterzuentwickeln, dass auch zeitliche Veränderungen genau dokumentiert

---

59 Milan Chlumsky. „Victoria! Die fotografische Eroberung des Montblanc.“ In: Ders., Ute Eskildsen und Bernard Marbot (Hg.): *Die Brüder Bisson. Aufstieg und Fall eines Fotografenunternehmens im 19. Jahrhundert*. Amsterdam und Dresden: Verlag der Kunst, 1999, S. 157-169, hier S. 161.

60 Ebd. Dennoch beklagt Georg Simmel 1911, dass keine Abbildung „den Eindruck der überwältigenden Masse der Alpen“ erreiche, die doch erst dort richtig zur Geltung komme, wo alle Spuren sowohl des Menschen als auch der Vegetation vergessen seien: „Soweit man von einer Landschaft sagen kann, daß sie transzendent wäre, gilt es von der Firnlandschaft – freilich nur dort, wo nur noch Eis und Schnee, aber kein Grünes, kein Tal, kein Pulsschlag des Lebens mehr besteht.“ Ganz im Gegensatz zu Agassiz und Forbes sind die Gletscher für ihn eine „absolut unhistorische Landschaft“, völlig unberührt von der „zeitlichen Bewegtheit, die die Form des Lebens ist.“ Die gewaltigen Kräfte geologischer Prozesse sind ihm zwar bewusst, aber auch sie verschwinden ihm zufolge unter der dichten Schneedecke des Hochgebirges. Georg Simmel. „Die Alpen.“ In: Ders.: *Philosophische Kultur. Über das Abenteuer, die Geschlechter und die Krise der Moderne. Gesammelte Essais. Mit einem Vorwort von Jürgen Habermas*. Berlin: Wagenbach, 1998, S. 125-130.

61 Vgl. etwa Dimitrios Latsis. „Landscape in Motion. Muybridge and the Origins of Chronophotography.“ *Film History*. 27.3 (2015), S. 1-40, hier S. 12.

62 Étienne-Jules Marey. *Die Chronophotographie. Aus dem Französischen übersetzt von Dr. A. von Heydebreck*. Berlin: Mayer & Müller, 1893, S. 38.

werden können. Von 1889 bis 1928 nehmen sie eine Serie von Aufnahmen auf, die den langsamen Rückzug (und gelegentlichen Vorstoß) des Vernagtferner Gletschers detailliert festhält. Dafür werden die Bilder immer von exakt denselben Standorten aus aufgenommen und nicht nach klassischen ästhetischen Kriterien, sondern in Hinblick auf ihre spätere wissenschaftliche Auswertung gestaltet.[63] Die mit Jahreszahlen markierten Reihenbilder Finsterwalders begründen gewissermaßen ein spezifisches Subgenre des Bildvergleichs, das als „Gletscherkomparatistik" bezeichnet werden könnte und heute zu den wichtigsten Instrumenten der Klimawandelkommunikation gehört.

Birgit Schneider hat dieses Genre der Vorher-Nachher-Bildvergleiche, für die inzwischen systematisch (nicht nur fotografische) Darstellungen von Gletschern archiviert werden, ausführlicher untersucht.[64] Doch anders als bei den von ihr analysierten Beispielen, für die Bilder unterschiedlicher Provenienz erst mühsam „aktiv homogenisiert" werden müssen, um überhaupt vergleichbar zu werden[65], handelt es sich bei den fotogrammetrischen Aufnahmen Finsterwalders (und ähnlichen Projekten in dessen Nachfolge) um Bilder, die von vornherein exklusiv für den Zweck des Vergleichs erstellt werden und außerhalb dieser Operation des Vergleichens keinen eigenständigen Wert haben. Auf den Bildern sind zwar Landschaften zu sehen, aber es sind keine „Landschaftsfotografien". Vielmehr handelt es sich, mit Harun Farocki, um ‚operationale Bilder‘[66], bei denen nicht mehr die klassische Repräsentation eines Objekts im Vordergrund steht, sondern die Operationen, an denen sie durch ihre mathematische „Lesbarkeit" beteiligt sind.

Eine Bilderserie des Malers Rudolf Reschreiter aus dem Jahr 1911 karikiert das Vermessungsprojekt von Finsterwalder und stellt dafür den untersuchten Tiroler Gletscher als wildes und (im Wortsinn) unberechenbares Tier oder Monstrum dar, das sich dem Rationalisierungsversuch aktiv widersetzt. (Abb. 5)

Bei seinem Vorstoß droht dieses Tier einen der beiden abgebildeten Forscher zu verschlingen, nachdem dieser ihm mit seinen optischen Instrumenten zu nah auf den Leib gerückt ist, lässt aber schließlich doch von ihm ab – der Gletscher stößt Fremdkörper bekanntlich wieder aus, um sich selbst zu reinigen. Der andere Wissenschaftler wird auf den ersten sechs Abbildungen unverändert von hinten gezeigt. Er ist so sehr in sein kartografisches Material vertieft, dass er den gesamten Vorgang und damit den Vorstoß und Rücklauf des Gletschers, den zu dokumentieren sein eigentliches Ziel ist, nicht einmal bemerkt. Im letzten Bild der Serie hat sich das Gletscherungetüm weit zurückgezogen und scheint

---

63 Markus Weber. „Dokumentation der Veränderungen des Vernagtferners und des Guslarferners anhand von Fotografien." *Zeitschrift für Gletscherkunde und Glazialgeologie.* 45/46 (2012), S. 49-84.

64 Schneider. „Zeit im Bild."

65 Inzwischen gibt es dafür jedoch auch spezialisierte Algorithmen, die automatisiert Timelapse-Videos aus heterogenen Bildquellen desselben Motivs generieren können. Vgl. Ricardo Martin-Brualla, David Gallup und Steven M. Seitz. „Time-Lapse Mining from Internet Photos." *ACM Transactions on Graphics.* 34.4 (2015), S. 1-8. Das Beispiel, mit dem das Verfahren erläutert wird, ist eine Gletscherabbildung.

66 Harun Farocki. „Phantom Images." *Public.* 29 (2004), S. 12-24.

Abb. 5: Rudolf Reschreiter: *Vorstoß und Rücklauf des Vernagtferners beobachtet von Prof. Dr. S. Finsterwalder*, 1911[67]

---

67 https://de.m.wikipedia.org/wiki/Vernagtferner#/media/Datei%3ARESCHREI
TER_1911_Vernagtferner_01.jpg (resp. _02.jpg; _03.jpg etc.) [13.06.2020].

(wie schon im ersten Bild) wieder zu schlafen. Der wissenschaftliche Versuch der Vermessung wird nach dieser unheimlichen Konfrontation mit seinem offenbar unzähmbaren Untersuchungsobjekt abgebrochen.

Anders als die oben abgebildete Karikatur zeugen die zeitgenössischen Vergleichsbildreihen nicht mehr von einem Scheitern der Versuche, eine unberechenbare Natur technisch und wissenschaftlich zu bändigen, vielmehr wird im Nebeneinander von Vorher und Nachher der Prozess des Verschwindens sichtbar: Zwischen den Bildern liegt „die abgründige Unvorstellbarkeit des systemischen Wandels, der sich in den Bildern als Spur zeigt und seinen Schatten in die Zukunft wirft."[68] Sie zeigen vordergründig nicht die geologische Tiefenzeit, sondern anthropogene „slow violence" – jedoch ohne deren Ursachen zu thematisieren. Während der Gletscher in der Karikatur als eigenständiger Akteur auftritt, fehlt dieses Element der Agency in den vergleichenden Bildreihen der Klimawandelkommunikation, die den Verlust zu rationalisieren versuchen. Ziel einer „Naturästhetik in Zeiten einer unnatürlichen Natur"[69] könnte es deshalb sein, sich mit diesem rationalisierenden Blick operationaler Bilder auseinanderzusetzen und ihnen eine Form der Darstellung entgegenzusetzen, die der komplexen geochronologischen Medialität der Gletscher gerecht zu werden versucht.

---

68 Schneider. „Zeit im Bild", S. 140.
69 Horn/Bergthaller. *Anthropozän*, S. 21.